AF728601

www.ingramcontent.com/pod-product-compliance
Ingram Content Group UK Ltd.
Pitfield, Milton Keynes, MK11 3LW, UK
UKHW051526260826
14628UKWH00012B/3641

9 789773 772048

طريق العنبر

طريق العنبر

طرق التجارة الخفية بين بحر البلطيق ونهر النيل

تأليف

جيزيلا جرايشين

ألكسندر هسه

ترجمة

رانيا محمد خليف

مجموعة النيل العربية

German Edition Copyrights:

حقوق الطبعة الألمانية:

rowohlt

First published as "Die Bernstein Strasse: Verborgene Handelswege zwischen Ostsee und Nil".
by Gisela Graichen / Alexander Hesse.

I.S.B.N. Rowohlt Verlag: 978-3-498-02519-9
I.S.B.N. Arab Nile Group: 978-977-377-204-8

حقوق الطبعة العربية:

عنوان الكتاب: طريق العنبر، طرق التجارة الخفية بين بحر البلطيق ونهر النيل
تأليف: جيزيلا جرايشين
ترجمة: رانيا محمد خليف
رقم الإيداع: 2003
الترقيم الدولي: 978-977-377-204-8
الطبعة: الأولى
سنة النشر: 2016
الناشر: مجموعة النيل العربية
العنوان: ص.ب: 4051 الحي السابع
مدينة نصر 11727 القاهرة – ج. م. ع .
التليفون: 26717134 – 00202/26717135
الفاكس: 00202/26717135
بريد إلكتروني: info@arabnilegroup.com
sales@arabnilegroup.com
arab_nile_group@hotmail.com
الموقع الإلكتروني: www.arabnilegroup.com

حقوق النشر:

جرايشين، جيزيلا.
طريق العنبر، طرق التجارة الخفية بين بحر البلطيق ونهر النيل / تأليف: جيزيلا جرايشين، ألكسندر هسه؛ ترجمة: رانيا محمد خليف.- ط1. – القاهرة: مجموعة النيل العربية، 2016.
320 ص؛ 24 سم.
تدمك 978-977-377-204-8
1- الطرق التجارية.
أ - هسه، ألكسندر (مؤلف مشارك)
ب - خليف، رانيا محمد (مترجم)
ج - العنوان 388.12

تنويه 1:

لقد تم بذل أقصى جهد ممكن لضمان احتواء المادة المترجمة لهذا الكتاب على معلومات دقيقة ومحدَّثة. ومع هذا، لا يتحمل الناشر "**مجموعة النيل العربية**" أية مسؤولية قانونية فيما يخص محتوى الكتاب أو عدم وفائه باحتياجات القارئ كما أنه لا يتحمل أية مسؤولية أو خسائر أو مطالبات متعلقة بالنتائج المترتبة على قراءة أو استخدام هذا الكتاب.

تنويه 2:

إن مادة هذا الكتاب والأفكار المطروحة به تعبر فقط عن رأي الكاتب أو المؤلف لهذا الكتاب، ولا تعبر بالضرورة عن رأي الناشر.

SPOTLIGHT ON RIGHTS ©

تم إصدار هذا الكتاب بدعم من برنامج "أضواء على حقوق النشر" إحدى مبادرات معرض أبوظبي الدولي للكتاب، بدولة الإمارات العربية المتحدة.

«من أجل أوريماتشوس[1] أحضر عِقدًا ساحليًّا ذهبيًّا مرصعًا بحبات الكهرمان براقًا مثل الشمس».

«من لم يعرف كيف يحاسب ماضيه منذ ثلاثة آلاف سنة، سيبقى في ظلمة الجهل، يتمنى الحياة يومًا بعد يوم».

فولفجانج يوهانس جوته Wolfgang Johannes Goethe - الديوان الغربي الشرقي.

(1) المترجم: أوريماتشوس هو اسم العديد من الشخصيات في الأساطير اليونانية.

المحتويات

الموضوع الصفحة

الموضوع | الصفحة

الموضوع | الصفحة

الموضوع	الصفحة

كنز من العصر البرونزي تم العثور عليه في إبرس والده برندنبرج، يزن 2.6 كيلوجرام من الذهب الخالص

مقدمة

العصور الذهبية ـ النخبة الأولى في قلب أوروبا

شيء غريب حدث في العصور المبكرة في أوروبا، ولا توجد أية كتابات تدل عليه، لكن علماء الآثار يعرضون الأدلة، فلم يكن العصر البرونزي في قلب أوروبا ـ منذ حوالي ثلاثة إلى أربعة آلاف سنة ـ يعرف الكتابة الهيروغليفية كما في مصر أو الكتابة المسمارية كما في الشرق الأدنى، لكن الاكتشافات والمكتشفات الحديثة أماطت اللثام عن الكثير مما لا يمكن تصوره، كأنك تقرأ مذكرات العصور السحيقة، فقد بزغ عصر جديد، عصر مثير، حيث غزا العالم معدن غير معروف، معدن سهل التشكيل لكنه أكثر مقاومة وصلابة من كل ما عرفه الناس حتى ذلك العصر: إنه البرونز

لقد منحت هذه السبيكة المصنوعة من النحاس والقصدير ـ بنسبة 90 إلى 10% في الغالب ـ اسمها ليُطلق على حقبة كاملة تقع بين العصر الحجري والعصر الحديدي، لقد كان ذلك المعدن العجيب سهل التشكيل وصلب وقابل لإعادة التدوير، كما كانت الأسلحة المستخدمة في حرب طروادة مصنوعة من البرونز، وكان الأمراء والفراعنة يأمرون بأن يُدفَنوا مع الذهب والبرونز ليكونا عُدّة لهم في الحياة الأخرى، وكان العالم آنذاك يطمح للحصول على هذه المادة كما نطمح نحن اليوم للحصول على النفط، وحتى منطقة الشمال الفقيرة والمهجورة مقارنة بمنطقة حوض البحر المتوسط كانت قد فقدت رغبتها في تجارة النصال المصنوعة من أحجار القداحة،

لكنهـا لم تدخـل العصر البرونزي إلا متأخرةً بعد ألف سـنة، أولًا: كان من الضروري أن تصل المعرفـة والتكنولوجيا إلى منطقة الألب، وثانيًا كانت المشـكلة تكمـن في الكيفية التي يمكن بها لشـمال ووسـط أوروبا الفقيرين بالمـواد الخام أن يدفعا ثمن القصدير الـذي يحتاجون لجلبه من المناطق البعيدة، فلم يكن لديهم ما يمكنهم مقايضته سـوى الفرو والملح وبعض العبيد الشـقر كما فعل الجرمانيون بعد ذلك بآلاف السنوات.

لكـن علماء الآثار اكتشـفوا ومـا زالوا يكتشـفون في المناطق التي لا تعتـبر في وقتنا الحالي غنية مثـل براندنبورج Brandenburg وساكسـونيا السـفلى Niedersachsen وساكسـونيا أنهالت Sachsen-Anhalt ومكلينبـورج فوربومـرن Mecklenburg-Vorpommern كنـوزًا ثمينـة تعـود إلى العصر البرونزي.

فما الذي حدث في بلادنا قبل عصرنا هذا؟ ومن أين جاءت هذه الثروة المفاجئة؟

تتألق حجرة الكنوز في متحف الآثار في شليسـفيج Schleswig حافلة بالذهب والصحون والأطبـاق الذهبيـة مـن تلك الحقبـة، فما الـذي قدمه الفلاحـون في مقابل الحصـول على تلك الكنوز؟ لقد عُثِر على أوعية برونزية ميسـينية في ساكسونيا السفلى Niedersachsen وشليسفيج ـ هولشـتاين Schleswig-Holstein ـ فكيف جـاءت تلك الأوعية من بحر إيجة إلى هناك عبر آلاف الكيلومترات؟ وفي نويسـترلتس (Neusterlitz) اكتُشف في أحد المخازن الثرية خرز مصنوع من الزجـاج المـصري ـ فهل كانت الحضـارة المصرية القديمـة المتطورة على اتصـال بمكلينبورج ـ فوربومرن منذ ثلاثة آلاف عام؟ وفي مدينة نبرا Nebra أُكتشـفت شرائح البرونز المسـتخدمة في أول تصوير مجسـم للسـماء في تاريخ البشرية قبل 3600 عام ـ فكيف وصلت هذه القفزة المعرفية إلى ساكسونيا أنهالت بالذات دون غيرها؟

وكذلك كنز إيبرسـفالد Eberswalde، وقد سـجل يوهان جورج تيودور جريسـله Johann Georg Theodor Grässle في عـام 1868 أسـطورة براندنبـورغ المناظـرة في كتـاب ملاحـم الدولـة البروسـية Sgenbuch des preußischen Staates، حيث تقول الملحمـة

إن السّراج الذي عثر على الكنز الذهبي المطمور في إيبرسفالد الفقيرة التي تقع شمال شرق برلين لم يكن يتمتع بالحيطة الكافية كي يتكتم أمر الكنز فغاص الكنز مرة أخرى، وانتهت الملحمة الموروثة بجملة: «وبهذا سيظل الكنز مطمورًا في كل العصور»، وبقيت هذه الخرافة سائدة حتى 13 مارس عام 1913، حيث عثر عمال إحدى العمليات الحفرية التي كانت تُجرى في موقع مصنع للنحاس الأصفر على أعظم كنز ذهبي يعود لفترة ما قبل التاريخ في ألمانيا، وكان وزنه يبلغ 2.6 كيلو من الذهب الخالص، وبعد نهاية الحرب العالمية الثانية في عام 1945 اختفى كنز إيبرسفالد الذي كان يعود للقرن العاشر قبل الميلاد مرة أخرى وكذلك «كنز بريام» الذي عثر عليه شليمان في طروادة، إلى أن عُثر عليه منذ سنوات قليلة في مستودع سري بمتحف بوشكين في موسكو.

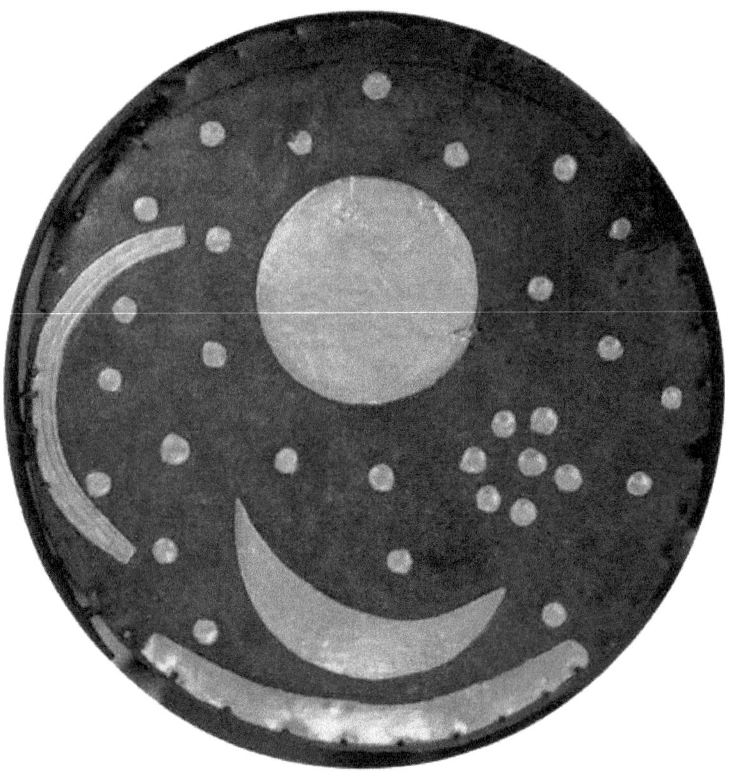

صفحة السماء التي عثر عليها في مدينة نبرا ـ اكتشفت في نقطة تقاطع طرق التجارة التي كانت موجودة في العصر البرونزي.

لكن هذا الكنز الذي كان يعتبر أهم كنز في أوروبا الوسطى يعود للعصر البرونزي وجد له منافسًا قويًّا في ساكسونيا السفلى: ففي 4 إبريل عام 2011 عثر عامل الحفر جان زاملر Jan Sam-mler أثناء عمله في حقل بالقرب من زيكه جيسل Syke-Gessel على كنز ذهبي يعود إلى العصر البرونزي، والحقيقة أن وزن الكنز كان 1.8 كجم فقط، إلا أن قطع الحلي التي وصل عددها 117 قطعة كانت تتمتع بجودة فريدة، فقد وضعت هذه القطع في حقيبة كتانية مغلقة بالإبر البرونزية ودفنت في التربة على عمق 60 سم، وكان ذلك في القرن الرابع عشر قبل الميلاد.

حُقَب ذهبية في أكثر عصر مليء بالأسرار، إنه العصر البرونزي الأسطوري الذي يعتبر واحدًا من أكثر العصور تألقًا في مرحلة ما قبل التاريخ، حتى في ذلك العصر كانت مقابر الأمراء تؤثث بالبضائع المترفة التي تُدفن مع الميت، وما زالت أحجارها القاسية تزين المشهد الطبيعي في أوروبا الوسطى وتدل على طبقة جديدة في المجتمع، طبقة السلطة التي لا شك وأنها كانت تنظم تلك الأعمال الجبارة، فهل كانوا أمراء أو كهنة؟ لقد ظهرت في شمال جبال الألب النخبة الأولى التي كانت تهيمن على الثروة والسلطة وترعى الاتصالات التجارية بعيدة المدى، حيث كانت أوروبا الوسطى تنمو لتواكب العالم.

ما هو الدافع وراء ذلك التطور الذي حدث في أوروبا القديمة؟ أشار كلاوس فون كارناب–بورنهايم Claus von Carnap-Bornheim –أحد علماء الآثار العالميين من مدينة شليزفيج هولشتاين Schlesweg-Holstein ـ إلى حجر شفاف أصفر في حجرة الكنوز بالمتحف وقال: «لقد كانت هذه القطع الصغيرة هي محرك التطور».

الكهرمان! في الجناح مشدد الحراسة في متحف سليشفيغ بقصر جوتورف تستقر القطع الصغيرة وتتمتع بنفس الحماية التي تتمتع بها الكنوز الذهبية، وكذلك بنفس القيمة، فهل كان العنبر الذي كان يُجمع دون عناء من شواطئنا يساوي الذهب في العصر البروزني؟ هل هذا معقول؟ وهل كان يؤخذ عبر آلاف الكيلومترات إلى شواطئ البحر المتوسط ونهر النيل؟

إن سلسلة الأدلة والقرائن تشبه القصص البوليسية، وقد ساهم الطبيب المقيم في ميونيخ وعالم الآثار الهاوي مانفريد موزاور Manfred Moosauer بلغز في غاية الأهمية، فمثلما آمن هاينريش شليمان ذات يوم بساكسونيا طروادة آمن مانفريد موزاور بصحة المحتوى التاريخي لأحد النصوص القديمة، وقد ورد في هذا النص الذي سُجل في بافاريا Bayern في القرن التاسع عشر: «تقول الأسطورة إن هناك مدينة غارقة بين تونزهاوزن Tünzhausen وبيرنشتورف Bern-storf وكرانزبيرج Kranzberg»، ولعام كامل ظل موزاور يبحث بصورة منهجية عن هذه المدينة وفي عام 2000 كان على وشك العثور عليها، فقد عثر على مقربة من فرايزينج Freising في أعالي وادي العنبر Ampertal على كنوز لا مثيل لها، فقد كانت هذه المدينة الغنية جدًّا موجودة قبل حوالي 3500 عام، وقد عثر علماء الآثار المتعجلون بعد ذلك على بقايا حصن ضخم وسور المدينة الذي كان يبلغ ارتفاعه 4.50 أمتار، فما الذي كان هذا السور يحميه؟ إن قيمة الكنوز التي عثر عليها كبيرة جدًّا، لكن يُرجح أن الكثافة السكانية لتلك المدينة كانت قليلة، وما هو السبب في أن ذكرى المدينة الغارقة ظلت لفترة طويلة عالقة في ذاكرة الشعب؟

حتى الآن لم ينجلِ لغز بيرنشتورف، فما زال العلماء يعملون تحت ضغط كبير لحل لغز أكثر الحفريات إثارة في ألمانيا، لكن الأمر المؤكد هنا هو أن الاكتشافات الرائعة التي حققها موزاور تشير بوضوح إلى العلاقات التجارية مع حضارات البحر الأبيض المتوسط في العصر البرونزي، كما أنها تثبت وجود اتصالات مع منطقة بحر البلطيق، وهنا في بافاريا كان يوجد مركز التجارة الخارجية الخاص بالسلع الكمالية مثل الذهب والعنبر، وقد اكتشف موزاور ـ من بين أشياء أخرى ـ أقدم تاج في أوروبا الوسطى مصنوع من الذهب الخالص، ويذكرنا هذا بتيجان «ملوك العرب» التي عثر عليها شليمان في ميسيناي اليونانية، كما أن تحليل الذهب يشير إلى نفس التركيبة المستخدمة في نعش إخناتون الذي رمم في ميونيخ والذي يعود إلى نفس الفترة الزمنية، وهذا دليل على أن هذا الذهب جاء من مصر، وهناك دليل آخر:

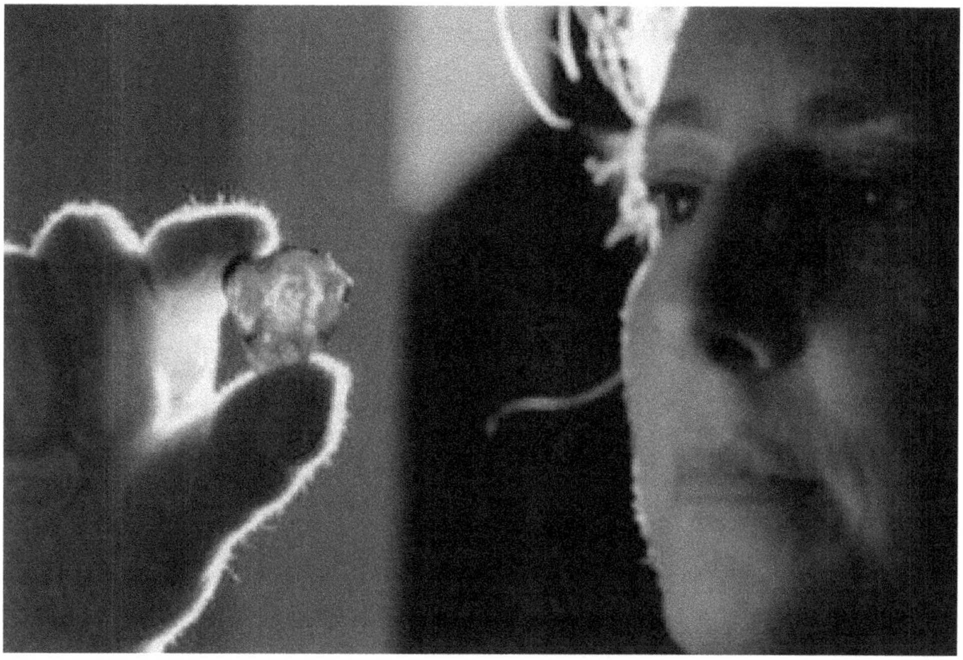

وجه العنبر السري الذي عثر عليه في بينشتورف في بافاريا،
فهل التشابه بينه وبين قناع أجاممنون الذي عثر عليه في ميسيناي مجرد صدفة؟

تم تحديد البقايا العضوية الموجودة على التيجان واكتشف أنها بقايا لشجر اللبان ـ وهو نبات نادر الظهور في بافاريا... لكن الإثارة لم تتوقف عند هذا الحد: فقد اكتشف عالم الآثار الهاوي إلى جانب قطع العنبر الثلاثين قطعتي عنبر منقوشتين ومغلفتين بعناية فائقة بغطاءٍ من الصلصال ومطمورتين، وكان الوجه المبتسم على العنبر يشبه «القناع الذهبي لأجاممنون فاتح طراودة» حد الذهول، ذلك القناع الذي عثر عليه في مقابر ميسيناي القائمة، وكان الختم بدوره يحمل الكتابة الميسينية الخطية B، التي لا يتوقع أن تكون قد وصلت إلى بافاريا.

لقد فحصنا قطعتي العنبر المنقوشتين الأصليتين اللتين عثر عليهما في بيرنشتورف في أحد المعامل وذلك لتصوير الفيلم الوثائقي «طريق العنبر»، وقد كشف الأسلوب التقني العالي لتحديد أصل قطع العنبر فيما يتعلق بالوجه أو الختم أن هذه القطع من عنبر بحر البلطيق،

وبنفس الأسلوب فُحصت سلاسل العنبر التي عثر عليها في ميسيناي، والتي كانت مادتها الخام تأتي من ساحل بحر البلطيق.

إن غابات العنبر الغارقة التي كانت تعود إلى ما قبل 50 مليون سنة كانت تمتد في العصر البرونزي لتصل إلى حضارات البحر الأبيض المتوسط المتقدمة، وكانت تلك الحضارات مستعدة لمقايضة العنبر بالذهب، حتى وإن كان «عنبر البلطيق» يُكتشف بالانتقال حتى شواطئ جزر بحر الشمال وإنجلترا فإن الجزء الأكبر منه كان يأتي من ساحل العنبر في بروسيا الشرقية سابقًا، لكن كيف وصل العنبر إلى المقابر الملكية في ميسيناي وإلى قبر توت عنخ آمون وإلى المقبرة الملكية في قطنا؟ بسوريا حاليًّا، كما أثبتت الأبحاث الحديثة؟ ما الذي جذب الأقوياء رجالًا ونساءً إلى راتنج بحر البلطيق؟

أعمال التصوير في معمل بوشي Büchi-Labor في إيسن،

لأول مرة يمكن تحديد أصل العنبر دون تدميره، إنه عنبر بلطيقي.

إن السلسـلة الموضوعة على تمثال نفرتيتي النصفي تشـبه سلسـلة العنبر التي عثر عليها في إنجولشـتات Angolstadt والتي تعود لنفس الفترة الزمنية، وحتى محبس السلسـلة عند مؤخرة العنق واضح للعيان، ونحن نعتقد أن عنبر إنجولشتات جاء من بحر البلطيق.

لا بـد أن هناك طرقًا تجارية بين بحر البلطيق ونهر النيل ربطت أطراف العالم المعروف آنذاك، وأنـه كان هنـاك نظام تبادل واسـع النطاق عبر ألمانيا والغابات والمسـتنقعات ثـم حصون الألب، وهذا يفترض أن في ذلك العصر ـ أي منذ 3500 سـنة ـ كان يوجد نظام لوجيسـتي منظم وشـبكة تواصل واسـعة، وبتعبيرنا الحالي: إنها كانت عولمة الأولى في قلب أوروبا، فقد كان التجار ينقلون ذهب بحر البلطيق سيرًا على الأقدام أو على العربات التي تجرها الثيران أو على ظهور الخيل.

مـن الـذي كان ينظم تبادل البضائع ومن الذي كان ينتفع من هذه المهمة؟ حتمًا، كان هناك من يحمي طرق التجارة من الغارات ويوفر المواد الغذائية ووسائل النقل، لقد عثر علماء الآثار عـلى بقايا بعـض القلاع في الطرق البعيدة، فهـل كان تجار البرونز والعنـبر يدفعون المال مقابل اسـتخدام الطـرق (وهل كانت هنـاك تاجرات؟) وهل عرف العصر البرونـزي قطاع الطرق؟ لقـد ظهـرت مؤخرًا اكتشـافات مذهلـة في أحد المعابر الضحلـة في وادي نهـر تولينس جنوب جرايفسڤالد ـ وهو طريق مائي فوق نهر بينا Peene يؤدي مباشرة إلى بحر البلطيق: وكانت هذه الاكتشـافات عبارة عن أدلة تشـير إلى المعركة الكبيرة التي وقعت قبل 3200 عام والتي أسفرت عـن مئـات الجثث التي عثر عليها حاليًّا في إحدى المناطق التي كانت آنذاك منخفضة من حيث الكثافة السـكانية، ويقول مدير الحفريات توماس تيبيرجـر Thomas Terberger: «إننا بهذا نفهم بدايـات حرب طروادة في هذا البعد في أوروبا الوسـطى» ويأمل توماس تيبيرجر في جمع المزيد من المعلومات من الحفريات المثيرة التي سوف تجرى في السنوات المقبلة.

التجارة تجعل الناس أثرياء، وهذا ما تدل عليه قبور النخبة الأولى في قلب أوروبا والكنوز الذهبيـة التـي تزن كيلوجرامات التي عثر عليها بين جيسـل Gessel وإيبيرسـفالد Eberswalde، لكننا نادرًا ما نعثر على آثار للطرق القديمة ـ كما في تورينجيا ـ التي كان يسـير عليها المحاربون

والفنانـون والتجار، إلا أن خريطة الودائع المكتشـفة والتي تعـود إلى ذلك العصر تقدم لنا أدلة أكثر وضوحًا على مسار الطرق التي كان تستخدم لنقل الذهب والنحاس والقصدير والبرونز، فهـل كانـت تلك الكنـوز المودعة بعناية في باطـن الأرض كنوز التجار لأنها كانـت نُذور تُقدم للآلهة القديرة لاسترضائها؟

حتـى وإن ظـل العنبر على مـدى التاريخ من الأحجـار المرغوبة- كما تشـير حجرة العنبر الخاصة بالقيصر الروسي ـ فإن العلماء يسـتنتجون أن العنبر كان يتمتع بأهمية كبيرة في الطقوس الدينيـة في العـصر البرونزي، وربما كان حجرًا سـحريًّا للمسـنين، حجر يحترق مثل الخشـب، يطفو ولا يغرق ويملك قوى كهربائية ـ فقد كانت الكلمة اليونانية القديمة المسـتخدمة بمعنى العنبر هي (elektron) ـ ويأسر الحياة: حيث توجد حيوانات صغيرة جدًّا محبوسة داخل الراتنج، واليـوم يفكـر البعض في الحديقـة الجوراسـية Jurassie Parc وإعادة إحياء تلـك الحيوانات بعد ملايين السنوات من موتها.

لم تكـن الخصائص الفيزيائية لذلـك الراتنج النباتي معروفة لدى جبابرة العصر البرونزي، ولم يعرفوا سوى أنه حجر الآلهة وأنه من الحلي الباهظة في قصور البحر الأبيض المتوسط، وكان مصطلح العنبر معروفًا في الكتابة الهيروغليفية القديمة (Skr.)، أما في الأسـاطير اليونانية فكان يُسمى «دموع الآلهة»، كما يقول أوفيد Ovid.

كيف وصلت شواطئ بلاد الضباب العاصفة التي تبعد 4000 كم إلى المقابر الفرعونية على نهـر النيـل، وما هي الاضطرابات التـي أثارتها التجارة العالمية الأولي في وسـط أوروبا؟ هذا ما سـوف نتناوله في هذا الكتاب: كيف اتحد العالم الواسـع في قلب أوروبـا فوق الطرق المطمورة التـي لم تكن تسـتخدم فقـط لنقل البضائع وإنـما أيضًا لنقـل المعرفة والتكنولوجيـة والطقوس والأديان، وكيف كانت أوروبا المبكرة شريكة للحضارات المتقدمة في مصر وبحر إيجة والشرق الأدنـى، هيا لنقتفي آثار التجـارة العالمية المزدهرة في العصر البرونزي وذلك الحجر السـحري الذي كان أكثر من مجرد حلي جميلة: إنه دموع الآلهة، وحجر الملوك.

آلهة العالم السفلي في العصر البرونزي منقوشة على الهيكل الصخري في حاتوشا Hattuscha ـ مدينة بوغازكالي Bogazkale حاليًّا ـ، وهي العاصمة القديمة للحيثيين

الفصل الأول

العصر البرونزي ـ عالم كبير

هل كان الألمان من آكلي لحوم البشر؟ إن الإجابة على هذا السؤال حساسة للغاية وموضع للنقاش الساخن بين مثقفي أوروبا، لدرجة أن اجتماعًا قد عقد عام 1880 بمشاركة الطبيب البرليني المعروف وعالم الآثار الشهير رودولف فيرشو Rudolf Virchow لتوضيح تلك المشكلة الفاضحة، إن مسألة آكلي لحوم البشر في فترة ما قبل التاريخ أثارت عقول العلماء الألمانيين منذ عدة قرون، وكان عليهم أن يوضحوا تلك المسألة في إحدى ندوات المؤتمر الدولي لأنثربولوجيا ما قبل التاريخ، لكن الأدلة المقدمة لم تكن مقنعة، فتحمس المثقفون مرة أخرى وقالوا إنه لا يمكنهم الإجماع حول قضية أكل لحوم البشر، وعند التصويت امتنع ثلاثة عن التصويت، وصوت اثنان بالإيجاب واثنان بالنفي.

ما الذي حدث حتى يعود آكلو لحوم البشر في ألمانيا إلى جدول الأعمال مرة أخرى؟ لقد قدم جوتفريد شوتزن قبل مائة عام 1773 دليله بأن الألمان لم يكونوا من آكلي لحوم البشر.

ما هي الاكتشافات التي أضافها فيرشو إلى التشخيص المثير الذي يقول إن آكلي لحوم البشر Anthropophagie (من الكلمة اليونانية anthropos التي تعني الإنسان وكلمة phagein التي تعني يأكل) لم يكونوا فقط في العصر الحجري ولكن في العصر البرونزي أيضًا، وقد كان العصر البرونزي فترة

«حضـارة متقدمـة» بالفعل؟ في ذلك العـصر الجديد المختلف الذي تحرر فيه التاريخ الإنسـاني مـن ظلمـة العصر الحجري، في ذلك العصر الـذي نجح فيه تحويل المـواد بطريقة عجيبة كما في السـحر، ونجح فيه خلط الصخور القبيحة لينتج ذلك المعدن الصلب البراق سـهل التشكيل، لقد كانت الحضارة الأوروبية الأولى التي امتلكت شبكة علاقات تمتد من بحر البلطيق وحتى نهـر النيل، وكنت المرحلة بين العـصر الحجري الحديث والجرمانيين الذين قاموا بنقلة نوعية في التطـور، ألا وهي: إجادة التعامل مع الأحجار باسـتخدام النار، حتى بدأت حقبة جديدة بعد آلاف السنوات الديناميكية المثيرة الناجحة، حقبة بدأت مع اكتشاف الحديد.

لقد أسـس فيرشـو قبل عشر سـنوات الجمعيـة الألمانية لعلوم الإنسـان وعلـم الأجناس وعصور ما قبل التاريخ، وقد تقدم المثقفون كي يشـاركوا بأنفسهم في بعض الحفريات المختلفة فيـما يُعـرف بكهوف الضحية وأمسـكوا النصـال بأنفسـهم، وفي ذلك الوقـت لم يكن العرض الـذي يحظى بـه علماء الآثار اليوم بترك المكتشـفات في مكانهـا لتحليل البيئـة المحيطة والنتائج ممكنًا، فجمع فيرشو كل ما تمكن من الحصول عليه، أما النتيجة فلا تزال موضعًا للدهشة حتى اليوم في برلين: فمن بين الهياكل العظمية والجماجم البشرية التي قام بتكييسـها ـ بالمعنى الحرفي للكلمـة ـ والتـي كان يبلغ عددها 5000 بقـي 3000 فقط في حالة جيدة في مجموعة شـانته الطبية التاريخيـة وقبل ذلك في أحد المخابئ في برلين، لكننا لا نقصد هنا (تقريع فيرشـو)، فقد أضاف هذا الرجل قيمة كبيرة لعلم الآثار الحديث، وكذلك للربط بينه وبين التخصصات العلمية، كما أن فيرشـو هـو من جعل صديقه هاينريش شـليمان يقوم بإعداد مجموعة طـروادة لمتحف برلين للتاريـخ القديـم وما قبل التاريـخ، لقد كانت الحفريات في منتصف القرن التاسـع عشر تهدف للبحـث عن الكنوز، وكانت المكتشـفات تؤخذ لتعـرض بعد ذلك في نوافـذ العرض المحلية، وكانت عمليات الحفر تسـتغرق يومين فقط مثل عمليات التنقيب التي قام بها فيرشـو في كهف بالفـر Balver في ويسـتفاليا، وأحيانًا كانت تتم في صبيحة يـوم الأحد فقط، وقد وصل إلينا من القـرن السـابق «تقرير إحدى الحفريات» للبروفيسـور أيرمان Eiermann مـن مدينة زيكينجـن

Säckingen، حيث كان يقوم بعمليات التنقيب في روتيكوبف Röthekopf في 28 نوفمبر 1920: «في أحد أيام الأحد قبل الظهيرة بين الساعة العاشرة والنصف والحادية عشر، وأثناء سقوط الأمطار الخفيفة» عثر على أجزاء جمجمة بشرية، استطاع بمساعدة الأمطار التي زادت قوتها أن يحررها مستخدمًا (حجر الحاجز)، لكن للأسف تحطم سقف الجمجمة إلى ثلاث قطع و«وضاع تجويف العين الذي كان لا يزال موجودًا حتى تلك اللحظة»، لكن البروفيسور لم يضايق نفسه ونقل البقايا إلى منزله في حقيبة الظهر.

قد تكون تلك الأخبار مسلية اليوم، لكن الحقيقة غير ذلك، فعلى العكس من حضارات حوض البحر المتوسط المتقدمة لم يعرف وسط وشمال أوروبا الكتابة في العصر البرونزي، وكل ما نعرفه من أخبار الماضي ـ ماضينا نحن ـ نعرفه من خلال الآثار، أي من خلال المكتشفات والبحوث التي تُجرى عليها في مختلف التخصصات العلمية.

من المتفق عليه أن تاريخ الإنسانية يبدأ بالوثائق المكتوبة، ولهذا تعرف الفترة السابقة له باسم «ما قبل التاريخ»، أما «التاريخ القديم» فنقصد به بقاء بعض السجلات المكتوبة، وتحديدًا في العصر الجرماني مثل مؤلفات الكتاب الرومانيين مثل جيرمانيا ديس تاسيتوس Germama des Tacitus أو تقرير دي بيللو جاليشو De Bello Gallico حول يوليوس قيصر، وذلك قبل أن يغرق الجرمانيون مرة أخرى في ضباب الجهل لمدة سبعمائة عام حتى قدوم شارلمان.

كيف كان أسلافنا ـ تلك القبائل المجهولة قبل الجرمانيين والسلتيين ـ يعيشون ويحتفلون ويموتون في الوقت الذي كان فيه ملك بابل حمورابي يدوِّن سنة 1760 ق.م مجموعة من القوانين على مسلة شاهقة بكتابة مسمارية تبدو وكأن طائرًا قد مشى فوق الطين اللين؟ ما الذي كان يحدث في بلادنا قبل عصرنا هذا بعصور طويلة في الوقت الذي كان فيه الفرعون تحتمس الثالث يأمر بتدوين مذكراته الحربية حول حملة فلسطين الظافرة بالتفصيل على أحجار معبد آمون بالكرنك؟ وقد وصل إلينا بالخطاب المباشر أيضًا كيف دعا الفرعون قادته المرتابين من خطة المعركة للانضباط قبل معركة مجدو التي وقعت في 13 مايو 1457 ق.م، ما الذي أصاب قلب

أوروبـا بينما كان رمسـيس الثاني يتلقى الهزيمة في معركة قـادش في الجنوب في مايو 1274 ق.م، تلك الهزيمة التي صورت تصويرًا مهذبًا بنقوش هائلة على جدران المعبد الجنائزي في الأقصر؟ ويُقال أنه انتصر بمفرده على الحيثيين وبهذا اسـتطاع أن ينقذ حياته بأعجوبة، إن الدعاية المنمقة وتزوير التاريخ والتضليل السياسي كان موجودًا في العصر البرونزي أيضًا.

كيـف كان أجدادنـا يعبدون آلهتهم وكيف كان يعيـش كهنتنا وأمراؤنا ـ إن كان لهم وجود أصـلًا؟ وكيف كانوا يتواصلون في الوقت الذي كان فيه رمسـيس العظيم يتبادل الرسـائل مع حماته، زوجة ملك الحيثيين حاتوشيلي الثالث ـ وفي نقلة نوعية في تاريخ الإنسانية ـ يبرم الملكان القويـان معاهـدة سـلام؟ ففي عـام 1259 ق.م خُتِمـت هذه المعاهـدة المكونة من نـص متعدد الفقـرات مكتـوب باللغتين الهيروغليفية المصرية والمسـمارية الأكادية الدبلوماسـية: وهي أول معاهدة سـلام محفوظة في التاريخ، ولم تُنتهك المعاهدة قط، وتوجد نسـخة منها بارتفاع متر في المقر الرئيسي للأمم المتحدة في نيويورك في صالة الدخول.

هل كان سكان جبال الأناضول بنفس قوة الفراعنة على نهر النيل؟ هل كانوا يمثلون عدوًّا مهيبًا للفراعنة؟ فقد كان الحيثيون قبل 3300 عام يمتلكون شـيئًا تحلم به الدول الأخرى حسـبما تؤكد لنا خطابات التسـول التي كان يرسـلها ملوك البلاد المجاورة: إنـه الحديد، المعدن الأكثر مرونـة وصلابة والأعلى سـعرًا بسـبب توافـره الكبير، ذلـك المعدن الـذي كان لا بد أن يخلف البرونز، والواضح أن توت عنخ آمون هو الوحيد الذي نجحت توسلاته: حيث عُثر في مقبرة الفرعون على خنجر حديدي مع خنفساء من العنبر، ولم يصل ذلك المعدن إلى شمال أوروبا إلا بعد ذلك بألف سنة أي في عام 800 ق.م وبهذا بدأ العصر الحديدي، لقد كان الحيثيون وحدهم هم من يتقنون التكنولوجية الجديدة، فكانت أسلحتهم لا تقهر، وكان ملك الحيثيين يجلس على عرش من الحديد، لكن ما المانع في ارتداء قناع من الذهب كقناع توت عنخ آمون؟

اكتشاف المعارف الضائعة مرة أخرى

كل هذا نعرفه من السجلات المدونة والتي لا تدور فقط حول الأشياء العملية مثل كميات التوريد والأعداد وعقود التجارة، ولكنها تدور أيضًا حول (الفنون الجميلة)، حيث يتضمن أرشيف اللوحة الخرسانية الذي عثر عليه علماء الآثار الألمانيون في قصر حاتوشا -عاصمة الحيثيين ـ نصًّا يلمس قلب من يقرأه اليوم، هذا النص يعرف بصلاة الطاعون وكُتب بعد طول فترة الوباء، وهو قطعة رائعة وحساسة من أدب العصر البرونزي، وقد وُلدت هذه الصلاة من تأمل الإنسان في الكون والآلهة وتأمله في نفسه، وتتحدث عن الذنب والخطيئة، والنعمة والمغفرة.

أيتها الآلهة، هكذا هو الحال: يأثم الإنسان.
وأبي أيضًا ارتكب الخطيئة،
لكني لم أخطئ في شيء.
هكذا هو الحال: يرث الابن خطيئة الأب.
يملكني الألم من قلبي.
ويأخذني الخوف من روحي.

الإثم يجذب إليه الإثم، وتعتبر صلاة الطاعون الخاصة بالملك العظيم مورشيلي بداية كل الآداب، بما فيها آداب العصر البرونزي، وبينما كان الأمراء المينويين والميسينيون يتبادلون الرسائل بالكتابة الخطية B بين كريت والبر اليوناني وكانت حرب طروادة مشتعلة وكان أوديسيوس يصول ويجول لم يؤلف أسلافنا أي رسائل خطية من شأنها أن تمدنا بالمعلومات، فلم تصل إلينا أي قوانين أو سجلات إدارية أو رسائل تسول أو عقود تجارية أو مذكرات حربية أو عهود زواج أو تعليمات حول العبادات أو أدعية وصلوات، كذلك لم تصل إلينا أي وصفات حول الأعشاب الطبية كما في أوراق البردي المصرية القديمة إيبرس Ebers التي تعود إلى القرن السادس عشر قبل الميلاد،

وهـي عبـارة عن لفافة ورقية طولها 20 مترًا تصف وسـيلة منع الحمل وعـلاج الاكتئاب السريري ووسيلة الوقاية من امتلاء الرئة بالغبار جراء أعمال البناء. ويوجد هذا الكتاب الطبي القديم الآن في المكتبة الجامعة في مدينة لايبتسـيج Leipzig وقد اشـتراه ملك ساكسونيا بأمواله، وغالبًا ما تُنقل إلينا المعارف المفقودة من الحضارات المتقدمة وعلينا أن نعيد اكتشافها من جديد.

الكتابة المسمارية من أرشيف قصر حاتوشا

على سـبيل المثال اسـتخدام نبات الخروع: إن كل ما نعرفه عن هذا النبات هو التأثير الملين لعصـيره، لكن قدماء المصريـين عرفوا قدرة أوراقه على علاج جروح الجلـد وأن بذرة أو اثنين منه كافيتين لقتل إنسـان، وبالمناسبة: ينمو نبات الخروع حتى يومنا هذا في الحدائق القديمة على ضفاف النيل أو على حواف الترع في وسط القاهرة.

لم تنجو مثل هذه الوثائق في وسـط وشـمال أوروبا، لسـبب بسـيط وهو أنها لم تكن موجودة أصلًا، فنحن نحلم أن نعثر في كهوف الراتنج والمقابر الحجرية في كيل أو الصدوع في سفوح جبال

الألب على سجل للأوامر العسكرية أو عقود تجارية أو رسائل خاصة أو تعليمات بخصوص الطقوس الدينية أو أسماء الآلهة، فأي ثروة هائلة كنا نمتلكها كي نستكمل صورة العالم لدينا!!

لكننا على الرغم من ذلك نعرف الكثير عن الحياة والتضحية والموت بين الألب وبحر البلطيق في أكثر العصور غموضًا، فكما لو أنها كانت محفوظة في كبسولة الزمن فقد بقيت تلك الآثار محفوظة في التربة والمستنقعات والبحار تنتظر من يفك شفرتها، وهي مهمة شاقة، إنها حتى أكثر صعوبة من قراءة اللغة الأكادية البابلية أو اللغة الهيراطيقية المصرية التي يستطيع خبراء اليوم قراءتها كما يقرؤون جريدة الصباح، والسبب الرئيسي هو أن المسألة تظل دائمًا مسألة تفسير للمكتشفات والنتائج، حتى وإن لم تكن تدور بالضرورة حول «آكلي لحوم البشر من قدماء الألمان»، تخيل أن أحد أسلحة الدمار الشامل قد دمر كل كتبنا وكتاباتنا ولوحاتنا وصورنا وأفلامنا ورسائلنا الإلكترونية وأباد حضارتنا! لقد قطعت الإنسانية أشواطًا كبيرة في خلال 3500 سنة، حتى أصبح الناس يهتمون بالحضارات المغمورة اهتمامًا بالغًا، أما بالنسبة لحضارتنا فقد بدأ الحفر على بعد عدة أمتار من سطح التربة واكتُشفت أشياء غريبة، ففي كل مكان كانت توجد معالم مبانٍ على شكل صليب تتجه نحو الغروب، ولم يُعثر في تلك المباني الغامضة على أي آثار استيطان أو حتى مواقد، وكثيرًا ما كانت تُكتشف مقابر في هذه المرافق أو حولها، لكن يُستبعد أنها كانت تُستخدم لغرض تجديفي، وتشير الأوعية إلى الطعام والشراب الذي كان يُقدم هنا لتلك القوة الخارقة أو الغامضة، ولا بد أن هذه القوى كانت آلهة جبارة يقدم الناس إليها القرابين: فلا تزال الصلبان الخشبية التي كان الناس يُصلبون عليها موجودة، وبعض البقايا الأخرى كانت توضح صدر الضحية مشقوقًا والسهام مستقرة في جسده، أما النتائج فهي تتحدث عن نفسها:

مما لا شك فيه أن الناس كانوا يحتفلون في تلك المباني بطقوس تقديم القرابين البشرية.

هكذا ربما سيبدو حكم المثقفين في الألفية الخامسة على المسيحية التي لم تترك أي كتابات وعلى أدلتها العينية ـ الكنائس ـ، فقد توصل العلماء إلى هذا التفسير سنة 1880، ولا يزال قائمًا

حتى يومنا هذا على الرغم من ـ أو بسبب ـ كل الوسائل المساعدة التي تقدمها العلوم الطبيعية، أمـا الخلاف الحالي بين الخبراء فيدور حول تقدير آلاف الكنوز التي تعود إلى العصر البرونزي، حيث كانت المعادن وأحجار العنبر ذات القيمة الهائلة تقدم كقرابين إلى الآلهة ـ كما يزعم أغلب الباحثين ـ أو ربما كانت مدخرات أخفاها التجار والأقوياء في فترات الحرب؟ لكن، ما السبب في تكديس تلك الكنوز في أوقات السلم والرخاء؟ هل لهذا أي معنى؟

السور العملاق لمدينة حاتوشا، لماذا ترك الحيثيون مدينتهم سنة 1200 ق.م خاوية تمامًا؟ لا يزال السبب لغزًا حتى يومنا هذا

لهذا السـبب يصبح كل دليل صغير مهمًا جدًا في كل اكتشـاف أثـري، ولهذا يجب أن تظل المكتشـفات في أماكنهـا وأن تُبلـغ الجهـات المختصة أو أقـرب مركز شرطة عـلى الفور، ولهذا يعاقـب القانـون على حفـر الأراضي بدون ترخيص، ولهـذا تتم ملاحقة الباحثـين عن الكنوز

والهواة من علماء الآثار ـ ويُحكم عليهم بالسجن عند تكرار محاولاتهم ـ لأنهم يسرقون تاريخنا ويدمرونه للأبد، ولأن المكتشفات عندما تُنتزع من سياقها تصبح عديمة القيمة ولا تخبرنا بشيء عن الظروف ـ هل كانت مفقودة أو مدفونة أو مودعة؟ كيف ومتى؟ وما ملحقاتها؟ هل كانت ساحة معركة أم مكان مقدس أم مستوطنة؟ كل هذه المعلومات تُفقد إلى الأبد أو يحاول الباحثون استرجاعها كما في صفحة السماء التي عثر عليها في نبرا Nebra، تلك التي عثر عليها لصوص المقابر وهم يبحثون عن الأدوات العسكرية التاريخية باستخدام الكاشف عن المعادن، فتضررت تلك الصفحة السماوية أثناء استخراجها.

القرابين البشرية في كهوف الجثث

في الواقع تبدو الضربات قاسية في قضية أكلة لحوم البشر في العصر البرونزي، وحتى اليوم يدور خلافًا شديدًا حول تقييم البقايا البشرية التي عثر عليها في مختلف الكهوف والشقوق والمذابح وبالتالي يتناول هذا الخلاف بدوره الدين والعبادة في العصر البرونزي، فقد شكل التجديف والتقديس في العصر البرونزي وحدة كانت تحدد حياة الناس وموتهم، وفي الوقت الذي كان فيه فيرشو يحفر في كهف بالفر Balver عام 1870 في جنوب ويستفاليا كان العثور على العظام البشرية المشقوقة ـ كما هو الحال في غيره من السلاسل الجبلية الألمانية متوسطة الارتفاع ـ شائعًا، وكانت المعايير تبدو كالتالي: إذا كانت هناك آثار قَطْع فني في الجمجمة أو العظام الطويلة ـ أي آثار لا يمكن أن تسببها مخالب الدببة أو غيره من الحيوانات ـ فإن تلك الآثار تدل على طقوس أكل لحوم البشر، حيث كان يُستخلص نخاع العظم اللذيذ المغذي ـ تذكَّر حساء النخاع في عصرنا الحالي ـ أما فتح الجمجمة فكان الهدف منه استخراج المخ، وإذا وجدت بعد ذلك آثار يخنة فيُخمن أن هذه الآثار وجبة خاصة بالطقوس تُقدم مع اللحم المشوي، ومن الملامح الأخرى التي تميز كهوف الجثث التي تعود إلى فترة ما قبل التاريخ هو وجود مدخل

ضيـق سري في هـذه الكهـوف، ولا توجد بها آثار اسـتيطان أو أثاث أو هيـاكل عظمية محتفظة بحالتها الكاملة، وكان يوجد بها ألواح المذبح وودائع كما في كهوف روتشتاين في مدينة إيث في ولاية ساكسـونيا السـفلى، وقد تعرف عالم الآثار هارتموت بولينز من مصلحة إدراة التراث في وسـتفاليا Hartmut Polenz عـلى ما لا يقل عن 25 كهفًـا من كهوف الطقوس والتي عثر فيها على ودائع ذات دوافع دينية، وقد تروا‌حت القرابين التي تقدم إلى الآلهة القوية بين الحبوب البسيطة والمعـادن الثمينـة والعنبر ـ كما سـنرى لاحقًا، وعندما تكون الحاجة كبـيرة تُقدم أغلى القرابين، وهي القرابين البشرية.

مرة أخرى تزداد المشـكلة صعوبة، فلم يعد هناك خلاف على حقيقة تقديم القرابين البشرية للكائنات الأعلى والأسـمى، لكن الخلاف يدور حول وجبات لحوم البشر التي سـمعنا عنها من علم الأعراق البشرية (الإثنولوجيا)، فقد عثر على بعد 14 كم شمال كهوف بالفر ـ حيث تقام الآن حفلات موسيقى الروك ـ على عظام بشرية في المواقد الموجودة في كهوف كارهوف Karhofhöhle، ولم توجـد أي عظـام متحـدة في هيكل عظمي واحـد، كما وجدت قطع حزفية مكسـورة بجانب هذه العظام، وفي كهوف الجثث ـ والحقيقة أن هذا هو اسـمها حتى يومنا هذا فما الذكريات التي حفظتها هذه الكهوف قبل التاريخ؟ ـ في آيسـبورن Eisborn في ساورلاند Sauerland وُجدت بقايا وجبـات القرابـين التي تعود للعصر الحديدي: حيث كانت قدور الطهي تسـتقر على المواقد التي تعمـل بالفحـم وبجوارها الأقراط المرصعة بحبـات العنبر، وأفخاذ بشرية وأجـزاء لحوالي اثنتي عشرة جمجمة وعظام بشرية معالجة و400 سن بشري، والحقيقة أنه قد عُثر في بعض أماكن العبادة الأخرى على مجموعة أسنان كهذه، لكننا لا نعرف لها أي تفسير حتى الآن.

بدءًا من العصر الحجري ومرورًا بالعصر البرونزي وصولًا إلى العصر الحديدي نجد في بلادنا أدلـة تشـير إلى طقوس أكل لحـوم البشر، وقد كان هذا هـو أقرب صور التواصل مـع الآلهة، ومنذ صورة العصر الحجري الحديث واتجاه الناس إلى الاسـتيطان والاسـتقرار بحيث أصبحوا يعملون كمزارعـين ومربـين للحيوانـات اختلفـت نظرتهم للكائنات الأسـمى وقد تجلى ذلـك في أديانهم؛

فعندمـا فهم الإنسـان العلاقات الموجودة في الطبيعة مثل الزراعـة والحصاد، أدرك أنه تحت رحمة قـوى الطبيعـة فزادت رغبته في أن يكون مؤثـرًا ـ وكان ذلك من خلال الآلهة مباشرة، فقد أصبح الإنسـان أكثر وعيًا واسـتقلالية من أن يكون صيـادًا أو جامعًا للثمار يتجـول بقطعان الحيوانات عنـد تغـير المنـاخ، وكان للقربان والهبـة مفعول السـحر، حيث كانـت تفعِّل القوة التـي تؤثر في الآلهة المختصة المسـتقبلة للهدايا، وتسـتعطفها، مثلما كان ملك الحيثيين موشـيلي ـ على بعد آلاف الكيلومترات من هنا ـ يحاول اسـترضاء الآلهة بصلاة الطاعون أو مثلما تقول الأسـطورة اليونانية إن الملك أجاممنون ملك ميسيناي ضحى بابنته إفيجيني Iphigenie قبل حملة طروادة، وكان الناس يطلبون النصر من الآلهة، ويسترضونها عند الجفاف ويقدمون لها الهدايا عند المرض، وكان الناس يطلبـون مـن الآلهة العود الحميد بعد طول الرحلة ويتوسـلون من أجـل الحصاد القوي، وكي لا ننسـى كان النـاس يفكرون في الآلهـة عندما تتحقق أمنياتهم، فقد كان النـاس يتاجرون مع الآلهة وفقًا لمبدأ أنا أعطي كي تعطي، وكلما كانت المشكلة أكبر كانت العطية أغلى.

الدين مسـتمر ومحافظ، وعلى مدى آلاف السـنين كان أسـلافنا يقدسـون الأماكن البارزة في الطبيعة، حيث كانوا يمارسـون طقوسهم وشـعائرهم الدينية الموروثة، لآلاف السنوات وفي نفس المكان (المقدس بطبيعة الحال) دون أن تعرف الأجيال شيئًا عن بعضها البعض.

لقد تحرر إنسـان العصر البرونزي من سـحر الصيد الذي كان سـائدًا في العصر الحجري، حيث كان الإنسـان يسـتحضره في صـورة تماثيل صغيرة أو رسـومات على جـدران الكهوف، وكان التواصـل مع الآلهة المختلفة يحدث في أماكن غير عادية تمارس فيها سـلوكيات التضحية الغريبـة التي تركـت بصماتها حتى يومنا هذا، على القمم الجبلية حيث يكون الإنسـان قريبًا من الآلهة وفي الأنهار والمسـتنقعات ومنابع المياه والكهوف التي تؤدي إلى أمنا الأرض وفي سـفوح الجبـال حيـث توجد أماكن تقديم القرابـين المحروقة التي يتصاعد دخانها حتى السـماء، أما في الشـمال فـكان يوجـد بدءًا من عـام 1800 ق.م نوع مبهم مـن عبادة الأحجار ـ كـما تؤكد مئات الأحجـار الوعائية الصغيرة Schälchensteine التي توجد بها حفرات صناعية توضع بها العطايا

أو الطقوس الغامضة على الصخور المنتصبة المعروفة لنا من قصة أستريكس وأوبليكس باسم صخور المنهير التي انتشرت انتشارًا واسعًا في وسط أوروبا بدءًا من عام 2000 ق.م.، والحقيقة أن الجزء الأكبر منها كان في تلك المنطقة التي سكنها السلتيون/ الإغريق فيما بعد، وحتى القرن الماضي كانت طقوس الخصوبة ملحوظة على صخور المنهير الفرنسية.

أطول عملية تنقيب في ألمانيا

ما هي الطقوس التي كان يتبعها الأفراد أثناء ممارسات التضحية في العصر البرونزي، وكيف كانت تبدو طقوس العبادة تحديدًا وما المغزى منها وماذا كانت عقيدتهم وما هي الخلفية الفكرية التي كانت تقف وراء تلك الطقوس، جزء كبير مما سبق سيظل دومًا محلًّا للتخمين وتضارب الآراء، حتى وإن اكتُشف في القرن الماضي كهفان يحتويان على أدلة واضحة تشير إلى أكل لحوم البشر: كهف العذراء في منطقة تيفنئلر Tiefeneller في بافاريا وكهوف كيفهويزر Kyffhäuser في تورينجيا، أما تلك الأخيرة فقد كانت تضم عطايا كثيرة تعود للعصر الذهبي من بينها خرز العنبر، وفي كهوف بافاريا السفلى التي اكتشفها فيرشو أيضًا كانت توجد أدلة - كما في كهوف روتشتاين في إيث Ith وهي أماكن عبادة تعود إلى بدايات العصر البرونزي، حيث يوجد شق ضيق في الجدار الصخري يؤدي إلى ممر ضيق يبلغ طوله 70 مترًا ويهوي فجأة إلى عمق 20 مترًا، وقد عثر علماء الآثار على نصال برونزية على أحد المذابح كما عثروا على الكثير من العظام البشرية المحطمة والمحروقة، فقط العظام الطويلة المعلَّمَة اللذيذة كانت مشقوقة ومتفحمة. أما العظام التي لم تكن بها أية علامات فكانت غير مصابة، وقد كان المنقبون الأوائل يعتبرون ذلك دليلًا على تقديم وجبات الأضحية هنا على حافة المواقد، ووفقًا للملحقات التي عُثر عليها في معظم الكهوف - مثل الحبوب والقرابين الحيوانية - لم يكن الجوع هو السبب في تلك الوجبات الغريبة من منظورنا الحالي.

هنـاك أدلة تؤكد استـمرار تلك العـادات الدينية حتى العصور الوسـطى! من هذه الأدلة كابيتولاتيـو دي باربيتـوس ساكسـونيا Capitulatio de partibus Saxoniae، وهـو نـص قانـوني أصـدره شـارلمان عـام 782 يقول: الإعدام هو عقوبـة كل من يضلله الشـيطان ـ بحكم العرف الوثني ـ ويتهم رجل أو امرأة بالسحر وأكل لحوم البشر ويقوم بحرقه نتيجة لذلك ويأكل لحمه أو لحمها أو يقدمه كطعام لغيره. (ترجمة إ. شوبيرت)

في الآونة الأخيرة تُرفض تلك التفسـيرات المعتادة: في السنوات الأخيرة على وجه الخصوص أصبـح العلـماء يصححـون الآراء السـائدة حـول القرابين البشرية كنـوع من الطقـوس فيما يخص بعض العظام المكتشـفة وذلك باسـتخدام وسائل الفحص الحديثة والتحليلات المستندة إلى العلوم الطبيعية، كما حدث مؤخرًا مع أساطير كهوف ليشتنشتاين Lichtensteinhöhle في أوسترود Osterode في هارتس Harz: حيث أثبتت الفحوص الجينية التي أجريت على العظام البشرية وجود صلة قرابة، ومـن الواضح أن هذا المكان كان مقبرة لإحدى العشـائر الكبرى على مـدة عدة أجيال، حيث عُثر على الحلي البرونزية والخرز الزجاجي وخرز العنبر كمرفقات للدفن، وأصبح الأمر مروعًا بصورة أكبر عندما أخذ العلماء مسـحة لعاب من سـكان النزل المحلي المسـتقرين هنا منذ القدم، فقد نجح العلـماء في تحديـد ثلاثة رجال تربطهم صلة قرابة بالموتى، فـإذا بهؤلاء الرجال ينظرون وجهًا لوجه إلى أجدادهم ـ حيث تم إعادة ترميم الجماجم ـ الذين ماتوا منذ 3000 سنة.

نظـرًا لأننـا لا نملـك أي سـجلات مكتوبة فـإن علماءنـا في الواقع ليسـوا أكثـر ذكاءً من هؤلاء المشـاهير الذين حضروا مؤتمر ما قبل التاريخ عم 1880، واليوم يُنظر إلى مئات الكهوف والشـقوق الموجـودة في ألمانيـا باعتبارهـا أماكن عبـادة، لكن الحقيقـة أنه لا يوجـد أدلة قاطعة تؤيـد نظريـة أكل لحوم البشر وفقًا لما وصلت إليه حالة البحـث في الوقت الراهن، فالأمر يبقى مجـرد تخمـين، لكـن ما هو الـدور الهام الـذي لعبته شـعائر العبـادة في حياة الإنسـان في العصر البرونزي، وكيف كان هذا الإنسان يعتمد على قوى العالم الآخر تلك، هذا ما توضحه الودائع التـي خرجـت إلى النور حتى يومنا هذا، أي تلك المكتشـفات التي لا تتعلـق بملحقات الدفن

ولا ببقايا الاستيطان، ولا يعرف أحد ما إذا كان لا يزال مدفونًا في باطن الأرض أم لا، ويعتقد علماء الآثار أن 90 ٪ مما تركه لنا أسلافنا لم يُكتشف حتى الآن.

يعتبر الجزء الأكبر من الكنوز دليلًا على شعائر العبادة، لكن ـ وهذا الأصعب ـ من أين لنا أن نعرف أن تلك الكنوز ليست سوى مدخرات أخفاها أحد التجار ولسبب ما لم يستطع أن يستخرج تلك الأحجار الكريمة مرة أخرى؟ وتبدو الحجة المضادة كالتالي: لماذا يلجأ عدد كبير من التجار إلى إخفاء آلاف الودائع في أوقات الهدوء والسلم؟ وما تفسير الكنز الذهبي الثقيل الذي اكتشف مؤخرًا في أحد الحقول في جيسيل؟ من الذي دفنه ولماذا؟ وما مصدر هذه الثروة؟ وما علاقتها بالاضطرابات الاجتماعية العنيفة في العصر البرونز وبالنخبة الأولى في قلب أوروبا، أوروبا التي لم تكن تعرف حدودًا بين الجزر البريطانية وبحر البلطيق امتدادًا إلى حضارات البحر الأبيض المتوسط المتقدمة؟

لم يكن ذلك الاكتشاف السعيد وليد الصدفة، فقد اقتضت الضرورة مد خط غاز طبيعي عملاق لتمويل غرب ووسط أوروبا بالغاز الطبيعي من سيبيريا، وكان خط غاز شمال أوروبا NEL الطويل الذي يبغ طوله 440 كم يمر بطول 200 كم وبعرض 36 مترًا في ساكسونيا السفلى وقد بلغت تكلفته مليار يورو، وينتهي مسار الخط عند ديبهولز Diepholz، حيث تبلغ سعة الخزان الموجود هناك تحت الأرض مليار كيلو متر مربع وبهذا يكون أكبر خزان في أوروبا، إن الأمر إذن يتعلق بمبالغ مالية هائلة كما أن ضغط الوقت هائلًا، فمن المفترض أن يبدأ الخط في نقل الغاز الطبيعي بحلول عام 2013، لكن قبل ذلك لا بد أن يأتي علماء الآثار ويفتشوا هذه المساحة شبرًا شبرًا بدقة وعناية كما تتطلب مهمتهم، وربما تمر عدة سنوات إن لم تكن عقودًا حتى ينهي الفريق المعين من مصلحة الآثار والذي يعاني من نقص كبير في العاملين المسح الذي يجريه ويصبح العمل في بناء خط الغاز ممكنًا، والمستثمرون هم من يدفعون ـ وفقًا لمبدأ تغريم الملوث ـ تكلفة مشروع الآثار الثقيل الذي سيستمر عدة سنوات، ومنذ نوفمبر 2010 ومؤسسات الحفر الخبيرة المستقلة تقوم بعمليات التنقيب.

أمـا التنسـيق الجيد بين خط غاز شـمال أوروبا والسـلطات المختصة وخـبراء المتفجرات ومسـؤولي حماية البيئة والسـلطات المحلية والسكان وشركات الحفر والمتخصصين من مختلف المؤسسـات البحثية بتنسـيق مصلحة ساكسـونيا السـفلى المحليـة للآثار كل ذلـك كان إنجازًا لوجيسـتيًّا هائـلًا، وعملية الحفر هذه التـي تعتبر أطول عملية حفـر في ألمانيا وواحدة من أكبر عمليـات الحفـر في أوروبا لا تمت بأي صلـة للمطاردات التي كان يقوم بها ذلك البروفيسـور مـن زيكينجـن Säckingen قبـل مائة عـام، حيث تعود المعـدات الكلية المسـتخدمة إلى مختلف التخصصـات العلميـة، وهو تحدٍ كبـير وفرصة هائلة لعلـم الآثار الحديث، وعـلى امتداد 200 كـم سـوف نعرف من خـلال التوثيق والاسـترداد ما يزيد عـن 1000 عام مـن التاريخ الثقافي لساكسونيا السفلى.

وقد اتضح حاليًّا أننا لم نعرف من سجلات الماضي سوى حوالي 10 إلى 20٪.

بعد إزالة التربة السـطحية يفسـح الطريق أمام النظر إلى السـجل الأثري الموجود في باطن الأرض، والذي سـيُدمر إلى الأبد عند بناء الطريق، أما الشيء الجديد فهو أن المسـاحة بأكملها سـوف تخضع للاستكشـاف المكثف كـي لا يمكن تجاهل أي موقع اكتشـاف، وهـذا معناه أنه سـيتم النظـر إلى باطـن الأرض مـن خلال شـق عرضه سـتة أمتار قبـل الـشروع في إجراءات البنـاء، وبمجرد أن يكشـف علماء الآثار هذه المسـاحة سـوف تـأتي مركبات البنـاء على الفور، أما المكتشـفات المميزة فسـوف تنقل ككتلة من التربة إلى المعمل، وهذا أسرع ويضمن الكشف الدقيق دون التعرض لضغط الوقت وخطورة لصوص المقابر، ومثل عقد اللؤلؤ سوف تتصل المستوطنات ومواقع المدافن والمكتشفات الفردية التي تعود إلى العصر الحجري القديم وصولًا إلى العصر الحديث على طول الطريق.

كلمة السر «اكتشاف مميز»

في تلك المساحة المخصصة للحفر والتي تبلغ سبعة ملايين متر مربع حدث شيء غير متوقع ولم يسبق له مثيل، كان ذلك في الرابع من أبريل عام 2011 في يوم أربعاء حار في جيسيل، دائرة مقاطعة ديبهولتز، على بعد ساعة بالسيارة من بريمين عندما سمع عامل الحفر جان شتاملر Jan Stammler الرنين العالي لجهاز الكشف عن المعادن، فاعتقد أنها قد تكون ذخيرة قديمة من تلك التي يعثر عليها عادة، لكن شتاملر لاحظ الجزء الذهبي واكتشف كنز حياته، فعندما كان يحفر بمجرفته الصغيرة بحذر شديد ورأى إبرتين برونزيتين خضراوين لامعتين وحلزونًا ذهبيًّا يظهر من تحت الأرض قام بالمزيد من التعرية وأبلغ عالم الآثار المحلي في ساكسونيا السفلى هينيج هاسمان Henning Haßmann، الذي شعر بدوره بحساسية الموقف وأطلق كلمة السر «اكتشاف مميز»، ربما لم تكن تلك الكلمة مبدعة للغاية ولكنها كانت صادقة من حيث المضمون، فقد كان الكنز يزن 1.8 كيلو جرام وبالتالي كان أكبر كنز ذهبي يكتشفه علماء الآثار في ألمانيا يعود إلى العصر البرونزي.

في نفس المساء قُطعت تلك الكتلة الأرضية بالكامل ونُقلت إلى هانوفر، وفي سوق البناء كان الإمداد بالخشب اللازم لبناء الصندوق الآمن للنقل سريعًا، وبدأ الفحص المنهجي في المعامل المختلفة وباستخدام التكنولوجيا العالية التي تقدمها النقابة، وحتى صور الأشعة السينية الأولى التي أخذت كانت توضح حجم الاكتشاف، وقد كشف التصوير المقطعي المحوسب الذي قامت به جامعة هانوفر بعد أربعة أيام من القياس وبعد التشاور مع خبراء «مركبات فولكسفاجن التجارية» تفاصيل أكثر دقة عن شكل وموقع الأشياء بالتصوير ثلاثي الأبعاد، وقد قدم تصوير الكتلة الأرضية بأجهزة Y.LineScan بقوة ستة ميجا إلكترون فولت صورة مفصلة ثلاثية الأبعاد للكنز المطمور في طبقة سمكها نصف مم، وقد طورت إحدى الشركات المتخصصة في إنتاج القوالب المستخدمة في جراحات الفم والفكين والوجه في نويس

Neuss برنامج لمعالجة البيانات ثلاثية الأبعاد بصورة أكثر دقة ويتيح الحصول على النموذج ثلاثي الأبعاد رؤية دقيقة على الحاسوب في صورة راتنجات إيبوكسية بنسبة 1:1، ويمكن للقائمين على الترميم أن يأخذوه وتطويره وتحويله أثناء التعرية النهائية للوحدات والتي تتم بحذر شديد، حيث يعرفون الآن ترتيبها بالتفصيل، ولن يصدق الرائي مدى صفاء القطع الرقيقة ـ حتى قبل أن يراها بعينه المجردة، ولا توجد علاقة بين هذا الفحص وصورة علم الآثار باعتباره علمًا يختص بدراسة ما قبل التاريخ.

كنز جيسيل الذهبي أثناء اكتشافه قبل أن يُستخرج من التربة ككتلة كاملة، حيث تلمع الإبر البرونزية بلونها الأخضر

والآن يأتي دور الفرشاة والملاقط، حيث يتم تهيئة الوحدات المفردة البالغ عددها 117 وحدة ويتم إخراجها، ولأول مرة منذ 3500 سنة ترى ضوء النهار من جديد، من يجب أن يمسكها بيده؟ ولماذا؟ وماذا حدث لها أثناء الاحتفال؟ وأثناء دفنها؟ أو ربما كانت سرقة لذا وضع ذلك الكنز على عجل في صندوق صغير نسبيًّا غير لافت للأنظار؟ إذا رفعت الأجزاء

سوف تُدهش من ثقلها، حيث تستقر القطع الحلزونية بجوار بعضها البعض في ترتيب مضغوط لتوفير المساحة ولسهولة نقلها في حقيبة مقفولة بإبر برونزية، كما كانت الخواتم ودبابيس الزينة ـ إبر الأمان في العصور القديمة ـ والسلاسـل الذهبية مكدسـة ومعبأة بصورة متشـابكة، وقد كان لتآكل الإبر والتأثير المضاد للجراثيم الناتج عنه الفضل في الحفاظ على بقايا الألياف، والتي اسـتطاعت مصلحـة البحـث الجنائي في هانوفـر أن تحدد تاريخهـا، فقد كانت البقايـا العضوية مـن الكتـان وتعـود إلى القرن الرابع عشر قبـل الميلاد، ويوضح فحص مكان الاكتشـاف معالم الحفـر وأن الكنـز قد وضع في حقيبة صغيرة ودُفن في حفـرة صغيرة جدًّا، تم طمرها على الفور باستخدام مادة التربة التي أزيلت من الحفرة.

أما الأهمية المميزة فيسـتأثر بها مصدر الذهب، حيث تم تحديد البصمة الكيميائية للذهب نتيجـة للفـروق الطفيفـة في تركيبة العناصر النادرة ـ وهي النسـب المئويـة الموجودة في الذهب لأكثـر مـن عشرين عنصرًا مثـل الفضة والمنجنيـز والحديـد والقصدير والنحـاس والكوبالت وجـدول المقارنـة الـدولي، وقـد اسـتخدم كل مـا يمكن للعلـوم الطبيعيـة الحديثـة أن تقدمه، وباسـتخدام جهـاز في حجـم الحجرة قام العلماء ببنائه بأنفسـهم وهو من أكثـر الأجهزة دقة في العالم والوحيد المختص بالقضايا الأثرية تمكنوا من تحديد المصدر، فلم يأت الذهب من الأنهار المحلية أو مناجم الدول المجاورة ولكنه جاء من آسيا الوسطى، ربما من أفغانستان، وقد ألقت هـذه النتيجـة ضوءًا جديدًا على تجارة الذهب في العصر البرونزي، لقد زادت حيرة العلماء، فلا بد أن طرق التجارة كانت تصل بين ساسـكونيا السـفلى وهندوكوش ـ قبل 3500 سـنة! كذلك تم تحديد مصدر المعدن المسـتخدم في صناعة إحدى الإبر البرونزية، حيث فُحِص فتات المعدن الـذي كان في حجم حبة الغبار والذي سـقط أثناء اسـتخراج الإبر، ويشـير مصـدر المعدن إلى نفس الاتجاه الذي يشير إليه مصدر الذهب؛ وهو جنوب شرق أوروبا، وحقيقة أن فتات الإبر الناتجة عن التآكل قد قدمت لنا تحديدًا دقيقًا لأصل المعدن وذلك باسـتخدام تقنية قياس نظائر الرصاص تعتبر طفرة في تحليل المنشأ الأثري.

أما الحلزونات الصغيرة فقد ظلت تُستخدم لفترة طويلة قبل دفنها، وعند تكبير الحلزونات عشر آلاف مرة ظهرت آثار الاستخدام التي تشير إلى استخدام تلك الحلزونات على مدى عدة أجيال، أما ما يشير إلى طقوس تعطيل الوظيفة فهو تخريب هذه الحلزونات قبل دفنها كي تفقد وظيفتها، فما يُكرَّس للآلهة لا يجوز لأحد أن يستخدمه بعد ذلك، ولا شك أن قيمة هذا الكنز المصنوع من الذهب الخالص باستثناء الإبر البرونزية كانت كبيرة جدًّا، فمن الذي أراد أن يكون بهذا القدر من الثراء وبهذا القدر من القوة قبل التاريخ في ساكسونيا السفلى؟

قد نستنبط الإجابة على هذا السؤال من سياق الكنز، فهناك شيء غريب جدًّا، فيبدو أن تلك السلسلة الذهبية الخيالية لم تكن مخصصة للاستعمال كحلي، ثمانية سلاسل كل واحدة منها مكونة من عشرة حلزونات مشبوكة معًا مثل سلاسل المفاتيح في عصرنا الحالي أي أنه من السهل فصلها عن بعضها البعض ـ ولا يمكن أن يكون ذلك مجرد صدفة، إن الأمر هنا لا يتعلق بالحلي ولكن بالمادة الخام، وقد فكر هينيج هاسمان أنها ربما كانت عملة دُفِنت هنا، وما يؤيد ذلك هو أن بعض الموجودات كانت نصف مصنعة، أي أن الموضوع هنا يتعلق بالقيمة الاقتصادية الخالصة، لكن قيمة المادة عالية جدًّا لذا يُستبعد أن تكون وديعة أحد التجار، ربما كان كنز لعشيرة أو قبيلة كانت تقوم على جمعه على مدة عدة أجيال وفقًا للطقوس أودعتها باطن الأرض.

نظرًا لأنه لا يوجد ما يدل على ارتباط الكنز بمقبرة أو مستوطنة فيعتقد هاسمان أن للكنز خلفية دينية كما يؤكد على أن الفصل المعروف حاليًّا بين التقديس والتدنيس لم يكن معروفًا في العصور القديمة، لكن ما هو السبب في دفن هذا الكنز؟ هل كان ذلك بسبب انتشار وباء معين لفترة طويلة أو أن المنطقة مرت بفترة جفاف لا تنتهي أو بسبب حملة كبيرة ظافرة على هذه المنطقة؟ قد لا نعرف أبدًا.

حتى وإن كان قامت إحدى القبائل بجمع كل ما هو قيم لديها وحتى وإن كان هذا الكنز لأحد الأمراء فمن أين أتت هذه الثروة؟ ما الذي يمكن مقايضته بالذهب؟ يذكر هاسمان الأشياء التالية:

شـعر النسـاء والعنبر والأعمال الحرفية والبغاء، واللافت للنظر أن هـذا الكنز كان مخبّأً في مفترق الشـوارع القديمة، ولا يبعد ممر فيزر المائي كثيرًا عن هذا المكان، وحتى يومنا هذا يسـير خط A I وخط السكة الحديد بامتداد هذا المكان، وهناك شبهة في أن التجارة كانت تسبب الثراء في العصر البرونزي - مثل اليوم.

مقبرة الأمير

يُطلق عادةً على تلك الفترة التي تقع بين العصر الحجري والعصر الحديد مصطلح العصر الذهبي بسـبب ثروتها الملموسـة من المعادن والبرونز الذي يشبه بريقه بريق الذهب قبل أن تتم أكسدته باللون الأخضر، بعد مرحلة الذهب الخالص والفضة الخالصة والنحاس الخالص بدأ الإنسـان لأول مرة في صناعة السـبائك، فكانت تلك السـبيكة التي تتكون بنسـبة 90٪ نحاس و10 ٪ قصدير أكثر صلابة واسـتدامة وأسهل تشـكيلًا وتدويرًا، وكان العالم يتسابق للحصول عـلى تلك المـادة الجديدة، أما كمية المكتشـفات المعدنية في تلك المناطق التـي لم تظهر فيها المواد الخام المعنية فتثبت عمليات النقل المكثفة والتي تفترض بدورها قيام علاقات خارجية، فكانت مقايضـة البضائـع فيها تتم عبر شـبكة مـن الطرق المتبادلـة أو ربما من خلال الممـرات المائية في جميـع أنحـاء أوروبا مـن إنجلـترا إلى البلقـان ومن بحـر البلطيـق إلى اليونان وفيما بـين الدول الإسـكندينافية وشـمال إيطاليا، «ومن الأدلة القوية على تلك العلاقات الخارجية انتشـار كنوز العنبر» هذا ما جاء في دليل معرض مكتشـفات القرن المذهلة في نبرا والذي كان يحمل عنوان: السماء المصطنعة، العالم الواسع في قلب أوروبا قبل 3600 عام.

لكننـا لا نعرف كيف كانت عمليات مقايضة البضائع تتم عبر آلاف الكيلومترات، على سـبيل المثال كيف وصل عنبر بحر البلطيق إلى المقابر القائمة في ميسـيناي، ربما كان يُباع عبر عـدد من المحطات الوسـطية المختلفة، لكن التجارة على مراحـل تجعل البضاعة أغلى وتجعل

التاجـر أكثـر ثـراءً، فكي يصـل العنبر إلى ميسـيناي أو إلى نهـر النيل على سـبيل المثال فلا بد أن يكـون ثمنـه قد تضاعف ألف مـرة مقارنة بالأجور التي كان يحصـل عليها الصيادون في سواحل العنبر.

إن ودائع العنبر واسـعة النطاق تشير إلى مسـار الارتباط بين الشمال والجنوب، «حيث كان العالم آنذاك يرتبط بشوارع العصر البرونزي، وكان الناس يتواصلون معًا عبر المسافات الطويلة، لكننا على العكس من مصر والشرق لم نكن نعرف أسماء الشعوب والآلهة والملوك، ولم نكـن نعـرف حتى العـصر البرونـزي، حيث توضـح لنا المقارنـة مع حضـارات البحر الأبيض المتوسـط تلك الاختلافات، فبعد ألف عام من التأخير وصل ذلك المعدن والتقنية المستخدمة في صنعه إلى وسط وشمال أوروبا، فقد وصل أولًا إلى سفوح جبال الألب وبعد ذلك وصل إلى شواطئنا.

اسـتطاع علماء الآثار بمسـاعدة المكتشـفات البرونزية أن يفهموا الطرق والموقف آنذاك، فقبـل عـام 2200 قبـل الميلاد تقريبًا وحتـى القرن الثامن قبـل الميلاد عندما بـدأت هيمنة معدن الحديد كانت عشرات القبائل تستوطن قلب أوروبا، وقد سميت تلك القبائل على اسم المكان الذي اكتُشـفت فيه آثارهم أو على اسم المكتشـف الذي اكتشف ثقافتهم، وبالتالي حدث خلط بين الأسماء والثقافات المتداخلة زمانيًّا ومكانيًّا، ونظرًا لاختلاف صور الدفن تم تقسيم العصر البرونزي إلى العصر البرونزي المبكر من 2200 ق.م. إلى 1500 ق.م. حيث كانت القبور مسطحة؛ ثم العصر البرونزي المتوسـط من 1500 ق.م. إلى 1250 ق.م. حيث اتخذت المقابر شـكل التلال الصخريـة؛ ثـم العـصر البرونزي المتأخر مـن عـام 1250 ق.م. إلى 750 ق.م. حيث كانت تُحرق الجثث ويوضع رمادها في جرار.

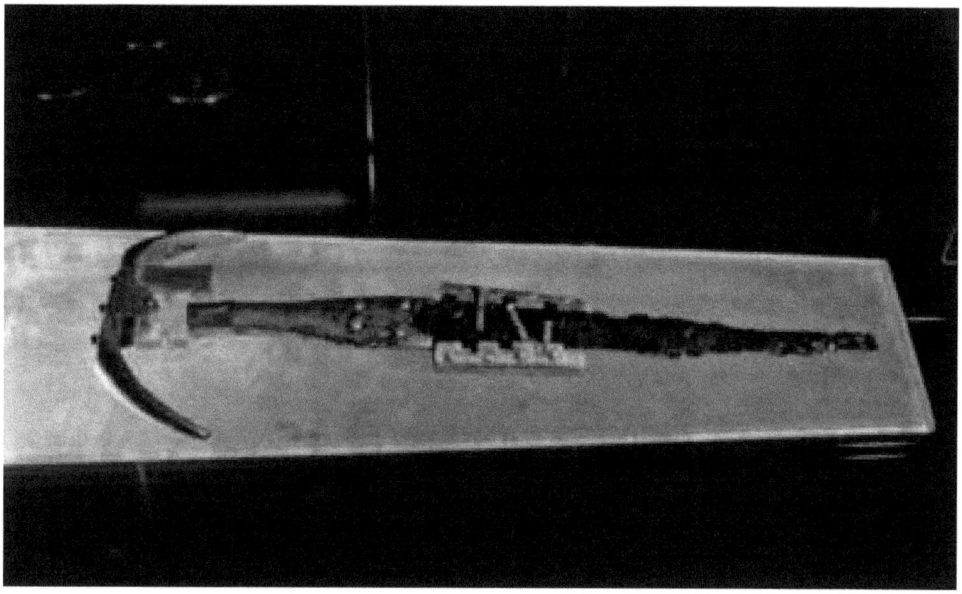

سيف حديدي من حاتوشا يعود إلى 1400 ق.م،
حيث بدأ الحيثيون يجيدون تقنية صناعة الحديد في القرن الخامس عشر قبل الميلاد

تم تحديد عمر كنز جيسيل الذهبي الذي يعود إلى القرن الرابع عشر قبل الميلاد كي يندرج تحت مرحلة قبور التلال - أي في العصر البرونزي المتوسط -، وحتى القرن الثالث عشر قبل الميلاد كانت الجثث تُدفن غير محروقة في سواتر ترابية مسطحة - ومرتفعة فيما بعد، ويوضح لنا حجم هذه القبور رتبة المتوفي.

كان لا بد من دفن أمير لويبنجن - جزء من زومردا في تورنجن - هناك في ذلك التل العالي، وقد أسفر التحديد الدندروكرونولوجي - أي تحديد عمر حلقات أشجار البلوط التي استخدمت في تأثيث مقصورة الميت أسفل التل - عن أن القبر يعود لبداية الألفية الثانية قبل الميلاد، حيث كان الأشخاص العاديون يدفنون في قبور مسطحة، وبارتفاعه الذي يصل ثمانية أمتار ونطاقه الذي يمتد 145 مترًا فإن هذا التل الترابي الذي أقيم منذ 4000 سنة يتفوق على طبيعة حوض تورنجن كما أنه يمثل حتى يومنا هذا علامة واضحة على الغنى والقوة الكبيرة

في الماضي، وفي عام 1877 وبتكليف من اللجنة التاريخية لمحافظة ساكسونيا تم الكشف عنه بواسطة فريدريش كلوبفلايش Friedrich Klopfleisch الأستاذ بجامعة يينا Jena، وبالنسبة لحالة علم الآثار في القرن التاسع عشر فقد أجريت عمليات الحفر والتوثيق بعناية بالغة، فقد كانت حجرة الدفن السليمة مسقوفة بالقصب ومغطاة بأحجار مصنوعة من الحجر الرملي الأحمر والأبيض، وكانت تلك الأحجار تورد من أماكن مختلفة يصل بعدها 30 كم مثل نبرا ـ فهل كانت رعية الحاكم الجبار هم من يقومون بذلك؟ وهل كانت تلك المناطق المختلفة تحت حكمه؟ إن هذا الأداء الرائع لا يمكن أن يُقدم إلا في مجتمع طبقي.

في عام 2011 توصل علماء الآثار في تورنجن إلى اكتشاف مذهل على تلة مستوية على مرأى البصر، فقد كشفوا عن بقايا مبنى ضخم يشبه القاعة وتبلغ مساحته 462 مترًا مربعًا، وهو أحد أكبر المباني التي تعود لما قبل التاريخ في ألمانيا، وربما كان منزل الأمير، وقد عُثر في الجهة الأمامية من المبنى على كنز هائل من الفؤوس البرونزية المدفونة، فهل كانت تلك الفؤوس قرابين مقدمة للآلهة؟ لا بد أن هذا الكنز الذي يتكون من مائة فأس مصنوعة من المعدن الجديد كان قيِّمًا لدرجة كبيرة جدًّا، ويعتقد مشرف عملية الحفر ماريو كوسنر Mario Küßner أن سادة المنزل كانوا يهيمنون على الطريق الرئيسي الذي يقع عند مصب أحد الأنهار في أونستروت Unstrut وأن تلك الفؤوس كانت ضريبة مرور.

ربما كان لثراء الأمراء علاقة بالسيطرة على مركز الشحن العابر لمعدن النحاس المستخرج من جبال هارز القريبة ولموارد الملح في هالي Halle، فقد كان قبره البهي يحتوي على مرفقات فخمة وحلي مصنوعة من الذهب وأسلحة برونزية وأواني الحداد، فمن هذا الشخص الذي تم تكريمه بدفنه هنا؟ هل كان زعيم قبيلة أم كاهنًا أم بطل عسكر؟ وهناك قبور تلالية أخرى تعود إلى عصر الحضارة اليونيتيسية Aunjetitze Kultur ـ نسبة إلى مكان اكتشافها في براج Prag ـ تشير إلى بداية تشكل النخبة في قلب أوروبا، لأنه لا يمكن تنفيذ تلك المباني إلا في ظل نظام صارم وتسلسل هرمي للرتب في قمته سلطة صارمة.

لا تبعد لويبنجن Leubingen كثيرًا عن نبرا حيث اكتُشِفَ قرص السماء المشهور، وبالتالي فإن حاكم لويبنجن كان سيرحب كثيرًا بأن يُعامل كمسؤول، صحيح أن القرص يعود إلى عصره وأنه وفقًا للطقوس قد أودع باطن الأرض في عـام 1600 ق.م. بعد معالجته عدة مرات، وطبعًا هذا لم يحدث من قبيل الصدفة عندما انتهى عالم العصر البرونزي المبكر وانتهى مجتمع اليونيتيسي، لقد اندثرت حضارة هامة مزدهرة عمرها مئات الأعوام دون أن نعرف الأسباب، وما زالت آثارها منتشرة في جميع أنحاء أوروبا والتي يعزى إليها الفضل في قرص السماء، وهي الصورة الوحيدة للكون في العصر البرونزي، إنها قطعة فريدة وعمل غير مسبوقة، واليوم يستطيع أي شخص أن يحصل على نسخة تقليدية من قرص السماء بسعر 139 يورو من إحدى شركات الطلب بالبريد، وهذه الشركة تروج للعرض بشعار: «لقد أصبحت إعادة كتابة التاريخ الألماني ضرورية بعد يوليو 1999»، وبالتالي فإن «قطعة الحلي الخلابة» أصبحت «دليلًا محيرًا على تقدم حضارة قدماء الجرمانيين الذين يزعم البعض أنها كانت بدائية»، حسنًا إن وصف الحضارة اليونيتيسية باعتبارها جرمانية بدائية يعتبر من الأفكار المضطربة التي تجول في أذهان مؤلفي الإعلانات.

تأمين شبكة أصحاب النفوذ بالزواج

إن التحول الاجتماعي الذي أثاره المعدن الجديد لا يتضح فقط في صورة أمير لويبنجن الذي تُوفي عام 1942 ق.م.، فقد كانت لقبور التلال التي وصلت بعد ذلك بمائة عام من هيلمسدورف Helmsdorf إلى مانسفيلدر Mansfelder نفس الأبعاد، حتى حجرة الدفن الخشبية التي تأخذ شكل الخيمة وحتى الملحقات تكررت بعد ذلك: الذهب والأسلحة البرونزية وأدوات معالجة المعادن ورمز الحكم على المواد الخام الطبيعية، وحتى اليوم يتمتع الحدادون في بعض المجتمعات الإفريقية مثل مالي بمرتبة كبيرة باعتبارهم الحكام السريين للقرية وباعتبارهم سحرة من الأفضل أن يُحسن المرء التعامل معهم.

مع دخول العصر البرونزي بدأ تخصص الإنسان الحقيقي لأول مرة، وقد أدى هذا إلى ظهور فوارق اجتماعية، فكان يُنظر إلى فن التنقيب والصهر والمعالجة بعين الاحترام والتقدير، ولم يعد خبراء المعادن في حاجة للقلق حول قوت يومهم، فقد ظهر مجتمع طبقي معقد يعرف الملكيات الفردية، وعُرف معنى الأداء في العمل، والتوزيع غير المتكافئ للمراتب الاجتماعية، وتسلسل السيادة من أعلى إلى أسفل، وكان كل ذلك جديدًا، فحتى ذلك الوقت كان الناس يعيشون بلا دولة أو حكومة مركزية، وكان كاهن العشيرة في المجتمعات الزراعية السابقة في العصر الحجري الحديث هو أهم مسؤول، حيث كان يهتم بالطقوس المناسبة لصحة الإنسان والحيوان وجودة الحصاد.

أما المستفيدون من عصر المعدن الجديد فكانوا هم الأمراء/ الكهان/ الرؤساء، حيث توحدت اختصاصاتهم في الأشخاص المعنيين أصحاب المقامات العالية، فلم يكن هذا العصر قد عرف الفصل بين المصالح الدينية والدنيوية بعد، ونظرًا للطمع في الحصول على المواد الخام ـ مثلما نسعى نحن اليوم للحصول على النفط أو الغاز ـ فلم يقتصر تبادل البضائع على العشائر المحلية، بل أصبحت التجارة عالمية، خصوصًا في ظل الحاجة إلى معدن القصدير النادر جدًّا، التي أدت بدورها إلى توتر العلاقات بين أصحاب النفوذ بصورة كبيرة.

كان لا بد من توجيه تدفق المواد الخام والمنتجات الجاهزة، وكان ذلك يتطلب منظمة نقل بري وبحري هادفة، وقد عثر الإسكندنافيون حتى جنوب أوروبا على منتجات معدنية يونيتيسية تم تصنيعها بأيدي حرفيين مهرة، وكان العنبر هو الثمن الذي يدفعه الشمال للحصول على المعادن، وتشير ودائع العنبر وسلاسل العنبر الجميلة التي كانت تستخدم كملحقات للدفن إلى الطرق التي كانت تربط بحر البلطيق بجبال الألب عبر جوازات المرور.

من يسيطر على التصدير يملك القوة الاقتصادية.

تشهد على ذلك آثار المستوطنات الحصينة فوق التلال عند نقاط التقاطع المرورية الهامة، ولا يمكن أن تكون هناك سلطة دون أن تكون هناك طبقية، ولا شك في أنّ من كان يسيطر

عـلى طرق التجارة الخارجية التي تُستخدم لنقـل المواد الخام مثل النحـاس والقصدير والعنبر والملح كان جزءًا من شـبكة تبادل البضائع، ولا شـك في أن هذا كان يحتاج مفاهيم وقيمًا عالمية، أو بتعبير آخر كان يحتاج إلى تواصل بعيد المدى بين أصحاب النفوذ المحليين، وتعتبر السـيطرة عـلى التجارة هي السـبب الرئيـسي لظهور النخب في العصر البرونـزي المبكر وذلك من وجهة نظر البحث الحديث.

تؤكـد المصـادر الأثرية تكـون النخبة الأولى في قلب أوروبا: التشـابه الكبـير ـ فلم يقتصر التأثيـث المعياري للمقابر كما في لويبنجن وهيلمسـدورف على وسـط ألمانيـا، فقد كانت توجد مقابـر أميرية مماثلة في أجزاء واسـعة مـن أوروبا في العصر البرونزي المبكـر وكانت تضم نفس رمـوز المكانـة الموحـدة، ويغلب الظـن أن إحدى الطبقـات الحاكمة التي توارثـت تلك المكانة الاجتماعية كانت تجمعها روابط أسرية بأجزاء واسـعة من أوروبا، أما بلغة العلم فقد أصبحوا مؤخرًا يُطلقون على القادة والزعماء مصطلح head men وbig men، حيث كانت السلطة السياسية متوحدة مع السـلطة الدينية الطقوسـية، وتتضح اتصالات الرجال الكبار في المكتشـفات التي عُثر عليها في بريطانيا العظمى وحتى إيطاليا، لقد أصبح الشـعب جوالًا، وكانت هناك شـبكة تجارية تمتد من بحر البلطيق وبحر الشـمال حتى البحر الأبيض المتوسـط، ويحتمل أنها كانت تمر فوق محطات بينية، أما تقنيات المعالجة المتماثلة التي كانت تنتقل لمسافات طويلة فربما جاءت عن طريق الاسـتيراد أو التصدير وربما وصلت عبر الحرفيين المتنقلين، فقد أصبحت أوروبا منطقة اقتصادية لا تعرف الحدود، فقد توحد العالم، وعرفت الإنسانية العولمة الأولى.

لكن ما الثمن؟

إن عدم تكافؤ أثاث القبور التي تعود لتلك الفترة يشرح نفسه ولا يحتاج إلى أي سجلات مكتوبـة: فقـد كان الأمراء يوضعـون في حجرة الدفن ممدين على ظهورهـم ووجوههم متجهة نحو السماء أسفل تل عملاق، أما الأشخاص العاديون فكانوا يرقدون على جنوبهم في وضعية الانحنـاء في المقابـر المسـطحة كأنهم يسـتعدون للنـوم، ولم تكـن قبورهم تضـم أي ملحقات،

وعندما تزداد مكانة الميت قليلًا تتكون المحلقات من الخزف، وعندما تزداد أهمية الميت تتكون الملحقات من الخزف والبرونز، وفي النهاية ـ في حالة الرؤساء المساعدين ـ كان يوضع الذهب كعدة للحياة الأخرى، وفي قمة الهرم كانت توجد مقابر الأمراء النادرة التي كانت تضم معدات فخمة موحدة في جميع أنحاء أوروبا.

يتجلى التمايز بين الغنى والفقر في الكنوز، أي في القرابين التي كانت تقدم إلى الآلهة العليا القديرة، وكانت تشكيلة الودائع تتكون من وسائل الدفع المستخدمة في التجارة بين الإنسان والآلهة: وكانت هذه الوسائل هي بعض المعادن الخام إلى جانب الذهب والعنبر.

ولم تكن طرق التجارة الخارجية تُستخدم فقط لنقل البضائع، فكان التجار يسافرون وبصحبتهم حرفيون وفنانون وأفكار ومعارف وتقنيات، وكان يحدث أيضًا تبادل للمفاهيم العقائدية والخرافات والأديان ووجهات النظر العالمية والتي تشير إلى تلك الشراكة مع الحضارات المتقدمة القديمة مثل حضارة بحر إيجة وحضارة مصر والشرق الأدنى ـ حتى وإن لم توجد سجلات تدل على ذلك.

سلاسل العنبر: ذائبة في أتون الحرق

بعد ذلك أصبح سجل العصور القديمة أكثر غموضًا، فقد حدث تحول في شكل المقابر وعادات الدفن بعد انتهاء العصر البرونزي المتوسط الذي امتد من القرن الثالث عشر وحتى القرن السادس عشر بعد الميلاد، فقد أصبح لزامًا على أهل مقابر التلال أن يُفسحوا المجال لحضارة إيرنفيلد، حيث كانت تُحرق جثة الميت وتوضع بقايا عظامه ورماده في جرار وتدفن في جبانة الجرار الواسعة، لقد أصبحت فك رسائل الماضي أكثر صعوبة، ولم يعد السجل الأرضي يحوي كوخ الموتى أو الهياكل العظمية، ولم تعد هناك أي إشارات تدل على العادات أو رتبة

الميت، ولم تعد هناك شـواهد مادية تدل على التجـارة أو الحرف أو الفن، حتى الملحقات كانت تُحرق معظمها وكانت منتجات العنبر تذوب في أتون الحرق.

لكـن من حسـن الحـظ أن الناس كانوا يدفنـون الهبات الغاليـة التي تقدم للآلهـة مثل كنز إبرفالد الذهبي المشـهور الذي يزن 2.5 كجم والـذي كان يحمل زخارف في غاية الأناقة تصور الشـمس ويعود للقرن العاشر قبل الميلاد، وفي هـذه الأثناء لم تعد نظرية كنز التاجر من الحلول المقترحة، ويعتقد العلماء أن الكنز كان يخص شخصية عالية المقام، فهذه المنطقة الفقيرة بالسكان حاليًّا في براندنبورج كانت ذات كثافة سكانية عالية في العصر البرونزي، وقد اختُطف أكبر كنز ذهبي اكتُشِـف في ألمانيا بواسـطة الجيش الأحمر عام 1945 ونُقل إلى موسـكو، وهناك محاولات لاسـتعادته من متحف بوشـكين Puschkin-Museum في موسـكو ضمن سياسـة اسـتعادة الفن المسـلوب، فما زال الأمل موجـودًا، وحتى ذلك الحين فإن النسـخة التقليدية في متحف نويس Neues Museum في جزيرة المتاحف بمدينة برلين تثير الدهشة.

ومن حسـن الحظ أن قبعة برلين الذهبية التي تعود للعصر البرونزي المتأخر لم تُكتشف إلا بعـد انتهاء الحرب، وتُعـرض القطعة الأصلية الآن بكامل روعتهـا في متحف نويس، على بعد عـدة خطوات من تمثال نفرتيتـي، أما من حيث المضمون فهي أكثر إثـارة من التمثال المصري، فالجبس الملـون بألـوان زاهية يخفي الوجه الحقيقي لسـيدة مسـنة بأكتاف ملتويـة ورقبة نحيلة وتجاعيد فم عميقة، فهل هذا هو الوجه الحقيقي لنفرتيتي؟

إن وجـود القبعـة الذهبية في برلين جريمة وهناك خلاف حول طريقة اكتسـابها، بدأ ذلك في 21 ديسـمبر 1995 في السـاعة الرابعة عشرة وأربعين دقيقة عندما قام أحد تجار التحف الفنية في فرانكفورت بزيارة مكتب فيلفريد منجهين رئيس متحف ما قبل التاريخ والعصور القديمة آنـذاك، حيـث عرض التاجـر فولفجانـج ف. لوحة فوتوغرافيـة ملونة، فأصيب البروفيسـور بخيبـة الأمـل، فقـد كان يعرف جيـدًا مخـروط إتسـلزدورف Ezelsdorf الذهبي الموجـود أمامه في الصـورة، فقـد كان موجودًا في المتحـف القومي الجرماني في نورنبـيرج Nürnberg حيث كان

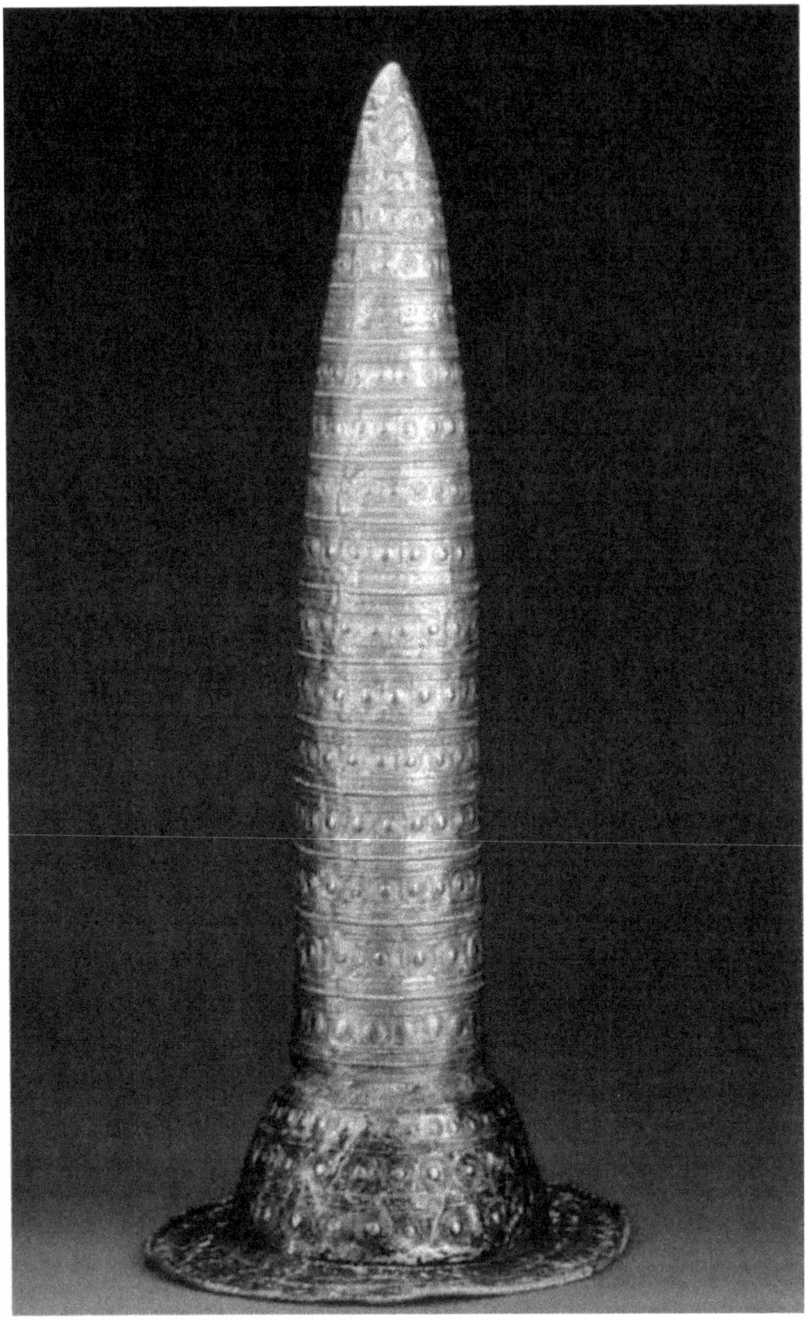

قبعة برلين الذهبية المعروضة في متحف نويس،
ولا بد أن زخارف العصر البرونزي تعرض تقويماً دقيقاً، فهل كانت قبعة سحرية لملك كاهن؟

يعمـل مديـرًا قبـل ذلك، فهل هذه هـي المفاجأة المثيرة؟ لم يستسـلم السـيد ف. وأبقى الصورة مرفوعـة للأعـلى، وكان مينجهـين يحدق فيها، وبعـد تدقيق النظر اكتشـف أن الصورة تعرض مخروطًا ذهبيًّا مماثلًا لكنه كان مجهولًا حتى ذلك الحين، ففي المائة وخمسين عامًا الماضية أُكتُشفت ثلاث قبعات ذهبية، لكن القبعة المعروضة في الصورة كانت في حالة جيدة جدًّا، ولا يمكن أن تكون سـوى نسـخة مزيفة، علاوة على أن القطعة معروضة في السـوق السـوداء، حيث يتذرع البائـع بحجـج اللصوص المعتـادة قائلًا أنه قـد ورث القطعة عـن جدته التـي كانت تعيش في داخبودن... إلخ، كانت القطعة ملكية خاصة لشخص سويسري وكان السيد ف. هو الوسيط الذي جاء يطلب الملايين.

أصبـح مينجهـين في مأزق، فلـو أن القطعة حقيقية فعلًا فعليه أن يتمسـك بهـا حتى لا تضيع تلك التحفة الثمينة في السوق السوداء إلى الأبد، وفي يوم 4 فبراير 1996 كان مينجهين وكبير المرممين هيرمان بورن Hermann Born ينظران لأول مرة إلى القطعة الأصلية في قاعة المؤتمرات بأحد الفنادق في زيـورخ، وكان المديـر العـام للمتاحـف الوطنية ببرلين حـاضرًا، وكانت القطعـة في حالة ممتازة والزخـارف المنحوتـة عليها مثالية جدًّا مقارنـة بالقطع الأصلية الأخرى، وسُـمح لبورن أن يأخذ عينتـين صغيرتين من الذهب، وأخيرًا قال معمل الأبحاث الشـهير راتجـن Rathgen كلمته: القطعة حقيقـة وتعود إلى عام 1000 ق.م. وهـي أداة من أدوات العبادة تخص إحدى الرتب الأوروبية، أما المشكلة فهي أن منشأها غير موَثَّق، ويُخمَّن أن يكون جنوب ألمانيا، لكن الشيء المؤكد هو أن القطعة غير معروفة، ولم يبلغ أحد عن فقدانها في أي مكان، ولم تطالب بها أي أطراف أخرى، مثل الطلبات التي تُقدم في الداخل والخارج.

ما الحل إذن؟ هل يمكن أن تدفع خزينة الدولة 1.5 مليون مارك ألماني من أموال الضرائب مقابـل قطعـة جاءت من سرقـة المقابر؟ ألا يعتبر الشراء من السـوق السـوداء تشـجيعًا لسرقة الكنوز؟ إن سرقة المقابر في ألمانيا جريمة يعاقب عليها القانون وتؤدي إلى الحبس عند تكرارها. أُبرِمت الصفقة في 12 ديسـمبر 1996 في ظل الانتقادات القاسـية من الزملاء، وقد صرح ڤلفريد

قائلًا: «لقد أدركت على الفور أن وراء هذه القطعة ما هو أكثر من البريق والجمال، ولا بد للعلم أن يحصل عليها مهما بلغ ثمنها، فلو ذهبت هذه القطعة عبر تجارة التحف الفنية إلى أمريكا أو اليابان واستقر بها المقام في قبو مليونير من تكساس لفقدها البحث العلمي إلى الأبد، ولا بد أن نمنع ذلك».

في السنوات اللاحقة استطاع البروفيسور أن يثبت تفرد قبعته الذهبية، فقد أوضح الحشو الداخلي أن القبعة كانت تستخدم كغطاء للرأس وكان يرتديها الملك الكاهن، الذي لا بد أنه كان يجلس مرتفعًا عمن حوله أثناء الاحتفالات، أما الحافة العريضة للقبعة فكانت تحمل نقوشًا في الجانب السفلي وكانت الزخارف متطابقة مع الزخارف المنقوشة على القبعات الثلاثة الأخريات، وأخيرًا تم فك شفرتها، فقد فك مينجهين أن يفك شفرة «القبعات الذهبية» ويعتقد أن هذه الخطوة تمثل نقلة نوعية في فهم التاريخ الديني للعصر البرونزي المتأخر، واستطاع يثبت أن الرموز لم تُنقش بهدف الزينة، ويعتقد مينجهين أنه لم يبق شيء للصدفة، وقد صرح قائلًا: «بهذه القبعة أصبحت أمتلك تقويمًا يشمل الدورة الشمسية والقمرية وكذلك السنة الكبيسة وبهذا التقويم أستطيع أن أحدد المراحل الشمسية والقمرية في الماضي والمستقبل وكذلك البذر والحصاد. من كان يرتدي هذه القبعة وقراءة تلك الأحرف كان يمتلك المعرفة والسلطة، ويستطيع تحديد الزمن والتنبؤ بالأشياء. إن المعرفة الفلكية الكاملة للعصر البرونزي المتأخر قامت على هذه القبعة الاحتفالية».

إن العصر البرونزي يضم عدة أجيال ويضم تاريخ ملايين البشر، إنه تراث بدون كلمات، لكن العلماء اكتشفوا الكثير عن أكثر الحقب غموضًا وإثارة في ماضينا، إنه العصر البرونزي الأسطوري، لكننا ما زلنا لا نعرف على وجه الدقة هل كان أجدادنا الألمان من آكلي لحوم البشر أم لا، وما زال العلماء يختلفون حول ذلك خلافًا مريرًا.

العصر البرونزي في قلب أوروبا ـ عصر ذهبي، وسوف نتحدث لاحقًا عن الجانب المظلم، وعن المواد الخام لأخرى التي تجذب اهتمام البحث العلمي حول العصر البرونزي حتى يومنا هذا،

وكما كتب ألبريشت يوكنهوفل Albrecht Jockenhövel أستاذ ما قبل التاريخ والعصور المبكرة في جامعة مونستر عن العنبر: «نظرًا لأن العنبر لا يوجد كمادة خام إلا في أماكن قليلة ولا يُمكن شراؤه إلا من أماكن قليلة ونظرًا لأنه كان يُستخدم في جميع أنحاء أوروبا في صورة خرز وشرائح أو كودائع، فقد كان مادة البناء لنفسه، أي أنه كان مادة البناء لطرق العنبر التي تشق جميع أنحاء أوروبا، وكان على الشمال المستورد للعنبر أن يدفع مقابل ذلك هدايا عالية الجودة مثل الأواني الذهبية والبرونزية والسيوف البرونزية».

إننا نريد أن نقتفي أثر طرق التجارة السرية التي ربطت أطراف العالم المعروف ذات يوم، والتي عرَّفت الناس ببعضهم ونقلت الأفكار والعبادات والمعارف، تلك الطرق التي كانت تنقل الذهب والبرونز بالإضافة إلى بضاعة التجارة الخارجية المعروفة وهي العنبر الذي كان مطمعًا لأصحاب النفوذ والسلطة في العالم في حين أن أي متجول على سواحلنا كان يستطيع أن يجده بسهولة بعد العواصف.

الفصل الثاني

العنبر في التاريخ - السحر والأسطورة

«لكنهم يفتشون البحر، ووحدهم من بين كل الجرمانيين يجمعون العنبر من المياه الضحلة على الشاطئ، ويعرفون العنبر باسم جليسمور Glesumr، فما العنبر وكيف تكوَّن، لكنهم على غرار البربر لم يبحثوا ولم يعرفوا؛ نعم، لقد بقي العنبر زمانًا طويلًا ضمن قذائف البحر المعتادة دون أن يلاحظه أحد، حتى منحت رغبتنا في التباهي هذا الحجر اسمه، لكنهم أنفسهم لا يستخدمونه، إنهم يجمعونه خامًا ويسلمونه دون معالجة، ويأخذون الثمن في دهشة»، بهذه الكلمات وصف تاسيتوس تصرفات صيادي العنبر على بحر البلطيق، ففي كتابه الذي ألفه عام 98 بعد الميلاد سخر المؤرخ الروماني من الجرمانيين أو بربر الشمال كما يُقال لهم محتقرًا إياهم؛ فمن وجهة نظره لم تكن لديهم أدنى فكرة عن مدى روعة الكنز الذي يصطادونه من الأمواج ويبيعونه للتجار، وهذا اعتقاد خاطئ، فقد كان صيادو العنبر يلتزمون بتقاليد قديمة تعود لما قبل التاريخ، فقبل ذلك بآلاف السنوات كان الناس الذين يعيشون بجوار الشواطئ وكذلك الذين يعيشون بعيدًا عنها يرغبون في الحصول على ذهب بحر البلطيق، فكان لهذا الحجر تأثير السحر سواء كان أداة عبادة وكنزًا ثمينًا، لقد أصبح ذلك الراتنج الذهبي محركًا للتطور، وفي عصر الإمبراطورية الرومانية كانت جاذبية العنبر قد استعرت منذ وقت طويل.

ذات يوم كان الأصل المفقود هو أغلى ورق جدران في العالم: حجرة العنبر،
نصف مليون لوح عنبر منحت التصميم الجديد رونقه

سحر العنبر

في يوم حار من أيام شهر يونيه عام 10.000 قبل الميلاد نصب الصيادون معسكرهم الصيفي بجوار بقعة مائية، فقد وجدوا مكانًا مناسبًا، حيث كانت سهول التندرة المنخفضة مغطاة بالنباتات الكثيفة ـ وبهذا لن تكتشفهم الحيوانات بسهولة، وأخذوا ينتظرون في لهفة قطيع الخيول البرية والرنة، وكانت أفكارهم مشغولة بالصيد، فأخذوا ينحتون وجوه فرائسهم بشفرات مشحوذة مؤخرًا على الحجر الأملس.

كانت شريحة من العنبر عُثر عليها بعد اثني عشر ألف سنة في مايندورف Meiendorf بالقرب من هامبورج، طبعًا نحن لا نعرف الأحداث التفصيلية التي وقعت في هذا اليوم، فقط يمكننا أن نخمنها، وعلى العكس من الأسلحة والرماح والفؤوس ذات الوجهين التي كانت في العصر الحجري فإن مكتشفات العنبر تخبرنا تكشف لنا بعض الأشياء عن ثقافة وأفكار وعقلية ورغبات أسلافنا ـ على مدى آلاف السنين.

أشياء كثيرة تشير إلى أن لوحة العنبر كانت جزءًا من طقوس سحر الصيد، وقد تم انتشالها من إحدى البرك الجافة في أواخر العصر الحجري القديم وظلت في حالة جيدة بسبب طبقات الخبث المودعة هناك، وقد أكتُشف على سطح اللوحة ملامح مبسطة لحيوانات مختلفة ومن الواضح أنها قد نُحتت في البداية وصُقلت مرة أخرى بعد الصيد، وتوضح أقدم صورة باقية حتى الآن رأس حصان مجردة بمهارة شديدة وتبدو وكأنها معاصرة، وفي بولندا أيضًا أكتشفت لوحات عنبر تعود لنفس الفترة الزمنية وتظهر عليها آثار عمليات الصنفرة والصقل.

لم يكن للعنبر فائدة عملية في بقاء إنسان العصر الحجري: فقد كان لينًا جدًا من حيث التماسك، ولا يُمكن أن يستخدم في قتل الحيوانات أو حتى معالجة الأخشاب، وفي البداية استخدم الناس العنبر كأداة عبادة، وتؤكد المكتشفات الأثرية أن ذلك الراتنج الأحفوري كان جزءًا من الطقوس، وعلاوة على مواقد العصر الحجري عُثر على قطع خام من العنبر،

والكثير من مكتشـفات العنبر بها شـقوق بسيطة تظهر عندما يتم تسـخين الراتنج الأحفوري، وبدءًا من درجة حرارة 300 سـيليزية يبدأ الراتنج في الاحتراق ويتصاعد أثناء ذلك دخان رقيق لـه رائحـة حلوة ـ على غـرار البخور ـ فيا لها من مادة عجيبة!! حجـر قابل للاحتراق وفي حلته المصقولة يضيء بلونه الذهبي مثل الشمس، إنه رمز الدفء والضوء ـ رمز القوى السحرية.

كان العنـبر يـمارس جاذبية خاصة على إنسـان العصر الحجري: فكان مـادة خفيفة، طيعة لليـد تلتقط أشـعة الشـمس وتحفظ داخلهـا الحيـاة، وكان أسـلافنا يثقبون ذلـك الحجر اللين كـي يعلقونـه كتميمة على أجسـادهم: في صـورة خنازير ودببـة منحوتة ـ وربما كانـوا يفعلون ذلك كي يحصنوا أنفسـهم أو يسـتحضروا الحظ كي يحالفهم في الصيد، وإلى جانب الأشـكال الحيوانيـة والهندسـية عـرف العصر الحجـري تصوير الإنسـان، وتعكس دوافـع معالجة العنبر المضمون الرئيسي للحياة التي كان يعيشـها إنسـان ذلك العصر: الكفاح من أجل البقاء اليومي والصيد ومدارات الكواكب والأحداث الطبيعية، وقد عُثر في جوتلاند على تمثال حجمه سـتة سـنتيمترات لعابـد، حيث نحتـت عليه مجموعات مـن الخطوط مختلفة الأطوال على مسـافات منتظمة، ويفسر الباحثون حزم الخطوط بأنها تصوير للشـفق القطبي، إنها سـجلات من العنبر تبـدو علمية، وتقريبًا كل مكتشـفات العنبر التي تعود للعصور المبكـرة جاءت من نفس الغابة المسماة بغابة العنبر.

تمتد منطقة مصدر عنبر البلطيق من إسكندنافيا الحالية إلى الشرق، ربما إلى جبال الأورال، وفي العصـور المختلفة تحول راتنج الأشـجار عدة مـرات بفعل العمليـات الجيولوجية وهكذا كان يُحمل بكميات قليلة جدًّا إلى الجزر البريطانية، ولعنبر البلطيق أقارب في جميع أنحاء العالم، وحتـى الآن تـم اكتشـاف ما يزيد عـن 200 نوع مـن العنبر ـ كما في رومانيا وصقلية وسـيبيريا وجمهورية الدومينيكان وكولومبيا والمكسـيك، لكن بلطيق العنبر هو الأبرز، حيث أنه يعرض مجموعة واسعة من الألوان، كما أنه سهل التشكيل ويعد من أقدم أنواع العنبر، وحتى العصور الوسطى كان مصطلح «العنبر» يُطلق على الراتنج الحفري لبحر البلطيق.

عصر الازدهار

كان الازدهار الأول للعنبر في العصر الحجري الحديث (حوالي 6000 -2000 ق.م) بالقرب من ساحل بحر البلطيق: وقد اكتشف علماء الآثار في المنطقة البولندية وحدها 1500 ورشة بالقرب من أماكن الظهور الطبيعي للعنبر، إنه أقسى قليلًا من الأظافر، كما أنه مادة مثالية للتصنيع، حيث كان جواهرجية العصر الحجري يصممون الخرز واللوحات الصغيرة والتماثيل البشرية والتمائم الحيوانية باستخدام حجر الصوان، وكانوا يصنفرون الحجر بالرمال الناعمة وكانوا يجعلون تلك المادة غير اللامعة تتألق مع الفراء والجلود.

يعتبر كنز شفارتسؤورت من أكبر الاكتشافات التي تعود للحصر الحجري الحديث، فقد كان العمال يحفرون قناة للنقل البحري في القرن التاسع عشر عندما عثروا بالقرب من قرية لودكرانتا Iuodkrante في غرب ليتوانيا على أكثر من 11.000 قطعة جيولوجية وحوالي 500 قطعة أثرية تم قامت جامعة كونيجسبيرج Universität Königsberg بتوثيقها وتخزينها في البداية، وبطرق ملتوية وصلت بعض القطع إلى بعض الملكيات الخاصة، أما الجزء الأكبر فقد ضاع في غمار الحرب العالمية الثانية، ولم يبقَ من الكنز سوى جزء صغير ما زال محفوظًا في جامعة جوتنجن، وتحتوي تلك التحف السبعة عشر على حبات خرز جاهزة وأخرى نصف مصنعة، لكن الاهتمام الأكبر ينصب على الأصنام التي يبلغ حجم الواحد منها 15 سم وتتخذ هيئة بشرية، وأحيانًا تكون مجردة وأحيانًا أخرى تكون واقعية لدرجة مذهلة ويكون لها وجوه وأطراف، وكل التماثيل التي ما زالت باقية مثقوبة في مواضع مختلفة.

في ذلك العصر حيث تخلى الإنسان عن حياته البرية تحول حجر العبادة لحلي، وفي عام 6000 ق.م. كان وقت الترحال - الصيد وجمع الثمار - قد انتهى، فقد أصبح الإنسان يروض الحيوانات ويقوم بتربيتها، ويبني منازل من تعاريش الأغصان والطين يتراوح ارتفاعها بين 30 إلى 40 مترًا ويصل عرضها 10 أمتار، وقد أتاحت تلك الحياة الجديدة التخزين - وترف العيش،

ودخلـت السـلع الكمالية في التجـارة، وقد عثر في الدنمارك على الآلاف مـن حبات العنبر، فقد أصبح ذلك الحجر القابل للتحويل ورقة مسـاومة، وكانت تلك المادة الغريبة سـواء استعملت كحجر عبادة أو بخور أو حلي تقطع مسافات طويلة كي تغير أصحابها.

لقـد كان العـصر الحجري الحديـث فترة مليئة بالتطـورات الجذرية، فقد اخترع الإنسـان العجلـة والعربـة، بعدما ظل العصـف الذهني فترة طويلة مقتصرًا عـلى الحضارات المتقدمة في الـشرق الأدنـى، إلى أن اكتشـف علماء الآثار في دائـرة إيكنفورد Eckernförde آثـار عجلة لعربة أحاديـة المحور أسـفل قبر كبـير، وفي نهاية العـصر الحجري تضاعف نزوح النـاس عدة مرات حتى في وسـط أوروبا، وترسـم لنا مكتشفات عنبر البلطيق المسـتخرج من بحر البلطيق وبحر الشـمال نطاق انتشـاره، حيث وصلت طرق تجـارة العنبر في العصر الحجـري إلا منطقة الراين حيـث عُثر على خرزات عنـبر ذهبية اللون لامعة، وقد وجدت هذه الخرزات في الجزء السـفلي مـن نافـورة خشـبية في إركيلينتـس ـ كوشـنهوفن Kückhoven - Erkelenz يعود تاريـخ بنائها إلى سـنة 5090 ق.م. وفقًـا لحلقـات العمر الموجودة على الخشـب المتبقي منها. وتمتـد تلك النافورة المصممـة بمهـارة فائقة 14 مـترًا في باطن الأرض، بينما أغلقت الشـقوق الموجـود بين الألواح الخشبية بواسطة الطحالب بدقة عالية.

كانـت المجتمعـات الزراعيـة الأولى تعبر عـن رفاهيتها من خـلال العنبر، فـكان العنبر يصاحـب الميـت إلى الحياة الأخـرى كأداة عبادة أو حـلي في المقابر الحجريـة الضخمة ـ مقابر المجليـث ـ وفي ثقافـة فانلبيكـر (الكأس القُمعي) التي انتشرت في شـمال ألمانيـا في الفترة بين 4400 ق.م إلى 2800 ق.م على وجه الخصوص كان ذلك الحجر السحري يُستخدم مع الفخار كأداة من أدوات القبور، وكانت المقابر المصنوعة من الأحجار الضخمة والتي تُشـيد بمشـقة كبيرة تلعب وظيفة كبيرة في المجتمع، فكانت مكانًا للعبادة ومدفنًا للناس في العصر الحجري الحديـث: فقد اكتشـفت في أروقة بعض حجرات الدفن إشـارات تدل عـلى إقامة احتفالات طقوسـية، وتحت هذه المباني الحجرية التي لا يمكن أن تظهر إلا في ظل التعاون الجماعي دُفن

الكثير من الناس من مختلف الأجناس والأعمار والأسر وأحيانًا كانت تُدفن قرية بأكملها، وفي كل مرة كانت تُفتح هذه المباني لاستقبال المزيد من الموتى، لقد كان شكلًا من أشكال الدفن القائم على المساواة إلى أن بدأت في أوروبا في العصر الحجري الحديث سنة 2800 ق.م حضارة جديدة لتكمله في البداية ثم تبدأ في إزاحته وتهميشه؛ وهي حضارة بيل بيكر Glockenbecherkul-tur، حيث تغيرت مراسم الدفن وصور الحياة في هذه الحضارة تغيرًا كليًا، فكان أتباع هذه الحضارة حيث يسافرون يأخذون معهم معارفهم ومهاراتهم الحرفية بالإضافة إلى ذهب بحر البلطيق، وفي حضارة بيل بيكر وصل العنبر البلطيقي إلى حكام الحضارات الأولى المتفوقة.

نُحت هذا الصنم المصنوع من العنبر بحجم اليد تقريبًا في العصر الحجري الحديث، حيث كانت التماثيل التي تشبه الإنسان بثقوبها الغامضة تعمل كدبابيس للزينة أو ربما كانت جزءًا من سحر طقوسي معين.

المعرفة هي القوة

لا بد أن الإنسان الذي ظهر في بلدة أميسبوري Amesbury الإنجليزية في عام 2300 ق.م تقريبًا كان قد زار بلادًا بعيدة، فقد كانت ملابسه فاقعة الألوان غريبة بالنسبة للسكان المحليين، وكان شعره الطويل مزينًا بخواتم ذهبية، وكان يحمل معه قوسًا مصنوعة بشكل متقن وأداة لم يعرفها الناس في منطقة يسيكس Wessex، كانت الأداة مصنوعة من النحاس وكان الرجل حدادًا.

في عام 2001 اكتشف علماء الآثار قبر «رامي أميسبوري» في مقاطعة يسيكس الإنجليزية - وكان هذا الاكتشـاف نعمة كبيرة للبحث العلمي، وحده العتاد الذي دُفن مع الرجل من أجل الآخرة جعلهم يشـاهدون سـجل حياة هذا الرجل: غرامه بالحلي الذهبيـة والخناجر المصنوعة من النحاس ومعدات الرماية المزدوجة ورؤوس السهام وحامية الذراع وحلقان الشعر الذهبية والسندان والفخار الذي كان جزءًا منه على شكل جرس، لا بد أن هذا الرجل كان مهمًّا وثريًّا: فالقطـع التي دُفنت معه والتي يبلغ عددها حوالي مائة قطعة تجعله أغنى عشرة أضعاف من أي شـخص آخـر في هذه المنطقة، ويُعد الذهـب الذي وُجد في قبره من أوائل المكتشـفات الذهبية التي وُجدت في الجزر البريطانية، أي أنه كان سباقًا ومميزًا.

نظرًا للأقواس والسـهام التي عُثر عليها عند اكتشـافه أطلق عليه «رامي أميسـبوري»، لكن مهنتـه كانت مختلفة تمامًا: فقد كان حداد نحاس وتابعًـا لثقافة أجنبية جديدة، هي ثقافة بيل بيكر (كؤوس الأجراس)، وهذا ما دل عليه السندان والفخار، وعند تحليل مينا الأسنان تبين أن الميت قد قضى سنواته الأولى على الأقل في منطقة الألب الشمالية - أي بعيدًا جدًّا عن يسيكس البريطانية.

انتـشرت ظاهـرة بيـل بيكر في العصر الحجـري المتأخر في أنحاء واسـعة مـن أوروبا - من شـبه الجزيـرة الإيبيرية في الجنـوب الغربي مرورًا بالجـزر البريطانية في الشـمال الغربي ووصولًا إلى جنوب بولندا الحالي والمجر شرقًا، كما توجد شـواهد على هذه المجموعات الثقافية في شمال أفريقيا وصقلية وإيطاليا وفرنسـا وألمانيا، فقد تجاوزت البحار وربطت بلادًا غريبة وأشـخاصًا غربـاء في نهايـة العـصر الحجري، وعـلى العكس مـن المقابر الجماعيـة التي ظلت شـائعة لفترة طويلـة فقـد كانت المقابر في حضارة بيل بيكر فردية - وكانت تُؤَثَّث بعتاد قياسي من أجل الحياة الأخرى، وكثيرًا ما كان العنبر يكمل هذه العدة، وتوضـح المكتشفات في أوروبا أن شعوب بيل بيكر كانوا يتنقلون كثيرًا ويبرعون في أعمالهم اليدوية وينغمسـون في شرب الكحول، وتوضـح حبوب اللقاح أنهم كانوا يشربون في كؤوسهم نوعًا من شراب العسل بنكهة الأعشاب.

كانت ثقافة بيل بيكر موجهة نحو الأفراد وكانت تركز على الملكيات الفردية، وقد ساعد أسـلوب الحياة الجديد هذا على إنعاش التجارة ودفعها للأمام، كذلك وصلت اتصالات أتباع

ثقافة بيل بيكر إلى بحر البلطيق، وتم توسيع طرق العنبر كي تمتد إلى وسط وجنوب أوروبا، فقد كانت هناك بضاعة جديدة يحضرها أتباع ثقافة بيل بيكر معهم وهي النحاس، وكان الكثيرون منهم يعملون حدادين، حيث تعلموا فن التعدين في ورش النحاس في شمال إفريقيا والشرق الأوسط، وهناك أدلة على قيام التعدين هناك من نهاية الألفية التاسعة قبل الميلاد.

لقد نقل أتباع ثقافة بيل بيكر الثورة المعرفية والأعمال اليدوية إلى وسط وشرق أوروبا، وكان الحدادون أعضاء بارزين وأصحاب نفوذ في المجتمع ـ مثلما يوضح قبر «رامي أميسبوري» الفخم، فكانوا يستطيعون فهم قوى الطبيعة واستغلالها، وكان الحجر يتحول في أيديهم إلى معدن، ولا شك أن الناس كانوا ينظرون إلى تلك الحرفة كأنها سحر، ويُحتمل أن علماء المعادن كانوا يمارسون عملهم في سرية، فقد جعلتهم معرفتهم من نخبة المجتمع، فبعد المجتمعات المتساوية في العصر الحجري ظهرت أول طبقة اجتماعية في أوروبا- بجانب الأنظمة الحاكمة التي كانت موجودة في الحضارات المتطورة في مصر وميسيناي ـ وكانت الملكيات هي التي تميز تلك الطبقية الاجتماعية، وهي عملية تحول جذري أفضت إلى العصر البرونزي المجيد.

كانت الطبقة العليا تسعى إلى رموز المكانة الإجتماعية مثل النحاس والبرونز والعنبر، وقد احتل الراتنج بخصائصه الاستثنائية مكانته المميزة بجوار أفخم المواد وأندرها في ذلك العصر، وأصبح حجر الحكام والأمراء والملوك ـ وحجر الآلهة أيضًا، ويوجد هذا الحجر في مقابر أمراء ويسيكس Wessex وكذلك في المقابر القائمة لملوك ميسيناي التي اكتشفها ذات يوم عالم الآثار هاينريش شليمان، كما تضمنت الثروات الأسطورية ـ مثل الأقنعة الذهبية المشهورة ـ آلاف الأشياء المصنوعة من العنبر، وأبرزها سلاسل الرقبة المصنوعة بمهارة شديدة والتي تعود إلى الفترة ما بين 1700 ـ 1500 ق.م.، تلك السلاسل المرصعة بحبات العنبر الكبيرة الملفتة للأنظار، وفي بعض قطع الحلي الأخرى كانت حبات العنبر تظل كل منها على مسافة من الأخرى من خلال شريط التمرير المصنوع من العنبر، وهو مبدأ خبيث وُجد لتحفيز علماء الآثار والمؤرخين في مختلف المناطق ـ سواء فيما يتعلق بالسلاسل المكتشفة في قبور أمراء ويسيكس أو في عمليات التنقيب في أنجولشتات في ولاية بافاريا.

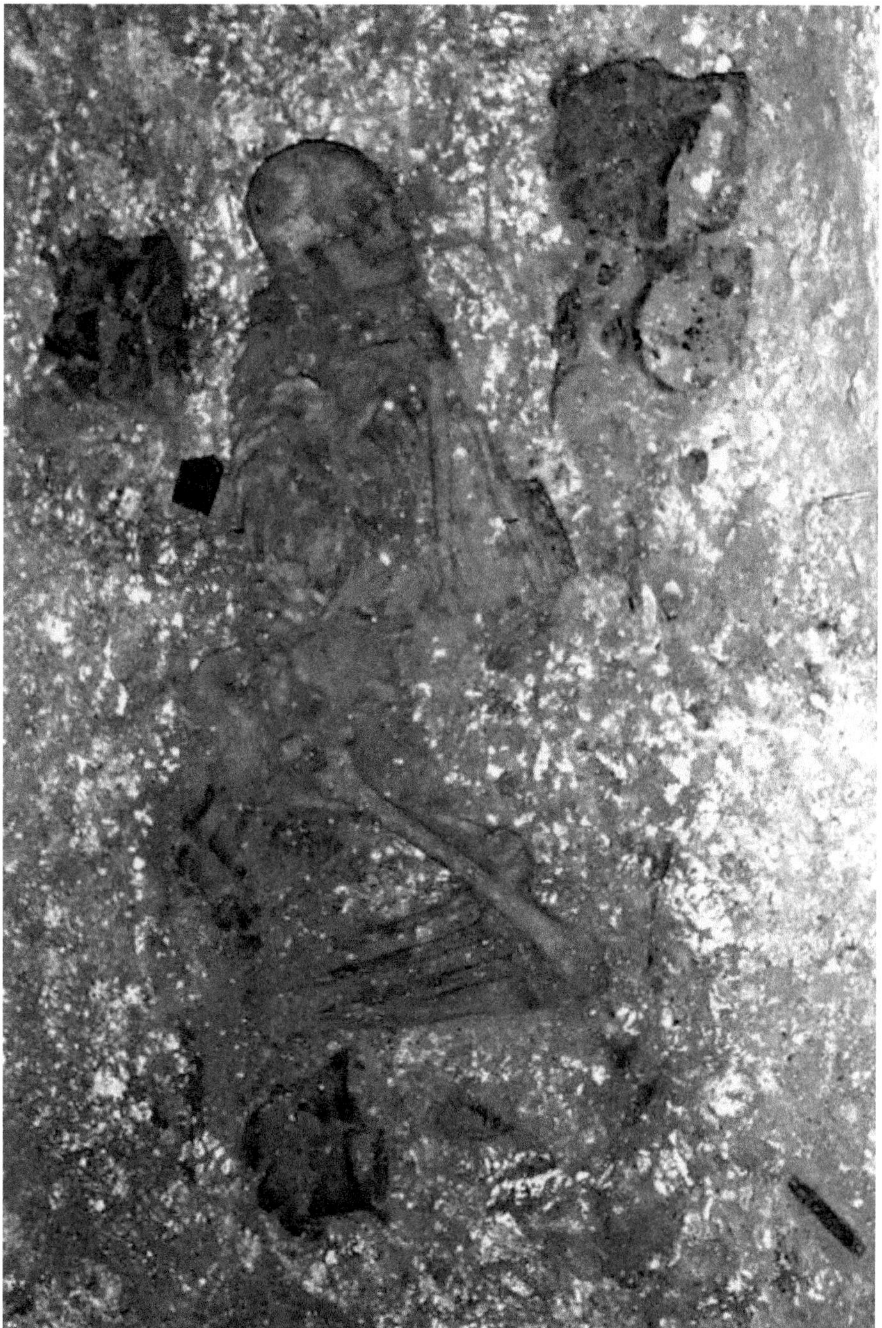

كان ينتمي إلى صفوة العصر البرونزي: «رامي أميسبوري» الذي كان في الواقع حدادًا

الكنز البراق

بريق خافت وسط الرمال هو ما لفت انتباه عالم الآثار كارل هاينز وجعله يصيح: «يا للهول، هذا هو العنبر، علينا أن نلتزم الحذر»، وكان مفوض المكتب المحلي لحماية الآثار محقًّا، ففي عام 1996 عثر العلماء في أحد المواقع المخصصة لبناء موقف سيارات في أنجولشتات على كنز القرن؛ وهذا الكنز عبارة عن وعاء خزفي بداخله كنز لا يُقدر بثمن، فقد كان الوعاء يحتوي على 2700 خرزة عنبر صغيرة و800 خرزة كبيرة، انتظمت لتصنع عقدًا متعدد الصفوف لا يزال حتى يومنا هذا يأسر الرائي لفخامته وجماله، وبخلاف العقد كان الوعاء يحتوي على لولبين رقيقين ورقاقة من النحاس، وكان عقد أنجولشتات به شريط التمرير المصنوع من العنبر كما هو الحال لدى مكتشفات ميسيناي وويسيكس، ويعتبر تشابه التصميم على هذا النحو إشارة إلى غزارة الاتصالات التجارية عبر آلاف الكيلومترات، ومن الواضح أن ما كان يبدو أنيقًا في ميسيناي كان يعجب الناس في أنجولشتات، ويرجع تاريخ تلك القلادة إلى نفس عصر نفرتيتي، وكانت تلك القلادة تستحق أن تحيط برقبة ملكة، فقد كانت ملكًا لأميرة إحدى القبائل التي كانت تتزين بحبات العنبر، وقبل 2400 سنة كنت الأواني الخزفية تُوارى في باطن الأرض باعتبارها من الكنوز. لكن على العكس من الحضارات المتقدمة حيث كانت حياة الحكام تدون تدوينًا شاملًا من أجل الأجيال القادمة فإن هذا الكنز لم يقدم لنا أي أدلة تمدنا بأي معلومات عن صاحبة القلادة، ولا توجد أي آثار لمستوطنات أو أي مصادر أخرى - كذلك لم يُعثر على قبرها، وقد يكون انتشار الدفن بالحرق في تلك الفترة مبررًا لذلك.

في المنطقة المجاور لمكان العثور على قلادة أنجولشتات تم العثور على المزيد من الكنوز والودائع التي كانت تحوي أجسامًا معدنية من بينها ستة خناجر برونزية تعود إلى العصر البرونزي المبكر، ويعتبر هذا - بالإضافة إلى قرب تلك الأماكن من مجرى النهر - دليلًا على أن هذا الموقع كان مميزًا حيث كانت تدفن فيه القرابين التي تقدم للآلهة وفقًا للطقوس،

ونظرًا لخصائصه الفريدة ولاسيما الشبه بينه وبين الشمس فقد ظل العنبر محتفظًا بهالته السحرية على مدى آلاف السنين وعبر مختلف الحضارات، فقد كان شيئًا نادرًا جدًّا، وقد ظل مصدر العنبر لغزًا بالنسبة لهؤلاء الذين يعيشون بعيدًا عن سواحل العنبر حتى عصر الإمبراطورية الرومانية، وبالتالي فقد كان العنبر يتمتع بكل الصفات التي تجعله سلعة حصرية ومرغوبة بشدة، وكانت طرق تجارة العنبر في العصر البرونزي تسير عبر أوروبا وتصل إلى البحر الأبيض المتوسط، وكانت ميسيناي مركزًا لشحن العنبر، ومن هناك كان العنبر يسافر إلى حكام قطنا ومنها إلى سوريا وقبرص وقصور الفراعنة إن أمكن ذلك.

كانت طرق التجار الخارجية العالمية تزين مراكز العالم آنذاك بالكنوز البهية، وبالنسبة لهؤلاء الذين كانوا يسكنون سواحل العنبر وعلى امتداد طرق التجارة في العصر البرونزي كان ذلك الراتنج الأحفوري هو المدخل إلى عصر جديد، فقد كان العنبر - سواء كان خامًا أو مصنعًا - بضاعة مثالية للمقايضة، فأصبح العنبر هو العملة التي يحصلون بها على البرونز والمعادن الأخرى، ومن هذه المعادن كانوا يصنعون أنواعًا جديدة من الأسلحة والأدوات، وكانت المعادن في تلك المناطق تمثل نقلة حضارية ظل الناس في شمال أوروبا - البعيد عن مصادر العنبر - محرومين منها لفترة طويلة، ولم يبرحوا العصر الحجري إلا بعد ذلك بكثير.

العنبر يجلب الثراء والسلطة - على الأقل السلطة على الأراضي المحلية - وخير مثال على ذلك مدينة دانتسيج Danzig على نهر فيستولا Weichsel، ففي العصر الحجري وبدءًا من عام 1000 ق.م. أصبحت تلك المدينة مركزًا لمعالجة العنبر، ومن هناك كانت تلك السلعة المرغوبة تصل إلى الجنوب - إلى البحر الإدرياتيكي والبحر الأسود - عبر نهر الدانوب، كما ازدهرت المقايضة عند بحر الشمال على الجزر الفريزية الشمالية سيلت Sylt وأمروم Amrum وفور Föhr، وقد ساعد العنبر الأعيان الفريزيين على تحقيق الثروة وتشهد على ذلك الملحقات الفخمة لمقابرهم من السيوف والخناجر عالية القيمة، وكانت الطرق الغربية لتجار العنبر تسير على طول نهر إلبه Elbe وساليه Saale وأخيرًا عبر الراين والرون وتصل إلى البحر الأبيض المتوسط،

وبعد سقوط الحضارة الميسينية تولى تجارة العنبر بدءًا من القرن الثاني قبل الميلاد ولمدة مائتي عام تقريبًا شعب غامض هو الشعب الفينيقي وترجع أصوله إلى منطقة الساحل الموزعة حاليًّا بين سوريا ولبنان، وقد جعلها موقعها الرائع بين مصر وحوض البحر الأبيض المتوسط وبلاد ما بين النهرين لاعبًا عالميًّا في عصرها.

كان الفينيقيون بحار مهرة ورجال أعمال بارعين فنسجوا على طول الساحل شبكة من المراكز التجارية والمستعمرات، فكانوا يستوردون ويصدرون المعادن الثمينة والنبيذ وزيت الزيتون وخشب الأرز اللبناني والعنبر، وفي رحلة بحثهم المستمر عن المواد الخام الجديدة كانوا يتجهون غربًا أكثر فأكثر، وكان شركاؤهم التجاريون ـ الطبقة العليا من الآشوريين والحيثيين والمصريين وبعد ذلك الإغريق ـ يرغبون في تجارة السلع الفاخرة وكان الفينيقيون يتاجرون في هذه السلع، ولم يكن ذلك الحجر اللامع مجرد أداة تعبر عن المكانة الاجتماعية: فبخلاف الآلهة الأخرى كان الفينيقيون يعبدون إله الشمس «بعل»، وهكذا فإن ذلك الراتنج الأحفوري الذي يكسر أشعة الشمس بطريق مميزة وقابل للتحويل أيضًا كان يمارس عليهم جاذبيته الخاصة.

من خلال اتصالاتهم التجارية كان الفينيقيون ينقلون مفاهيمهم الدينية للعالم، وامتدت العلاقات التجارية للفينيقيين لتتجاوز حوض البحر الأبيض المتوسط، ويرى عالم الآثار إريش كيستلر Erich Kistler أنهم أضفوا الطابع الرسمي على سياسة منح الهدايا، وربما كانوا يعززون ويؤمنون طرق التجارة المؤدية إلى بحر البلطيق، ويعتقد بعض الباحثين أن البحارة المهرة كانوا يستطيعون التوغل حتى بريطانيا ـ تدفعهم إلى ذلك جاذبية مصادر الملح في كورنول Cornwall ـ لكن هل وصلت سفنهم إلى البلقان أيضًا!! هذا ما لا نعرفه، لكن الشيء الأكيد هو أن التجارة من الشرق إلى الغرب وحتى الجنوب كانت تتم ببراعة، ويُخمن أن صفقات العنبر كانت تتم في بلاد وسيطة من خلال وسطاء على الممرات الخشبية المقامة عبر المستنقعات والأنهار، وقد استخدمت القوى التجارية ودول المدن اليونانية والإتروسكان الطرق الممتدة على طول الأنهار، وفي عام 600 ق.م أسس البحارة اليونانيون ماساليا Massalia التي أصبحت فيما بعد مرسيليا ـ بالقرب من مصب نهر الرونا ـ وكانت تعمل كبوابة دوارة لطرق العنبر المؤدية إلى الشمال.

في الناحيـة الأخـرى من جبال الألب كانت هناك طبقة من رجال الأعمال يطلبون السـلع الكمالية، وتشـهد على ذلـك مقابر التلال العملاقة الفخمة التي سـادت في حضارة هالشـتات Hallstadt، وبـدءًا من العصر البرونزي اتسـعت تلك الحضـارة لتمتد من مصادر الملح الغنية في هالشـتات عبر جنوب ألمانيا حتى تصل إلى منابع نهر الراين والسـين Sein والسـونا Saone وإلى البلقان أيضًا، وكان المتحكم في المناجم وطرق الملح هو الذي يملك السـلطة ويحقق المكاسـب الطائلة، وكان السـادة الأثرياء يتزينون برموز المكانة الاجتماعية، وكلما كانت تلك الرموز أكثر نـدرة وغرابـة كانت أفضـل، وكان الوعي بالـذوق العالمي يهيمـن على ملحقـات الدفن: مثل الخـزف الظريف والأعمال البرونزية الإتروسـكانية وجـرار النبيذ المصنوعة في ماسـاليا وعنبر البلطيق، وفقًا للعادات الإتروسكانية كان الميت يُدفن مع عربة من أربع عجلات.

اكتشـف علماء الآثار كنوز العنبر في حجرات دفن نسـاء أو «أميرات» هيبرتنجن Herber-tingen في بـادن فوتيمبيرج Baden-Württemberg وفيكس على جبل مونت لاسـوا Mont Lassois في بورجونـدي Burgund، وكانـت أميرة فيكس تسـاوي في الرتبة حاكمة كبـيرة وقد دُفنت مع عربة بأربع عجلات محاطة بإكليل من الذهب: وكانت تحمل فوق جسدها مجوهرات ثقيلة من الذهب والعنبر، أما مدى تأثيرها ونفوذها فيبدو واضحًا من الوعاء البرونزي المزخرف الفخم ـ وكان عبـارة عـن وعاء ضخم لخلط الماء والنبيذ يزن 200 كجم، كذلك كانت أميرة هيبرتنجن التي عُثر عليها في بادن فوتيمبيرج عام 2010 مزينة بكميات كبيرة من السـلع الغالية المسـتوردة من منطقة حوض البحر الأبيض المتوسط وذهب الشمال ـ وهو العنبر، وتوحي ملحقات مقابر عـصر هالشـتات بالقيمة الاسـتثنائية التـي كان يتمتع بهـا العنبر في عصره: فعـلى الرغم من أن الطبقة العليا في العصر الحديدي كانت تطمع في الحصول على السلع الغريبة الغالية في عصرها وتتلاعـب بهـا إلا أن العنبر ظـل من المواد المرغوبـة، فبالإضافة إلى قيمته كحـلي خالصة ظلت الهالة السحرية لهذا الحجر تلعب دورًا مهمًّا في الرحلة إلى الحياة الأخرى.

دموع الآلهة

استطاع ذلك الحجر الغامض أن يجذب اليونانيين، فأطلقه عليه اسم «الكترون» نظرًا للونه الذهبي مثل لون الشمس وخلدوه في أسطورة فايتون المأساوية التي كُتبت بشعر التفاعيل السداسية لأوفيد ـ التحولات ـ بمنتهى الروعة والكمال، فعندما قُتل أوفيد بفعل البرق الذي أرسله زيوس تألم أخواته البنات وتحولن إلى أشجار حور وتحولت دموعهن إلى عنبر، وبالتالي فإن هذه الإسطورة تقترب من أصل العنبر بصورة مذهلة، حتى وإن كانت «دموع الآلهة» في الحقيقة لا تأتي من أشجار الحور وإنما من الصنوبريات.

ظلت المنطقة التي يأتي منها العنبر لغزًا بالنسبة لعالم البحر لأبيض المتوسط لزمن طويل، أما صغر الأجسام المصنوعة في الورش اليونانية والإتروسكانية فيدل على ضآلة كمية المادة الخام التي وصلت بالفعل إلى الجنوب، ولهذا السبب كانت هذه الماد باهظة الثمن، ولم يكن العنبر مجرد حجر كريم رائع، لكنهم كانوا يهبون ذلك الراتنج الأحفوري القادم من بحر البلطيق للآلهة، بخلاف ذلك كان للعنبر استخداماته في الحياة اليومية، فوفقًا للتقاليد كان اليونانيون يستخدمون الأحجار الأكبر حجمًا كفرشاة للملابس، لينظفوا بها ثيابهم من الغبار والوبر، وكانت فكرة ذكية تناولها طاليس فون ميليت Thales von Milet ـ أحد فلاسفة الطبيعة في القرن السادس قبل الميلاد -، حيث تتولد شحنات كهربائية عند حك العنبر بالقماش.

في الأمبراطورية الرومانية خصص بلينيوس الكبير Plinius der Ältere في القرن الأول الميلادي فصلًا في كتابه Naturalis Historia يصف فيه بالتفصيل مصدر العنبر وخصائصه، وفي كتابه أكد «أن العنبر يأتي من تلك العلامات السائلة على الأشجار من نوع التنوب وأنه يأتي من جزر المحيط الشمالي»، وكان بلينويس محقًّا لدرجة مذهلة، لكنه لم يدرك الخاصية الأحفورية للعنبر ولا قدم عمره.

نستنتج من وصف بلينويس أن العنبر كان مرغوبًا جدًّا لدى الرومان في القرن الأول الميلادي، وقد أثار ذلك استياء الكاتب، فكان بلينويس يشعر بالحنق على تلك التجاوزات

التي جلبت العنبر، وكان يسخر من أن معاصريه يرغبون في امتلاك العنبر باعتباره رمزًا خالصًا من رموز المكانة الاجتماعية، ولم يكن مستوعبًا لحقيقة أن قطعة حجر صغير يتجاوز ثمنها ثمن العبد، ويبدو أن قطع الحلي التي تشبه الشبة كانت الخيار الأمثل للقيصر نيرو المسرف والباحث عن التميز، وهكذا كان يرسل الخيالة إلى السواحل الجرمانية لإحضار العنبر، وكانت أكبر قطعة تزن أكثر من أربعة كيلوجرامات، وذات يوم حوَّل نيرو ألعاب المبارزة التي كان يحضرها سكان روما إلى مشهد ذهبي براق: فقد غطى الأرضيات كلها بقطع العنبر وضفر الشبكة التي كانت تحمي الجمهور من الحيوانات المفترسة من العنبر، وقد أدخل نيرو موضة حقيقية بين نساء روما عندما زين شعر زوجته بوبيا Poppea بالعنبر، وكان ذلك من أسباب استياء بلينويس، فقد كان يرى أن الفائدة الوحيدة للعنبر هي العلاج.

هل العنبر دواء؟

اهتم اليوناني أبقراط المولود في مدينة كوس والذي يعتبر مؤسس العلوم الطبية بالعنبر وكان ذلك في القرن السادس قبل الميلاد، وكان أبقراط يرى أن هناك علاقة تأثير متبادلة بين حالة الجسد والنفس، وقد خلف لنا هذا العصر أول علاج وأول وصفات علاجية للعنبر، وكان كاليستراتوس المولود في أثينا يوصي مرضاه باستخدام العنبر كتميمة أو شرائه لعلاج الاضطرابات النفسية والهذيان والحمى وآلام الحلق وحصوات الكلى وعسر التبول، كذلك كان العنبر يساعد الأطفال ويحميهم من الحسد عندما يرتدونه كتميمة أو سلسلة، وحتى اليوم لا يزال بعض الآباء يعتقدون أن ارتداء صغارهم لسلاسل العنبر يسهل ظهور الأسنان.

بدأ استخدام العنبر في الطب في العصور القديمة واستمر بعد ذلك، وكان ذلك الراتنج العتيق يحفظ مكانه الثابت في أدراج الأطباء الرومان باعتباره علاجًا لكل الآلام ـ هذا إذا جمعنا توصيات الأطباء المختلفة، وقد اختصر البعض أمثال روفوس فون إفيسوس Rufus von Ephesos فوائد

العنبر فأطلقوا عليه «الدواء الشافي لكل داء»، كذلك تنوعت طرق استخدامه، فكان يُحمل كتمائم أو يُؤخذ في صورة مسحوق أو يُذاب في صورة شراب، وكان بعض الأطباء يوصون بسحق العنبر واستنشاق الأبخرة المتصاعدة أثناء ذلك، وتشير مصادر مدينة البندقية أن أطباء الطاعون كانوا يوصون بشم العنبر كبخور للوقاية من العدوى.

في القرن الثاني عشر الميلادي كانت الراهبة الرئيسة والمعالجة بالوسائل الطبيعية هيلديجارد فون بنجن Hilde-gard von Bingen تحتفظ بقطع العنبر كعلاج للموت الأسود، وكانت توصي في حالات آلام المعدة والأمعاء بوضع ذلك الراتنج ساعة يوميًّا لمدة 14 يومًا في البيرة أو الماء أو النبيذ، وفي حالات عسر البول كانت توصي بوضع العنبر يومًا كاملًا في لبن البقر أو الماعز، كذلك ظهرت نظرية علاج الشيء بمثله في علم العلاج بالعنبر: فقد أرسل الدوق ألبريشت فون برويسن Albrecht von Preußen لمارتن لوثر حجر عنبر أبيض لعلاج «مرض الحصى» والذي كان يُقصد به على الأرجح المرارة أو حصوات الكلى.

سادة العنبر

حتى بداية العصور الوسطى كان ذهب بحر البلطيق يصبح ملكًا للمحظوظ الذي يجده، وكانت تلك الأيام العاصفة تحديدًا تحمل لسكان الشاطئ نعمة كبيرة حيث تنفصل الأحجار الضعيفة عن الأرض وتحملها الأمواج، لكن في نهاية القرن العاشر الميلادي وضع دوقات بوميرانيا حدًّا للصيد العشوائي وجمع العنبر، حيث أجبروا السكان المحليين من سواحل بحر الشمال غربًا وحتى دانتسيج شرقًا على تسليم مخزونهم من العنبر ـ فيما يُعرف بقاعدة «مَلَكية العنبر»، وكانت تجارة رابحة لم يرغب رجال الدين الألمان في التخلي عنها، لأن الحملات الصليبية وغيرها من الحروب وكذلك بناء القلاع الحجرية كان قد التهم الكثير من الأموال، وبغزو زامبيا استطاعوا أن يتحكموا في طرق تجارة العنبر وضمنوا لانفسهم الحق في الاستحواذ والتصنيع،

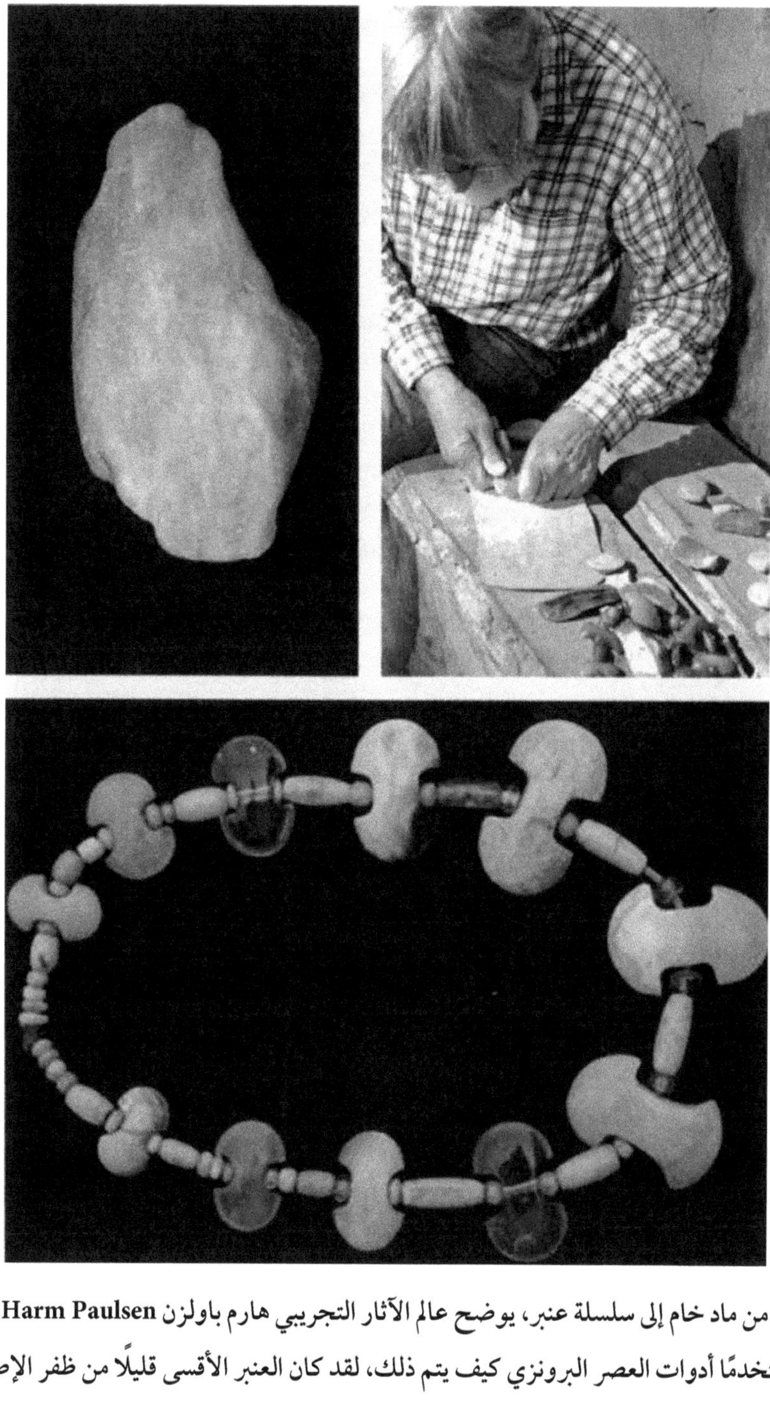

من ماد خام إلى سلسلة عنبر، يوضح عالم الآثار التجريبي هارم باولزن Harm Paulsen مستخدمًا أدوات العصر البرونزي كيف يتم ذلك، لقد كان العنبر الأقسى قليلًا من ظفر الإصبع مادة مثالية لتجار المجوهرات ـ من العصر الحجري حتى يومنا هذا

وألزموا سكان الشاطئ في بعض الأماكن الساحلية بتسليم كل ما يجدونه من العنبر مقابل المال أو الملح، وكان كل من يجرؤ على صيد أو امتلاك العنبر دون تصريح يُعاقب بالإعدام شنقًا، وكان موظفو الكنيسة ـ سادة العنبر ـ يأخذون البضاعة الثمينة على الفور ويراقبون العنبر كي لا تسلك كسرة منه طريقًا غير شرعي، وتدل قاعدة مَلَكية العنبر وكذلك وسائل المراقبة التي كان يستخدمها رجال الدين الألمان على قيمة العنبر في ذلك الوقت وعلو شأنه في التجارة.

وكان يُسمح بتصنيع العنبر في الورش المختارة في بروج Brügge ولوبيك Lübick وفيما بعد دانتسيج، وكانت أفضل المنتجات مبيعًا هي المسابح التي صنعتها أيدي صناع المسابح الماهرة، وفي القرن الرابع عشر انضم كل صناع المسابح في نقابة، وكانت مبيعاتهم هائلة، فقد كان رجال الكنيسة المسيحية جميعهم يشترون مسابح العنبر، وقد بلغت المبيعات السنوية لتلك المسابح في لومبيك 1300 مارك بروسي وفي بروج 2800، وكان العنبر يُورد من قاعدة رجال الدين الألمان في ليرنبيرج إلى الشرق، وبالنسبة لتجار الهانزا يعد العنبر والفراء من أهم السلع التي ترد من شرق أوروبا لتُصدر غربًا حتى لندن وجنوبًا حتى إيطاليا.

في بداية القرن الرابع عشر استطاعت مجموعة صغيرة من التجار بقيادة هيلدبرانت فيكينشوسن Hildebrandt Veckinchusen أن تحدث انقلابًا سريعًا، فقد أسسوا جمعية فينيسيا، ففي تلك المدينة كان الطلب على الفراء الروسي وعنبر البلطيق كبيرًا، فأخذ هؤلاء التجار يبيعون السلع الكمالية دون وسطاء في مدينة فينيسيا ويجنون من ذلك أرباحًا طائلة، وفي غضون عامين فقط وصلت أرباح جمعية فينيسيا 100٪، وكانت رابطة الهانزا وطائفة رجال الدين الألمانيين يعملون يدًا بيد في تجارة العنبر الرابحة.

بعد الهزيمة الساحقة التي مني بها رجال الكنيسة الألمانية في معركة تانينبيرج ضد الجيش الليتواني البولندي عام 1410 تغير المشهد تغيرًا مأساويًا، فقد انهارت الأسواق المحلية وأصبح النفوذ للتجار الغرباء، ولم يعد العنبر مطلوبًا كما كان، وازداد تأزم الموقف بسبب تأثيرات الإصلاح التي وقعت في القرن السادس عشر، وفي الكثير من الإمارات لم تعد هناك حاجة إلى المسابح،

وفي هذا الموقف العسـير طور دوق بروسـيا لمصلحته الشـخصية إستراتيجية جديدة لبيع ذهب بحر البلطيق.

كان البريشـت دوق براندنبورج أنسباخ Brandenburg-Ansbach ـ آخر رئيس لطائفة رجال الكنيسـة الألمانية في بروسـيا وقد تحول إلى العقيدة اللوثرية في عصر الإصلاح ـ أول من احتكر العنبر، فقد شـجع البريشـت شـكلًا جديدًا لمعالجة العنبر وهو فن الحرف اليدوية كي لا تنقطع عائـدات العنـبر، فكان الفنانون المهرة يصنعـون من تلك المادة المتعددة الألـوان صناديق باذخة وخزانـات صغـيرة وشـمعدانات وبراويز وكراسي، وقد طـور الفنانون الحرفيـون تقنية لجعل العنبر شـفافًا بتسـخينه مثل الزجاج، وكانت تلك الألواح الشـفافة تُستخدم لتطعيم الخزانات ولوحات الشطرنج.

كانـت فكرة ألبريشـت التجاريـة مثمرة مـن ناحيتين، فقد سـاعدت تلك التحـف الفنية المزخرفـة على تجديد أمجـاد إمارته وصقل ماليتها العامة، وكما كان أهل فيتيلسـباخ Wittelsbach يستخدمون موارد الكريستال في صناعة الأعمال الزجاجية أصبحت الآن بروسيا الفقيرة بالمواد الخـام تمتلـك سـلعة ثمينة يمكنهـا أن تتزين بها علاوة عـلى أن تحف العنبر كانـت مرغوبة جدًّا في منـازل أمراء وملـوك أوروبا، وكانت تلـك المجوهرات المصنوعة بمهـارة كبيرة من الكنوز القياسية في خِزانات الأمراء والملوك وحجراتهم الفنية، واستمر ذلك طيلة قرنين من الزمان.

حجرة العنبر

في بدايـة القـرن الثالث عشر قدم ملك بروسـيا فريدريـش الأول Friedrich I أكبر وأغلى تحفة من العنبر، فقد أمر بعد تتويجه في كونيجسـبيرج Königsberg بفترة قصيرة بتأسيس «مجلس العنـبر» في عـام 1701، وفي الوقت الحالي لا يزال مكان تلك الحجـرة مقصدًا لعدد من الباحثين عن الكنوز فتارة يمدهم بنوم هنيء وتارة يهبهم كنزًا ثمينًا.

كان فريدريش من عشاق الفن، وقد حول برلين إلى عاصمة ملكية غاية في الروعة، وقد أهدى نفسه «أعجوبة العالم الثامنة»، فلم يحدث من قبله أن صُممت حجرة كاملة من العنبر، ولا شك أنها بدعة جديدة على العالم، وكانت تلك الحجرة هي الاختيار الأمثل لملك يبحث عن الرفعة والمكانة.

طيلة عشر سنوات ظل فنانو العنبر ـ أولًا جوتفريد ڤولفرام Gottfried Wolfframm من كوبنهاجن وبعده إرنست شاخت Ernst Schacht وجوتفريد توراو Gottfried Turau من دانتسيج ينحتون أغلى خلفية في العالم ومن أجل ذلك الحرفيون المهرة يستخدمون التقنيات الأكثر تطورًا مثل تقنية تلبيس القشرة وذلك بتجميع رقائق العنبر التي تم تغيير لونها مسبقًا أو جعلها شفافة بالتسخين فوق شرائح ومرايا كي تشكل لوحة فسيفساء رائعة، وفي النهاية زينت تلبيسة الجدران الثمينة حجرة التبغ في الطابق الثالث من قلعة برلين، لكنها لم تدم فترة طويلة، لأن فريدريش فلهلم الأول Friedrich Wilhelm I الذي اعتلى العرش في عام 1713 لم يكن يقدر الفنون الجميلة مثل والده، واستطاع فلهلم أن يلخص الفرق بينه وبين والده في الكلمات التالية: «لقد كان والدي يجد متعته في المباني الفخمة والكميات الكبيرة من المجوهرات والفضة والذهب والأثاث والفخامة الظاهرية، لكن اسمحوا لي أن تكون متعتي هي كثرة القوات»، وعملًا بهذا الموقف الذي تبناه فقد ضحى بحجرة العنبر التي كانت ملكًا لوالده كي يكبر جيوشه، وكان قيصر روسيا بيتر الأول قد عبر عن رغبته في امتلاك حجرة كهذه عندما زال والد فلهلم فريدريش عام 1711، فاستغل فلهلم فريدريش تلك الرغبة بعد ذلك بعدة سنوات كي يعقد صفقة دبلوماسية، فقد أهدى مجلس العنبر إلى القيصر الروسي في عام 1716 تعبيرًا عن سعادته بالتحالف لرد العدو المشترك (السويد)، وفي المقابل حصل فلهلم فريدريش على الكتيبة 55 «كتيبة الرجال الطوال» وحارس يبغ طوله ستة أقدام ـ أي ما يعادل 188 سم ـ وفي السنوات اللاحقة أُرسل إلى بروسيا 300 جندي آخر ضخم الجثة، وكانت الهدايا البشرية «في صورة جنود» شائعة بين الممالك في تلك الفترة.

في بداية عام 1717 غادرت حجرة العنبر برلين باتجاه سـان بطرسـبيرج، وكانت محفوظة في 18 صندوقًا، وكان معروفًا عن ملك بروسـيا الشُّـح فلم يوفر للقافلة الملابس الثقيلة أو الحماية اللازمة، وعندما وصلت الحجرة إلى سان بطرسبيرج تطلب الأمر عدة سنوات حتى تعود تلك التلبيسة الفريدة إلى كامل رونقها، ولم يشهد القيصر بيتر تلك اللحظة.

في البداية وضعت حجرة العنبر في قصر الشتاء، لكن الأحجار البراقة كانت تعاني هناك من موجات الفيضان فقررت الإمبراطورة إليزابيث بيتروفنا Elisabeth Pe-trowna ـ ابنة القيصر بيتر ـ أن تنقل حجرة العنبر إلى قصر تارسكوي سيلو Zarskoje «أو قرية القيصر» وهو المقر الصيفي للقيـصر، فقـام عشرات الجنـود بنقل الكنـز الذهبي بأيديهـم إلى القصر المفضـل للإمبراطورة والذي كان يبعد 25 كم، لأنها خشـيت أن يلحق الضرر بالتلبيسة الدقيقة أثناء نقلها بالعربات، ونظرًا لأن المكان المخصص لحجرة العنبر كان أكبر من التلبيسة فقد تم استكمال العمل بواسطة الفنان فرانسيسـكو بارتولوميو راسـتريللي Francesco Bartolomeo Rastrelli على مساحة خمسين إلى مائـة قـدم مربع بعناصر جديدة مـن العنبر والذهب والمرايا، وظل هـذا العمل الفني الرائع يزين جدران القصر الصيفي طيلة مائتي عام حتى اندلعت الحرب العالمية الثانية.

أسطورة العنبر

بدأت الجريمة ضد حجرة العنبر في لينينجراد (اسـم مدينة سان بطرسبيرج من عام 1924 حتـى عـام 1991) حيـث قام جنـود الجيش الألمـاني في عملية منسـقة بسرقة حجـرة العنبر من قـصر القيـصر ونقلوها بعناية إلى كونيجسـبيرج، وهنـاك قام دكتور ألفريـد روده ـ مدير قصر كونيجسـبيرج والمجموعـة الفنية هناك ـ ببناء أعجوبة العنبر من أجل سـكان كونيجسـبيرج، وكانـت آخـر مرة تُرى فيهـا حجرة العنـبر، فبعد فترة قصـيرة اختفت الكسـوة الأنيقة داخل الصناديـق مـرة أخرى حمايـة لها وحفظ روده حجـرة العنبر المغلفة في صناديـق في قبو القصر،

وفي 27 أغسطس 1944 قُصفت مدينة كونيجسبيرج، وبدءًا من تلك اللحظة ضاعت آثار حجرة العنبر، وكانت الأقاويل والشهادات والبيانات متضاربة كثيرة، حتى أن المؤرخين يجزون على أسنانهم حتى يومنا هذا، فلم يتضح حتى اليوم ما إذا كانت الصناديق قد احترقت عند قصف القصر أو أنها غرقت أثناء شحنها على متن إحدى السفن أثناء عملية الإخلاء أم أنها أُخفيت في مكان آخر في الوقت المناسب، وتعزز جحافل الباحثين عن الكنوز منذ نهاية الحرب العالمية الثانية الأدلة والتخمينات المختلفة، والكثير منهم يعتقد أن مخبأ حجرة العنبر موجود في بلدته ـ دون أي دليل.

لفترة طويلة ظل البناء الجديد يضفي الرونق على تسارسكوي سيلو، وبناءً على السجلات التاريخية والقطع الأصلية المفردة استطاع المرممون والحرفيون أن يعيدوا تحفة الماضي الفريدة بنصف مليون رقاقة عنبر بمهارة كبيرة وصبر لا حدود له.

عندما نراجع تاريخ العنبر الحافل بالأحداث لن نتعجب من أن هذه المادة الغريبة كانت مادة مناسبة للأساطير، حيث كان العنبر بعمره الأسطوري الذي يصل لملايين السنوات وجاذبيته المتنوعة يترك مساحة كافية لتوقعات الأفراد، فكانوا تارة يوجدون صلة بينه وبين الآلهة، وتارة يعتبرونه جوهرة نادر وتارة أخرى يستخدمونه كعلاج، إنه الحجر الذي يعكس تطور الإنسان وتحضره عبر آلاف السنوات وعندما يفعل ذلك فإنه يترك حيزًا كافيًا لتخيلنا: إنه دموع الآلهة.

الفصل الثالث

طرق العنبر في حوض البحر الأبيض المتوسط

جزيرة الكنز

كان بحـر إيجـة يتألق مثل عدد لا نهائي من قطع الماس عندمـا حمل قارب صيد صغير عالم الآثار تيمو إبسـن Timo Ibsen ليأخذه إلى ميناء نافبليو Nafplio بعد شروق الشـمس بقليل، وقد اختـار العالم الشـاب القـادم من شليسـفيج Schleswig هذا المكان عمـدًا لأن العاصمة القديمة لليونـان الحديثـة (1829 ـ 1834) في منطقـة بيلوبونيـس Peloponnes كانـت في العصر البرونزي ميناءً بحريًّا امتدت علاقاته حتى مصر البعيدة، وهذا ما عرفناه من قائمة أسماء الأماكن الخاصة بالفرعون أمنحتب الثالث، تلك القائمة التي كُتبت عام 1370 ق.م، ويقول إبسن «إنه لغز كبير يتكـون من الكثير من القطع الصغـيرة نحاول تجميعها وذلك بمعرفة شـبكة علاقات التجارة الخارجية في العصر البرونزي»، ولهذا يبحث إبسـن في منطقة البحر الأبيض المتوسـط على آثار العلاقات التجارية التي كانت قبل 3500 عام، فهو يبحث عن الأدلة التي تشير إلى طرق العنبر، تلك الطرق التي لم تكن فقط طرقًا برية وإنما كانت هناك أيضًا طرق بحرية تشق حوض البحر الأبيض المتوسط.

يمر الصياد أنجيلوس ببقايا الصخور التي تسـقط في المياه الصافية كلوح من الكريسـتال ويقـود قاربه فوق المياه غير الخطيرة بيديه المطمئنتين وخبرة أربعين عامًا ليصل إلى تلك الجزيرة

البحرية، فيستطيع إبسين أن يميز بقايا السور المبني فوق التلال الصخرية التي لا تنمو عليها سوى الشجيرات. يقول إنجيلوس بفخر للراكب الألماني: «لا بد أن هناك كنزًا كبيرًا مخبوءًا خلف هذا السور»، حيث كان المهربون ينقلون ثرواتهم إلى هنا قبل أن يهربوها عبر الميناء الرسمي كي لا يثيرون حولهم الشكوك، وقد باح له جده بهذا السر عندما أبحر معه لأول مرة وهو في الخامسة من عمره، فهل ما يقوله إنجيلوس مجرد حكاوٍ يتناقلها الصيادون؟

غالبًا ما تكون لتلك الأساطير القديمة أساس حقيقي، وهذا ما يعرفه عالم الآثار المسافر بعيدًا الذي يعمل في المتحف المحلي في شليسفيج، لكن سرعان ما اصطدمت مخيلة إبسين العلمية الاستكشافية بخيبة الأمل، فعندما اقترب أكثر استطاع أن يميز السور المتداعي: لا شك أنه حديث العهد، ربما كانت هذه البقايا لسجن أُقيم على هذه الجزيرة، وربما ظل هذا السجن يُستخدم حتى عصر الديكتاتور العسكري اليوناني، الكنز هنا والسجن هناك، على أية حال تتمتع هذه الجزيرة بموقع إستراتيجي مميز، ولا شك أن بحارة العصور القديمة كانوا يعرفون ذلك، رسا قارب أنجيلوس على الخليج المحصن للساحل الصخري الصاد للماء، وأخذ إبسن يسبح في مياه الصباح المنعشة الباردة إلى أن وصل إلى الشاطئ.

هنا أيضًا استطاعت عين العالم المدربة أن تكتشف بقايا السور، كان مرسى قديم، لكن البنية المعمارية لم تدله على عمر المرسى، ربما كان يرجع إلى العصور الوسطى أو العصور القديمة أو حتى العصر البرونزي، واصل تيمو إبسن استكشاف الشاطئ المهجور المغطى بالحصى، وفجأة قدمت له الطبيعة المساعدة، فقد حدث انخفاض في الجسر الساحلي بفعل التآكل، وانفتحت الأرض كما في أي عملية تنقيب أثرية، وإذا بإبسن يلاحظ شيئًا لامعًا أبيض اللون، كانت عظامًا، وبعد فحص سريع تبين أنها عظام معزة، فهل كانت هذه المعزة طعامًا لأحد المهربين بعد أن خبأ كنزه؟

كان العنبر في العصر البرونزي من سلع المقايضة المرغوبة، وتوجد مثل هذه السلاسل متناثرة على مدى آلاف الكيلومترات من وسط ألمانيا مرورًا بسفوح الألب إلى اليونان.

الآن يتحســس إبســن عناصر الحفرة، فقــد كانت هناك قطع مكســورة في الجرف، ويعتبر الخزف من الموروثات التي يســهل تحديد أعمارها، حيث يكشف الشكل واللون والمادة وكيفية المعالجة للمتخصصين متى أُحرِق القدر أو الإناء، وعندما توجد مثل هذه القطع المكســورة في طبقة من الأرض فإنها تدل أيضًا على عمر هذه الطبقة، وقد ميز إبسين إحدى القطع المكسورة التـي تعـود إلى العـصر البرونزي، وبالتالي فإن بقايا الســور تعـود إلى نفس الفـترة الزمنية، إذن كانت الرحلة الصباحية مثمرة حتى لو لم تسفر عن اكتشاف أية كنوز، ففي هذا الخليج المعزول وقبل حوالي 3500 عام كان هناك مرسى ثابت، وهو دليل على كثافة الرحلات البحرية آنذاك.

النقلة الزمنية للموانى آنذاك

تحت حرارة الشمس الحارقة في صيف عام 1328 ق.م كانت هناك بلبل بالمعيار البابلي عند سور كاي: لعنات الأكاديين وتهديدات الحيثيين وأوامر الميسينيين وتأكيدات المصريين وشتائم الإيليريين. كانت السفن تقف متزاحمة جنبًا إلى جنب للشحن والتفريغ، عندئذ ظهرت السفينة الجديـدة التـي تريد أن تعبر تلك الثغـرة التي يصل عرضها 5 أمتار وطولهـا 15 مترًا والتي تبدو ضيقة جدًّا بالنسبة لسفينة، لكن قبطان سفينة الشحن الممتلئة عن آخرها والواقفة في عمق المياه لم يتأثر من الصيحات والضجة من حوله، فثُني الشراع وفقًا لأوامره واتجهت السفينة مستهدفة تلك الثغرة الضيقة، واستطاعت السفينة أن تزيح السفينتين المجاورتين، وتجاهل طاقم السفينة صيحات زملائهم وإشاراتهم الوحشية.

كان الســبب الوحيد لغطرسة تلك الســفينة الجديدة هو أن حكام ميسيناي كانوا ينتظرون بفـارغ الصـبر البضاعـة المحمولة عـلى ظهرها، فقد جـاء طاقم الســفينة من رحلـة طويلة عبر البحـار المفتوحـة، فقبل أربعة أيام كانت الســفينة في قبرص وقطعت مســافة مـا يزيد عن 1000 كم بمتوســط سرعة ســبع عقد، ويتكون الجزء الأكبر من حمولتها التي تبلغ 20 طنًا من نحاس،

أو بتعبير أدق من سبائك النحاس، التي كانت أهم مادة خام في العصر البرونزي، فكانت تسعة أجزاء من النحاس وجزءًا من القصدير يشكلون تلك السبيكة التي أُطلق اسمها على عصر بأكمله: البرونز، وهذا عين الصواب، فمن خلال البرونز أصبح الإنسان ولأول مرة يمتلك مادة صلبة سهلة التشكيل، فقد كان البرونز هو المادة الخام لأقوى الأسلحة في ذلك الوقت، السيوف والرماح المصنوعة من البرونز ـ تلك الأسلحة التي استخدمت في حرب طروادة، وكان الميسينيون يحتاجون لموارد القصدير بصورة ملحة كي يزودوا صانعي الأسلحة بالمخزون اللازم.

في الحال قام الطاقم بتفريغ سبائك النحاس الثقيلة التي تزن الواحدة منها 25 كجم، وكانت السبائك تعلق على أطر خشبية، كل إطار يقوم بحمله رجلان فوق أكتافهما، وكان الشكل الغريب لتلك السبائك يشبه جلد الثور المسلوخ، وكان هذا عمليًّا، حيث كان من الممكن أن تُربط السبيكة الثقيلة بحبل عند الإطار، بعد ذلك أخرج البحارة من بطن السفينة الجِرار، وقبل أن تصل إلى البلاد كان مراقب السفن يفحص الجودة والمحتوى، وكانت الطبقة العليا في مجتمع ميسيناي تطمع في تلك البضائع الغالية: اللوز المستورد من بلاد الرافدين، والرمان من قيليقية والتين من مصر، كما كان العاج من أكثر السلع استيرادًا من أفريقيا البعيدة، فكان النحاتون المهرة يستخدمون أنياب الفيلة في أعمال التطعيم الأنيقة، وكان العاج يناسب خشب الأبنوس القادم من قلب أفريقيا السوداء والذي تم تفريغه من السفينة المجاورة، حيث قام قبطان السفينة القادمة من دلتا النيل بتسليم أحد تجار ميسيناي صندوقًا صغيرًا ولكنه ثقيل، وبأمر صغير منه أبعد البحارة الفضوليين، وبعدها فتح الغطاء، فوجد بداخل الصندوق أحجار اللازورد والفيروز الزرقاء اللامعة لتي جاءت من الشرق الأقصى إلى البحر المتوسط عبر طريق الحرير.

في حوض البحر المتوسط كانت تُقايض كل البضائع القادمة من جميع أنحاء العالم مثل (الفواكه الغريبة -الأحجار الثمينة ـ المواد الخام النادرة)، وكانت السوق تعرض كل شيء وتلبي كل الرغبات، لكن ماذا عن البضائع القادمة من شمال أوروبا؟ هل كان ذهب البلطيق ـ العنبر ـ يجد الطريق

إلى المراكـز التجاريـة في حوض البحر المتوسـط؟ وهل كانت هذه الطـرق خطرة أو غير مربحة أو طويلة جدًّا؟ للإجابة على هذه الأسئلة لا بد لنا من حل ذلك اللغز العلمي المحلي والعالمي، وجزء مهم من هذا اللغز هو تلك المأساة البشرية التي وقعت قبل 3300 عام أمام شواطئ تركيا الحالية: كارثة تتعلق بسفينة.

حطام سفينة أولوبورون

يمتـد لسـان أولوبورون على السـاحل التركي الجنـوبي بالقرب من مركـز أنطاليا Antalya السـياحي مثل الإبرة في البحر، وتعتبر المنطق بقعة شـعبية لهواة الغوص، لأن اللسـان كان وما زال يشـكل عقبة كبيرة للملاحـة، وهكذا فأن قاع البحر يضم حطام العديد من السـفن، لكن أحـد المحترفـين قام بأكثر اكتشـاف مثير حتـى الآن: فقد اصطدم أحد الغواصـين في عام 1982 بأجسـام ثقيلة كان شـكلها يشبه جلد الثور، فعرف عالم الآثار الذي أُبلغ على الفور أنها سبائك نحاسية تعود إلى العصر البرونزي، لكنه احتاج للغوص عدد لا يحصى من المرات ـ حوالي 2200 مرة ـ كي يسترد الحمولة الكاملة للسفينة، وظهرت بعد ذلك 353 سبيكة أخرى، وقد شهد علم الآثار المغمورة واحدة من أعظم اللحظات عندما انتشلت أقدم سفينة معروفة حتى الآن لتفتح لنا نافذة بانورامية على الماضي.

حتـى اليوم يطرب إبسـن كلما فكر في أولوبورون: «مصيبتهم حينـذاك فائدة لعلماء الآثار اليوم، لأننا نسـتطيع من هذه الحطام أن نعيد تخطيط مسـار السـفينة وبالتالي نكتسب معلومات قيمة عن تدفق السـلع وطرق التجارة في العصر البرونزي»، قام خبراء المعادن الأثرية بفحص السبائك النحاسية واستطاعوا أن يعرفوا مصدرها بعد تحليل نظائر الرصاص، وكانت البصمة الكيميائيـة متطابقـة تمامًا مع موارد النحاس في قـبرص، وكان مجموع الحمولة عشرة أطنان من النحاس وطنًّا من القصدير، وحتى الآن لم يتضح مصدر القصدير بصفة نهائية، لكن الآثار تدل

على جبال طوروس وآسيا الوسطى، والشيء المثير حقًّا هو النسبة بين وزن المعدنين، فهي تطابق النسبة اللازمة لصناعة البرونز.

إن قائمة الشحن أكثر شمولًا وأكبر مما ذكرنا: فبالإضافة إلى الحلي القادمة من دول المدن التي تقع على الساحل السوري عُثر في بطن السفينة على خزف ميسيناي وأسنان فرس النهر والعاج وبيض النعام المجلوب من أفريقيا، وكذلك جرار زيت الزيتون والرمان وراتنج الفستق من البحر الميت والجعران الذهبي من مصر الفرعونية في عهد نفرتيتي، وللقائمة بقية، وهو ما يوضح للخبراء أن سفينة أولوبورون سافرت إلى شرق البحر الأبيض المتوسط ووصلت إلى البحر الميت وأن البضائع قد حُملت من عُمق تلك المناطق النائية.

التجارة العالمية هي الكلمة المناسبة لوصف مسار السفينة، أي أن الأمر كان يتعلق بالكثير من المال والذهب، لاسيما عندما نفكر في ذلك العدد الهائل من الحلي والأحجار الثمينة التي وجدها الغواص على عمق 60 كم، وهناك مادة أخرى كانت مرغوبة جدًّا في الماضي وهي الزجاج، الذي نُقل على ظهر هذه السفينة في صورة 175 أسطوانة فيروزية اللون من الزجاج الخام، ولا بد أن الحلي كان مشهورًا جدًّا لدى الطبقة العليا في حوض البحر المتوسط لأن علماء الآثار الغواصين اكتشفوا عددًا كبيرًا من الخرز القادم من مصر وبلاد الشام وميسيناي، كما وجدوا العنبر، عنبر بحر البلطيق! وهذا ما جعل حطام تلك السفينة هو مفتاح السر من وجهة نظر إبسين، حيث أن عنبر بحر البلطيق كان من السلع التي يتم تداولها في تلك المنطقة، وربما كان سعره مرتفعًا جدًّا، هذا ما يراه عالم الآثار القادم من شليسفيج: «إن النسبة بين أنواع الخرز الذي عثر عليه مذهلة، فبينما كانت تحوي الحطام المئات من الخرز الزجاجي وخرز الأحجار الكريمة الأخرى كان عدد خرزات العنبر فقط خمس خرزات، وهذا يوضح القيمة الكبيرة التي كانت تتمتع بها تلك المادة».

كان العنبر في أواخر العصر البرونزي سلعة تجارية وصلت إلى جنوب أوروبا وإلى آسيا وأفريقيا كذلك، ولا نستطيع أن نحدد عدد الوسطاء الذين مرت عليهم تلك السلعة، لكن يبدو واضحًا

أن السعر كان يرتفع كلما بيعت «دموع الآلهة» بعيدًا عن مصدرها، وكما هو الحال مع كل السلع النـادرة كانـت أرباح التجـار تتضاعف، يقول إبسـين: «من أجـل ذلك كان النـاس يعرضون أنفسـهم للمخاطـر والمصاعب الكبـيرة»، ويؤيد حطام أولوبـورون ما يقول، فقـد كان القيام بالرحلات البحرية بالمراكب ذات الأشرعة المربعة صعبة التوجيه والمناورة يحمل مخاطرة كبيرة، فكانـت كل عاصفـة رعدية في البحر المفتوح تهدد بغرق السـفينة، كما كانت الطرق الممتدة على طول السواحل وعرة بسبب الصخور والمياه الضحلة.

من المحتمل أن سـفينة أولوبورون لم تفشـل عند اللسـان، فقد غرقت على بعد 60 مترًا من السـاحل، وحتـى الآن لا يـزال المختصون في حـيرة لا يعرفون ما إذا كانت السـفينة قد غرقت بسبب عاصفة أم أن حمولتها كانت زائدة، ولا يُستبعد أن يكون السبب هو هجوم القراصنة.

الثـروة تثير الأطـماع، الأمر نفسـه ينطبق على العـصر البرونزي، فقـد كان لـ«طرق العنبر الرطبـة» مخاطرهـا، لكنهـا كانت موجودة، كانت شـبكة كاملة من مراكز التجـارة الموزعة على منطقة حوض البحر الأبيض المتوسط، ويقودنا أحد الخيوط إلى سواحل الشام في سوريا حاليًّا، إلى المدينة الساحلية أوجاريت Ugarit، وعلى بعد 80 كم داخل البر يقع قصر ملك قطنا.

قطنا ـ اكتشاف في رمال الصحراء

في عـام 2002 احتفل البروفيسـور بيتر بفيلتسـنر Peter Pfälzner القـادم من توبنجن وفريقه السـوري بالانتصار الأثري الكبير، فمنذ عام 1999 كان يقوم مع زملائه الدوليين بالبحث عن قصر قطنا، ولم تكن هذه المدينة في القرن الثاني قبل الميلاد مقرًّا فخمًا للحكم فحسب، بل كانت عاصمـة تجارية، فقد شـكلت محورًا هامًّا بين حضارات بـلاد ما بين النهرين ومصر، حيث كان يخـرج من بين الرافدين طريق يفضي إلى موانى البحر الأبيض المتوسـط، وكان هناك طريق آخر

يمتد من النيل وحتى مرتفعات الأناضول حيث توجد عاصمة الحيثيين، وفي نقطة تقاطع هذين الطريقين كانت توجد قطنا، الذي اشتهر حاكمها بأنه قتل في يوم واحد 120 فيلًا في رحلة الصيد، قد يكون غرورًا ملكيًّا أو تعبيرًا عن الرفاهية والثروة التي لا يمكننا اليوم تخيلها؟ الواضح أن تلك المناطق المتصحرة حاليًّا في الشرق الأوسط كانت غابات خضراء قديمًا، وكان ملك قطنا رجلًا قويًّا وثريًّا.

وجه جذاب لأسد، نُحت على العنبر بمهارة شديدة،
وأحد الكنوز الأساسية التي عثرت عليها عمليات التنقيب في قطنا

لنعد إلى ذلك اليوم من صيف عام 2002: على بعد عدة أمتار تحت سطح الأرض اكتشف الباحثون تجويفًا، وعندما دخلوا فيه أدركوا على الفور أنهم داخل مقبرة، وكانت هذه المقبرة مكونة من أربع غرف بها تابوتان من البازلت: فهل كانت مقبرة الملك!!! سرعان ما اتضح

ذلـك لعلـماء الآثار وهم يكتشـفون المجموعة المكونة من 1900 قطعة بينهـا أوعية مصنوعة من المرمـر ومئـات الخرزات الذهبية وألواح خشـبية وطيـور جارحة، ومن أكثر الأشـياء التي عثر عليهـا إثارة كانـت يدًا صناعيـة مصنوعة من الذهب الخالـص، وكانت هذه اليد تُسـتخدم في تقديـم القرابـين للآلهة، فكي لا يقترب الإنسـان من الآلهـة كثيرًا كان تُسـتخدم ذراعًا صناعية للتعامل مع الأطعمة الممتازة والزيوت الغالية والمشروبات.

كان مـن ضمن محتويات المقبرة قطعة ما مثَّلت لغزًا للباحثين في البداية، فبجانب كل ذلك الذهب اللامع عثر الباحثون تحت أضواء المشـاعل على رأس صغيرة، وعندما اقترب منها بيتر بفلتسـنر ودقق النظر اكتشـف أنها رأس أسد لا تتجاوز بضعة سـنتيمترات، ويتذكر عالم الآثار واحدة من أكثر اللحظات إثارة في حياته العملية قائلًا: « لقد جذبت رأس الأسـد انتباهنا على الفـور لأنهـا جميلة الصنـع، لكن لم تكن لدينا أدنى فكرة عن المادة التـي صنعت منها، في البداية اعتقدنـا أنهـا مصنوعة من العاج، لكن سـطحها كان غريبـا، ففكرنا في عدة نظريـات، لكننا لم نتخيـل قط أنها مصنوعة من العنبر». وكانت الكلمـة الأخيرة للتحليل الكيميائي الذي أُجريَ في جامعـة بريسـتول، وكانـت النتيجة المرتقبة بحماس شـديد هي: مادة العنـبر! حتى أن الخبير الإنجليزي حدد نوع العنبر بأنه عنبر بحر البلطيق.

علاوة على القطع التي يبلغ عددها 1900 التي عُثر عليها ضمن ذلك الاكتشـاف الحسـاس في عام 2002 عُثر على المزيد من القطع في عام 2009 عندما اكتشـف فريق قطنا حجرة دفن أخرى في رمـال الصحـراء، لكن رأس الأسـد المصنوعة من العنبر كانت فريدة، وهـذا ما جعلها مثيرة حتى الآن للبروفيسور القادم من توبنجن، وحتى الآن لم يستوعب حظه الكبير في البحث: «لقد تفاجأنـا كثـيرًا بعثورنا على تمثال من العنـبر، لأن هذه المادة كانت نادرة جـدًّا في الشرق القديم، ولا شـك أنها كانت غريبة وقيمة بنفس الدرجة»، لقد كانت رأس الأسـد هي الشـاهد الرئيسي على وجود طريق العنبر في سوريا، وهي تثبت: أن قبل 3300 سنة كانت هناك اتصالات وروابط امتدت عبر آلاف الكيلومترات من الشرق الأوسط إلى شواطئ شمال أوروبا.

لكن لماذا كانت هذه هي القطعة الوحيدة التي صنعت من العنبر؟ يعتقد بيتر بفيلتسنر أن رأس الأسد كانت هي القطعة المفضلة لدى الحاكم، فعند وضع ملحقات الدفن كانت تُنتَقى الأشياء التي كانت تمثل أهمية كبيرة للميت أثناء حياته، والأسد باعتباره رمزًا للقوة وكذلك الخصائص الغريبة والمميزة للعنبر ربما منحت هذه القطعة الفريدة قوى سحرية خاصة، وعند تدقيق البحث في تلك الرأس المصنوعة من العنبر التي عُثر عليها في قطنا لاحظ العلماء شيئًا: فقد كان هناك ثقب خلف عفرة الأسد، وكان هذا الثقب قابلًا للغلق، فربما كانت الرأس مخبأً سريًّا لسائل مميز؟ يرى بفلتسنر أن هذا صحيح، يقول: « عند فحص رأس الأسد المجوفة تحت المجهر وُجدت آثار مادة كانت رأس الأسد مملوءة بها، ربما كان زيتا، ولا شك أنها كانت مادة ثمينة جدًّا، لأن غلافها كان مميزًا»، لكننا لن نعرف أبدًا ما إذا كان هذا السائل الغامض خاصًّا بالآلهة أم أنه كان يُستخدم لراحة ورفاهية ملك قطنا، كنوع من «الشراب السحري»، ويبقى لنا ذلك العمل الرائع المصنوع من العنبر الذي لم يفقد سحره حتى يومنا هذا.

إن عمليات التنقيب التي تمت في قطنا لم تخرج عظام وكنوز حاكم سوريا القديمة إلى النور فحسب، بل منحتنا المراسلات المسجلة على لوحات كُتبت بالخط المسماري، أو جزء منها على الأقل، فقد اكتشف فريق بفلتسنر 73 رسالة من رسائل الماضي في ممر تحت الأرض، وتعتبر هذه الرسائل مصدرًا علميًّا هامًّا لاسيما فيما يتعلق بالوضع السياسي في مملكة قطنا وعلاقتها بالممالك المجاورة، فقد كانت تلك الدولة تقع في منطقة متوترة بين مملكة الحيثيين في الشمال وبين مصر القوية في الجنوب الغربي، وكانت اللباقة الدبلوماسية مطلوبة كي تستطيع قطنا أن تدير صفقاتها التجارية بنجاح مستمر باعتبارها مركزًا للتجارة.

في تلك الأثناء قرأ بفلتسنر تلك المراسلات ووجد أدلة أخرى غير مباشرة تؤكد وصول طريق العنبر إلى ضفاف نهر النيل، يقول بفلتسنر: «لقد كانت هناك علاقات مكثفة بين قطنا ومصر، وكانت بينهما اتصالات تجارية وبعثات دبلوماسية، وأثناء تلك البعثات كان الطرفان يتبادلان الهدايا، وطبعًا كانت تُستغل تلك المناسبات لتجارة المواد، وربما كان العنبر إحدى هذه المواد».

البحث عن الأدلة في مصر

يبدو هذا مستحيلًا: لقد كان العنبر القادم من سواحل بحر البلطيق في دول البلطيق يُباع على ضفاف النيل البعيدة قبل 3500 سنة. عبر آلاف الكيلومترات من المستنقعات الرطبة والقفار البرية والغابات الكثيفة صعبة الاختراق والجبال الجليدية، إن الطرق التي بناها الرومان في إمبراطوريتهم فيما بعد كي يأسسوا شبكة مرور متطورة لم تكن معروفة في ذلك العصر، وكان شمال الألب لا يعرف سوى تلك الطرق الصغيرة التي تربط المستوطنات، وكانت الأنهار آنذاك هي شريان المرور، ويقدر العلماء أن متوسط سرعة الأسفار البعيدة في العصر البرونزي كانت 25 كم في اليوم وفي أواخر الخريف وفصل الشتاء كانت تقل عن ذلك، وكان السفر يزداد مشقة وربما يصبح مستحيلًا، والمثير للدهشة أن هناك نظرية تقول أن طريق العنبر وصل إلى قصور ومعابد الفراعنة، لكن بخلاف مراسلات قطنا توجد أدلة قاطعة تدل على ذلك.

فيما يتعلق بالدليل الثاني فهو منقوش على الحجر، فهذا الدليل هو أحد النقوش المحفورة على جدران معبد الكرنك في مدينة الأقصر الحالية، فقد كان تحتمس الثالث (1479-1425) واحدًا من أنجح الحكام من الناحية العسكرية وقد جعل من مصر قوة عظيمة، وكان يأمر بتخليد بطولاته على جدران معبد الكرنك، لكن بخلاف تصوير وحصر الأعداء المهزومين كان يأمر أيضًا بتسجيل قوائم الهبات بالتفصيل، وتوضح تلك القوائم البضائع التي كان يتم توريدها على شرف الفرعون، وكانت هذه المرة الأولى التي يكتشف فيها علماء المصريات كلمة (Skr) بين أسماء تلك البضائع، وترمز هذه الكلمة إلى «العنبر»، وعلى الرغم من أن هذه الكلمة تكررت في مصادر لاحقة إلا أن أول عملية توريد كبيرة للعنبر تمت في عهد الملك تحتمس، وقد ذُكر أنه أثناء فترة حكمه أقام علاقات مع بعض مناطق اليونان، وكانت هذه العلاقات تتضمن التجارة مع منطقة بحر إيجة.

أما الدليل الثالث فقد اكتشفه هوارد كارتر Howard Carter وهو يفتح الحجرة التي دفن فيها الفرعون توت عنخ آمون في وادي الملوك، والتي ما زالت في حالة جيدة جدًا، ومن بين كل

الكنوز الثمينة عثر كارتر على جعران فوق التابوت الذهبي لهذا الفرعون الذي مات صغيرًا، وبجواره صندوق بداخله سلسلة بنية مصفرة من الخرز، وقد دوَّن كارتر هذه السلسلة في سجلات عملية التنقيب واصفًا إياها بأنها سلسلة من «العنبر»، وقد عدل عن هذا الوصف فيما بعد واستبدله بجملة «سلسلة من راتنج غامق غير معروف»، والمعروف أن العنبر راتنج أحفوري يتغير لونه بالتخزين لفترة طويلة ويصبح سطحه هشًّا، ولهذا فإن تغيير الوصف لا يعني أن كارتر لم يعد مقتنعًا بأن السلسلة من العنبر ولكن معناه أن هناك درجة من الشك، فحتى اليوم لم يُجرى أي تحليل على مادة السلسلة، أيضًا ما زالت الأقوال متضاربة حول نوع المادة التي صُنعت منها قلادة الملكة نفرتيتي التي ارتدتها أثناء نحت التمثال النصفي المشهور، ذلك التمثال الذي يجذب إليه الأنظار في المتحف المصري، وهناك أدلة كثيرة تشير إلى أن القلادة كانت مصنوعة من العنبر، لأن محبس القلادة يؤكد أنها قلادة عنبر بسبب التشابه بينه وبين قلادة عُثر عليها في أنجولشتات في بافاريا كانت مصنوعة من مئات الخرز.

أضاف الباحثون دليلًا جديدًا إلى سلسلة الأدلة التي تؤكد أن طرق التجارة الخارجية قد وصلت إلى ضفاف النيل، هذا الدليل هو تقرير رحلة فينامون Wenamun الذي كُتب سنة 1000 ق.م. بالكتابة الهيراطيقية، يروي هذا التقرير كيف قام موظف المعبد فينامون برحلته الاستكشافية إلى سوريا الحالية لجلب الخشب اللازم لبناء السفينة المقدسة، لكنه فشل لأن تلك الشعوب العدائية سرقت منه النقود، وأثناء العودة رسا فينامون المنكوب على شواطئ قبرص، لكن هذه القصة ليست هامة بالنسبة لقضية طريق العنبر، لكنها تؤكد أن المصريين كانوا يرسلون القوافل التجارية إلى الشام ومنها إلى قبرص كي تجلب البضائع المرغوبة، كما ورد إلينا أنهم كانوا يرسلون قوافل إلى الجنوب حيث النوبة وأفريقيا السوداء، وقد كانت مملكة الفراعنة جزءًا من شبكة تجارة واسعة جدًّا، وكان العنبر يأتي إليها عبر الوسطاء. كذلك قام بفلتسنر بتحليل المصادر والمكتشفات، ويقول: «إننا نزعم أن أهم مصدر كان يمول الشرق الأوسط بالعنبر كان يوجد في ميسيناي، وقد ينطبق هذا القول على القطع التي عُثر عليها في مصر وكذلك على رأس الأسد التي وجدناها».

الأسود في ميسيناي

ميسـيناي هي عاصمة الملك الأسـطوري أجاممنون Agamemnon الـذي هزم اليونانيين في معركـة طروادة انتقامًا لخطف أخت زوجته هيلينا الجميلة، وبعد عشر سـنوات من القتال عاد منتـصرًا إلى وطنـه ومحملًا بالكنوز، هكذا تقول الأسـطورة، لكن شـخصية أجاممنـون لم تثبُت تاريخيًّـا، لكن هذا لم يمنع تيمو إبسـن أثناء بحثه عن قواعـد طريق العنبر من أن يلقي نظرة على قلعة ميسيناي.

يسـتطيع الناظر أن يميز الأسـوار المنيعـة من بعيد، وكانوا في المـاضي يعتقدون أن العمالقة العور فقط هم من كانوا يمتلكون القوة لرص الكتل الحجرية التي تزن أطنانًا.

في الساعة التاسعة صباحًا وقف عالم الآثار أمام مدخل قلعة هيل، التي تقف شامخة بين جبلـين كبيرين، لكنَّ هناك عائقًا واحدًا فقـط كان عليه أن يتجاوزه، فمنذ أن أعلنت منظمة اليونسـكو في عام 1999 ميسـيناي كأحد مواقع التراث العالمي وجحافل السياح تتجمع أمام بوابة الدخول في مواعيد العمل الدقيقة، وهذه البوابة ليسـت كأي بوابة، إنها بوابة الأسـود، التـي يرغب كل سـائح في التقـاط صورة لنفسـه أمامها، وها قـد تقدمت طالبتـان يابانيتان تطلبـان مـن العـالم الألماني الشـاب أن يلتقط لهما صورة تحت الأسـود، وبينـما يتحرك مؤشر الكامـيرا يتذكر العالم لقطة شـاهدها من قبل، فقد مرت أمام عينيه صورة موروثة مشـهورة بالأبيض والأسود...

في هذه المنطقة اكتشف شليمان عام 1876 المقبرة القائمة لحاكم ميسيناي،
وبجانب قناع الذهب المذهل عثر أيضًا على آلاف القطع المصنوعة من العنبر

كانت الصورة تعرض ستة رجال يرتدون البذلات ويضعون فوق رؤسهم القبعات ويمسكون بالعصي وامرأتين ترتديان ملابس طويلة، وكان بينهم الألمانيّ شليمان، حيث مضى مكتشف طروادة بعد ذلك الاكتشاف المميز على نهج قصيدة هوميروس كي يبحث عن قبر أجاممنون، وبدأ الحفر في أكروبوليس باثني عشر عاملًا ضخمًا، لكن حكومة اليونان حظرت البحث عن الكنوز، كما أن شليمان لم يكن يملك تصريحًا بالتنقيب، ولم يحصل على تلك الرخصة المنتظرة بفارغ الصبر إلا بعد عامين في صيف 1976، وبعدها أصبح بمقدور ذلك الرجل العصامي المليونير مؤسس أحد العلوم الحديثة أن يبحث عن أجاممنون بطريقة مشروعة، ومرة أخرى يصدق حدس شليمان كما صدق في عملية طروادة التي اكتشف فيها كنز برياموس عام 1873، فقد عثر شليمان في 29 نوفمبر عام 1876 على كنز آخر هام جدًّا في ميسيناي: فقد ظهرت

كنـوز ثمينة جدًّا مـن أحد المقابر القائمـة، وكان بينها قناع ذهبي يصور رجـلًا ملتحيًا مغمض العينين، على الفور تأكد لشليمان أن هذا القناع هو قناع أجاممنون، وحتى اليوم يُطلق هذا الاسم عـلى الكنـز الخيالي، حتـى وإن كان ذلك غير صحيح، لأن العلماء الحاليـين أرجعوا عمر القناع إلى الفـترة التي تسـبق حرب طروادة بمئات السـنين، وبالتـالي فلا يمكن أن يكـون هذا القناع لرجل الحرب الأسـطوري، وبصرف النظر عن مكسب الدعاية التي حققها شليمان آنذاك فإنه قـد أطلق على الكنز الاسـم المناسـب الذي يمكنه أن يثـير مخيلة الناس ويجعل مكتشـف الكنز مشـهورًا، وعلى الرغم مـن كل الزوبعة والضجة التي ثارت حول وجـه أجاممنون المزعوم فقد ذهب الكثير من مكتشفات شليمان التي عثر عليها في المقابر القائمة في ميسيناي أدراج النسيان.

في نفـس القـبر الذي وُجد فيـه القناع الذهبي عثر شـليمان على الكثير من سلاسـل العنبر المصنوعـة مـن خرزات العنبر الكبيرة جدًّا، ولأجل هذه السلاسـل قابل تيمو إبسـن ذات يوم مديـر معهد الآثار الألماني في أثينا واسـمه فولف ديتريش نيمايـر Wolf-Dietrich Niemeier، وهو أحـد أفضـل الخبراء في حضـارة وتاريخ ميسـيناي، ويصل إلى لـب القضية مبـاشرة: «في القبر القائم وحده عُثر على ما يزيد عن 1200 جسم من العنبر، وقد تم تحليلها وثبت أن مصدر العنبر هو بحر البلطيق»، وقد اكتشـف شـليمان المزيد من المقابر القائمة وكان يكتشـف داخلها المزيد مـن العنـبر، وحتى اليوم تبدو كل هـذه الثروة وكل هذه الغزارة هائلة وتبعث على الدهشـة في المتحـف القومـي في أثينا، لكن بعض المتفرجين يُصابون بخيبة الأمـل، ففي البداية لا يدركون أن الخرزات مصنوعة من العنبر، فقد أصبحت بمرور آلاف السنوات باهتة وغامقة وهشة.

لا يهتم عالما الآثار الألمانيان إبسن ونيماير بالكنوز في حد ذاتها، لكنهما يحاولان اكتشاف التغيرات التاريخية التي تعكسها تلك الكنوز، «لقد احترنا زمنًا طويلًا ونحن نحاول أن نفهم من أين جاءت كل هذه الثروة المفاجئة إلى ميسيناي، لكن الإجابة أصبحت في هذه الأثناء أكثر وضوحا: فقد كوّن أهل ميسيناي علاقات تجارية خارجية مع المناطق التي لم تكن قد دخلت بعد في الشبكة التجارية لحوض البحر المتوسط، وهي تلك المناطق البربرية في شمال أوروبا،

مدخل قلعة ميسيناي المزين بأسدين كبيرين ما زالا سليمين، يرمزان إلى قوة وثراء سيد القلعة

أو تلك المناطق التي تقع شمال الألب»، قال هذه الكلمات بروفيسور نيماير وهو ينظر من قلعة ميسيناي باتجاه أرجوس Argos البعيدة، وكانت الشمس قد غربت وغرقت المدينة في الأضواء الصناعية، وابتسم تيمو إبسن قائلًا: «إنها تشبه ألوان العنبر».

حل المساء وتواعد الباحثان للقاء عند ميناء نافبليو لتناول السمك، قال إبسن: «هل تعتقد أن ميسيناي كانت تمتلك موقعًا إستراتيجيًّا مميزًا، حيث كانت نقطة تقاطع بين بيلوبونيز والبر الرئيسي وجزر بحر إيجة؟»، واصل فولف ديتريش نيماير عرض منظوره الخاص لأن الثروات التي كُدست هنا قبل حوالي 3500 سنة تشير في رأيه إلى منطقة تنقل أخرى يقول نيماير: « كانت ميسيناي هي المحور بين شمال أوروبا والشرق الأدنى، فقد عرف العصر البرونزي العولمة من خلال العلاقات التجارية مع الأماكن البعيدة»، ويؤيد البروفيسور رأيه هذا بمواقع اكتشاف الحضارة الميسينية، التي امتدت من مصر إلى بافاريا وشمال ألمانيا، ثم طلب نيماير الخمر الذي ذكره لونه بدموع الآلهة المستخرجة من بحر البلطيق، ثم يواصل نيماير حديثه عن الناس في العصر البرونزي قائلًا: «لا بد أن هذه المادة كانت جذابة جدًّا للناس هنا، فقد كانت تأتي من بلاد بعيدة كما أنها شفافة وفي بعض الأحيان كانت تحفظ بداخلها بعض الحشرات، لا شك أن العنبر كان يؤدي وظيفة في عالم السحر».

من الواضح أن العنبر لم يُكتشف إلا في مقابر أغنى الملوك، تلك المقابر التي كانت تحوي الذهب أيضًا، «نظرًا لوظيفته السحرية الخارقة كانت النخبة تحرص على استعمال العنبر وامتلاكه، تلك المادة الغريبة القادمة من البلاد البعيدة المجهولة، فيقول إبسن: «لقد أصبحنا بالفعل نعرف استخدامات العنبر في الطب الشعبي في العصور التي تلت ذلك، على سبيل المثال كانت هيلجراد فون بنجن توصي بالعنبر لعلاج الطاعون »، وهنا يؤكد البروفيسور على كلام إبسن قائلًا: «في الكثير من الثقافات كان العنبر يُستخدم للوقاية من بعض الأمراض - منذ القدم وحتى يومنا هذا، واعتقد أن هذا هو ما جعله مطمعًا».

«في رأيك كيف كانت تُنظَّم التجارة عبر تلك المسافات الطويلة الممتدة بين شمال أوروبا إلى هنا ثم إلى البلاد الأخرى؟ هل كان هناك تجار متخصصون في التجارة الخارجية يقومون بإرسال القوافل من هنا إلى سواحل العنبر؟» طرح إبسين هذا السؤال وهو ينتظر الحل، وجاءت إجابة نيماير العارف بثقافة ميسيناي كالتالي: «لدينا بعض الأدلة التي تشير إلى كيفية تنظيم تجارة العنبر، وأنا أعتقد أنه كانت هناك سلسلة من المحطات الوسيطة التي كان العنبر يباع ويُشترى من خلالها».

«Down the line trade» هذا هو الاسم الذي يطلقه علماء الاقتصاد اليوم على نظام التجارة الذي يقوم على شبكة و/ أو سلسلة من المراكز التجارية والوسطاء.

منذ قليل خرج الصيادون في نافبليو من الميناء إلى الظلام «كما كان الحال منذ آلاف السنوات، فقد كان الطريق البحري من هنا إلى الشمال هو الأصلح». عقَّب نيماير قائلًا: « والأكثر أمانًا مقارنة بجبال البلقان واحتمالية التعرض لغارات اللصوص»، لم تكن السفن تقل المحاربين إلى طروادة فحسب، لكن أغلب هذه السفن كانت تحمل على سطحها بضائع ثمينة كانت سببًا في شهرة وثروة أحفاد أجاممنون.

فوق ممر برينر؟

في الماضي كانت الأشرعة المربعة وحفنة المجاديف تعمل على تسيير السفن باتجاه الشمال، أما اليوم فتسير العبارات العملاقة التي تعمل كل واحدة منها بأربعة محركات ديزل قوتها الإجمالية 60000 حصان فوق مياه البحر الأدرياتيكي، وكان تيمو إبسين أحد المسافرين ـ البالغ عددهم 1800 مسافر ـ الذين استقلوا العبارة من باتراس Patras إلى أنكونا Ancona، وفي غضون ليلة واحدة ونصف يوم كان إبسن قد أنهى هذه المرحلة البحرية من طريق العنبر، ليلتفت الآن

إلى أكـبر عائق عـلى أول طريق للتجـارة الخارجية عرفتـه البشرية، وكان هـذا العائق هو جبال الألب، فقد كانت هذه الجبال تقطع الطريق كأنها حواجز طبيعية، وحتى اليوم لا يوجد سـوى عـدد قليل مـن الممرات يتحمل العـبء الأكبر لحركة المرور بين الشـمال والجنـوب، «إنه لأمر جيـد أن هذا الممر أُسـتخدم في العصر البرونزي»، قال إبسـن هذه الكلمات وهو يقود سـيارته الفولكسـفاجن بولي فوق أحـد الطرق المتفرعة من طريق العنبر، ويعتقـد باحثو اللغة أن كلمة برينر مشتقة من كلمة (Bernstein) ومعناها العنبر، وتؤكد الاكتشافات الأثرية أن الإنسان كان يعرف معبر الألب الأكثر انخفاضًا والأكثر ملاءمة منذ العصر الحجري، لكن هذا المعبر لم يكن هو الهدف التالي الذي قصده عالم الآثار الألماني، فقد كان يقود سيارته بمقاييس السرعة الحالية 110 كم/ الساعة متجهًا إلى سويسرا.

إلى أي مـدى تختلـف رحلات اليوم عن الرحلات التي كان يقـوم بها التجار من القادمين من الجنوب البعيد قبل 3500 عام؟ وما هي المشـاعر التي كانت تعتريهم وهم يشـاهدون الجبال المكسوة بالجليد وهذا السور البارد المكون من صخور وجليد؟

اضطر إبسن أن يغير سرعته في اليوم الثاني، فقد أصبحت تعرجات الممر أكثر ضيقًا وازداد الصعود وقل الأكسجين، قال إبسن وهو يمعن التفكير: «إن الأمر أسهل بالنسبة لنا اليوم، أما قديـما فلـم تكن هناك طرق، لم تكن هناك سـوى ممرات من الوحل تسـير إلى أعلى، لا شـك أن عبور جبال الألب كان يتم بصورة منظمة، فقد كان المسـافرون يحتاجون إلى مرشدين ومحطات للاسـتراحة على مسافات معقولة حيث يمكنهم المبيت أو الحصول على الطعام »، ثم أشار عالم الآثار إلى خريطة الكنوز التي تسـجل قطع العنبر التي تم اكتشفاها في جبال الألب والتي تعود للعصر البرونزي، ومن هذه النتائج استطاع الباحثون رسم هذه الطرق من جديد.

كان أحـد هذه الطرق يفضي إلى ممر لولير Lulier في كانتون غروابوندن Kanton Graubün-den الحالية، وفي شمال الممر تقع قرية سافونين Savognin وفي نفس المكان الذي وضعت فيه لافتة اسم القرية يرتفع تل غريب على يسار الطريق، وقد أطلق الرومان المحليون عليه اسم «بادنال Padnal»

وهو النواة الأساسية للمستوطنة الحالية، هذا ما اكتشفه عالم الآثار من عمليات التنقيب التي استمرت سنوات طويلة، وكان المدير العلمي هو يورج راجيت Jürg Rageth الذي وقع في غرام المنطقة أثناء البحث، وهو اليوم يمتلك منزلًا فوق المنحدر يقضي فيه عطلته، وقد اتفق تيمو إبسن معه على اللقاء لأن هذا المكان من ضمن الأماكن المدونة في خريطته، وهو طبعًا يريد أن يعرف من زميله المزيد حول عمليات التنقيب والنتائج والمكتشفات، وبالفعل كان راجيت في انتظار إبسن وهو يركن سيارته الفولكسفاجن الألمانية، وكانت أشعة الشمس المتوهجة قد جعلت المراعي تتألق بلونها الأخضر، وقد ألهم هذا المشهد إبسن كي يطرح سؤاله الأول، وكان السؤال: «أي نوع من الناس كانوا يعيشون هنا؟ وما الذي أتى بهم إلى هذه المرتفعات؟»، لم يفكر يورج راجيت كثيرًا قبل أن يجيب قائلًا: «كانوا مزارعين، فكانوا يزرعون الحقول ويربون الماشية»، وبعد لحظة سكون درامية واصل حديثه قائلًا: « لكن السبب الرئيسي الذي جعلهم يستوطنون هنا بالذات هو منجم النحاس، فقد وجدنا فوق تل البادنال آثارًا على الجدران الصخرية تدل على وجود مناجم النحاس»، ونظرًا لصعوبة نقل النحاس الخام فوق تضاريس الألب الوعرة فقد كان النحاس يُعالج هنا في مكان استخراجه، وهذا هو السبب وراء اختيار المستوطنين لهذا الموقع في العصر البرونزي، وقد اكتشف علماء الآثار علامات واضحة تدل على معالجة النحاس والبرونز داخل المستوطنة» ويؤكد راجيت على أنه كان يوجد «حداد واحد على الأقل»، وأن «الزراعة كانت ضرورية لإطعام صناع النحاس والبرونز».

عثر فريق الآثار السويسري على ثلاثة أطنان من العظام فوق تل بادنال، وكان 80 ٪ منها عظام حيوانات - على رأسها الماشية - كما عثروا على عظام خيول أسفل التل، ودون أن ينتظر السؤال قال راجيت وهو يعيد رسم العالم آنذاك: «لا شك أنهم كانوا يستخدمون الثيران لنقل البضائع فوق هذه الممرات، وربما الخيول أيضًا»، دوّن إبسن هذه المعلومات في دفتره وواصل الإصغاء في انتباه شديد، لأن هذه المعلومات ترجح قيام التجارة الخارجية في العصر البرونزي في هذا الموقع قبل 3500 عام، وقد أرجع الحفارة عُمْر مستوطنة بادنال إلى الفترة ما بين 1800 - 1000 ق.م.، وهذا رائع،

وقـد كان هذا المكان متصلًا بشـبكة طرق قديمة جدًّا ويرى راجيب أنه «ليس من المسـتبعد أن التجـارة قـد لعبت دورًا هامًّا هنـا، تجارة منتجات النحاس والحبـوب أو اللحوم المجففة، فهي تقـع على نهر لولـير Lulier وممر زبتيمر Septimerpass، ولا شـك في أن بعض الأشـخاص كانوا يقومون بتجارة البضائع عبر معابر الألب القديمة».

في تلك اللحظة لم يسـتطع إبسـن أن يمنعه نفسه من طرح أحد الأسئلة العامة، فقال: «هل كان العنـبر يُباع ويُشـترى في هذا المكان؟ لقد عثروا على العنـبر فهل كانت هذه إحدى محطات طريق العنبر الذي كان يمتد من البحر الأبيض المتوسط إلى الشمال، حتى بحر البلطيق؟».

قاد يورجن راجت زميله إبسـن إلى سـيارته اليابانية ماركة سوبارو وفتح صندوق السيارة الخلفي، فظهرت عدة صناديق من الورق المقوى، قال يورجن مبتسـمًا «لقد أحضرتها معي من مدينة خور Chur، فعلى الرغم من أنني قد تقاعدت إلا أن الناس في المتحف ما زالوا يثقون فيَّ»، ثـم فتح أول صندوق، فزاد التشـويق وهـو يزيح الغطاء الحرير ويُخرج سلسـلة، وبعدها يُخرج الثانية من صندوق آخر، ولا شك أن تيمو كان يفكر في ميسيناي وهو ينظر إلى القطع الفخمة، وفي هـذه اللحظـة بدأ الرجل السـويسري يحكـي تفاصيل حمـلات التنقيب والمسـائل المختلفة ومكتشـفات العنبر، فقد كانوا ينقبون عند حدود المسـتوطنة فوق مسـاحة متر مربع وعمق 15 سـم، وكانت حالة هذه الطبقة تدل على وجود مركز شـحن في هذه المنطقة في القرن الأول قبل الميلاد، وكان مجموع خرزات العنبر المكتشفة 140 خرزة، يرى إبسن أن «هذا العدد يليق بشهرة العنبر في منطقة حوض البحر المتوسط آنذاك»، وكان إبسن على الطريق الصحيح، فكل القرائن ـ عظـام الثيران باعتبارهـا بقايا لحيوانات الجر الوحيدة وعمر مكتشـفات العنبر وموقع المكان على ممر العنبر ـ تشير إلى أن طريق العنبر كان يمر عبر جبال الألب.

لا يعتبر البادنال تلًّا عجيبًا فقط بسـبب الاكتشـافات الأثرية التي وجدت به، لكن شكله المميز يبعث على الدهشـة لأن جوانبه مسـتقيمة جدًّا ومتساوية بينما تشبه قمته الهضبة المستوية، وهذا ليس من صنع الطبيعة، ولكن آثار اليد البشرية واضحة جدًّا.

ليس من الصعب اكتشاف مقاييس البناء في العصر البرونزي، حيث يبدو أن المنحدرات الشديدة كانت تعمل على الدفاع عن المستوطنة وسكانها وكل القيم التي يؤمنون بها، وكانت الغارات المفاجئة والعواصف مستحيلة فوق هذه التضاريس، والحقيقة أن بادنال لم يكن في العصر البرونزي مثل قلعة فورت كنوكس الحالية، ولكنه كان يتمتع بحماية كبيرة، لأن هذا العصر لم يكن هادئًا هدوءًا بصورة مطلقة، ولهذا كانت كنوز العنبر تُخبأ في باطن الأرض، هذا ما يعتقده راجيت، حيث يوضح أن «ظروف الاكتشافات تشير إلى أن السلاسل دُفنت عمدًا».

لكن ما مدى خطورة هذا العصر وكيف كانت تبدو تلك الأخطار؟ إن الإجابة على هذا السؤال ما زالت حتى الآن موضعًا للتكهنات، فليس من المستبعد أن تكون هذه المنطقة قد شهدت حربًا بين القبائل أو الشعوب المتصارعة بين الشمال والجنوب، لكن الاحتمال الأرجح من الناحية العلمية هو أن غارات القراصنة هي التي جعلت أهل بادنال يدفنون المعادن الثمينة، لكن من هو هذا الشخص الذي كان يتمتع بهذه الدرجة من الثراء تمكنه من جلب الكنوز من سواحل العنبر؟ هل كان تاجرًا جوالًا أو زعيم المستوطنة؟ يعتقد راجيت: «لا بد أن العنبر كان ملكًا لزعيم المستوطنة»، ثم يبتسم قائلًا: «إننا السويسريين ـ بكل تواضع ـ نميز الأشياء الجيدة والثمينة».

لا يمكن لعالم الآثار القادم من شليسفيج إلا أن يصدِّق على هذا الكلام وهو، وقد تسبب تسوقه لوجبة العشاء القادمة ـ نصف درزينة سالزيج ـ المكونة من نقانق مجففة من لحوم الأبقار والخيول والضأن والغزلان وقطعة صغيرة من اللحم المجفف وبعض الخبز وزجاجةماينفيلدر Maienfelder في حدوث ثقوب في حقيبة السفر الخاصة به، فكر إبسن في أن السفر آنذاك كان يكلف الكثير، قال راجيت على الفور وكأنه يقرأ أفكار إبسن: «ربما كان العنبر شكلًا بدائيًا لتبادل النقود، ربما كان الناس يقايضون خرز العنبر بالبضائع الأخرى»، قال إبسن: «نعم، فلم تكن قد اخترعت النقود بمفهومنا الحالي، وبالتالي كان الناس يحتاجون إلى سلعة للمقايضة بحيث تكون عالية القيمة وخفيفة الوزن قدر المستطاع ويمكن تقسيمها جيدا»، وكل هذه الخصائص تنطبق

عـلى الذهـب والفضة وكذلك ذهب بحر البلطيق، وهذا سـهل جدًّا بسـبب ندرته وخصائصه الفيزيائيـة وكونـه مرغوبًـا جـدًّا ـ أو قيِّمًا ـ ويمكنه تقسـيمه بأسـهل الأدوات، فيمكن تقسـيم ذلـك الراتنج الأحفوري بمجرد فركه بحبل ملفـوف، ويتفق الباحثان حاليًّا على أن العنبر ربما استخدم كعملة مبكرة وربما أصبحت خرزات العنبر عملات في وقت لاحق.

انكب عالما الآثار كلاهما على خريطة الكنوز بعدما أعاد راجيت سلسلة العنبر إلى مكانها، فهـو لا يريـد أن يخسر ثقـة مدير متحف خور، وتوضـح الخريطة أماكن اكتشـاف رقائق العنبر بدقة، وهذه الرقائق عبارة عن قطع توضع بين خرزات العنبر كي تفصلها عن بعضها البعض، وتميز هذه الرقائق منطقة الألب وجنوب ألمانيا، وقد عُثر عليها في خط مستقيم يمتد من الشمال إلى الجنوب عبر ممر يوليير، ليس هذا فحسب، بل إن هذا الخط كان يمتد من الشرق إلى الغرب، وهذا يشير إلى أن الكثير من الطرق كانت تمر بجبال الألب في العصر البرونزي.

كان نظـام طريـق العنبر عبارة عن شـبكة من الطـرق والاتصالات التـي كان يتأكد منها تيمو إبسـن أكثر وأكثر أثناء رحلته البحثية، ومن الشيء المميز هو أنه ـ وفقًا لمكتشـفات العنبر عـلى جبال الألب وفي سـفوح الألـب ـ كان هناك عدد من المسـتوطنات المرتفعـة فوق الجبال والمحصنة وفقًا لمكتشـفات العنبر، فقد كان من الـضروري حماية التجارة، فقد كان اللصوص يلتهمون الثروات كما تلتهم أسماك القرش اللحوم، ومن الواضح أن هذه الحقيقة لم تتغير على مر التاريخ.

طـوى إبسـن الخريطة ونظـر إلى القمم المغطـاة بالثلوج، مـا هي المصاعـب التي كان النـاس يواجهونها آنذاك كي يحصلوا على قطع العنبر النادرة، وكيف كانت تُنظَّم التجارة؟ فبخلاف تلك الطبيعة القاسية والتحديات اللوجستية كان الناس يواجهون أخطر حيوان مفترس، وكان هذا الحيوان هو الإنسان نفسه: homo homini lupus ـ الإنسان ذئب بالنسبة لأخيه الإنسان.

السور المحصن الطويل الذي يبلغ طوله 1.6 كم،
والذي تم بناؤه من 4000 جذع شجرة بلوط، التهمته النيران قبل 3000 سنة

الفصل الرابع

بافاريا بيرنشتورف الميسينية

المدينة الغارقة

الأسطورة

كان النصف الثاني من القرن التاسع عشر في ألمانيا من فترات التذكر التاريخي، فكان الشعب منقسمًا إلى عدة تيارات تطالب بوحدة القبائل الألمانية في دولة موحدة، وكانوا يستشهدون بالحجج التاريخية لتبرير ذلك المطلب السياسي، وكانت تلك الحجج تستدل بالإمبراطورية الرومانية المقدسة للأمة الألمانية أو بالملك شارلمان الكبير، بينما سلك بعض المهتمون بالتاريخ مسلكًا آخر، حيث اخترعوا إلى حد ما مسألة «الجرمانيين»، فقد ابتدعوا من بين كل القبائل التي كانت تستوطن غابات ألمانيا الحالية في عهد الإمبراطورية الرومانية جماعة عرقية قوية، والحقيقة أنّ هذا الكلام ليس له أي أساس من الصحة، ولكن الغاية تبرر الوسيلة: فقد أرادوا أن يجدوا في التاريخ ما يشرع قيام أمة ألمانية موحدة، وفي عام 1871 تحققت هذه الأمنية في قاعة المرايا في قصر فيرزايل Versaille، فقد أُعلن تأسيس الأمة الألمانية تحت قيادة بروسيا ومستشارها أوتو فون بيسمارك Otto von Bismarck، ويرى الكثيرون أن مهمة التاريخ انتهت عند ذلك الحد.

حتى في بافاريا ازداد اهتمام الأوساط المثقفة بالتاريخ، وقد تحول بحث تاريخ الوطن إلى عملية بحث عن الآثار والأدلة، وقد شارك القس جوزيف جراسينجر من كنيسة أوفكيرذشن

في دائرة إردينج Erding بطريقته الخاصة، فقد كان يتجول كثيرًا نتيجة لعمله كموجه Aufkirchen لمـدارس المقاطعـة، فكان يقابـل المعلمين في مـدارس القرى وزمـلاءه القساوسـة في المجالس المحليـة وبعـض المعاصريـن المهمين على الطاولات الرئيسـية في أهم مؤسسـة في بافاريا، وهي حانة بافاريا، وبعد جرعة مناسـبة من البيرة تنفك عقدة لسـان السـكان المحليين ويجيبون على الأسـئلة التي يطرحها عليهم القس المتعطش للمعرفة حول كل ما له علاقة بالتاريخ، فقد كان مهتمًّا بتاريخ الأماكن وبالأسـماء الجغرافية وسـبب النصب التذكاري الموجود هنا أو مؤسـس الكنيسـة الموجودة هناك، خلاصة القول: كان القس مهتمًّا بكل آثار الماضي، وهكذا استطاع أن يجمع على مدى عدة سـنوات خلاصة وافية شـاملة من الحقائق التاريخية حـول المنطقة الواقعة شـمال مدينـة ميونيـخ والمحيطة بكل مـن إردينج Erding وفرايسـينج Freising وقـد دونت هذا المعلومات في عدة كتب، وكانت الأساطير والخرافات تتداخل بالتاريخ في كتبه.

عندما كان في مطعم المأكولات البحرية في كرانتسـبيرج ـ الذي لا يبعد كثيرًا عن الكنيسـة ويقع قبالة حداد القرية مباشرة ـ أحب جوزيف جراسـينجر أن يعود مرة أخرى لذلك المبنى، حيـث كان رواد الكنيسـة والمزارعـون وخدمهم من المناطق المحيطـة يتواصلون في ذلك المبنى الفخـم الذي ظل يُسـتخدم كمقر للمحكمة المحلية حتى عـام 1804، وفي إحدى الليالي اضطر أن يجلس مع سـائق شـاحنة في بيرنشـتورف Bernstorf، وقد قص عليه هذا الأخير قصة رائعة، فقـال لـه إن في هذه المنطقـة التي تقع على الجانب الأيمن من شـاطئ العنبر كانـت توجد قديمًا مدينـة غنيـة جدًّا وقد غرقت هـذه المدينة منذ عدة قرون هي وما تحويه مـن كنوز ثمينة، وحتى اليـوم لم يعثـر عليها أحد، فهز القس رأسـه غير مصدق لكنه دفع للسـائق الـذي كان يعتقد أنه ثرثار ثمن العشـاء وذهب للنوم، لكنه بعد عد أشـهر قابل زميله القس باول في كنيسـة سـانت بطرسـبيرج في تونتسهاوزن وروى له هذا الأخير قصة مشابهة، عندها فقط دوّن باول أسطورة المدينة الغارقة، وكان في أبحاثه الأخرى يقابل دائمًا نفس بنية القصة: كانت المدينة كبيرة ـ كبيرة جـدًّا وكانـت ثرية وقويـة، وأحيانًا كان البعض يتحدثـون عن الكنوز المدفونـة في هذه المدينة،

وكانت كل المعلومات متطابقة فيما يتعلق بأن تلك المدينة القديمة اختفت، ولا يعرف أحد كيف ومتى ولماذا، أثارت هذه القصة اهتمام جوزيف جراسينجر لدرجة أنه كتب في كتابه الذي صدر عام 1864 وتناول التاريخ المحلي: «تقول الأسطورة إن هناك مدينة غارقة بين تونتساوزن وكرانتسبيرج»، وعدا ذلك ظلت الأسطورة نفسها طي النسيان لمدة تزيد عن مائة عام، حتى أثار الباحث الهاوي القادم من عاصمة الولاية القضية مرة أخرى.

الاكتشاف

في أحد الأيام القارسة البرودة من شهر نوفمبر - كما يروي الطبيب الميونيخيّ مانفريد موزاور بأسلوبه البافاريّ المميز في «عندما بدأت المتعة الحقيقية»، فقد كان عالم الآثار الهاوي يبحث عن الآثار والأدلة مع زميلته تراودل باخماير raudl Bachmaie عام 1992 بالقرب من عزبة بيرنشتورف، ومثلما فعل شليمان قبل ذلك عندما أخذ المزاح على محمل الجد عندما كان يبحث عن أطلال طروادة ووجدها فإن هذا الطبيب صدق أن هناك نسبة ولو ضئيلة من الحقيقة في أسطورة المدينة الغارقة الثرية في وادي العنبر، علاوة على أنه كان يعرف بتلك السجلات التي ذهبت طي النسيان والتي دونها جوزيف فينتسل JosefWenzel أستاذ الثانوية العامة في بافاريا من فرايزينج Freising الذي استطاع عام 1904 أن يتعرف على أحد التلال التي تعود لما قبل التاريخ بالقرب من بيرنشتورف وأراد أن يعد بعض المخطوطات بشأنه.

شمرت باخماير وموزاور أكمامهما عندما دخلوا جزءًا من الغابة ونظروا إلى حفرة الحصى التي أدت مهمة جيدة في إعداد A9، قطع الاثنان التلال العالية وكان الجبل يبتلعهم رويدًا رويدًا، وكان المشهد وبرودة الطقس مبعثًا لقشعريرة موزاور لكنه سرعان ما شعر بالدفء المنبعث من داخله، فقد اكتشف عند الحافة تربة ملونة باللون الأحمر وكانت جامدة جدًّا وزجاجية، «لم تكن هذه التربة عادية، كانت مميزة جدًّا»، هذا ما يتذكره جيدًا، لقد اعتقد أنها خبث خام الحديد، فهل كانت المدينة الغارقة تقع في منطقة الرور فيما قبل التاريخ؟ تحرك فضول موزاور.

بعد مفاوضات صعبة استطاع موزاور أن يحصل على تصريح الحفر، فخصص كل دقيقة من وقت فراغه للبحث في بيرنشتورف، وكُللت جهوده بالنجاح، فقد أثبت المشروع الذي يشارك فيه البسطاء والعلماء المتخصصون أن الخبث المزعوم عبارة عن اعمدة خشبية متفحمة لتعرضها للحرارة الشديدة، وهي على الأرجح بقايا سور يعود إلى العصر البرونزي المتوسط عام 1360 ق.م. ـ كما توضح بيانات تحليل الكربون، لم يعد أمام موزاور مجالًا للراحة، فقد وضعته بيرنشتورف على المسار الصحيح، ولن يستطيع أحد أن يوقف الباحث الهاوي، لا اعتراضات السلطات ولا علماء الآثار المتشككين.

حدثت النصرة التالية في صيف عام 1998، فقد كانت حفرة الحصى تتوغل داخل المنطقة ـ وهذا ما أثار غضب مانفريد موزاور ـ لكن مرة أخرى تصدق الحكمة القائلة أن لكل عملة وجهين، فقد قام مالك الأرض بتطهير المنطقة كي يوفر مساحة للتخلص من مخلفات الحفر، وقلع جذور الأشجار، يقول موزاور وهو ينظر بعينين لامعتين «كان ذلك جنونيًا، لقد اعتقدت أن كل شيء قد انتهى، فقد دُمرت المرافق قبل أن نفك شفرتها، وهنا رأيت فجأة شيئًا يومض أسفل أحد الجذور»، توقف موزاور عن الحديث برهة ليستنشق الهواء ثم قال: «اعتقدت في البداية أنه ورق حلوى يلمع تحت أشعة الشمس الذهبية، لكني عندما دققت النظر استطعت أن أميز ختم المثلث فأدركت على الفور أنه العصر البرونزي»، نادى موزاور على تراودل باخماير قائلًا لها: (الذهب، وجدت الذهب»، لكن صوته لم يكن مفهومًا بسبب الرياح فاعتقدت أنه يقول: «لقد رأيت جثة»، وبسرعة خبأ موزاور الذهب مرة أخرى حتى لا يراه أحد وأسرع إلى صاحبته، وعندما تم مسح المنطقة بعد ذلك بطريقة نظامية عثر الباحث بيرنشتورف على إكليل ذهبي مزخرف على شكل تاج براق، وبعدها عثر على إكليل آخر صغير وأجزاء من حزام ذهبي وقطع أخرى كانت كلها مزخرفة وكان الوزن الكلي للكنز الذهبي الرائع 110 جرامات.

ابتسم موزاور وقال «في تلك اللحظة عرفت كيف كان شعور شليمان، لقد حدث معي ما حدث معه، فقد أعماني الذهب ولم أنتبه إلى التفاصيل»، فقد كانت هناك تسع قطع عنبر مثقوبة

بالقرب من الكنز الذي عثر عليه، لكنها لم تكن بنفس الجمال، وبعد البحث الدقيق تبين أن القطع كانت مختومة وأنها اسودت قليلًا بسبب قدمها، ولا شك أنها تعرضت للتسخين في وقت ما، كما قام أحد المتخصصين بتحليل البصمة الكيميائية لقطع العنبر المكتشفة، واستطاع أن يحدد مصدر القطع بعد مقارنتها ببعض العينات المرجعية: كانت القطع على الأرجح تعود إلى شاطئ العنبر في جزيرة يوزدوم، لكن مكتشفات الذهب الرائعة كانت تتفوق في لمعانها وبريقها على القطع المثقوبة الباهتة الخام. لم يكن العثور على العنبر الذي يعود إلى العصر البرونزي شيئًا غريبًا في وسط أوروبا، فقد شاع استخدام هذه المادة كحلي، وكان الناس يعتقدون أن لها تأثيرًا سحريًّا، وتشير الثقوب إلى أن قطع بيرنشتورف كانت ذات يوم معلقة في سلسلة.

كان «ذهب بحر البلطيق» هو المفاجأة التالية في بيرنشتورف. وهذه المرة كانت سنة 2000 في يوم آخر من أيام شهر نوفمبر الباردة التي لم تستطع أن تردع تراودل باخماير ومانفريد موزاور عن مواصلة البحث. وكان الاثنان يقضيان تقريبًا كل دقيقة فوق تل على نهر Amper يبحثون عن المدينة الغارقة، وكانت تراودل باخماير تفحص قطعة خزف فوق منحدر مائل وفجأة وقعت في يدها قطعة عنبر في حجم أصبع السبابة، وكانت القطعة مزخرفة بطريقة عجيبة وكان أول ما جال بخاطرها أن هذه الزخرفة هي (كتابة بالخط الهيروغليفي!» فنادت على زميلها، نظر موزاور عبر نظارته إلى القطعة متشككًا ونظفها بشكل مؤقت ولم يستطع أن يميز أي كتابة مصرية، لكن بجوار هذه القطعة كانت هناك قطعة عنبر أخرى اعتقد أنها رأس أسد، فهل كانت هذه القطعة من الاكتشافات المهمة؟ على الفور اتصل الاثنان بالبروفيسور روبيرت جيرهارد Rupert Gebhard من جمعية علماء الآثار في ميونيخ وقال لهم روبيرت أن عليهم أن يتركوا الأوساخ كما هي فربما تحمل معلومات مهمة، يقول موزاور «طبعًا فعلنا ما قاله» فقمنا بتصوير القطع وأرسلناها إلى المعمل جمعية علماء الآثار.

بعده بعدة أسابيع تلقى دكتور موزاور فاكس من بروفيسور جيرهارد يقول فيه إن «الكتابة التي اعتقدت أنها هيروغليفية» كانت في الواقع حروفًا من الكتابة الميسينية، إن قطعة العنبر

ربما كانت تُستخدم كختم، وأنه حل لغز رأس الأسد، حيث كانت قطعة العنبر الفنية الرائعة توضح وجه إنسان يشبه القناع الذهبي الذي عُثر عليه في ميسيناي، والذي اعتقد هاينريش شليمان أنه قناع «أجاممنون» بطل طروادة الظافر، وأن الخبر انتشر بين علماء الآثار وحقق صدى كبيرًا: يقول الطبيب الذي ما زال يشعر بالحماس حتى بعد مضي عشر سنوات على هذا الاكتشاف: (كنت أرقص مثل المجنون، فمثل هذا الاكتشاف يحدث مرة واحدة في العمر لعالم آثار واحد من بين كل مائة عالم، فقد اكتشفنا بجانب التيجان الذهبية قطع العنبر الفريدة في وسط أوروبا».

لم يحظ ذلك الاكتشاف بالتقدير الكافي، فكلتا القطعتين المكتشفتين تشيران إلى الاتصالات المكثفة بين سكان بيرنشتورف وميسيناي اليونانية من ناحية وشاطئ العنبر من ناحية أخرى، فهل كان هذا المكان فوق نهر أمبر Amper ثريًا جدًا لهذا السبب؟ وهل عثرت ربة المنزل والطبيب بمثابرتهما وطاقاتهما غير المحدودة على المفتاح الذي سيساعدنا على فهم الاتصالات التجارية في العصر البرونزي؟ وهل أسطورة المدينة الثرية الغارقة حقيقية؟

شكوك حول أصالة المكتشفات

فاجأ الكنز الذهبي وقطعتا العنبر الفريدتان الأوساط المتخصصة، فقد كان علماء الآثار الهواة موضعًا للسخرية حتى ذلك الحين ولم يكن أحد يلتفت إلى النتائج التي يتوصلون إليها، ولهذا تضمنت اللعبة قدرًا كبيرًا من الشك وعدم الثقة، كيف للعامة أن يعثروا على مثل هذه الكنوز؟ وسرعان ما بدأ الشك يطرح احتمالية «التزييف»، وأصبح واضحًا لحفارة بيرنشتورف أنه من الأفضل أن يحضروا متخصصًا آخر لتعزيز موقفهم، وفي تلك الأثناء وقعت مصادفة جميلة، حيث كان البروفيسور روديجر كراوس المتخصص في العصر البرونزي وأستاذ ما قبل التاريخ والعصور المبكرة في جامعة يوهانس فولفجانج جوته في فرانكفورت قد تنبه إلى أهمية

بيرنشتورف وطالب بعمل مشروع بحثي فيها وحصل على الموافقة، فأوضح العالم الضليع للعالم: «أن بيرنشتورف واحدة من أكثر الأماكن إثارة في ألمانيا، وأن الكثير من الخرافات والأساطير تحيط بها، وكذلك الغموض الذي وصل لدرجة أن يعتقد الزملاء أن الاكتشافات المدهشة التي حدثت هنا مزيفة، ولهذا نريد أن نؤسس قاعدة علمية»، بخلاف التنقيب واسع النطاق للموقع والحفريات المختلفة التي كانت تهدف إلى استكمال أعمال مايرباخ وموزاور والتحقق منها كان كراوس يهدف إلى التحليل العلمي للاكتشافات، ولاسيما الذهب، وكان روبيرت جيرهارد الذي رافق أعمال التنقيب في بيرنشتورف لسنوات طويلة خبيرًا ضليعًا في فحص المعادن الثمينة، ففحص بعض العينات من ذهب بيرنشتوف باستخدام التحليل الطيفي بالأشعة السينية، حيث لفت انتباهه أن الذهب كان خالصًا تمامًا، وهذا معناه أنه كان فريدًا جدًّا في العصر البرونزي في وسط أوروبا، ولم يكن هذا يحدث كثيرًا، فعادة ما كان الذهب الخام أو ذهب المناجم يحتوي على نسبة أعلى من الفضة، ولا شك في أن ذهب بيرنشتورف قد تمت معالجته وصقله، ولم يكن هناك من يجيد هذه التقنيات المتطورة في العصر البرونزي سوى المصريين الذين كانوا يجلبون الذهب الخام من المناجم الموجودة في صحراء النوبة ويبذلون مجهودًا كبيرًا في معالجته بالوسائل التقنية واللوجيستية كي يستخدمونه في تزيين معابدهم وقصورهم ومقابرهم.

لا يزال السؤال مطروحًا عما إذا كانت مصر هي مصدر ذهب بيرنشتورف، لكن هل كانت المكتشفات قديمة لهذه الدرجة؟ هنا يأتي دور الأوساخ التي تركها موزاور أثناء استخراج القطع، فقد كانت هناك قطع خشبية صغيرة داخل قطع الذهب، والتي تم تأريخها باستخدام التحليل الكربوني C-14، وكانت النتيجة أن عمر الخشب يتراوح بين 3400 إلى 3600 عام، لا بد أن المعدن الثمين الذي كان مغلفًا بتلك القشرة الأرضية له نفس العمر.

على ذلك المنحدر المؤدي إلى نهر أمبر اكتشف علماء الآثار الفرانكفورت
الذين يعملون مع روديج كراوس جزءًا من سور قلعة بيرنشتورف المحروقة

تقابـل كـراوس وجيرهارد في جامعة جوتـه في فرانكفورت، وفي معمـل التحليل الطيفي المتطـور قاما بفحص بعـض القطع مرة ثانية، وأثنـاء التحليل فحص الرجـلان الخبيران صور موقـع العثـور على الذهب في عام 1998 واتفق الاثنان على أنه تم طي القطع وتغليفها ودفنها في باطن الأرض عمدًا، وقد استخلصا هذه النتيجة من شكل القطع المكتشفة والتربة العالقة بها، كما أكدت نتيجة التحليل الطيفي أن الذهب كان خالصًا لدرجة اسـتثنائية: « عند النظرة الثانية كانـت القطـع الذهبية تبدو رائعة فهـي مصنوعة من ذهب عالي النقـاوة كالذي نعرفه في شرق حوض البحر الأبيض المتوسط».

هنـاك خاصية أخرى مميـزة من خصائص صفائح الذهب لفتت انتبـاه موزاور، وهي تلك الثقوب الموجودة على أطراف القطع المزخرفة، والتي يعرفها المتخصصون باسم «ثقوب المسمار»

وكانت تُستخدم لتثبيت الذهب على المواد العضوية، مثل الخشب أو الجلود أو القماش، ونظرًا لأن الصفائح كانت رقيقة جدًّا وبالتالي كانت قابلة للكسر لا يعتقد روبيرت جيرهارد أنها كانت تُخَيَّط فوق الملابس المستخدمة في الأعمال اليومية، ويشط جيرهارد بتخميناته بعيدًا عندما يقول: «هذه الصفائح الذهبية لم تُصنع من أجل إنسان، فشكل القطع الذهبية وعددها يشير إلى أنها كانت جزءًا من تمثال لإله معين له تاج وصولجان وحزام، كما هو شائع في الحضارة الميسينية».

يدعم جيرهارد نظريته بنتائج الفحص الأخرى، فعند فحص التيجان الذهبية تحت المجهر ظهرت بقايا عضوية تبين أنها بقايا بخور، وكان البخور يُستخدم في الحضارات القديمة في طقوس العبادة، لذا يمكننا أن نصدق أن القطع كانت جزءًا من تمثال لإله بيرنشتورف الذي كان موضوعًا في الحرم المقدس للمدينة الغارقة وكان الكهنة يعبدونه مستخدمين البخور، قد عرض جيرهارد على حاسوبه رسومًا متحركة متواضعة توضح لنا كيف تبدو هذه الطقوس التي كانت تمارس في بيرنشتورف، وتوضح تمثالًا خشبيًّا يرتدي ملابس محلاة بالذهب وتاجًا ويحمل صولجانًا، على غرار تلك الآلهة التي كانت توجد في الحضارات المينوية والميسينية في ذلك العصر.

كانت هذه النتائج بالنسبة لروجه كراوس توضيحًا لظروف الاكتشاف: «في العصر البرونزي كانت الأشياء المستخدمة في العبادة تُدفن بعد استخدامها»، وبالتالي ربما يكون الذهب قد جاء من مصر ليستقر في أرض بافاريا، لكن هذا ليس كل ما في الأمر: «لقد عثرنا هنا على أشكال ميسينية على سبيل المثال التاج البراق الذي عثرنا على مثله في المقابر القائمة في ميسيناي، لكن الشيء الذي فاجأني هو زخرفة الدوائر والمثلثات، فقد كانت هذه الزخارف هي الأسلوب الشائع في العصر البرونزي في جنوب ألمانيا وليس في اليونان»، وبالتالي يجمع ذهب بيرنشتورف ثلاثة عناصر مختلفة: الذهب الخام المجلوب من مصر، الأشكال الميسينية وأسلوب الزخرفة الذي يميز جنوب ألمانيا، وعندما تستخدم مخيلتك ستجد في تلك الرقائق الذهبية نموذجًا للعلاقات التجارية لذلك العالم القديم، ولم تكن تلك العلاقات تجارية فقط، فقد كانت مراكز الشحن ـ ربما كانت بيرنشتورف واحدة منها ذات يوم ـ بمثابة بوقة تنصهر فيها كل الثقافات، فكانت مختلف التيارات تتدفق معًا على طول طرق العنبر قبل 3600 سنة.

حروف الكتابة الميسينية على ضفاف نهر أمبر Amper؟

لـو كان هنـاك ما هو أقوى من كلمة «فريد» لقيل عن مكتشـفات العنبر التي عثر عليها في بيرنشـتورف، فلـم يحدث قبل ذلك أن عُثر في وسـط أوروبا على أشـياء مماثلـة تعود إلى العصر البرونـزي، وكانـت إحدى القطـع لتي اعتقد العلماء أنها كانت تسـتخدم كختـم تحمل أحرف الكتابة الميسينية الخطية B ورمز على شكل شريط من خمسة نقاط تشبه شكل إكليل الذهب، هل الأمـر مجـرد صدفة أن القطعتين كلتيهما كانتا جزءًا من شيء واحد؟ أم أن الأمر كله مجرد خدعة كبـيرة؟ فالقطعة الأخرى بالذات كانت مثيرة للريبة، فقد كانت تعرض وجه رجل ملتحٍ وعلى وجهها الخلفي رسـوم تخطيطية، ولم يكن هناك شيء يشـبهها في كل الآثار التي تركها لنا العصر البرونزي، ولهذا كان لا بد أولًا التأكد من صحتها كي نعرف إذا ما كنا سنحتاج إلى فحص باقي الكنز أم لا، فقد كان عدد المتشككين والمشككين كبيرًا.

ما زال مانفريد موزاور يتذكر القلق الواضح في الاتهامات التي كانت توجه إليه آنذاك بأنه مزور ويدفع الرجل حجته التي دفع بها آنذاك: «عندما عثرنا على قطع العنبر كانت مغلفة بحزمة من الطين مثل قطع الذهب »، وبعد توثيق وتسجيل المكتشفات تم تسليمها إلى جمعية علماء الآثار في ميونيخ.

كانت مهمة خبير بيرنشـتورف جيرهارد أن يثبت أن الكنز أصلي، واعتبر الرجل ظروف الاكتشاف واتساق الغلاف الطيني الرملي من المواد المحلية والزنجار الواضح على المنحوتات وغيره من الأدلة أن القطع ظلت لفترة طويلة مدفونة في باطن الأرض، لكن ذلك لم يكن دليلًا كافيا، ففحص قطع العنبر بالأشـعة فوق البنفسـيجة، والمعروف أن العنبر المعالج حديثًا يطلق ضوءًا فلوريًّا قويًّا، أما تلك القطع فكانت فلوريتها ضعيفة للغاية، ولو أنها كانت مزورة لكان لمعانها أقوى من ذلك، وفي خطوة أخرى وضعت النقوش تحت المجهر، فاكتشف المتخصصون رسوبًا بيضاء مصفرة، وهذه الرسوب بالذات كانت سببًا في فرحة مانفريد، لأن هذه الرسوب

هـي آثـار حمض العنبر الذي لا يتكون إلا نتيجة لعمليات التعرية الجوية لفترات طويلة، وكان هـذا هو الدليل القاطع، لقد كانـت القطع قديمة وأصلية، وتهدف البحوث الحديثة في معامل بـوشي Büchi-Laboren في إيسـن Essen عـلى تحديد مصدر العنبر، وهذا يتـم من خلال المقارنة المميكنـة بـين تلك القطع وبين عينـات العنبر الأخرى المعروف مصدرها، ويؤكد كريسـتوف لـور Christoph Lühr أن الختـم مصنوع من عنبر بحر البلطيـق، أي أن بحر البلطيق هو مصدر المادة الخام.

المكتشفات الفريدة: على اليسار ختم العنبر الذي يحمل الحروف الميسينية، وعلى اليمين وجه العنبر الغامض والشبه بينه وبين قناع أجاممنون الذهبي.

أقنعـت تلك السلسـلة من الحجج الأسـتاذ القادم من فرانكفـورت فأقر أن النقـوش تعود إلى العصر البرونزي وأن الزنجار (غشاء أكسيدي ملون) تكون بسبب دفن العنبر في باطن الأرض آلاف السـنوات، وكان رودجر كراوس مقتنعًا أن: «الختم والوجه رائعان وفريدان وليسا مزيفين، بل نُقشا منذ آلاف السنين، ووفقًا لرأيي لم يُستوردا من ميسيناي بل صُنعا هنا»، وهذا معناه أن الميسينيين كانوا

في بيرنشـتورف، وهي نظرية رائعة وأكثر إقناعًا من التغطية الإعلامية لمكتشفات بيرنشتورف، التي سريعًا ما استخدمت شعار «بافاريا طروادة»، وهي مقارنة غير موثوقة كما يعتقد كراوس: «إن هذه المكتشفات تقربنا من حوض البحر الأبيض المتوسط لكنها لم تصنع في طروادة البافارية كما تقول الصحافة، أنه بالقطع مصنوعة هنا في بيرنشتورف»، ولو كان بإمكانه أن يختار العنوان لاختار «بيرنشتورف ـ بافاريا الميسينية»، لكن الأمر ليس بيده، فهو ومن يختلف معهم يرغبون في الكشف عن الحقيقة التاريخية لكل شبر من ذلك المكان.

في هذه الأثناء استطاع الباحثون فك رموز الحروف، لكن كان عليهم أولًا أن يحددوا نوع الكتابة بصورة قاطعة، ولهذا أحضروا اثنين من الخبراء المستقلين: البروفيسور لويس جودارت الذي يعيش في روما وهو أحد أكثر الخبراء معرفة بالكتابة الميسـينية ومستشـار الرئيس الإيطالي لشـؤون المحافظة على التراث، وبعيدًا عنه قام الخبير البروسلي جان باول أوليفير Jean-Paul Olivier بفحص النقوش، وتوصل الاثنان إلى نتيجة واضحة مفادها أن تلك الحروف تمثل الكتابة الميسـينية المينوية الخطية B، وأن النص هو أقدم مقطع مقروء في اليونان كُتب في القرن الخامس عـشر قبـل الميلاد في قـصر كنوسـوس Knossos في جزيرة كريت، واسـتطاع الخبـيران أن يميزا الكلمات «ti» «nwa» «pa» على الختم.

مـاذا تعنـي رسـالة الماضي هذه؟ أهي لعنـة من لعنات ذلك العصر أم وصفة سـحرية أم شـعار ملكية؟ أمعن المتخصصون التفكير في هذا الأمر، وقد أوقعتهم هذه الحروف في حيرة، فلو أن القطعة كانـت قـد خُتمت فعلًا لانعكس ذلك على المواد المختومة، ولم يرغـب عالم الآثار كرواس أن يتدخل في شـؤون الباحثين اللغويين، لكنه كان يعتقد أن وجود هذه الكتابة كان دليلًا واضحًا على التواصل بـين حـوض البحر الأبيض المتوسـط وبافاريا، وكان دليـلًا واضحًا على أحد طـرق العنبر في العصر البرونـزي، وفي النهايـة لم يتمكـن خبراء الخطوط من تفسـير وترجمة النصوص ـ وكان ذلك سـببًا في خيبة أمل الباحثين في بيرنشـتورف، لكنهم على الأقـل توصلوا إلى فرضية: فربما كانت تلك الحروف ترمز إلى شـخص أو إلى مكان تصنيعها، لأن شـعب اسمه (تينوا Tinwa) كان قد ذكر في نص من أهم

سجلات أرشيف قصر بيلوس Pylos، لكن هذه أيضًا خرافة، وهكذا يبقى شيء ما غامض في ذلك الختم الذي يلمع تحت أشعة الشمس، وعلى الأجيال القادمة من الباحثين أن تتولى هذه المهمة.

الابتسامة الغامضة

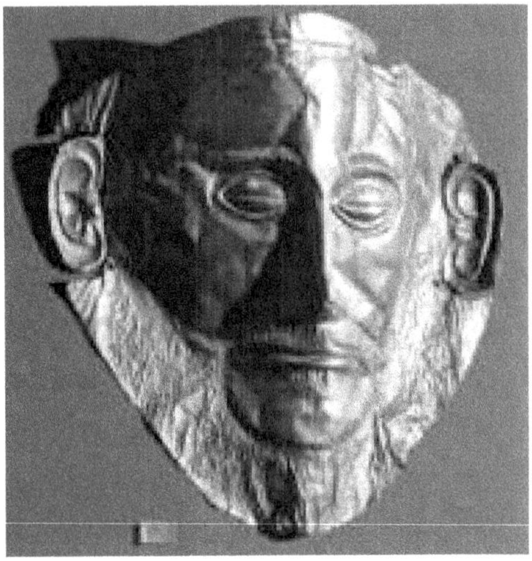

القناع الذهبي الذي ظن مكتشفه هاينريش شليمان عن طريق الخطأ أنه قناع أجاممنون بطل طروادة، وكانت هذا الخطأ هو سبب شهرة القناع.

من منا لا يعرف ابتسامة الموناليزا الغامضة؟ لقد حاولت أجيال من الباحثين أن تعرف سرها، وأن تعرف ما هي الرسالة التي أراد ليوناردو أن يرسلها إلى العالم بهذه الابتسامة، إن الفنان الذي نقش وجه العنبر مجهولًا، ويبدو أنه قام بمعجزة أكبر من تلك التي صنعها العبقري العالمي الإيطالي، فقد استطاع بعدد قليل من الخطوط أن ينحت الوجه على قطعة مثلثة من العنبر يبلغ حجمها 3.2 سم، ذلك الوجه الذي يبتسم لنا من ذلك العالم الأبعد كثيرًا من عالم الموناليزا، وهذا الوجه الذي يتكون من شرطة ونقطتين وفاصلة وشرطة يفتن كل من يراه، لكنه ليس «وجه القمر»، إنه عمل فني ممتاز يعبر عن المشاعر البشرية تعبيرًا قويًّا: الابتسامة الحكيمة لذلك الرجل الملتحي الذي يظنه كل من يرى صورته للمرة الأولى ملكا، بحيث يعبر وجهه عن السيادة والحكمة.

على الفور انتبه مانفريد موزاور مكتشف الوجه إلى الشبه بينه وبين قناع أجاممنون الذي اكشفه هاينريش شليمان في المقابر القائمة في ميسيناي، وعلى الرغم من أن تحليل الذهب أثبت أن القناع لا يخص بطل طروادة - كما نعلم اليوم - فلا شك أن الوجه هو وجه أحد حكام ميسناي،

ويشـبه شـكل العرض الصورة المنحوتـة على قطعة العنبر، اللحية المنحوتـة على جانب الأذنين اللتـين تبدوان غير طبيعيتين والتفاصيل المعبرة حول العينين والفم، إن الأمر يبدو وكأن حاكم ميسـيناي كان يجلس كموديل لكلا العملين الفنيين، لكن طبعًا هذه مجرد تكهنات، لكن أوجه الشبه تدعونـا كـي نحلم بعالم حـكام العصر البرونـزي الذين كانـوا يقـررون كل شيء حول التجارة من حوض البحر المتوسط وحتى بافاريا.

لم يكـن هنـاك وقـت للأحلام لدى مارتـن شـايخ Martin Schaich، فقد أسـس عالم الآثار المتخصـص مؤسسـة تهتـم بالتمثيـل ثلاثـي الأبعاد للاكتشـافات الأثريـة، ويتم هذا بـدءًا من نـماذج التضاريـس ثلاثية الأبعاد مرورًا بالصـور الافتراضية للجدران الأساسـية وحتى إعادة تركيب كتلة المبنى بالكامل، وتساهم في ذلك برامج الحاسوب العصرية وأساليب المسح ثلاثي الأبعاد الذي يقوم به أحيانًا بواسـطة طائرة مروحية، على سـبيل المثال استطاع أن يسجل مسار الكلـس في بافاريـا إلكترونيًّا، حتى في ذلـك الموضع الذي كانت فيه الغابـة تحجب آثار الماضي السـحيق، فاستطاع برنامج الحاسـوب أن يجرف الغابة، كما اسـتخدم ماسـح الليزر فوق قمة جبل بيرنشتورف، لكنه قبل ذلك تناول مكتشفات العنبر، فأجرى لها تصويرًا بالأشعة السينية وفحص سـطحها بالميكرومتر بماسـح الليزر الذي تمت صناعته لهذا الغرض، بعد ذلك أصبح بمقدور المرء مشـاهدة الوجه من أكثر من زاوية وتدويره وتوجيهه كيفما شـاء، وكذلك تكبيره دون لمسه ودون حتى أن يكون بحوزته. فكان النقر على فأرة الحاسوب وارتداء النظارة المكبرة ثلاثـة أضعـاف يتيحان الفحص الدقيق لأي جسـم من خـلال الصورة ثلاثيـة الأبعاد، وبهذه التقنيـة اسـتطاع الباحثـون أن يركزوا على الجـزء الخلفي من الوجه، لأنهم حتى لو اسـتخدموا عدسة مكبرة لن يميزوا النقوش المنحوتة في ذلك الجزء.

هل كان اسـم الملك المبتسـم يختبـئ خلف الوجـه؟ «كان ذلك ليكون سـهلا»، وهذه المرة ابتسـم مانفريد موزاور الذي لاحظ في الرموز الثلاثة المنقوشـة تشـابها مـع الكتابة الخطية –ب («me» und «ka» «edo»)، لكنه كان متشككًا منذ البداية، قام خبير الخطوط البلجيكي بول أوليفير

بتحليل الرموز الثلاثة المنحوتة تحليلًا دقيقًا، وفي النهاية رفض نظرية الكتابة رفضًا نهائيًّا وقال إن تلك الرموز نوع من التمثيل الرمزي، ففي الوسط كانت هناك عجلة مزدوجة وعلى اليسار رمح أو لهب متأجج وعلى اليمين فأس مزدوجة، مثل تلك الفؤوس التي كانت منتشرة في ميسيناي، طبعًا لم يتمكن العلماء من معرفة ما كانت تعنيه تلك الرموز للناس قبل 3500 سنة، لكنهم بلوروا تفسيراتهم كالتالي: الرمح وهو رمز حربي يشير إلى الجيش القوي، والفأس المزدوجة تشير إلى الاختصاص الديني السياسي والعجلة ترمز إلى النقل والتجارة.

تسلل الشك إلى المكتشف موزاور بأن الوجه له علاقة بتجارة العنبر: «ربما كان الوجه بمثابة ختم الحاكم الذي يضمن لحامله الحماية وحرية التجارة»، هل كانت الابتسامة الغامضة تمنح تفويضًا مطلقًا بتجارة العنبر في منطقة ميسيناي؟ إننا لن نعرف ذلك أبدًا، وبالتالي سيظل وجه بيرنشتورف موناليزا العصر البرونزي.

الاتصالات الواسعة

لم يرغب روديجر كراوس في المشاركة في التكهنات والتفسيرات، لأنه لا يؤمن إلا بالأدلة العلمية، ووفقًا لرأيه هذه الأدلة مذهلة بما فيه الكفاية، فقد أكدت المكتشفات التي عثر عليها بيرنشتورف تلك العلاقة بين ميسيناي وجنوب ألمانيا في العصر البرونزي، والمثير حقًّا هو أن الأمر كان يتجاوز تجارة البضائع على طول طرق العنبر: «لم تكن الأشياء فقط هي التي تنقل من المنطقة كذا إلى المنطقة كذا، لكن الرؤى والاعتقادات والأديان والطقوس الدينية كانت تنتقل وتتبدل عبر هذه المسافات»، تعتبر تماثيل الآلهة دليلًا واضحًا على أن نماذج كل هذه التماثيل جاءت من حوض البحر الأبيض المتوسط، وإذا أمعنا النظر سيسهل علينا أن نصدق أن الأشخاص الذين كانوا ينقلون البضائع كانوا أيضًا ينقلون الأخبار والمعتقدات، ولم يكن تدفق المعلومات يسلك طريقًا في اتجاه واحد، يبدو كراوس متأكدًا من ذلك عندما يقول:

«من الواضح أن أشخاصًا من ميسيناي كانوا هنا في بيرنشتورف وفي المقابل كان سكان جنوب ألمانيا في العصر البرونزي يذهبون إلى ميسيناي وغيرها من نواحي حوض البحر الأبيض المتوسط»

.ما هي البضائع التي كان يوردها سكان جنوب ألمانيا إلى اليونان بخلاف «ذهب بحر البلطيق» أو العنبر النادر؟ كي نجيب على هذا السؤال يجب علينا أن نتذكر أن العصر البرونزي كان عصرًا معدنيًا ولهذا كان الطلب كبيرًا على المواد الخام المرغوبة مثل النحاس والقصدير، وكان يوجد في شرق جبال الألب مركز مهم لتعدين النحاس وصهر المعادن، وتشير العديد من المكتشفات والتحليلات الكيميائية أن النحاس كان يورد من شرق جبال الألب إلى شمال ألمانيا وحتى الدول الإسكندينافية، ولولا واردات النحاس القادمة من الجنوب لظلت الأماكن الفقيرة بالمواد الخام خارج سباق التطور التاريخي.

في هذه الأثناء أجريت الكثير من الأبحاث على هذه العلاقة وتمكن العلماء من معرفة أشكال السيوف التي كانت تنتشر تدريجيًا في منطقة الشمال، وقد قام روديجر كراوس بالكثير من البحث، وكان يعتبر بيرنشتورف مثيرة جدًا لأنها كانت مركزًا للتجارة والتطور التاريخي، يقول: «لا شك أن تلك مدينة مثل بيرنشتورف تعكس صورة النخب والزعماء والمحاربين في ذلك العصر، وكانت هذه النخب هي التي تقرر كل شيء يتعلق بالحياة والاقتصاد والتجارة، وكان النحاس من المنتجات المهمة وكان يورد من شرق الألب عبر تلك المحطات البينية مثل بيرنشتورف في الشمال، وهنا كانت النقطة المحورية»، حيث كانت بيرنشتورف مركزًا للشحن يتم من خلاله توريد المعدن القيم إلى الجنوب، والسؤال هنا عن الشكل الذي كان يتخذه النحاس في تلك الرحلة، نظرًا للطرق الوعرة التي تسلكها تلك الرحلات نعتقد أن الناس كانوا يتاجرون في المنتجات شبه المصنعة والجاهزة لأن تلك السلع الأكثر قيمة بالنسبة للأوزان التي يتم نقلها.

يُعتقد أن هناك سلعًا أخرى كانت تُورد إلى الجنوب، وقد لعب العبيد دورًا هامًا في الأنظمة الاقتصادية وأنظمة الحكم في العصر البرونزي، وحتى الآن لم يعثر علماء الآثار على

أي آثار واضحة لتجارة العبيد، فمن الصعب جدًّا العثور على آثار مثل هذه، فأي شيء كان العبيد سيتركونه وراءهم؟ لكن تجارة العبيد أمر وارد وكذلك تجارة المنتجات العضوية أو كنوز الطبيعة التي تورد من غابات الشمال البعيدة وشرق أوروبا مثل الفرو والعسل والشمع.

أين هي المدينة؟

لا شك أن مكتشف بيرنشتورف قد فكر بعد تلك الاكتشافات الكبيرة في هذا السؤال: أين توجد المدينة الغارقة التي تثبت أجسام العنبر والذهب ثراءها؟ في رحلة البحث كان على الباحث أن يتعامل مع مشكلتين اثنتين: إن جزءًا من قمة التل تم جرفه أثناء تشغيل الجرافة، وربما ضاعت بعض الأدلة الأثرية المحتملة بلا رجعة، والمشكلة الثانية هي أن الأرض حرجية، ولن يمكن تمييز الأدلة السطحية التي تدل على الاستيطان مثل الارتفاعات الأرضية أو المقابر.

وصف روديجر كراوس الموقع الطبوغرافي لموقع الاستكشاف بأنه واعد للغاية: «للوهلة الأولى قد يبدو الموقع هنا فوق جبل بيرنشتورف عاديًّا، مجرد سلسلة من التلال فوق وادي أمبر، ولكن إذا ألقينا نظرة فاحصة على التضاريس فسوف تكتشف أن هذه السلسلة متوغلة جدًّا داخل الوادي، كأنها قلعة تطل على النهر كان مانفريد موزاور قد عثر أثناء بحثه على آثار استيطان، وكان أول من آمن بوجود تلك المدينة، وكان التفسير العلمي لكراوس كالتالي: «أي شخص كان يمر من وادي العنبر الذي كان يعتبر طريقًا مهمًّا كان يتحتم عليه أن يعبر هذه القلعة وربما كان يدفع رسم مرور».

لذلك اعتمد البروفيسور القادم من فرانكفورت على استخدام الأساليب الحديثة، وكانت عمليات المسح التي يقوم بها مارتن شايخ هي نقطة انطلاق نوع آخر من أنواع البحث الإلكتروني عن الآثار، إن علم الجيوفيزياء هو ذلك العلم الذي يعري ما تحت الأرض بدون استخدام المعاول والمجارف، حيث قسَّم أرنو باتسلت ميدان البحث الواسع عشر مرات كل مرة 100 متر، وكان يمسح القطاعات الفردية بواسطة مسبار رصد محمول، وكان الجهاز يصدر صفيرًا موحدًا.

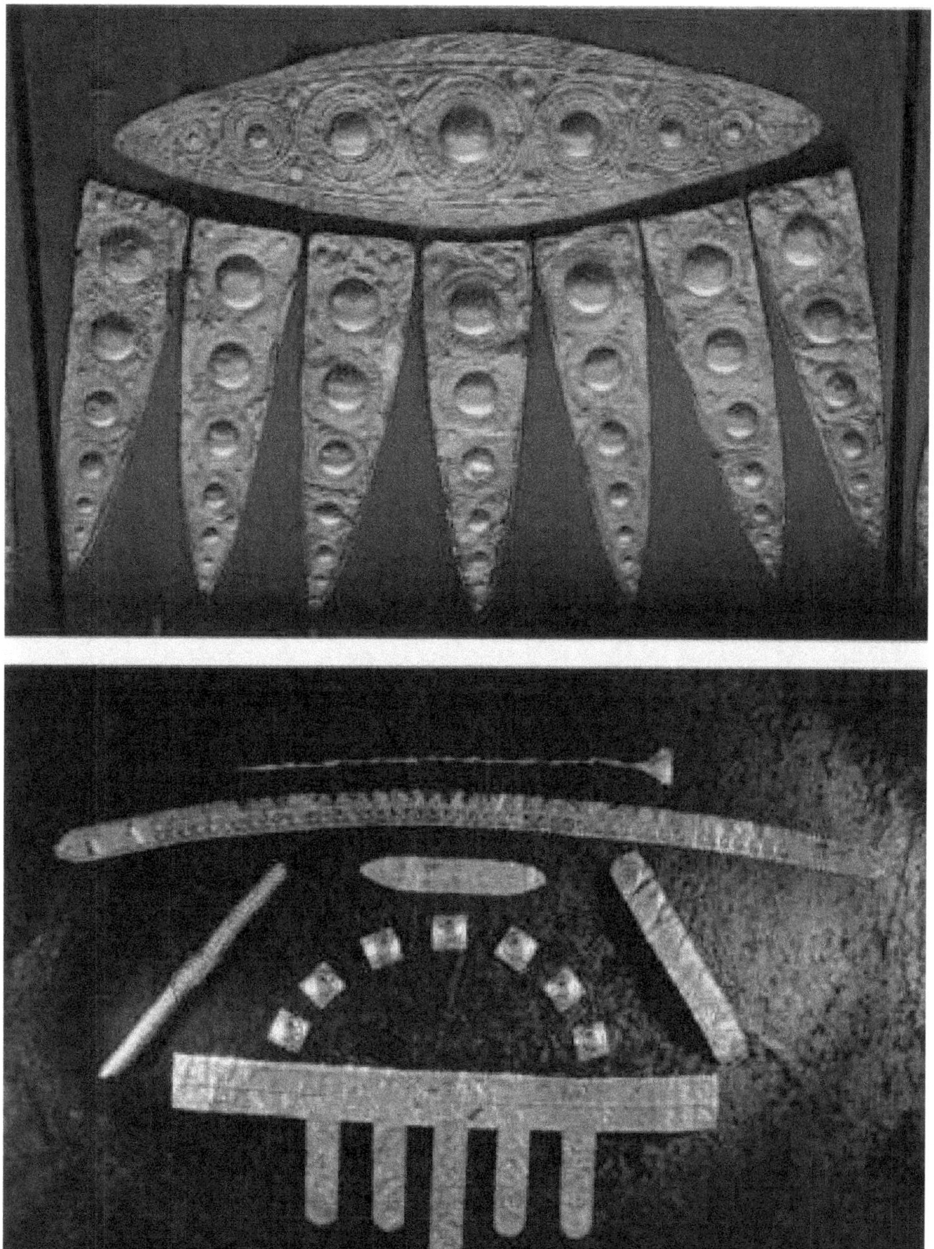

الكنز الذهبي الذي عثر عليه في بيرنشتورف، وإكليل الذهب البراق،

والشيء المحير هنا هو أن الإكليل يشبه التيجان الميسينية التي كانت تصنع في حضارة مختلفة تمامًا.

قام باتسلت بقياس المجال المغناطيسي للأرض، فكانت النتيجة أن كل مكان كان يظهر انحرافًا عن المسار الطبيعي والقوة المعيارية للمجال الأرضي كان يحوي شيئًا ما تحت الأرض، على سبيل المثال تسببت أساسات المباني والحفر المائية والمواقد القديمة وأفران صهر النحاس في تعطيل المجال الأرضي، حتى وإن لم تعد هذه الأشياء ظاهرة للعيان منذ 3500 سنة، بعد ذلك قامت برامج الحاسوب بتقييم القياسات، حيث يقوم المتخصص الجيوفيزيائي بجمع مجالات القياس المختلفة في خطة واحدة، كي يحصل على صورة شاملة لحالة أرض الغابة.

وتكون اللحظة المثيرة عندما تظهر الصورة الأولى على الشاشة، نظر روديجر كراوس من وراء كتف أرنو باتسلت بينما كان ذلك الأخير يستدعي أولى النتائج من حقيبة سيارته الكومبي، يبدو أن خطًّا غامقًا قد ظهر، وكان هذا الخط يسير في اتجاه أمبرتال، صاح عالم الآثار في سعادة قائلًا: «هذا هو سور القلعة»، أكد الباحث الجيوفيزيائي صحة التحليل، لكنه حذر من أن بعض المساحات لا يمكن قياسها الآن، أي أنه لا يمكن إعادة هيكلة المرفق بأكمله، لم ير كراوس الأمر بهذه الريبة، لأن مانفريد موزاور لم يكن مجرد مكتشف بالصدفة، فقد كان أيضًا يدون الملاحظات التافهة والتفاصيل الهامة، التي ضاعت بعد حفر حفرة الحصى، من بينها بعض الأدلة التي تدل على مسار السور، لكن علم الجيوفيزياء الحديث وكذلك الملاحظات التي دوَّنها عالم الآثار الهاوي والتجارب العلمية أتاحت في النهاية إعادة هيكلة دقيقة لمعالم ذلك البناء الحصين، يقول رودجر كراوس: «يبلغ طول السور حوالي 1.6 كم، ويحيط مساحة تبلغ 13 هكتارًا، كما يبلغ قطر السور حوالي 650 مترًا، إنها تلك الأبعاد القوية التي كان يتميز بها العصر البرونزي في وسط أوروبا»، ويقول باتسلت: «لقد قمت قبل ذلك بالمسح الجيوفيزيائي للعديد من الأماكن، لكن هذه الأبعاد تذكرني بالمدن في منطقة البحر المتوسط»، ويقول كراوس: « إذا أبصرت المكان بأكمله فسوف تتأكد من أن هذا المكان من أحد المراكز المميزة في ألمانيا الجنوبية، وأمامنا وسط أوروبا بأكمله».

كيف كانت تبدو تلك العاصمة في العصر البرونزي؟ فهي تمتلك حصنًا دائريًّا، لكن ماذا كان يوجد وراء ذلك السور؟ حتى بعد القياسات العديدة التي أجراها باتسلت لم يتوصل لأي إجابة:

«لقد وجدنا شـذوذًا في المنطقة التي تقع خلف السـور، لا يشـبه معالم المباني لأنها تبدو مختلفة»، كان نمـط البناء المسـتخدم آنذاك مميزًا بتلك الثقـوب التي كانت توضع فيها القوائم الخشـبية، حيث كانت تلك القوائم تشـكل العمود الفقري لبيوت العـصر البرونزي الطويلة وفوق هذه القوائم يسـتقر السقف، وقد تلف خشـب القوائم والجدران بعد مرور آلاف السنوات ولم تبقَ سـوى الثقوب التي كانت تستقر بداخلها القوائم، وقد تسببت تلك التغيرات التي طرأت على بنيـة مادة الأرض في إعاقة المجال المغناطيسي، وهذا ما سـجلته أجهز القياس التي اسـتخدمها باستلت، لكن الإشارات لم تكن واضحة لتحديد مكان المبنى السابق: «إن بناء مثل هذا المرفق الكبـير الذي يبلـغ طوله 1600 متر لم يكن مـن قبيل العبث» ويقول الباحـث الجيوفيزيائي: «لا شـك أن المبنى كان موجودًا»، وسـوف يسـتمر في البحث باسـتخدام وسـائل مختلفة كالرادار، والموجات المغناطيسية والكهربائية لحل لغز المدينة المفقودة.

آثار الحريق المشبوه

لا يريـد روديجر كراوس الاعتماد على الأدوات القديمة التي يسـتخدمها علماء الآثار مثل المجرفة والفرشـاة والملقط، تلك الأدوات التي عفا عليها الزمن، فأفضل وأوضح النتائج تأتي من خلال حملات التنقيب، لكن البحوث الحديثة التي تسبق الحفر توضح للمتخصصين أفضل مكان يحفرون فيه ليفتشوا عن التاريخ، حيث يستطيع علماء الآثار من خلال المسح الجيوفيزيائي أن يعرفـوا مسـار الحصن، وهكذا يمكنهـم أن يشرحوا هذه المنطقة المثـيرة للاهتمام مثلما يفعل الجـراح، وهـذا يوفر الوقت والمال ويعطي نتائج مضمونة، وكذلك يتم فحص الشـذوذ داخل المرفق الذي أصبح واضحًا في خريطة باتسلت، وسوف توضح عمليات الحفر السبب في إعاقة المجال المغناطيسي للأرض، ربما لا تزال هناك بيوت السـكان السـابقين لبيرنشتورف، فليست كل الآثار والأدلة تقاس بالتقنيات الحديثة، وهذا يتوقف على خصائص التربة.

شـارك كراوس مع طلابه وقسـمهم إلى فريقين كل فريق يحفر في منطقة مختلفة، أما الفريق الأول فكان يعمل مباشرة عند حافة أحد المنحدرات المائلة، وكانوا يستطيعون أن يروا من بين الأشـجار العنبر وهو يتدفق عبر الوادي، وفي هذا المكان قام باتسـلت بقياس الحصن، فقد أراد الباحثون التأكد من شكل بنائه، هل توجد جدران ومقابر، وما هي المادة المستخدمة في صناعته وهـل توجد آثـار اعتداء أو حرب أو إبادة؟ أما الفريق الثاني فكان يعمل في وسـط الغابة، وقد حاولوا أن يكتشـفوا مخلفات السكان السابقين بعمل ثلاث حفر طولية طويلة،، لقد كان الأمر بأكملـه عملًا تحريًا غير مضمون النتائج، لأن نقطة الأدلـة الجيوفيزيائية لم تكن واضحة، وعلى الرغم من ذلك بدأ فريق الغابة بقيادة مديرة الحفريات فانيسا بير في العمل بحماس كبير، تقول فانيسا: «إن العمل هنا أكثر إثارة من العمل عند السور، لأننا لا نعرف ما ينتظرنا»، كانت تشعر بالحماسة في كل صباح تمسك فيه هي وفريقها المجرفة، فقد كان الفضول والتعطش للبحث هما ما يدفعانها تمامًا مثل مانفريد موزاور، ليس هذا فحسـب، أيضًا كان «مكتشـف بيرنشـتورف» يمـر عليهم بقدر ما يسـمح وقته ويشـجعهم بالقـول والنصيحة، وإذا هطلـت الأمطار أحضر الشيكولاتة للطلاب.

أعلـن الفريـق الأول عـن أول نتائجه، لقـد عثر على بقايا خشـبية متفحمـة، حيث كانت تستقر فوق خط الحصن مباشرة، على الفور قام كرواس وبير بفحص القطع، فوجدوها صلبة، والملفـت للنظـر أن التربـة في المنطقة كانت خابثة أو مزججة تقريبا، وهـذا ما فسره علماء الآثار بأن حريقًا هائلًا قد حدث هنا وقد تجاوزت درجة حرارته 1000 درجة سيليزية تسبب في تغيير مـادة التربـة إلى الأبد، لكن الخشـب المتصلب كشـف لهما معلومـات أكثر، أولًا قامـوا بتحديد نوع الخشـب فعرفوا أن سور بيرنشـتورف كان مبنيًا من أشجار البلوط، لكن مكان الأخشاب وطول الحصن جعلهم يحاولون حسـاب عدد شجرات البلوط التي استخدمت في بناء السور، فقدروها بحوالي 40000 شجرة، وحاول الباحثون أيضًا باستخدام علم تحديد عمر الأشجار أن يعرفوا الوقت الذي قطعت فيه الأشـجار لبناء الحصن، فأشـارت التجارب إلى القرن الخامس

عـشر أو الرابـع عـشر قبل الميلاد، وتـم تحديد عمر البقايا الخشـبية باسـتخدام الكربون المشـع، فأكدت نتيجة التحليل نفس نتيجة المتخصصين في حلقات الأشجار.

أمـا الفريـق الذي كان يعمل في الغابة فلم يحالفه الحظ كثيرًا، لقد اكتشـف بعض الشـظايا الخزفية، لكنه لم يجد أي بيوت، لكن الخزف يشـير إلى أن هذا المكان كان مسـكونًا ذات يوم، كما يدل شـكل الخـزف والنقوش على أن هذه القطع عمرها 3500 سـنة، وهـذه النتيجة تتوافق مع بيانات السـور، من الناحية النظرية نعتقد أن 1000 شـخص كانوا يعيشـون في المبنى الذي يحيط بـه الحصن، لكـن ليتهم تركوا آثارًا أكثر وضوحًا، فهل كانت قلعة بيرنشـتورف مكانًا مقدسًـا لا يعيش فيه سوى بعض الكهنة؟ التكهنات كثيرة!

يقـول روديجر كراوس لمانفريـد موزاور: لا يمكننا الآن فهم المعتقدات الدينية للشـعوب التـي كانـت تعيش في ذلـك العصر. وبالطبع لا يمكـن أن يكون ذلك عائقًـا لا يمكن التغلب عليه في المسـتقبل القريب. وكان يشـعر في تلك الليلة بأن الشعوب التي كانت تعيش في العصر البرونـزي عـلى وجه الخصوص منغلقة على نفسـها. ولاحـت له فكرة بارعة فقـال: إنها كانت أضحيـة للآلهـة. وربـما كانـوا مضطريـن لذلك. وسـوف يواصل مكتشـف برينسـتورف فك طلاسـم هـذه الآثار المخطوطة على الطرق والجدران. إن الجهـود المضنية ـ حيث كثف جهوده بعـد بلوغه سـن التقاعد ـ التي بذلها من أجل التوصـل إلى هذه المحطة المهمة في التاريخ القديم لبلدنـا، وكانـت مهمته للحصـول على حل لهذا اللغز هـي ملازمة مكتب طبيبـه في ميونخ مرة أخرى. يقول وهو مستغرق في تفكير عميق: إن هذه المهمة التي كرستُ كل وقتي لها أصبحت النمـط الذي يلون كل حياتي ثـم التقط صورة صغيرة كانت في محفظته ويظهر فيها وهو يرتدي بذلة أنيقة إلى جوار الرئيس الفيدرالي وهو يسلمه وسام الاستحقاق. وسيواصل مكتشف آثار نهاية العصر البرونزي في مقاطعة بافاريا عمله بعد أن تطورت وسـائل الدعم الفني المقدمة له. ولذلك فأسطورة المدينة الغارقة تثري التاريخ بالكثير من البراهين والتجليات.

أثر لخنفساء مجنحة تم العثور عليه في مقبرة الملك الفرعوني المصري توت عنخ آمون مصنوع من معدن الراتنج الداكن. تم اكتشافه على يد هاورد كارتر

الفصل الخامس

الرحلة الاستكشافية التجارية المصرية الفرعونية

«كلمات الرب آمون رع، صاحب عرش الأرضَيْن: رحبوا بي وافرحوا عندما ترون كمالي المتمثل في ابني وحارسي تحتمس الثالث الذي سيحيا إلى الأبد (...) سأعطيك القوة والقدرة على قهر كل الدول الأجنبية، سأكون قوتك وسيهابك الناس في كل البلدان، سيهز رعبهم منك أركان السماء الأربعة (...) سأجعل سمعتك عظيمة في نفس كل إنسان، ستدوي صيحات حربك عبر شعوب الأقواس التسعة، وفي قبضتك سيجتمع كبار كل الدول الأجنبية (...) سأجعل قوتك تنتشر في كل البلدان (...) سيأتونك زاحفين يسجدون أمام جلالتك، هكذا أمرت وهكذا سيكون».

يعتبر هذا النص المنقوش على إحدى المسلات ـ واحدة من المسلات الحجرية التذكارية ـ من أعظم النصوص بالنسبة لنا، وكان تحتمس الثالث هو أحد حكام مصر في العصر البرونزي الحديث، وخلال هذا الوقت وصلت إلى بلاد الفراعنة تلك المادة التي تُسمى العنبر لأول مرة، لكن كيف وصل ذلك الراتنج الأحفوري إلى النيل، وما هي الاتصالات التجارية التي أتاحت ذلك؟ لذلك دعونا نبدأ مع تحتمس الثالث ومملكته الكبيرة كي نقتفي آثار العنبر في مصر.

معبد الكرنك في عام 1450 ق.: ومدينة هذا المعبد العملاق هي مدينة طيبة ـ الأقصر حاليًّا ـ وتقع في جنوب مصر، وفي هذه المدينة يوجد أكبر بناء للآلهة آمون رع وموت ومونتو، وخلال عصر الدولة الحديثة في مصر ـ من الأسرة الثامنة عشرة حتى الأسرة العشرين

(1530 – 1077 ق.م.) إن هـذا المـكان موقعًـا دائـمًا للأبنية العملاقة وكانت تُنفـذ فيه الكثير من المشروعـات الضخمـة لمختلف الفراعنـة والتي كانت تنفذ في وقت واحـد، وكان بومير يعمل كاهنًا في عصر واحد من أشـهر وأهم حكام مصر الفرعونية، واسـتطاع بومير أن يرسـم صورة لمرافـق المعبـد الرائعـة وتعجب من روعة الأعـمال الحجرية التي كانت تنفذ هنـاك بتكليف من الملـك تحتمس الثالث، وقد أعطانا هذا الكاهن انطباعًا باهتمام ملكه بأعمال البناء عندما وصفه بالكلـمات التالية المنقوشـة عـلى جدران قبره: «زيـارة المعالم الأثرية الضخمة التي توسـع ملك الصعيد وسيد الأرضين تحتمس الثالث في بنائها، فبنى الكرنك لأبيه آمون من الذهب والفضة وكل الأحجار الكريمة، وذلك بواسطة الأمراء والعمد، الأب المحب بومير».

قام تحتمس الثالث (1479 - 1425 ق.م.) ـ الملك السادس من الأسرة الثامنة عشر ـ بتغيير صـورة معبـد الكرنك من أكثر من زاويـة، وكان تحتمس الثالث قد تم اختيـاره وريثًا للعرش وهـو طفـل صغير، لكن الملكة حتشبسـوت ـ عمته وزوجة أبيه ـ كانـت تدير البلاد في العقود الأولى من فترة حكمه نيابة عن ولي العهد الصغير، وفي هذا الوقت كان تحتمس يقود الحملات إلى غرب آسـيا ثـم إلى بلاد النوبة ـ السـودان حاليًّا ـ أو كان يهتم بالبعثات الاستكشـافية مثل تلـك البعثـات إلى بلاد بُنط الأسـطورية التي يصعـب الآن تحديد مكانهـا بالضبط، ولم يصبح البطل العسكري تحتمس الثالث الفرعون الفعلي والحاكم الأوحد للبلاد إلا بعد عشرين عامًا.

وبالتـالي أصبـح حاكـمًا للإمبراطورية المصريـة القديمة التي كانت تمتد من شـمال سـوريا وشـواطئ الشرق الأوسـط وسـيناء إلى المناطق النائية من أفريقيا، ولم يكن من السـهل التغلب على تلك الإمبراطورية نظرًا لحجمها وقوتها ومقدرتها العسـكرية، وكان الفرعون يأمر بتوثيق الحملات الدائمة والبعثات التجارية والضرائب التي تُجبى من البلاد المفتوحة في معبد الكرنك ـ وغـيره من المعابـد-: أولًا في صالة كبيرة تُعرف بأخمينو Achmenu، وهي عبارة عن بناء جديد في المنطقة المركزية من المعبد، وثانيًا في قاعة السجلات، وهي حجرة تقع شرق البوابة السادسة، حيث تُدون الإجراءات التي اتخذها تحتمس الثالث.

توجد في مبنى أخمينو الحديقة النباتية، وهي عبارة عن حجرة خاصة يوضح شكلها وهيكلها النباتات والحيوانات الغريبة التي تعيش في المناطق المفتوحة في سوريا وفلسطين، وربما جاءت تلك الحيوانات والنباتات الغريبة ـ مثل الصبار أو الدجاج ـ والتي لم تكن معروفة في مصر في ذلك الوقت لأول مرة إلى نهر النيل مع حملات الملك، أما حجرة السجلات فكان تُسجل فيها بالأسلوب العسكري أسماء الشعوب الواقعة تحت الحكم المصري وكذلك الضرائب المدفوعة، وتضم هذه السجلات قائمة تشمل الهيماتيت/ الصباغ الأحمر، حجر النيس والكحل الأسود/ الجالينا، ولأول مرة تُذكر مادة اسمها شيكر Skr/SAKAr تم توريدها إلى مصر في العام السابع والثلاثين من حكم تحتمس الثالث أثناء حملته الثانية عشرة، وربما تكون كلمة (شيكر) هي الاسم القديم للعنبر.

كيف وصل ذلك الراتنج الأحفوري إلى المملكة المصرية في عهد ذلك الحاكم الذي ينتمي إلى الأسرة الثامنة عشرة؟ وهل كان هذا العنبر قادمًا من بحر البلطيق؟ وما هي طرق التجارة والبعثات التي سمحت بالتبادل من هذا النوع؟ ومن هم الذين شاركوا في حملات وبعثات تحتمس الثالث؟ وما هي المناطق التي وصلت إليها وماذا أحضروا معهم عند عودتهم إلى وطنهم مصر؟ لقد كان المصريون القدماء يعرفون أنواعًا كثيرة من الراتنج استخدموها في عمليات التحنيط، لكن هل ينطبق هذا على العنبر؟

إن أرض الفراعنة هبة أطول أنهار العالم ـ نهر النيل ـ وضفافه الخصبة التي كانت تُزرع قبل 4000 عام بفضل أنظمة الري الفريدة من نوعها.

كانت فصول السنة المصرية مرتبطة بنهر النيل ومراحل الفيضان السنوي، وكان هذا الفيضان يغمر الحقول بالأسمدة الطبيعية في صورة طمي، وكانت صورة مصر العالمية بخصائصها الجغرافية الفريدة تشبه الواحة النهرية العملاقة، كما كان مفهوم المصريين عن الحياة الأخرى ـ الحياة الأبدية بعد الموت ـ مرتبطًا بالنيل، فكانوا يعتقدون أن الإنسان بعد موته سيعيش على ضفاف النهر، وفي الوقت نفسه كان النيل شريان النقل، باختصار: لقد أتاح النيل باعتباره طريقًا مائيًّا الوصول إلى النواحي البعيدة من البلاد.

لقد وصلت إلينا أخبار الكثير من البعثات القديمة في صورة نقوش مختلفة، لأن المصريين القدماء تركوا إرثًا كبيرًا من الأدلة النصية، والتي غالبًا ما كانت تدون بالخط الهيروغليفي، على جدران معابدهم ومقابرهم وعلى الأشياء والجدران الصغيرة.

دعونا الآن نلحق ببعض قادة البعثات والحملات والرسل والمسافرين المصريين في أواخر العصر البرونزي ونلقي نظرة على حدود البلاد السوداء ـ وهو الاسم الذي أطلقه المصريون على بلادهم ـ وعلى الاتصالات التجارية المتشعبة بحثًا عن آثار العنبر في مصر.

نظرة إلى الجنوب

امتدت اتصالات مصر بالجنوب ـ أي ببلاد النوبة أو السودان حاليًّا ـ حتى وصلت إلى المناطق النائية في أفريقيا، وتعود تلك الاتصالات إلى مرحلة تأسيس الدولة، كان الحكام الفراعنة منذ عصر بناء الأهرامات ـ أي قبل عصر تحتمس الثالث بحوالي 1000 عام ـ يهتمون بمناطق الحدود الجنوبية نظرًا لتشابه طبيعتها الجغرافية وقرب المسافة وسهولة الوصول إليها عبر السفن أو القوافل؟ وقد لعبت بلاد النوبة دورًا كبيرًا في تاريخ مصر، وذلك لغناها بالمواد الخام وباعتبارها نقطة اتصال بالأماكن النائية من أفريقيا.

لكن تحتمس الثالث هو أول من وسَّع منطقة النفوذ المصرية الجنوبية كي تصل إلى جبل البركل في شمال السودان، وفي البداية تم تأمين هذا الشريط الحدودي بالكثير من الحصون القوية، تبعه بناء المعابد وتأسيس المدن، وكان اهتمام الفراعنة الكبير ينصب على الصخور الموجودة هناك وعلى موارد الذهب التي حصلت عليها الدولة لفترة وجيزة عبر البعثات التي كانت ترسلها، وذلك قبل إدخال المناجم المنظمة، ويرمز مصطلح النوبة إلى مناجم الذهب، فقد كان الذهب يُسمى باللغة المصرية القديمة (nbw / nebu)، علاوة على ذلك كانت بلاد

النوبة مركزًا للاتصالات التجارية، وكانت مركزًا لشحن البضائع القادمة من أفريقيا كما كانت معبرًا إلى المناطق الإفريقية النائية، حيث توجد بلاد بنط ـ حسبما يُقال ـ لكن هناك خلاف على الموقع الدقيق لبلاد بنط، ويُعتقد أن هذه المنطقة توجد في شرق القارة على الساحل الإفريقي الشرقي، وربما كان الساحل الإفريقي يمتد آنذاك إلى خليج عدن الحالي وبالتالي كان يسهل الوصول إليه بالسفن.

عُيِّن أمين الكنوز في عهد الملكة حتشبسوت واسمه نيهيسي Nehesi رئيسًا للبعثة وعهدت إليه الملكة بالسفر إلى بلاد بنط مع خمس سفن بأطقمها، لمقايضة المنتجات المصرية المختلفة مثل الخواتم والسلاسل الذهبية بالبضائع الإفريقية، وقد وصلت هذه البعثة إلى ملك وملكة بلاد بنط، فرحب الاثنان ـ وفقًا للمصادر الفرعونية ـ بالبعثة وأكرموا وفادتها، ويبدو أن ملكة بنط كانت معجبة بالقوات المصرية ـ فقد صورتها النقوش المفصلة في الدير البحري غرب طيبة شجاعة جدًّا وتمتطي ظهر حمار.

ولا شك أن نيهيسي ورفاقه قد رأوا تلك الأوصاف رأي العين وعاشوها وعادوا بعد ذلك بسفن محملة إلى طيبة، وصلت السفن «محملة بأشياء عظيمة من بلاد بنط الأجنبية، كانت محملة بكل أطيب الأعشاب من أرض الآلهة وأكوام من راتنج المر وأشجار المر الطازجة وخشب الأبنوس والعاج، والأخشاب الثمينة، والبخور والكحل الأسود، والبابونج والقرود وجلود النمر»، ولهذا لا تبدو جملة «لم تقدم أي ملكة أخرى مثلها» لأفراد البعثة من قبيل المبالغة، فقد أتم نيهيسي ورجاله مهمتهم على أكمل وجه يرضي مليكتهم.

أيضًا تحتمس الثالث كان مهتمًا بالمواد التي تُجلب من بلاد بنط، وقد أمر بجلب أشجار المر إلى مصر، وقد كانت المواد الخام والمنتجات التي عددها نيهيسي تعتبر سلعًا ثمينة بالنسبة للمصريين، وكان هناك اهتمام كبير باستيرادها بصفة مستمرة، فهل من المحتمل أن الراتنج الأحفوري وصل إلى مصر عبر طرق التجارة ومراكزها مثل بنط؟

أمر الفرعون تحتمس الثالث بنقش بطولاته وأسماء المدن الخاضعة له على الحجر،

وما زالت تلك النقوش تثير الدهشة والإعجاب في معبد الكرنك

نظرة إلى الشرق

كان سامونت أحد الرجال المقربين لتحتمس الثالث وقد قام في العام الخامس والعشرين من حكم تحتمس برحلة إلى شبه جزيرة سيناء كي يرأس بعثة الفيروز، ونظرًا لأن سيناء كانت مجاورة لمصر مباشرة ويمكن الوصول إليها بسهولة بالسفن أو بقوافل الحمير من وادي النيل فإن هذه المنطقة كانت موضع اهتمام مصر في بداية عهد الفراعنة باعتبارها موردًا محتملًا للمواد الخام، وكان السبب وراء ذلك هو ودائع الفيروز ـ معدن أزرق مائل للاخضرار كان يُستخدم كحَلْي ـ وكذلك ودائع النحاس الموجودة في سيناء والتي كان يتم البحث عنها واستغلالها منذ عهد الدولة القديمة (2740 ـ 2180 ق.م.) وهو عصر بناء الأهرامات.

العديد من الأنفاق والمناجم والكتابات المنقوشة على الجدران ـ أي النقوش الصخرية للمشاركين في تلك الرحلات والعاملين ـ تدل على الاستكشاف المكثف لتلك المنطقة.

أما عاشقة المعادن الزرقاء والخضراء ـ الإلهة حتحور ـ فقد بُني لها معبد جبلي في سرابيط الخادم Serabit elKhadim في سيناء، وقد ترك لنا سامونث في هذا المعبد تقريرًا حول الواجبات التي كان يؤديها هناك، ووفقًا لتلك النقوش فقد كان سامونث مسؤولًا عن قيادة الرحلة وكان يهتم بتأمين نقل المعادن إلى الوطن، كذلك كانت ودائع النحاس تستخرج من تمناع Timna، وهي أحد أماكن تعدين النحاس وتوجد اليوم في جنوب إسرائيل، فكانت فرق الاستطلاع تُرسل إلى هناك كي تستخرج المعدن المرغوب، وفي الوقت نفسه كانت سيناء تعمل كمنطقة عازلة بين مصر والشرق.

في عهد تحتمس الثالث بدأ تأسيس نظام العلامات من شرق الدلتا وعلى طول سواحل البحر الأبيض المتوسط حتى سوريا، وكان الهدف منه تأمين مصر من غارات الإمارات المفتوحة والمناطق المجاورة، وقد استطاع تحتمس الثالث أن يبسط سلطان مصر على الشرق الأوسط، وتعتبر معركة مجدو «شمال إسرائيل» التي وقعت بعد توليه الحكم بمفرده بفترة قصيرة هي نقطة الانطلاق

لمجموعة من الحملات الأخرى إلى الشرق الأوسـط، وقد تقـدم الفرعون ومعه آلاف الرجال وسـاروا إلى غـزة ومنهـا حتى جبال الكرمـل، وكانت الخطة العسـكرية البارعـة التي اختارها للوصـول إلى مدينة مجدو عبر ممر أرونا وذلك من خلال الجبال ومباغتة قوات العدو قد انتهت بحصار مجدو لفترة طويلة حتى استسلم السكان في النهاية.

كان ذلك في السنة الثالثة والعشرين من حكمه في الشهر الأول من موسم الحصاد السنوي واليـوم الواحـد والعشرين من أيام مهرجان التجديد، فظهر الملك في الصباح، وأعطى الأوامر لكامـل قواته، وسـار جلالته على عربـة من الإلكتروم، مزينة بأسـلحته الأنيقـة، مثل حورس وذراعـه القويـة، رب الحقيقـة مثـل مونث طيبة، ووقـف جلالته في المنتصف، وقـد حمى آمون جسـده في غـمار المعركـة وكان جلالته قويًا عـلى رأس قواته، فكانوا ينظـرون إلى قوته ويهربون بوجوه مخيفة إلى مجدو، وقد تركوا عرباتهم القتالية المصنوعة من الذهب والفضة، هتف الجيش بأكمله كانوا يهتفون باسم جلالته لما حققوه من نصر.

حلـف الأمـراء المهزومون اليمين بصفتهـم تابعين جدًا لمصر وسـلموا كميات كبيرة من الجزية إلى السيد المصري الجديد، وقد اشتملت هذه الجزية الخيول والعربات والأسلحة الحربية والأثاث والماشـية والسـفن والحبوب والنبيذ والزيوت والأخشـاب الثمينـة والمعادن وكذلك الـلازورد، وكانـت البلد المصـدر الرئيسي لهـذا الخليط المعدني هي أفغانسـتان، وقد اسـتخدم المصريـون القدماء منذ بدايـات التاريخ الفرعوني اللازورد لتزيين قطـع الحلي من كل الأنواع، لكننا لا نعرف ما إذا كان ذلك عن طريق الاتصال المباشر أو الاسـتيراد من أفغانسـتان البعيدة أم عـن طريـق الجزية وذلك عبر الكثـير من المحطات التجارية البينيـة أم كان مصدر هذه المادة مكانًا مصريًا لا نعرفه نحن.

كانـت البعثات المختلفة والزيجات «السياسـية» تعمل على توطيد العلاقات الدبلوماسـية بـين القـوى الكبيرة آنـذاك، والدليل على ذلـك أن الكثير من بنات الأمراء السـوريين أُرسِـلن إلى مـصر، على سـبيل المثال أمـيرة مملكة ميتاني التي تزوجت من تحتمـس الخامس ـ أحد أحفاد

تحتمس الثالث، وكان الشيكر SKR من بين هدايا زفافها، وهناك أميرة أخرى من شمال سوريا جلبت هذه المادة التي يُعتقد أنها «العنبر» وذلك في صورة مجموعة من الأقراط كهدية للقصر الفرعوني المصري في عهد أمنحتب الثالث/ الخامس، وهذا ما تؤكده رسائل العمارنة التي ذُكر فيها العنبر ضمن جهاز العروسة ـ من بين العديد من الأشياء الأخرى المصنوعة من اللازورد، وربما كانت التسمية السومرية SAG. KAL تطابق التسمية المصرية.

لم يكن أحد يستطيع أن يهز مكانة مصر كقوة عظمى في عهد الأسرة الثامنة عشرة، وكانت الهبات تتدفق إلى حجرات الكنوز على ضفاف النيل، وكانت هذه الهبات تشمل أنواع النباتات والحيوانات الغريبة والمواد والمعدات والحلي التي عرفتها المملكة الفرعونية لأول مرة، وكان المشاركون في الحملات يحضرون معهم انطباعات كثيرة عن الأجانب والكثير من الأشياء التي لا تعرفها بلادهم، فهل وصل عنبر بحر البلطيق بهذه الكيفية إلى بلد الفراعنة؟

نظرة إلى الشمال

كانت مملكة ميتاني Mitannireich من أهم خصوم تحتمس الثالث، وكانت تشمل شمال بلاد ما بين النهرين والجزء الشمالي من سوريا، وبعد مرور عشر سنوات على معركة مجدو التي انتصر فيها تحتمس الثالث قطع الفرعون مسافة 600 كم من محل إقامته باتجاه الشمال كي يعزز الهيمنة المصرية في الشرق الأوسط، وفي طريق العودة أخذ يتسلى بصيد الفيلة، يبدو أن القائد أمنمحاب قد أنقذه من ذلك الموقف الخطير، ويبدو أن هذا الحادث كان مصدر فخر للقائد حتى أنه خُلد على جدران قبره:

يقول الجندي أمنمحاب مبرِّرًا: أنا المخلص لحاكم مصر العليا ومصر السفلى، لقد رافقت سيدي في رحلاته إلى الشمال وإلى الجنوب، لأنه كان يرغب في أن أكون رفيقه لقد رأيت فعلًا

مميزًا قام به سيد البلدين في نيجا Nija»، فقد صاد 120 فيلًا كي يحصل على أنيابها العاجية، ثم توليت أنـا أمـر الفيل الأكـبر الذي كان يتصارع مع جلالتـه، وكنت أنا من قطع جذعـه وهو لا يزال حيًّا بينما كان هو يقف أمام جلالته وكنت أنا في الماء أقف بين صخرتين، ولهذا كافأني سيدي بالذهب.

يبـدو أن أمنمحـاب كان رفيقًا مخلصًا لتحتمس الثالث، وقد شـارك بأمر مولاه في العديد من الحملات بعد ذلك، بل إنه ضحى بحياته.

كانت جبيل أيضًا تتمتع بأهمية كبيرة باعتبارها مدينة ساحلية تقع في شمال بيروت في لبنان حاليًّا حيث كان ميناؤها مركزًا لشـحن بضائع شرق حوض البحر الأبيض المتوسـط بأكملها، فهل كانت هذه المدينة خيارًا لتجارة العنبر في العصر البرونزي الحديث؟

كان حكام مصر يولون أهمية كبيرة للثروة الخشبية في لبنان، لأن الأخشاب المصرية المحلية مثـل خشـب النخيـل لم تكن مناسـبة لصناعة السـفن وتأثيث المقابـر، وكانت أنـواع كثيرة من الخشـب تشـحن بحرًا إلى مصر عبر مدينة جبيل، وهنا أمر تحتمس الثالث بتصنيع سـفنه لعبور نهـر الفـرات في الطريق إلى مملكة ميتاني، وقد أصبحت جبيل تحت حكم الفراعنة مدينة مصرية على أرض أجنبية بعيدة عن النيل في بلاد الشام.

الكثير من المكتشـفات القديمة من بينها القطع المنقوشة بالخط الهيروغليفي تدل على حياة المصرين في ذلك الوقت بعيدًا عن الوطن، فقد كان الحكام المحليون يحملون ألقابًا مصرية، كما كان الفرعـون يأمـر ببناء المعابد هناك من أجل الآلهة المصرية، وهكـذا أمر تحتمس الثالث ببناء معبد الإلهة حتحور باعتبارها ربة جبيل، ويوضح مدير موقع البناء مينموس Minmose تأسيس ذلـك المعبـد، وقد اختير رئيس معابد مصر العليا والسـفلى لتنفيذ مثل هذه المهمة في (الخارج)، وقد رافق مينموس الملك في حملاته وبعثاته الاستكشافية، ورأى بلاد النوبة وسوريا وكان يقوم بـإدارة الجزيـة، لذلك لا عجب من أن مينموس قـال: «لقد عهد إلي جلالته بالإشراف على كل معابد الآلهة ومنها معبد حتحور ـ ربة جبيل حيث قمت بالقياس لبناء المعبد».

بعـد ذلك بأربعمائة عام فقدت مصر نفوذها في بلاد الشـام نظـرًا لصعود القوى الأخرى، وهذا ما أدركه أحد المسافرين والمندوبين المصريين والذي كان يُدعى فيناموون Wenamun عندما حاول في جبيل أن يحصل على الخشب لبناء تمثال جديد للإله آمون في الكرنك، ويبقى الخلاف حـول حقيقة رحلة فيناموون المنقولة على ورق البردي، فهل تُصنف باعتبارها تقريرًا خياليًّا عن رحلة أم أنها حدثت بالفعل.

يخبرنـا النـص بالصعوبات التي لاقاها فينامـون أثناء إتمام مهمته: فقد سُرقت منه وسـيلة السـداد؛ واضطر لأن ينتظر عدة شـهور كي يقابل حاكم جبيل، وخاض مناقشـات حامية كي يحصل على الخشب بعد عدة أشهر أخرى، وفي طريق العودة تعرض لعاصفة ورسا على جزيرة قـبرص ـ ألاشـيا قديمًا ـ وهنا انتهى تقرير الرحلة، ولا نعـرف ما إذا كان فيناموون قد رأى مصر مـرة أخـرى ومـاذا حدث لحمولة الخشـب، وبعـد انتهاء العـصر البرونزي بـدأت جبيل تفقد سطوتها التجارية لصالح غيرها من المدن والمواني التي زاد نفوذها في شرق البحر التوسط.

يؤكـد تقريـر رحلة فيناموون عـلى مدى خطورة تلـك الرحلات البحرية حتـى وإن كانت تسـير عـلى طول السـواحل، أمـا الحادثـة البحريـة الملموسـة لعلماء الآثـار فهـي حادثة تحطم السـفينية أولوبـورون، ووفقًـا لحطام تلك السـفينة التجارية الغارقة فإن السـفينة قد غرقت في العصر البرونزي الحديث في رحلة إلى شرق حوض البحر الأبيض المتوسط، وتؤكد الكثير من محتويـات الحمولة الأصلية على صحة هـذا التأريخ، حيث تضمن الحمولة قطعًا كثيرة تعود إلى الأسرة الثامنة عشرة: الكثير من الحلي المصري المصنوع من الزجاج والذهب والفضة والفخار تذكر نقوشها أسماء أمنحتب الرابع/ إخناتون ونفرتيتي.

من الذي أمر بهذه الرحلة وهل كانت السفينة تحمل على ظهرها بعثة تجارية مصرية لها هدف محدد؟ هذا ما لا يمكننا الجزم به، فمجموعة البضائع المحملة تسـمح بالعديد من التفسـيرات فيما يخـص الشـخصية التي أمرت بالرحلة وطريق الرحلة، فقد وجـد من بين البضائع المدفونة في قاع البحـر خـرز مصنوع من عنبر بحر البلطيق، ولا شـك أن العنبر وصـل إلى مصر عبر هذه الطرق،

التمثال النصفي للملكة نفرتيتي في المتحف الجديد في برلين.

تذكرنا السلسلة الملونة بسلسلة العنبر التي عثر عليها في أنجولشتات، وحتى القفل الخلفي متشابه.

ووفقًا للمنتجات المصرية التي كانت محملة على ظهر السفينة نستطيع القول إن السفينة قد تحركت من مواني دلتا النيل أو سواحل حوض البحر الأبيض المتوسط، وكانت الحمولة تتضمن أيضًا صفائح النحاس الخام القبرصي والخزف الميسيني، وقد كان الخزف المينوي معروفًا لدى المصريين، فقد تكرر العثور على أواني كريت الخزفية هناك، كما صورت جدران في مقابر كبار الموظفين المصريين في غرب طيبة أهل كريت وهم يؤدون الجزية، لذلك تبدو التبادلات والتأثيرات بين كلتا الحضارتين واضحة، لا نستبعد وجود زيارات متبادلة بين البلدين، وبالتالي فإن تلك الاتصالات التجارية التي قامت بين أجزاء بعيدة من حوض البحر المتوسط عن طريق السفن قد خدمت نقل وتوريد العنبر إلى وادي النيل.

صديرية الأميرة حاتياي من طيبة ـ كان العنبر يُستخدم في صناعة المشغولات الذهبية في مصر القديمة

نظرة إلى الغرب

كانت القبائل الليبية البدوية هي الجارة الغربية لمصر، وكانت منطقة جرداء قاحلة من الصحراء الغربية، وكانت هناك اتصالات مستمرة بين الفرعون وواحات الصحراء الغربية التي كانت تخضع لمصر منذ عصر الدولة القديمة فقط. ولم تندمج القبائل الليبية في المملكة المصرية إلا بعد انتهاء العصر البرونزي، أما قبل ذلك فكانت الاتصالات مقتصرة على بعض الصراعات أو التفاصيل التجارية، وكان ملوك الأسرة الثامنة عشرة ينظرون إلى صحاري ليبيا باعتبارها غير مهمة من الناحية الاقتصادية.

على الرغم من كل ذلك كان هناك نوع فريد من الزجاج المعروف بزجاج صحراء ليبيا يُورد إلى وادي النيل بعد أن يقطع مسافة 700 كم عبر الصحراء الغربية والصحراء الليبية، ويقتصر وجود هذه المادة الفريدة على منطقة الصحراء الشرقية التي تبلغ مساحتها 6500 كم مربع، وعلى بحر الرمال العظيم بالقرب من الجلف الكبير، وعلى طول الحدود المصرية الليبية الحديثة، وقد نتجت هذه المادة نتيجة لتأثير أحد الكويكبات أو النيازك قبل حوالي 30 مليون سنة ولهذا تلعب الصدفة دورًا في العثور عليها، فهي موزعة بصورة عشوائية، وفي بعض الأحيان تكون مدفونة تحت طبقات الرمال، ولم يحدث على مر التاريخ تعدين منهجي لتلك المادة، وهذا ما تؤكده كُلْفتها العالية وارتفاع قيمتها.

قبل بداية عصر الأهرامات كان مصطلح زجاج الصحراء يرمز إلى هذا الشعب في ذلك الحين، وهذا ما تؤكده مكتشفات الحلي المصنوع من الزجاج الملون المتباين، ولم تُسجل أي أنشطة قام بها تحتمس الثالث في غرب مملكته، لكن أحد خلفائه من الأسرة الثامنة عشرة فعل ذلك، وقد وثقت أهم استخدامات زجاج السيليكا الذي يستخرج من الصحراء الليبية على صديرية عُثر عليها في القبر رقم 62 في وادي الملوك: وكانت المقبرة رقم 62 هي مقبرة الملك توت عنخ آمون، وهو من أواخر ملوك الأسرة الثامنة عشرة (1334–1324) ق.م، وفي هذه المقبرة

اكتشف هوارد كارتر في حجرة الكنوز ما يُعرف بصديرية القمر، وهي سلسلة تحمل سبيكة فريدة على شكل جعران مجنح، والجعران مصنوع من الزجاج الليبي الشفاف الأخضر الفاتح، فهل كان المصريون يذهبون بأنفسهم إلى الصحراء أم أنهم كانوا يتاجرون مع البدو الليبيين الذين كانوا يزورون وادي النيل من وقت لآخر فوق طرق القوافل؟

كانت الملحقات التي دفنت مع الفرعون الذي توفي شابًّا لترافقه في رحلته إلى الحياة الأخرى غير متوقعة وفريدة، فإلى جانب القطع المصنوعة من الحديد والتي بلغ عددها 19 قطعة ضم القبر الصخري للملك الإله معظم القطع الفنية المصنوعة من العنبر التي عُثر عليها في مصر حتى يومنا هذا، فكانت حوالي 20 قطعة من إجمالي قطع الحلي التي بلغ عددها 140 قطعة مصنوعة من العنبر أو من الراتنج الأحفوري.

وكان من بين هذه القطع خواتم وأقراط وثلاث قلادات - اثنتان منها بعليقة - وكذلك حبات خرز مفردة وقطع مكسورة من الراتنج، وفي كل الحالات كان لون الراتنج أحمر غامقًا أو أسود تقريبا، فربما تغير لونه بعد 3000 سنة، أما ألوان الخواتم الغامقة فتذكرنا بالحياة الأخرى أو تفسر رغبة الملك المتوفي في الإنجاب، وهناك قلادة أخرى - معلق بها جعران - تلفت الانتباه، فقد صنع الجعران من الراتنج الغامق، وزين بعد ذلك بطعم على شكل غراب مصنوع من اللازورد والزجاج الملون، لكن هوارد كارتر وألفريد لوكاس اللذين كانا مسؤولين عن حفظ القطع لم يجزما هل كانت تلك المواد مصنوعة من العنبر أم من راتنج غامض، فقد كان كارتر يعتقد أنه العنبر، أما خبير المواد لوكاس فقد استبعد ذلك وعرف تلك المادة عل أنها «راتنج غامق».

أما حبات العنبر أو الراتنج التي صنعت منها القلادة الأخرى فكان شكلها يشير إلى أنها صنعت في منطقة البلطيق، فقد كانت حالة وشكل حبات الخرز التي بلغ عددها 60 خرزة تشبه الأعمال التي تعود لحضارة تومولوس في منطقة البلطيق، وربما وصلت هذه الخرزات إلى مصر نتيجة للاتصالات التجارية عبر الطرق البرية التي تمر باليونان أو عبر الطرق البحرية والجزر

في شرق البحر المتوسـط أو عبر سـوريا، لكن هذه النظرية تبقى مجرد تخمين طالما لم يتم فحص الخرزات، حيث يفترض البعض أن توت عنخ آمون قد حصل على قطع العنبر كهدية من أحد حكام الشمال أو المنطقة السورية.

العنبر في مصر

سُـجل اسـم Skr ـ الـذي يُخمن أن معناه العنـبر ـ كثيرًا على جدران معبـد الكرنك في عهد الملـك تحتمـس الثالث، ومع ذلك لم نعثر على أي قطع حلي مصنوعة من العنبر تعود إلى عصره، لكن بعد تحتمس الثالث بحوالي مائة عام وضع العنبر في مقبرة الملك توت عنخ آمون، دون أن يُذكر اسمه باللغة المصرية القديمة، ولسنا متأكدين من أصل الراتنج الذي وجد في مصر، فهل هو عنبر البلطيق حقًّا أم أن مصدره الرواسب الأفريقية؟

حتـى الآن لم تصنـف الخنافـس والقطـع التي عثر عليهـا في مقبرة الملك تـوت عنخ آمون باعتبارها مصنوعة من العنبر بصفة عامة أو من عنبر بحر البلطيق بصفة خاصة، فهي عبارة عن خليط من الراتنجات يصعب التوصل إلى تركيبها الكيميائي وإلى التغيرات التي طرأت عليها، لكـن بحـوث العلوم الطبيعية تحـاول التحقق من المصدر النباتي للراتنجـات التي عثر عليها في مـصر، وعـلى العكس من المواد الأخـرى التي كانت مصر تسـتوردها في العصر البرونزي مثل الذهـب أو البخـور أو الزيوت والخمور لم تُثبت مكتشـفات العنبر أو ربما لم يتم التعرف عليها، بخـلاف المكتشـفات التي عثر عليها في مقـبرة الملك توت عنخ آمون كانـت هناك مجموعة من الخنافـس والخـرز والحلي التي يُعتقد أنها مصنوعة من العنبر، على سـبيل المثال صديرية حاتياي مـن غرب طيبة، حيث يعتقد أن الخنفسـاء المعلقة في هذه القطعة مـن الحلي مصنوعة من راتنج كستنائي أو من العنبر.

كانت اتصالات الفراعنة عديدة ومتنوعة وامتدت هذه الاتصالات إلى مناطق بعيدة جدًّا ـ كما اتضح لنا من رحلتنا إلى العالم المصري في عهد الأسرة الثامنة عشرة ـ وفي الغالب كان كبار الموظفين هم من يلعبون دور السفراء بتكليف الفرعون وبناءً على رغبته واهتماماته الخاصة، وكان المشرفون على البعثات أو البناء ـ مثل بعثة نيهيسي إلى بلاد بنط أو بعثة سامونت لجلب الفيروز من سيناء أو رحلة بيبلوس إلى جبيل ـ يسافرون غالبًا لعقد الاتفاقيات التجارية وعمل الترتيبات اللازمة لتعدين ونقل البضائع وكذلك رصد آخر التطورات في مجال البناء، وكان جزء من المواد الخام والبضائع يصل إلى مملكة النيل عبر سلسلة من التجار الوسطاء كما في حالة الزجاج الصحراوي الليبي ـ على ما نظن ـ أو كجزية من المناطق المحتلة.

كانت طرق التجارة المتجهة نحو الجنوب أولًا: تضم كل طرق القوافل الموجودة في الصحراء الشرقية والغربية والتي تصل حتى المناطق النائية في أفريقيا مرورًا ببلاد النوبة، وثانيًا كان السفر مع حركة التيار إلى وسط أفريقيا ممكنًا باستخدام السفن، ولهذا ربما كان الجمع بين الوسيلتين ممكنًا بأن يسلك المرء في البداية الطريق الصحراوي ثم الطريق البحري على طول سواحل البحر الأحمر، لذلك نعتقد أن الرحلات الاستكشافية إلى بلاد بنط ـ مثل رحلة نيهيسي ـ كانت تسلك أحد هذه الطرق، وفي طريق العودة كانت تستخدم طرق القوافل وبعدها تستخدم قوارب وادي النيل.

أما طرق التجارة الشمالية فقد كانت أكثر تنوعًا وكانت تساعد على الاتصال بين مصر والعديد من البلدان المجاورة آنذاك، حيث أمكن الوصول إلى العديد من الموانى العامة عبر السير بالسفن عبر الدلتا وعلى امتداد البحر المتوسط، وتظهر لنا سفينة أولوبورون ذلك الخليط المتنوع من البضائع مختلفة المصادر، تلك السفينة التي كانت محملة بالعنبر ضمن بعض السلع الأخرى، فقد كان ذلك الحجر يأتي من قارة أوروبا ويمر عبر الألب والطريق المائي ليصل إلى جزر اليونان حيث يباع في الأسواق ومراكز التوزيع المعروفة آنذاك، ثم يشحن إلى سوريا والشرق الأوسط ودلتا النيل، ومما لا شك فيه أن هناك علاقات تجارية حيوية قد نشأت

في العـصر البرونزي بين مصر وسـوريا وميسـيناي، وكانت الطـرق التجارية تمتـد من اليونان عـبر ممـرات الألب وتصـل إلى جنوب ألمانيـا، حيث عُثر في بيرنشـتورف التابعـة لولاية بافاريا عـلى عبارات بلطيقية وكتابات ميسـينية، وقد تم تجديد تلك المكتشـفات في المعمل باسـتخدام الوسائل الجديدة ودون الإضرار بها (انظر الفصل السادس)، كان أفراد حملات تحتمس الثالث مثـل أمنمحـاب أو مينمـوس يحصلون على الراتنج من غرب آسـيا، أو ربـما وصل إلى مصر في صورة هدايا دبلوماسـية أو اتفاقية زواج من زواج الأميرات السـوريات، ونظرًا لتنوع الطرق التجاريـة فيمكننا القول إن مصدر العنبر قد يكون منطقة البلطيق، حتى وإن كانت الأدلة التي عثر عليها في مصر غير قوية، ونعتقد أن عنبر بحر البلطيق قد وصل إلى وادي النيل إبان توسع النفوذ المصري في الشمال الشرقي في فترة حكم الأسرة الثامنة عشرة.

كان للعنـبر قيمة كبيرة لدى الحكام المصريين، وهذا ما تدل عليه ملحقات مقبرة الفرعون تـوت عنـخ آمون، وعلى الأبحاث القادمة أن تتحقق من كـون القطع الفنية المصرية قد صنعت من عبر البلطيق أم لا، وربما يكون ظن هوارد كارتر بخصوص محلقات مقبرة توت عنخ آمون صحيحًـا، في نفس الوقت تدل الاتصـالات الكثيرة بين الممالك المختلفة وكذلك تنوع البضائع المتبادلـة على أن الصورة التجارية آنذاك وكذلك صورة البعثات الاستكشـافية على طول النيل والبحر المتوسط التي كانت متعددة الثقافات والوجوه، فهل يمكن للعنبر أن يكون شاهدًا على تلك الرحلات والمغامرات والتجارب العديدة وأن يصف لنا الشخصيات القديمة(*)....

---

* كل الشخصيات والأحداث المذكورة في النص هي شخصيات وأحداث تاريخية كانت في العصر البرونزي في مصر وحولها ومعروفة حتى يومنا هذا من المصادر الباقية،أما المصادر فهي الشواهد الشعرية في المتحف المـصري في القاهرة «رقـم الجرد: CG 34010» ومقابر طيبة «مقبرة طيبة رقم 39 وصاحبها بومير ورقم 85 وصاحبهـا أمنمحاب» وكذلك وثائق الأسرة الثامنة عشرة، وثائق السـيرة الذاتيـة التاريخية الفصل الرابع، المجلد الثاني، عدد 5 و7، لايبتسيج 07/ 1906).

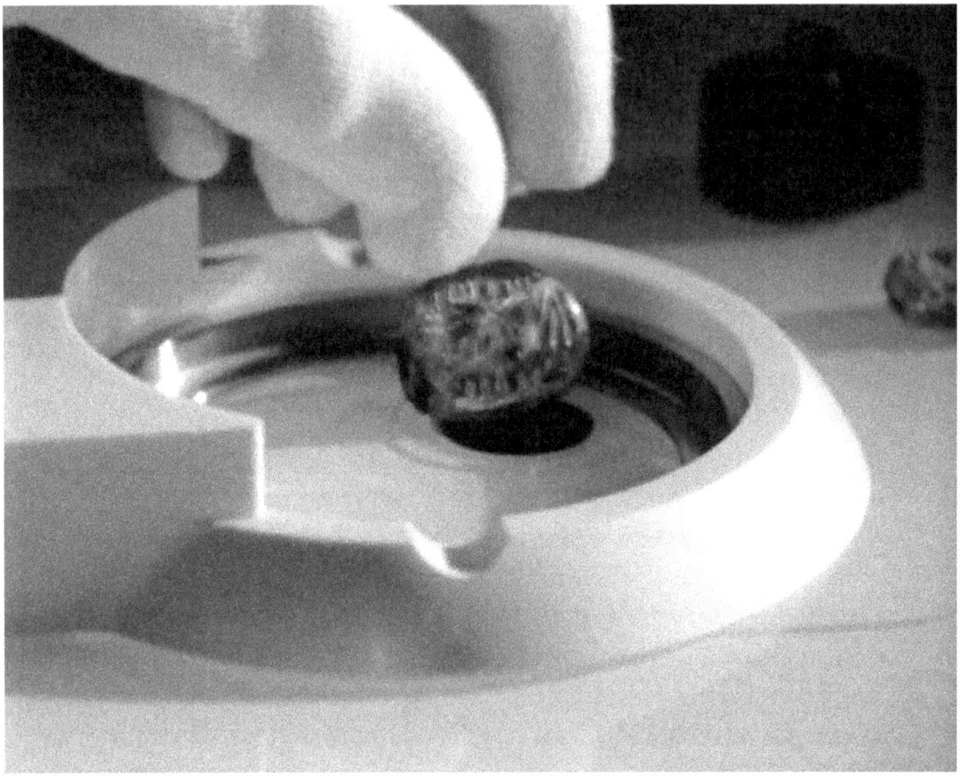

العصر الحديث يلتقي بالعصر البرونزي

جهاز NIRMAster يكشف ختم العنبر.

الفصل السادس

التحريات داخل المعمل: بصمة العنبر

مقدمة

آني والشيكولاتة

كانت الشمس قد بسطت أشعتها بالخارج عندما استيقظت آني من نومها، فنهضت طوعًا كي تكتشف ذلك اليوم الجديد.

كان هـذا يومها لأن والدها سيصطحبها معه إلى العمـل، وربما لا يكون صعبًا على أطفال الخبازيـن أو الطياريـن أو رجال الإطفاء أن يخمنوا ما يفعله آباؤهم طوال اليوم في العمل، لكن أطفال الكيميائيين لا يملكون أي فكرة مسبقة عما يفعله آباؤهم في المعمل.

دخلـت آني مقـر شركة بوشي لتكنولوجيا المختبرات في مدينة إيسـن Essen، وبعد لحظات وجدت نفسـها أمام إحدى طاولات المعمل، وكان على الطاولة جهاز أبيض اسمه NIRMaster وعدة ألواح مرصوصة من الشيكولاتة، شعرت آني بالدهشة فقد كانت مهمتها هي أن تكتشف أي نوع من الشيكولاتة يحدث أكبر قدر من السعادة، فقد قال لها والدها إن الشيكولاتة تحتوي عل مادة الثيوبرومين التي تولد الشـعور بالسـعادة، وعليها الآن أن تكتشف كم السعادة الذي يحتويه كل لوح من الشيكولاتة.

لا شـك أن آني قد أدركت أن تحليل المواد الغذائية مثل الشـيكولاتة ومراقبة مدى جودتها أمر سهل وسريع للغاية بفضل أجهزة NIRMaster، فقد وقفت آني أمام جهاز التحليل ووضعت قطعة شيكولاتة صغيرة فوق فتحة القياس الموجودة أعلى الجهاز. لم تعرف آني ما الذي حدث، كل مـا تعرفـه أنـه خلال بضـع ثوان اسـتطاع الجهـاز أن يقرأ كمية مـادة السـعادة الموجودة في الشيكولاتة وأن ينحي قطعة الشيكولاتة جانبًا في انتظار الأوامر التالية، ولم يستغرق الأمر أكثر مـن خمس دقائـق حتى قام الجهاز الأبيض بفحص كل قطع الشـيكولاتة، فأخذت آني لنفسـها قطعة الشـيكولاتة التي تحتوي على أكبر قدر من مادة السـعادة، فما مدى اسـتطاعة أي طفل أن يقوم بعمل صعب كهذا؟

وقعـت عـين آني على مجموعة من قطـع العنبر كانت محفوظة في المعمـل، وكان لون القطع جذابًا جدًّا أسفل أشعة الشمس، على الفور عرفت آني ما يجب عليها فعله بقطع العنبر.

ما سر اهتمام الكيميائيين بالعنبر؟

غالبًـا مـا تكـون الأحجـار موضوعًـا بحثيًّـا للمتخصصـين بالمعـادن والكيميائيـين وعلماء الجيولوجيا الذين يهتمون بدراسـة بنية وتركيب هذه المادة الطبيعية وخصائصها الفيزيائية، وكثيرًا مـا تُصنف الأحجـار ضمن الثروات المعدنية عاليـة القيمة ويتم تعدينها واسـتخراجها لأغراض صناعيـة، ومن حين لآخر يعثرون على ذلك الحجر الذي يختلف في صلابته وتركيبه عن الأحجار الحقيقية: إنه حجر العنبر، ويتكون من مادة عضوية، هي ذلك الراتنج الذي كان يخرج من الشقوق والفتحات الموجودة بالأشجار كي يحميها وتحفر بعد ذلك على مدى عدة عصور بيولوجية.

لقـد تصلـب العنبر على مدى ملايين السـنوات وتحول إلى رسـوبيات مختلفة حسـب مكان ترسبه، ونظرًا لأن العنبر يتكون من العديد من الجزيئات العضوية فإنه يحترق عند تعرضه للهب،

ومن هنا يأتي اسمه الألماني (Bernstein) المشتق من الاسم Börnsten ـ اللغة الألمانية الوسطى ـ ومعناه (الحجر القابل للاحتراق).

كان حجر العنبر مرغوبًا ومطلوبًا في جميع العصور وقد لعب دورًا كبيرًا بصفته من الأحجار الثمينة التي تستخدم في صناعة الحلي في الكثير من الثقافات والحضارات، نظرًا لشكله وحرارته المنخفضة (قدرته على التوصيل) وقلة صلابته وبالتالي سهولة معالجته وتشكيله ومقاومته وأخيرًا تلك الشوائب التي يحتويها (مثل الحشرات).

بعد ملايين السنوات ما زال العنبر ينقل لنا معلومات عن الأشجار التي أنتجته وعن ظروف تخزينه في طبقات الصخور والفحم، وبالتالي يمدنا بقدر كبير من المعلومات عن عالم النباتات في تلك العصور الجيولوجية السحيقة، حيث لم يكن هناك بشري واحد يسكن الأرض. وكثيرًا ما يتضمن العنبر شوائب من أوراق الشجر والمخلفات النباتية الأخرى، لكنه يتضمن أيضًا أدلة على الحيوانات والحشرات والطيور (التي يستدل عليها من ريش الطيور المحفوظ داخل العنبر)، أو زواحف صغيرة محفوظة، وأكثر ما يهتم به الكيميائي هو الجزيئات الموجودة في العنبر، حيث توجد الكثير من الأبنية النموذجية التي يمكن تصنيفها ضمن فئة التربين، وكذلك يحتوي العنبر على أحماض عضوية والإسترات المشتقة منها.

أما سبب الرائحة المميزة لذلك الراتنج النباتي فهو ذلك الخليط من التربين الناتج من عملية التمثيل الغذائي للنباتات، وهذا الخليط يختلف من شجرة إلى أخرى حسب نوعها، والكثير من هذه التربينات لا تستطيع مغادرة العنبر عندما يتصلب سطحه الخارجي بسرعة ويُغلف بالرواسب الأرضية التي تعمل على حمايته، وربما تبقى المكونات الأساسية الأصلية للراتنج حتى بعد ملايين السنوات، فتعمل كمؤشرات حيوية تدل على النباتات المنتجة للعنبر، وفي كثير من الأحيان تتغير أحجار العنبر أثناء إقامتها الطويلة تحت طبقات الأرض، نتيجة للضغط العالي والحرارة المرتفعة، كما هو الحال لدى تكون الجبال أو البراكين، حيث يؤدي ذلك إلى اكتشاف أدلة جيولوجية إلى جانب الأدلة الحيوية، وهذه الأدلة الجيولوجية هي تلك

المنتجات النمطية الثابتة الناتجة عن هدم التربين الأصلي، والكشف عن تلك المؤشرات الحيوية والجيولوجية الموجودة في العنبر تتيح لنا فهم علاقة القرابة بين النباتات الحالية ونباتات العصور الجيولوجية الوسطى على سبيل المثال، وكذلك فهم عمليات تشكيل ودائع العنبر.

يهتم الكيميائيون بالمعلومات المخزنة داخل العنبر، تلك التي وصلت إلينا عبر العصور الجيولوجية، ويبحثون عن الملامح المميزة أو البصمات التي تسمح لهم بتمييز أنواع العنبر، كل حسب المكان الذي ترسب فيه، وهذا يساعد علماء الآثار في التأكد من أصل القطع التي يعثرون عليها، ومن أكثر المهام التي يقوم بها الكيميائيون غرابة هي مهمة تمييز قطع العنبر المزيفة التي تباع في السوق وهي غالبًا مصنوعة من البلاستيك ومحشوة بمواد رخيصة.

الجزيئات التي ترقص وتغني

لقد تمكن العلماء في السنوات الأخيرة من معرفة الكثير من المعلومات حول تركيب العنبر بفضل أساليب القياس الكيميائي والفيزيائي المتطورة.

ومثلما يقوم المحققون بأخذ بالبصمات لإعداد صحف الحالة الجنائية، فإن البصمات المميزة للعنبر تساعد على تقييم مكتشفات العنبر مجهولة الأصل.

تفترض تقنيات التحليل السماح بتحطيم جزء من العنبر أثناء فحصه، أما الخطوات السابقة للتحليل فهي سحق العنبر والفصل الحراري والاستخراج، ثم تأتي بعد ذلك طرق الفصل الكروماتوغرافية التي تتضمن الكشف الطيفي الشامل والتحليل الطيفي بالرنين المغناطيسي النووي والتحليل الطيفي بالذبذبات، وهذه هي الأساليب الأكثر شيوعًا.

منذ عام 1960 يُستخدم التحليل الطيفي بالذبذبات في النطاق الطيفي للأشعة تحت الحمراء المتوسطة في تحديد أصل العنبر وقد حقق نجاحًا كبيرًا في هذا الصدد، وقد قام فريق كورت

دبليـو بيـك Curt W. Beck في عصره بفحص كميات كبيرة من العنبر ـ وكذلك مكتشـفات العنبر واكتشـفت أن هنـاك بصمة مميـزة لعنبر بحر البلطيق (الذي يُسـمى أيضًا سكسـينيت Succinit»)، وهـذه البصمة تتكرر حتى مع اختلاف الشـكل الخارجي، وتُسـمى «بالكتـف البلطيقي»، وتمتد ودائع السكسينيت من منطقة بحر البلطيق إلى وسط ألمانيا وتمتد شرقًا حتى أوكرانيا.

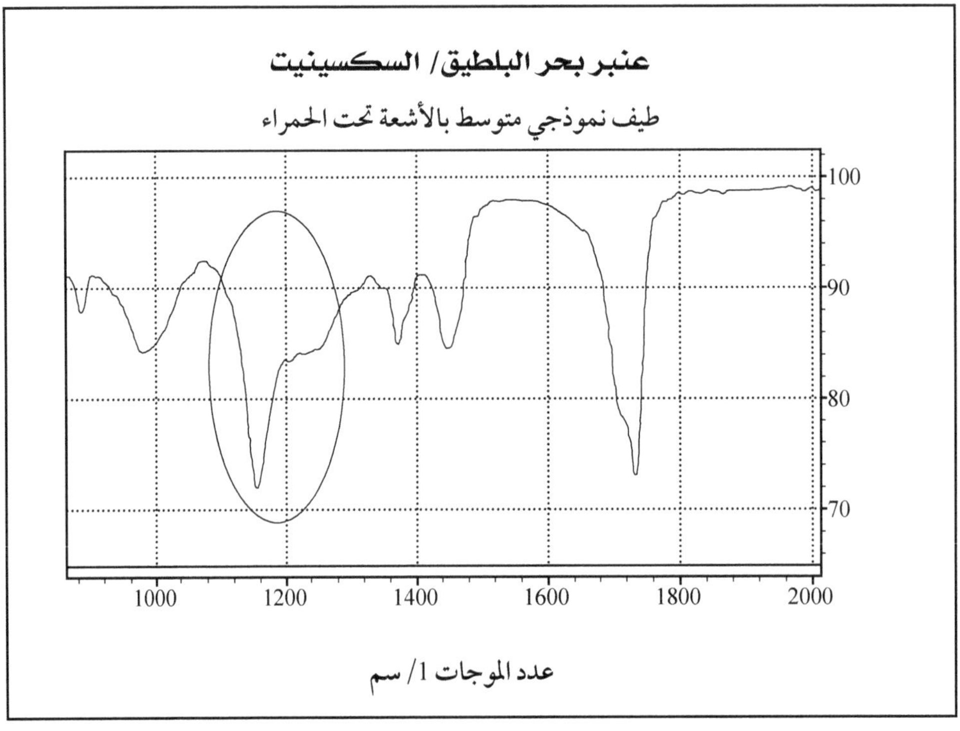

طيف الأشعة تحت الحمراء لقطعة عنبر بلطيقي مميزة ب «الكتف البلطيقي» (البارز)

لا يظهـر الكتف البلطيقي في بصمة أحجار العنبر المسـتخرجة من جنوب أوروبا ومنطقة الألـب وفرنسـا، وبالتـالي فإن ظهـور الكتف البلطيقـي أثناء فحـص العنبر يعتبر معيـارًا كافيًا لتصنيف هذه القطع ضمن عنبر بحر البلطيق.

لقـد تطـورت تقنيات البحث كثيرًا، لدرجـة أن 1/ 1000 إلى 1/ 10 جـرام من العنبر تكفي لإجراء تحليل تحديد المنشأ، لكن تقنيات القياس ما زالت تحتاج إلى تفتيت جزء من العنبر.

عندما قام روديجر كراوس Rüdiger Krause مدير مشروع بيرنشـتورف بعرض مكتشـفات بيرنشـتورف القيمـة كان واضحًـا تمامًا أن التقنية المسـتخدمة في تحليل العينـات لم تحتجْ إلى أي تكسـير أو تفتيت ـ وبالتالي لم تكن هذه التقنية من التقنيات التي ذكرناها آنفًا، فقد اسـتخدمت تقنيات الانعكاس للتحليل الطيفي بالذبذبات.

حيث يُستخدم الإشعاع الحراري لذبذبة الجزيئات العضوية، وكل نوع من هذه الجزيئات يسحب من ذلك الضوء كمية معينة من الطاقة، بينما ينعكس الجزء المتبقي من الإشعاع الحراري بصورة متفرقة، وتُسمى نتيجة القياس بطيف الانعكاس.

أما القياس باسـتخدام الانعكاس الكلي المخفف ATR كثيرًا ما يكون مدمرًا، لكنه يفترض الاتصـال المبـاشر بين رأس القيـاس والعينة، لكن عدم انتظام سـطح العنبر يحـول دون ذلك، وهنـاك عيب آخر وهو أن هذا التحليل لا يتم إلا بالاتصال المباشر بسـطح العنبر الذي يتكون غالبًا من قشرة التجوية، وبالتالي فأن تقنية ATR لا تُطبق على العنبر إلا إذا تم سحق العينة أولًا.

عـلى العكس مـن ذلك لا تحتاج تقنيـات القياس بالانعكاس في الأشـعة تحت الحمراء إلى التدمير، كما أنها تشمل المجالات الداخلية من العنبر، لأن الإشعاع يتوغل للداخل ولا يضعف كثيرًا، كما أن عدم انتظام سطح العنبر كما في حالة الشقوق أو البروز أو القطع أو قشور التجوية لا يؤثر على نتائج الانعكاس الكلي المخفف، أيضًا جهاز التحليل الطيفي بالأشعة فوق الحمراء القريبـة NIR يعمـل على ذبذبة الجزئيات بالإشـعاع الحـراري والتحليل الطيفـي، لكن أطياف الأشعة تحت الحمراء القريبة NIR لا تكون معقدة للغاية.

بالنسبة للقياس يفضل استخدام جهاز NIRMaster حديث وقوي.

من أين جاء عنبر بيرنشتورف؟ هل كانت هناك ودائع عنبر محلية حول بيرنشتورف؟ أم أنه جاء من الودائع الموجودة في جنوب أوروبا؟ أما أن هذا العنبر هو عنبر البلطيق القادم من منطقة بحر البلطيق؟

كـي نعـرف هذا السر كان لا بـد أولًا لعينات عنبر بيرنشـتورف أن تغني، فقد عمل جهاز NIRMaster على ذبذبة الجزيئات، وجعلها ترقص وتغني.

الأشياء المهمة لا تراها العين

طيف NIR لا يشبه كحلم اكتشاف «جسم الجريمة» الذي يتمناه الكيميائي «الأفضل أن نسميه إخصائي التحليل الطيفي» أثناء فحوصاته، للوهلة الأولى قد يبدو من المخيب أن الإمساك بهذا الحجر وتقليبه بين اليدين لا يكشف الكثير من الأشياء، «فالأشياء المهمة حقًا تظل بعيدة عن العين البشرية المجردة»، وقد يتذكر الكيميائي هذه المقولة التي أطلقها دي سانت إكسوبريف في كتابه «الأمير الصغير» أثناء محاولاته العقيمة لتفسير أطياف NIR.

المعلومات الخفية: تصوير أنطوان دي سانت إكسوبيرف «الأمير الصغير»

فكل إشارة عادية من إشارات التحليل قد تحمل معلومات مهمة، على سبيل المثال تلك الأفعى التي تهضم فيلًا، كما أن إخصائي التحليل الطيفي يتفادى المعاينة البصرية البحتة لأطياف الأشعة تحت الحمراء القريبة، أي أنه قد لا يعرف أين تكمن المعلومات المهمة في أطياف الأشعة تحت الحمراء القريبة الخاصة بالعنبر.

بدلًا من ذلك ينتهج إخصائي التحليل الطيفي إسـتراتيجية مختلفة، حيث يأخذ في البداية ما يزيد عن 100 عينة من العنبر يعرف مصدرها بالفعل، بحيث تكون تلك العينات قد فُحصت بأسلوب التحليل «الذي يتطلب الكسر والتفتيت» فحصًا مكثفًا، وبعد ذلك يقيس هذه العينة بجهـاز NIRMaster بحيـث تُقاس كل عينة أكثر من مرة في أكثر من موضع، وبهذه الطريقة ينتج العديد من أطياف NIR.

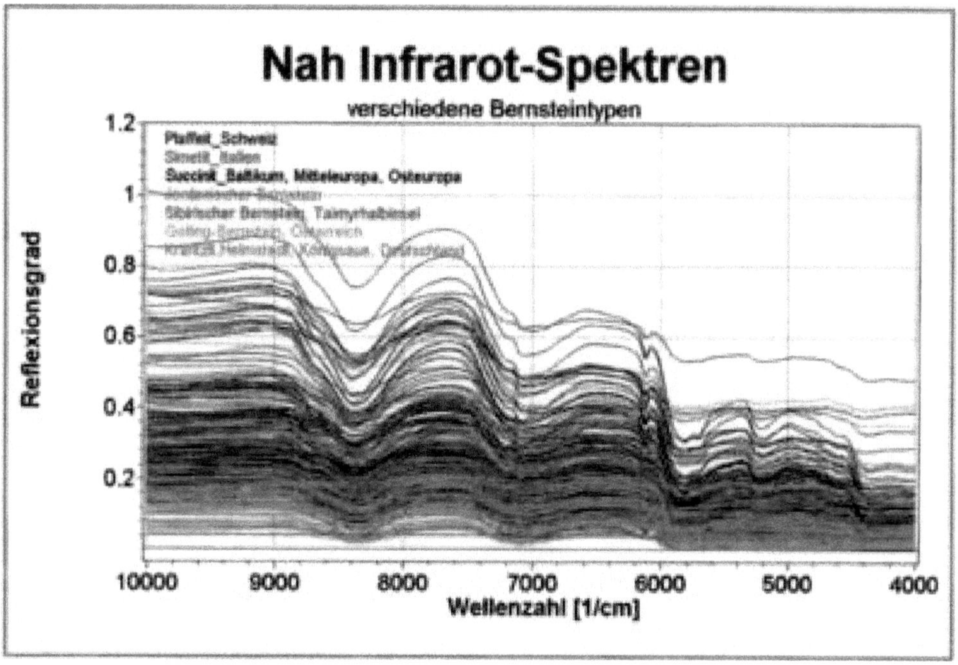

أطياف NIR المنبعثة من قطع العنبر مختلفة المنشأ

ثالثًا يقوم المختص بتقسـيم مئات الأطيـاف إلى أطياف التعيير «من هـذه الأطياف تؤخذ البصمـة» وأطياف الصلاحية (حتى يتسـنى بعـد ذلك اختبار بصمة العنبر معروف المنشـأ من حيـث كـون تلك صلاحيـة هذه البصـمات لتمييز المنشـأ أم لا)، ورابعًا يسـتخدم أقوى برامج التحليل الإحصائي التي تتكون من البيانات المهمة حول بصمات الأطياف.

وخامسًا يتتبع إخصائي التحليل الطيفي بصمات أحجار العنبر مجهولة المنشأ كي يحدد منشأها.

عمليات التحري تظهر الحقيقة

سـوف نتمكـن من فهم العمليـات التي تتم باسـتخدام برامج التقييـم ونتائجها على نحو أفضـل لو فهمنا التشـبيه التالي: إن معالجة أطياف الأشـعة تحت الحمـراء القريبة للحصول على البصـمات المميـزة يشـبه عمل صـورة تخيليـة للمجرمين المطلوبـين، لنفترض أن هويـة الفاعل مجهولـة، ولا نملـك أي صـور فوتوغرافية له، وكل ما نملكـه هو أقوال شـهود العيان، الذين وصفوا سـمات المجرم التي يجب علينا الآن تقييمها، والحقيقة أن سـمات الجنس وحجم الجسم وأبعاده وشـكل الرأس أو حجم الأذن مهمة جدًّا، لأنها تظل صالحة للبحث بعد سـنوات على العكـس من ذلك يبدو طول الشـعر ولون الثياب وشـكل اللحية غير مهم، لأن هذه الأشـياء يمكن تغييرها بسـهولة، كما أنها لا تعود صالحة بعد فترة قصيرة، وفي النهاية تسـتخدم السـمات المهمة لعمل قالب يمكن باستخدامه البحث في قواعد البيانات المخزنة في صورة جداول، وفي النهاية يمكن أن تُكتشف هوية المجرم واسمه.

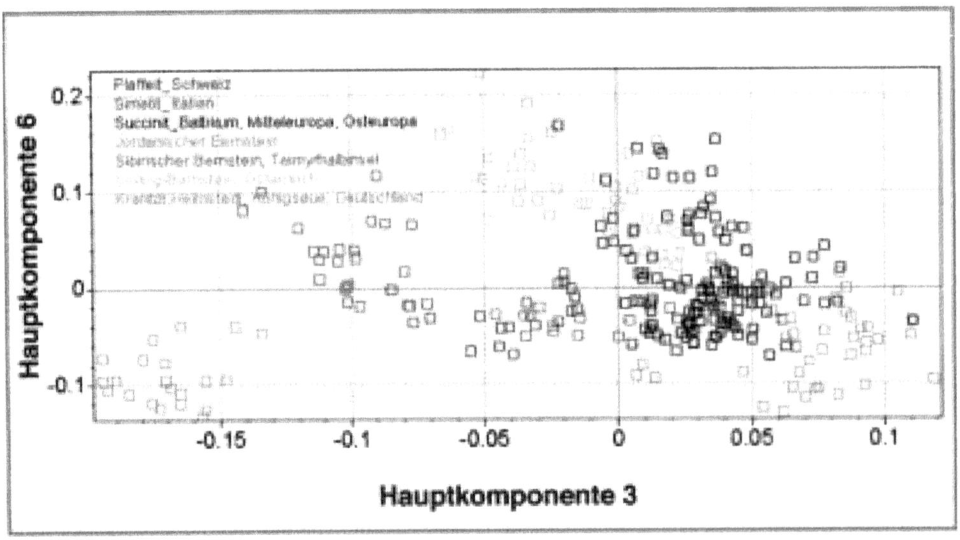

الفروق واضحة بين أنواع العنبر

يوضح نموذج المكونات الرئيسي بصمة كل قطعة عنبر مفردة

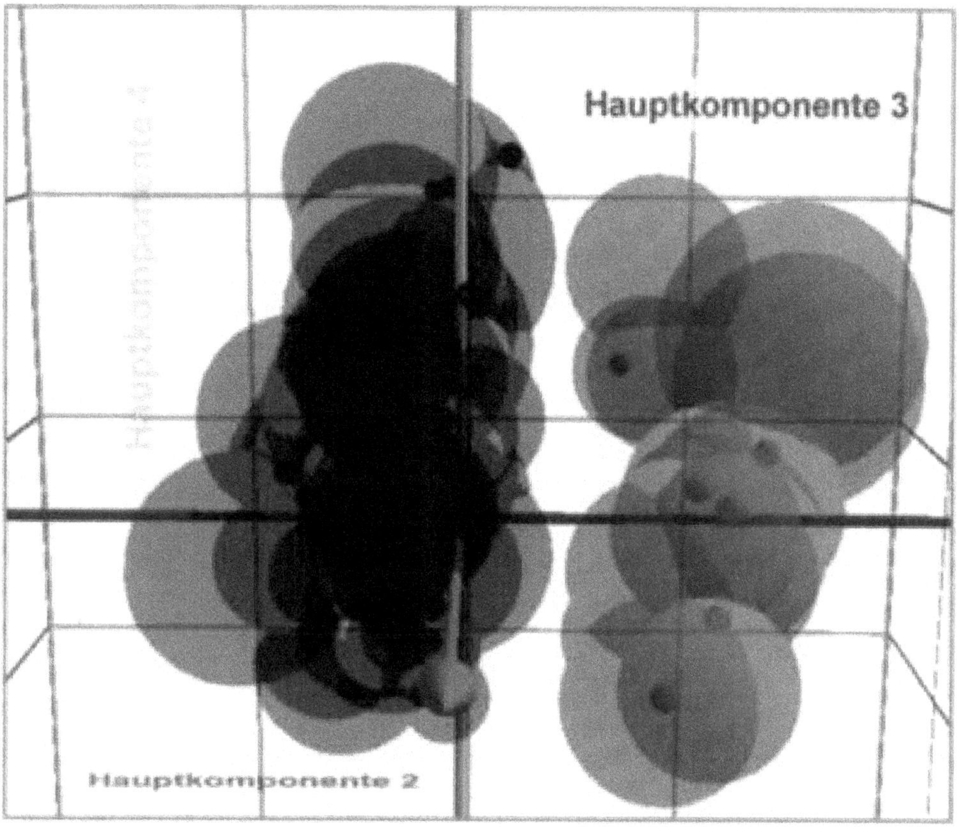

بصمات الأطياف تحت الحمراء القريبة لحجر عنبر إيطالي
وحجر عنبر بلطيقي (سكسينيت) والتفاوت المسموح

يعمل جهاز تقييم أطياف الأشعة تحت الحمراء القريبة كالتالي:

كل طيـف من أطياف الأشـعة تحت الحمـراء القريبة الخاصة بالعنـبر يصف ما لا يقل عن 1500 ميزة أو خاصية، فيقوم برنامج التقييم بتقسـيم هذه السـمات إلى سمات مهمة وأخرى غير مهمـة، وبالتالي يعمل على ترجيح هذه السـمات، فقد يبلـغ إجمالي القيم الخاصة بعدد 300 طيف حوالي 450000 قيمة، يصنف البرنامج حوالي 98 ٪ منها ضمن القيم غير المهمة، أما القيم المهمة فتدخـل في نمـوذج المكونات الأساسـية، وإذا تم تطبيق أطياف الأشـعة تحت الحمـراء القريبة على نموذج المكونات الأساسـية سـتتضح التشابهات بين قطع العنبر وبالتالي يمكن فصلها عن

بعضها البعض في مجموعات تبعًا للمنشأ، ويوضح كل شكل هندسي طيفًا من أطياف الأشعة تحت الحمراء، فإذا تشابهت هذه الأشكال في اللون فهي إذن تنتمي لنفس النوع من العنبر، وكل نوع من العنبر له قالب معين (مجال التفاوت المسموح به)، فإذا وجدت العينات المختبرة في مجال معين من مجالات التفاوت المسموح فهي إذن تنتمي لهذا النوع من العنبر، وبالتالي تستخدم أحجار العنبر معروفة المنشأ كي تختبر قدرة بصمات الأشعة تحت الحمراء القريبة على تحديد منشئها، وفي النهاية تتم مقارنة أطياف الأشعة تحت الحمراء القريبة لعينات العنبر بالبصمات ويتم تحديد منشئها.

في أول اجتماع مع أعضاء فريق التنقيب لم يكتف الفريق بأخذ عينات من عنبر بيرنشتورف فقط من أجل تحليل أطياف الأشعة تحت الحمراء القريبة وإنما أيضًا استخدموا مثقابًا دقيقًا جدًّا لأخذ عينات من أجل التحليلات المقارنة، حيث تمكنوا من قياس عينات المسحوق بالتوازي مع مطياف الأشعة تحت الحمراء المتوسطة بتقنية الانعكاس الكلي الموهن ATR، حيث أوضحت بصمة الأشعة تحت الحمراء القريبة أن كل قطع العنبر تنتمي لعنبر البلطيق، وقد أكد هذا التشخيص «الكتف البلطيقي» الذي ظهر في أطياف الانعكاس الكلي الموهن، أي أن بصمة الأشعة تحت الحمراء كانت تعمل بكفاءة.

بعد ذلك جاءت اللحظة المثيرة عندما تم قياس عنبر بيرنشتورف والأقنعة وختم العنبر باستخدام جهاز NIRMaster، حيث أحضرت القطع من جمعية علماء الآثار في ميونيخ إلى إيسن بواسطة إحدى مساعدات المدير روبيرت جيرهارد، هل نُقشت الكتابة الموجودة على الختم في جنوب أوروبا؟ وهل كان العنبر المستخدم هو عنبر البلطيق؟ ومن أين جاء العنبر والأقنعة؟

أوضح تحديد المنشأ باستخدام جهاز NIRMaster بصورة لا تدع مجالًا للشك أن كلا الحجرين ليسا من جنوب أوروبا ولكنهما من عنبر بحر البلطيق.، وبالتالي فقد تم نقلهما منذ حوالي 3500 سنة عبر طرق التجارة إلى بيرنشتورف، وربما وصلا قبل ذلك إلى جنوب أوروبا.

لنعد إلى آني: فمنذ زيارتها إلى المعمل وهي لم تقل كلمة واحدة عن عملها مع الشيكولاتة، ويبـدو أنها كانت أكلت الشـيكولاتة دون أن تفكر لحظة واحـدة في الثيوبرومين وغيره، لكنها في بعـض الأحيـان تحكـي أن والدها يهتم في عملـه بالمكتشـفات الثمينة التي تعـود إلى العصر البرونزي، لكن والدها اعترف لها مؤخرًا أن مثل هذه القياسات لا تحدث إلا نادرًا، وأن تحديد مكونات الشيكولاتة أكثر شيوعًا في عمله.

تيمو إبسن يفحص قلادة هاله ـ كفايس **Halle-Queis**، وهي عبارة عن سلسلة من الحلزونات الفضية وجدت ضمن كنز عثر عليه بالقرب من مدينة هاله، وتعود قطعة الحلي للعصر البرونزي.

الفصل السابع

قرص نِبرا السماوي

تم اكتشافه في نقطة تقاطع الطرق التجارية القديمة

منذ أقدم علماء الفلك الذين ظهروا في حضارة النيل وبلاد ما بين النهرين وكذلك الفلاسفة اليونان مثل أناكسيماندر Anaximander (610–547 ق.م.) أو هيكاتيوس Hekataios (560 ـ 480 ق.م) والناس يعتقدون أن الأرض مسطحة، وفي العصر البرونزي المبكر في ألمانيا كان الناس يعتقدون أن السماء مسطحة، على الأقل هذا ما يشير إليه أقدم تصوير مجسم لخيمة النجوم المعروف بقرص نبرا السماوي.

يعتبر هذا القرص السماوي الذي أيقظه المنقبون غير الشرعيين الباحثون عن النجاح الشخصي من سبات دام 3500 سنة ليصبح بعدها موضوعًا لقصة بوليسية أبطالها الشرطة وعلماء الآثار، ورمزًا لعالم وسط وشمال أوروبا المعقد في العصر البرونزي، والحقيقة أن الحضارات المتقدمة في الشرق الأوسط ومصر وشرق آسيا هي التي كانت تملك المعرفة المتخصصة لعمل الحسابات الفلكية المعقدة وللفهم المادي للفضاء، لكن تحديد أفضل أوقات الزرع والحصاد، وقياس زوايا النجوم والتنبؤ بكسوف الشمس وترميز بيانات التقويم بالذهب والفضة باستخدام نظام معقد للغاية من الرموز المشفرة كان أمرًا متاحًا ليس فقط في شمال الألب ولكنه كان شائعًا، وقبل عدة سنوات كانوا يعتقدون في ألمانيا أن القيام بهذه المهام كان محتملًا جدًّا في تلك المنطقة.

بطبيعة الحال كان إنسان العصر البرونزي يقوم بالزراعة وتربية الماشية في غابات ألمانيا الوعرة، وكان يصنع الأسلحة والحلي البرونزية، ويعبد الشمس ويعيش في مجتمع طبقي، لكن احتمالية أن هذا الإنسان كان قادرًا على الملاحظة العلمية الكبيرة وعلى تمثيل تلك العلوم في شكل مصور، ونقلها إلى الأجيال القادمة ظل محلًّا للخلاف في الدوائر العلمية حتى قبل عدة سنوات، فهل نُقلت تلك المعارف الفلكية التي تعبر عنها تلك اللوحة المعدنية -حيث يعمل الذهب المطعم على إضاءة ذلك القرص الذي كان أسود قبل ذلك - من الجنوب؟ وهل كان ظهور قرص نبرا في نقطة تقاطع طرق التجارة القديمة مجرد نتيجة منطقية لشبكة من العلاقات كانت تنقل البضائع ومعها المعارف العلمية والأفكار الدينية والتقنيات المعدنية المبتكرة؟ هذا ما يشير إليه توزيع مكتشفات العنبر بين ميسيناي وبحر البلطيق، حيث تشير تلك المكتشفات التي تبدو وكأنها حبات لؤلؤ مصفوفة في عقد واحد إلى الطريق من إيطاليا مرورًا بجبال الألب وجنوب ألمانيا وسلسلة الجبال الوسطى في ألمانيا وصولًا إلى سواحل بحر الشمال وبحر البلطيق، وكذلك مكان اكتشاف قرص نبرا السماوي، الذي يعتبر مكانًا للجريمة في الوقت نفسه.

مكان الجريمة في نبرا
اكتشاف القرص السماوي

يلهث الرجلان تحت شمس الضحى الدافئة داخل غابة لاوبڤالد Laubwald الكثيفة، ويبلغ منهما التعب مبلغه وهما يجران لفة ومجرفًا، وكلما تقدما أخذا يتلفتان حولهما خشية أن يراهما أحد، والواضح أنهما كانا يبحثان عن مكان معين، فقد قصدا القمة. وأخيرًا يبدو أنهما وجدا المكان الذي يبحثان عنه، فوق القمة، وسقطت القمة مصدرة صليلًا معدنيًّا على الأوراق الجافة، وبدأ المجرف يخترق الأرض الصخرية.

إن الأمر يبدو وكأنه استنساخ لنفس المشهد الذي مُثِّل منذ 3600 عام حيث دُفن القرص السماوي في نبرا، أو يبدو كمشهد من رواية بوليسية، أما هذا المشهد فهو على الأرجح يصف لصوص المقابر الذين سرقوا قبرهم الأخير في شهر يوليو من عام 1999، وكان هذا القبر يقع فوق تل ميتلبيرج Mittelberg بالقرب من فانجن Wangen في ولاية ساكسونيا أنهالت، وفي هذا المكان بدأت حكاية القرص السماوي، وسط الفراغ.. في الوقت الحالي عل الأقل.

كان يمر بمحطة بلدة نبرا النائمة طريق متعرج مرصوف بالحجارة، وفيما بعد تحول إلى طريق ترابي على طول الحقول المزروعة يمر بغابة ألمانية نمطية من أشجار الزان فوق أحد التلال - تل ميتيلبيرج.

كان صوت جهاز الكشف يدل اللصوص على الطريق، والآن عليهم أن يبدؤوا العمل، كان المكان كله محاطًا بساتر ترابي - لم يتبقَ منه سوى جزء بسيط - يعود للعصر البرونزي. حفر اللصوص حفرة في الأرض الصخرية، فظهر قرص مغطى بالتراب يبرق بلون ذهبي، ثم سيفان برونزيان وفأسان وإزميل وسواران من أساور الذراع، كل ذلك كان مدفونًا في هيكل حجري يشبه الحقيبة، كما اتضح من الحفريات اللاحقة في مكان الاكتشاف.

كان هذا الترابط بين المكتشفات هو أول دليل على صحة الكنز، فقد تعرض الكنز للتشكيك مرارًا وتكرار لأنه أُستُرِدَّ بطريقة غير مهنية.

كانت السيوف البرونزية عالية الجودة ذات المقابض المطعمة بالذهب تشبه تلك النسخ التي وجدت في منطقة الدانوب، ولو حاول أحد أن يحاكي هذه السيوف لكانت التكلفة أكبر بكثير من السعر الذي عُرض في البداية، ولا جدوى من عرض النسخ المزيفة بسعر باهظ في السوق، وكان هناك دليل آخر يؤكد أن الكنز أصلي: عند تحليل عينة التربة العالقة بظهر القرص والتربة الموجودة في مكان الاكتشاف والتي كانت لها نفس البصمة الجيوكيميائية أسفر تحليل المعادن عن أن هذه التربة تعود للعصر البرونزي، كما أن العلاقة بين مجموعة القطع بأكملها كانت علاقة متسقة من الناحية الأثرية، وبالتالي كان القرص أصليًّا، ولم يعد هناك مجال للشك في أصالته.

في البداية اعتقد المكتشـفون أن القرص الذي يبلغ عمره آلاف السـنوات هو غطاء دلو، ثم اعتقـدوا أنهـا لافتة، وظنـوا أن الكنز بأكمله هو كنز مقبرة، لكنهم باعـوا المجموعة كلها في نفس اليوم مقابل 30 ألف مارك ألماني لتاجر التحف المسروقة، وكانت البضاعة ساخنة ولا بد من بيعها مرة أخرى، فعرض المهرب الكنز في برلين، عرضه على متحف العصور القديمة وما قبل التاريخ مقابـل مليون مـارك ألماني، يتذكر فيلفريد منجهـن مدير المتحف آنذاك: «عندما يأتي شـخص لا يريد أن يذكر عنوانه أو مكان القطع ولا يحمل سوى بضعة صور فوتوغرافية فمن السهل حينئذ أن تعـرف مـا حدث قبل ذلك، والحقيقة أنه لا يمكن لمدير متحف ألّا يفهم شـيئًا كهذا»، فرفض الشراء وأبلغ المباحث الجنائية في ولاية سكسونيا أنهالت المسؤولة عن التجارة غير المشروعة.

اختفى الكنز في عالم لصوص المقابر المظلم، وكان أول مشتر للكنز يعمل كمدير مدرسة في دوسلدورف ـ كما اتضح بعد ذلك ـ بعد ذلك أرادت صاحبة مطعم «هيستوريا » في نوردراين ويسـتفاليا Nordrhein-Westfalen التـي اُختـير مطعمهـا مكانًا للقـاء، أرادت أن تمنـع بيع الكنز المخطـط له في الخـارج، فتولت الاتصال بالمشـتري الأخير، وذلك قبل أن يُعـرض ذلك الكنز العتيق في الخارج بسعر 230.000 مارك ألماني.

تصرف ضباط المباحث الجنائية بسرعة واهتموا بتلك القصة التي تقول إن شخصًا مجهولًا يريـد أن يبيع الكنز إلى متحف الآثـار المحلي في هاله مقابل 70000 مارك ألماني، فطلبوا في البداية إجـراء فحـص للوقوف على أصالة الكنز، فكان على عالم الآثـار المحلي هارالد ميلر أن يفحص الكنز بنفسه ـ وفقًا لاقتراح اللصوص ـ بأخذ عينة، وفي الثالث والعشرين من شهر فبراير 2002 تحـول فندق هيلتون في بازل إلى مسرح لكشـف الأوراق، فاجتمعت صاحبة المطعم الوسـيطة ومدير المدرسـة بميللر والتاجر المزعوم، والـذي كان في حقيقته محققًا متنكرًا، فتدخلت شرطة بـازل وألقت القبض على عصابة القرص السـماوي، وأودع قرص نبرا السـماوي في مكان آمن ونُقـل إلى هالـه، وهـذه المرة كانت نتيجـة التعاون الدولي للسـلطات في مواجهـة مافيا التجارة المنظمة للكنوز المسروقة إيجابية.

إن اكتشاف قرص نبرا في البداية ثم إنقاذه من مخالب اللصوص قد فتح للعلم وللجمهور بوابة إلى ذلك العالم المثير، وفي النهاية يستحق العصر البرونزي المثير الاحترام باعتباره من أكثر حقب التاريخ تألقًا وإثارة، حيث بدأت أول عولمة في التاريخ.

والآن سنلقي نظرة على المشهد الطبيعي

لنعود إلى تل ميتلبيرج، تشير الطرق الضيقة العميقة أن هذه المنطقة كانت قديمًا نقطة اتصال، فهل كانت جزءًا من شبكة طرق تربط الشمال بالجنوب وذهبت أدراج النسيان منذ زمن؟

بفعل السفر الدائم بالعربات الثقيلة تكونت الطرق الضيقة العميقة ـ مثل هذا الطريق الموجود في هاله ـ العميقة، والبعض منها نشأ في العصر البرونزي.

لا يمكنـك أن ترى القمة وأنت واقف عند السـفح، لكن الوقوف على القمة سـيتيح لك مشـهدًا بانوراميًّا رائعًا: فسـوف ترى في الأفق جبل بروكن Brocken وتلال كيفهويزر Kyffhäuser، جبـال ارتبـط معناها في العقيدة الشـعبية بالسـحرة وضحايـا الكهوف وآكلي لحـوم البـشر، وعندما تقـف فوق قمة متلبـيرج في اليوم الحادي والعشرين من شـهر يونية وتنظر إلى جبل بروكن فسترى الشمس وهي تغرب فوق القمة، فهذا اليوم هو يوم انقلاب الشـمس الصيفـي، أي أنه أقصر ليل وأطول نهار في السـنة، وحتى اليـوم يحتفل الباطنيون وعشـاق المناسـبات والمولعون بالتفرج بالانقلاب الصيفي في سـتونهنج في إنجلترا، أو في غابات تويتوبورج Teutoburger Wald أو فوق جبل بروكن.

عندمـا ترقـص السـاحرات في الأول مـن شـهر مايـو فـوق جبـل بروكـن احتفـالًا بليلة الفالبورجيـس Walpurgisnacht يمكنـك أن ترى الشـمس تقف على تـلال كيفهويزر إذا كنت واقفًـا فوق جبل ميتلبيرج، وهناك خرافة تقول إن القيصر فريدريش الأول ـ الذي عُرف أيضًا باسـم باربـاروسـا نظرًا للحيته الحمراء ـ كان ينام في كهف داخل هذا الجبل، وفي إحدى المرات كـبرت لحيتـه ولفت حول طاولة حجرية كانت بالمكان، وأن العالم سـينتهي عندما تلف اللحية للمرة الثالثة حول الطاولة، وكل مائة عام يسـتيقظ باربـاروسـا، فإذا كانت الغربان لا تزال تحل حـول قمـة الجبل يدخـل في نوبة نوم أخرى تسـتمر مائة عـام، وعندما يحين الوقت ويسـتيقظ باربـاروسا للمرة الأخيرة ستحدث المعركة الأخيرة بين الخير والشر.

يشـتهر كيفهويـز بتلاله التي يبلغ عددها 20 تلًّا، وقد عُثـر في هذه التلال على آثار القرابين البشرية التي تعود للعصر البرونزي، وتتناول الأساطير آكلي لحوم البشر الذين تخلصوا من آثار طقوسـهم الدينيـة في التـلال، لكن الأدلة التـي توصل لها العلم في الوقـت الحالي تدحض هذه النظريـة، لكنهـا مع ذلـك تبقى جزء من الموروث الشـعبي لهذه المنطقة، والحقيقـة أن المغارات التي تشـبه الأودية تحتوي على عظام بشرية وتحتوي كذلك على العنبر، ويقع تل متلبيرج وسـط بيئة غنية بالخرافات والأساطير.

مستوطنات الجزر في بلاد الضباب

كيف كانت تبدو البيئة الطبيعية في العصر البرونزي في هذا المكان؟ في العصر الذي صُنع فيه قرص نبرا؟ كي نفهم الصورة الكلية للعصر البرونزي في وسط ألمانيا لا بد أولًا أن نلقي نظرة على البيئة المباشرة.

منذ العصر الحجري والناس يستخدمون الفؤوس الحجرية وبعدها الفؤوس البرونزية في العصر البرونزي كي يحولوا غابات البلوط الكثيفة التي تقع في وسط أوروبا إلى جزر منتظمة، وقد شكلت البيوت والأكواخ والحظائر مجتمعات صغيرة، وكانت الحيوانات الأليفة التي تسكن الحظائر هي الأبقار والخنازير والماشية والماعز التي كانت تحصل على غذائها من الغابات القريبة، كما كان الناس يمارسون صيد الغزلان الحمراء والآيل على وجه الخصوص، وبالقرب من القرى كانت الحقول المزروعة بالحبوب والمحاصيل.

تدل البقايا النباتية في قبور المستوطنات وكذلك الحبوب التي عُثر عليها في المقابر وآثار النباتات والحبوب على قطع الخزف قيام الزراعة وانتشار الشعير والقمح والذرة، وكان المناخ في بادية العصر البرونزي دافئًا نوعًا ما نسبيًّا وأكثر اعتدالًا مما هو عليه الآن، ولم يتدهور بصورة كبيرة إلا في منتصف الألفية الثانية، ولهذا كان التخزين وتخطيط العائدات تخطيطًا دقيقًا شيئا أساسيًّا لخلق ظروف معيشية مستقرة والبقاء على قيد الحياة بما يكفي من المواد الغذائية في الفترات الباردة، وكانت معرفة الطقس وإيقاع فصول السنة أمرًا حيويًّا، كما أن المزارعين القدماء كانوا يعرفون الكثير من قواعد الزراعة وبالتالي كانوا يتقنون الزراعة.

إننا لا نعلم علم اليقين كيف كان إنسان العصر البرونزي يفسر مصدر الرعد والأمطار وقوس قزح، لكننا نعتقد أنه كان يجد في الدين بعض التفسيرات لهذه الظواهر، لكن كيف كانوا يفسرون كسوف الشمس وخسوف القمر، والمذنبات والشهب؟ هناك أسباب مقنعة تجعلنا نجزم بوجود طبقة من الكهنة كانت مختصة بتفسير وموازنة تلك الظواهر الكونية،

فكان الكهان يتوسطون بين السماء والأرض، ويحكمون التواصل مع الآلهة، ويحددون أفضل أوقات البذر، وينظمون أعياد الحصاد ويعلنون للناس فصول السنة، كما أنهم كانوا أيضًا مسؤولين عن التنبؤ بفصول الشتاء الباردة الطويلة وما يقترن بها من نقص في المواد الغذائية، وكذلك تحذير الناس من فترات الجفاف، وربما كانوا أيضًا مسؤولين عن إجراءات الأضحية، التي يتقرب بها الإنسان إلى آلهة الطبيعة.

كانت تلك المعارف -التي ظلت معارف شفوية لعدة قرون- مصدرًا للسلطة، وظل الدين هو أفيون الشعب - قبل قدوم كارل ماركس بزمن طويل.

الشمس والقمر والنجوم

منذ اكتشاف القرص السماوي أصبحنا نعلم أن نقل تلك المعارف لم يكن مقتصرًا على الوسيلة الشفوية فقط، فمن أول نظرة يمكنك أن تفهم ذلك التصوير الذي يرمز إليه قرص نبرا، حيث يبلغ حجم القرص 32 سم، ووزنه 2.3 كجم من البرونز المطلي باللون الأخضر، أما الرموز التي يحملها فهي 32 حلقة دائرية صغيرة، وخطان ذهبيان سميكان ورمزان كبيران رئيسيان عبارة عن قرص مستدير من رقائق الذهب وعلى اليمين منه هلال مفتوح جهة اليسار مصنوع من نفس المادة، فهل يصور هذا القرص الشمس والقمر والنجوم؟ في بداية صناعة هذا القرص لم يكن يصور سوى تلك الصفيحة الذهبية، أما باقي الرموز فقد أضيفت إليه على مدى مائتي عام من الاستعمال حتى تم دفنه في عام 1600 ق.م.، وقد دلنا تركيب الذهب المستخدم في القطع المفردة إلى أنه القرص قد عُدل أكثر من مرة، وذلك لأن النجوم الأصلية التي يبلغ عددها 32 نجمًا وكذلك الدائرة الكاملة والهلال مصنوعة من ذهب نقي غير مخلوط، في حين أن بعض النجوم الأخرى المحسنة مصنوعة من ذهب مخلوط به نسبة كبيرة من الفضة، أما الشرائط الذهبية الموجودة أسفل القرص والتي تُفسر على أنها رمز للسفينة فتنقل لنا بصمة جيوكيميائية أخرى.

خمس مراحل مختلفة للانتهاء من القرص، فقد أضيفت إلى الحالة الأصلية للقرص - التي كانت تقتصر على الشمس والقمر والنجوم - صفيحتان ذهبيتان مقوستان على الجانبين الأيمن والأيسر يُعتَقد أنهما يرمزان إلى أقواس الأفق، ولإضافة هذين القوسين قام الحرفي بتغطية ثلاث نجوم صغيرة - لكننا لا نعرف متى حدث ذلك - وبعد ذلك تم تثبيت صفيحة ذهبية نصف دائرية تشبه السفينة عند حافة القرص السفلية، وأخيرًا قام شخص ما بعمل عدة ثقوب عند الحافة، حوالي 40 ثقبًا، وربما كان الغرض منها هو تثبيت القرص على قطعة من الجلد حتى يُمكن حمل القطعة المقدسة مثل الشارة أثناء الموكب، وقد تمت إزالة قوس الأفق الأيسر وبالتالي قلت قيمة القرص، وكان آخر إجراء هو دفنها، أما التفسير لكل التعديلات التي أجريت على القرص فهو تغير معنى ذلك القرص المقدس، ولا شك أن تغير المعنى كان مرتبطًا بتغير الثقافة الاجتماعية.

بعد العديد من المناقشات أجمعت الآراء أن صورة الشمس المزعومة على القرص والتي تبدو مناسبة جدًّا لعبادة الشمس التي شاعت بعد ذلك في الشمال في العصر البرونزي ليست إلا بدرًا كاملًا، ويرجع هذا التفسير إلى فولفارد شلوسر Wolfhard Schlosser وهو عالم فلك معروف عالميًّا يعمل رئيسًا لقسم الفيزياء الفلكية في جامعة الرور في بوخوم، حيث يوجد هلال بجوار البدر الكامل، وأعلى منه قليلًا مجموعة دائرية مكونة من سبع رقائق ذهبية صغيرة، تصنع معًا شكل وردة، وقد قاده البحث عن رموز مماثلة إلى سومر القديمة - وهي إحدى الممالك البابلية التي قامت في بلاد ما بين النهرين في العصر البرونزي، وكانت مشهورة بكتابتها المسمارية على الأخص، وقد عُثر على ملاحظات مدونة على ألواح طينية بدءًا من القرن الرابع قبل الميلاد على أقصى تقدير، ولم تصلنا هذه الألواح إلا أنها احترقت أثناء كارثة ما أو تصلبت لسبب ما، ويوضح أحد الأختام الأسطوانية التي تعود إلى مملكة سومر مجموعات من الرموز المشابهة، وبخلاف الشمس والقمر كانت تلك المجموعات تضم ست نقاط صغيرة ونقطة سابعة في المنتصف.

ووفقًا لسجلات الشعراء اليونان التي دُونت بعد ذلك بألف وخمسمائة عام لا يوجد سوى تفسير واحد معقول لتلك الوردة المكونة من مجموعة النقاط، هذا التفسير هو أنها ترمز

إلى الثريا أو الشـقيقات السـبع، والحقيقـة أن ذلك العنقود النجمي يتكون مـن اثني عشر نجماً لكـن عـدد النجوم اللامعة والسـاطعة منها ـ بالعين المجردة ودون اسـتخدام الوسـائل التقنية ـ يـتراوح من سـتة إلى تسـعة، وقـد ذكرها هومـيروس (في القرن السـابع/ الثامن قبـل الميلاد) في كتـاب الإليـاذة (484 –486، 18)، والإليـاذة هـي ملحمـة حـرب طـروادة التـي يُخمـن أنها اندلعـت عـام 1200 ق.م.، أي بعـد دفـن قـرص نـبرا بحوالي 400 سـنة، فيقـول هوميروس في الإليـاذة: إن إلـه الحدادة هيفايسـتوس Hephaistos صنع لأخيـل Achilles وهو يقوم بتسـليحه درعًـا، وكان الجانـب الأمامـي من هـذا الـدرع ملونًا ويظهر «الشـمس والبـدر والنجوم التي تزين السـماء: الشـقيقات السـبع» كما وصف الشـاعر والفلاح ومربي الماشـية هسـيود Hesiod (حوالي 700 ق.م.) الشـقيقات السـبع في كتابه الأعمال والأيام حيث اعتبرها تقويماً يحدد وقت البذر والحصاد: «عندما يظهر نجم الثريا يبدأ بذر البذور ويبدأ الحرث عندما يغيب».

لـو فرضنا أن الشـمس المصورة على قرص نبرا ليسـت شمسًـا لكنها ـ كـما يزعم فولفارد شـلوسر ـ بدر كامل، فإن التفسـير يبدو كالتالي: هناك ظاهرة سماوية لا تزال تحدث حتى يومنا هذا، هذه الظاهرة تؤيد تلك الفرضية، حيث تظهر نجوم الثريا كل خريف في السماء ليلًا وتظل مرئية للعين المجردة لمدة سـتة أشهر، وعندما يحل الربيع تختفي في الأفق، أما مرور القمر بالثريا ـ التي تحدث في اليوم الثالث أو الرابع في بداية الشـهر القمري ـ فلا يمكن رصده فلكيًّا إلا في نصف الكرة الشـمالي في أواخر الشـتاء وبداية الربيع، والشيء المهم هنا هو أن آخر مشهد للثريا في فصل الربيع في السـماء الليلية الشرقية تبدو فيه وكأنها متوحدة مع الهلال، وعلى العكس من ذلك يكون ظهور الشـقيقات السـبع في السماء الشرقية في فصل الخريف مصحوبًا بظهور البدر كاملًا، وهذه التواريخ نفسها تحدد بداية ونهاية العام الزراعي.

التقويم البابلي القديم

يـرى الفلكـي القـادم من مدينة هامبـورج رالـف هانـزن Rahlf Hansen أن القرص يحمل المزيد من المعلومات، فيعتقد أن القرص يشفر قاعدة فلكية قديمة، ألا وهي التناقض بين السنة الشمسية التي تتكون من 365 يومًا والسنة القمرية التي تستمر 354 يومًا، حيث يُضاف شهر كل ثلاث سنوات إلى هذا التقويم، كي يتزامن المحوران الزمنيان مرة أخرى.

كان ظهـور الضـوء الجديد ـ الهـلال المنجلي الذي يبلغ عمره يومـين ونصف اليوم والذي يظهر بعد القمر الجديد ـ يحدد بداية الشهر، لكن هانزن يعتقد أن الهلال المصور على قرص نبرا سـميك بعض الشيء، ووفقًا لحسـاباته فإن عمره يبلغ أربعة أيام ونصف، فهل ينطوي سـمك القمر المصور على القرص على معلومات قديمة؟

عثر كانسـن على مفتاح اللغز في لوح مكتوب بالكتابة المسـمارية البابلية، اسـمه مول أبين Mul Apin، وهي مجموعة من البيانات الفلكية التي دونت قبل 2600 سـنة، أي أنها حديثة نسـبيًا مقارنـة بقرص نبرا، ومن المحتمل أن هذه البيانات تسـتند إلى سـجلات أقـدم بكثير ربما تعود حتى عصر السـومريين، وكانت قاعدة السـنة الكبيسـة من بين القواعد التي سجلها لوح مول أبين، وهذه القاعدة تخص الهلال الذي يظهر في شـهر نيسـان في الربيع، وقد يكون هذا الهلال هو نفسه المصور على قرص نبرا.

اقتبس هانزن النص المسـماري القديم: «السنة التي يجتمع فيها القمر والثريا في أول نيسان تكـون سـنة عادية، وتكون سـنة كبيسـة إذا حدث ذلك في الثالث من نيسـان»، ثـم ترجم هذه المعلومـات للغة الألمانية: «الأول من نيسـان: قمر عمره يومان، الثالث من نيسـان: قمر عمره أربعة أيام، أي أن القاعدة تبدو كالتالي: عندما يُرى قمر سـميك مثل ذلك المصور على القرص وعندما يتواجد هذا القمر في مجموعة الثريا في الشـهر المناسـب ـ شهر الربيع ـ فلا بد من إدراج شهر كبيس».

حتـى النجـوم المصورة عـلى القرص والتي يبلـغ عددها 32 نجمًا تدعم هـذه النظرية، لأن وقت الانتقال إلى الشـهر التالي يمكن حسـابه منذ أول يوم لضوء الهلال في الشـهر السـابق، «فإذا ظهر الهلال بعد 32 يومًا في مجموعة الثريا مرة أخرى فهذه إشـارة أخرى تدل على أن السـنة كبيسة، ويكون الهلال في نفس السمك المصورة على قرص نبرا السماوي».

علق رالف هانزن: «أسـتطيع تفسـير وجـود اثنين وثلاثين نجمًا بأن هـذه النجوم ترمز إلى الاثنين وثلاثين يومًا التي مرت منذ آخر رؤية لأول ضوء للقمر الجديد، وعند رؤية الهلال مرة أخرى بعد 32 يومًا في مجموعة الثريا سأفهم أنه لا بد من إدراج شهر كبيس»، وبالتالي ربما يكون قرص نبرا تصويرًا لقاعدة السنة الكبيسة.

لكـن هذه القاعدة تسري على السـماء البابليـة التي كانت قبل آلاف السـنين، وقد تغيرت منـذ ذلـك الحين، لكن محاكاة السـماء الليلية الذي صـور على القبة السـماوية الموجودة في مدينة هامبورج سنة 1600 ق.م. تقريبًا يؤكد أن تلك الكوكبة المصورة كانت ترى في سماء وسط ألمانيا في العصر البرونزي.

من أين جاءت تلك المعرفة؟

لا يمكـن إغفال التشـابه بين المعارف المشـفرة في قـرص نبرا وبين علم الفلك السـومري وفيما بعد البابلي، لكن هل يجوز أن تلك المعارف قد ظهرت هنا في الوطن بعيدًا عن حضارات الشرق الأوسط المتقدمة؟

إن قرص نبرا لم يأت من فراغ، فقد كانت هناك عدة محطات قبل أن تسـجل تلك المعارف الفلكيـة على لوحة أو قرص مثل القرص السـماوي، وكانت هـذه المحطات قبل أن تعرف بلاد الرافديـن أول كتابـة، إحدى هـذه المحطات هي النظـام الدائري في جوسـيك Gosec في ولاية

ساكسونيا أنهالت والذي يبلغ عمره 7000 سنة، وربما كان الأول من نوعه والأقدم على مستوى العالم، وقد اكتشفه عالم الآثار الجوي أوتو براش Otto Braasch أثناء رصد المنطقة باستخدام طائرة استطلاع عام 1991.

نظام القبور الدائري في جوسيك (سنة 4000 ق.م. تقريبا) بُني باستخدام 2300 جذع شجرة بلوط واستخدم كمرصد شمسي.

وبعد عشر سنوات تم مسح المنطقة باستخدام أجهزة القياس الجيوفيزيائية، وتم تنقيبها بالكامل وإعادة بنائها في النهاية، وعندما تزور هذا المكان الطبيعي وحدك وقت الفجر ـ ذلك المكان الذي كان يُستخدم كمرصد في عصور ما قبل التاريخ ـ سوف ترى أشعة الشمس من بين جذوع أشجار البلوط التي يبلغ عددها 2300 شجرة والتي تأخذ شكل دائرة. يا له من مشهد ساحر.

يضـم أحـد القبور الموجودة في جوسـيك والذي يبلـغ قطره 71 مترًا تعشـيقة مكونة من حاجزين خشـبيين، قطر الأول 49 والثاني 56 مترًا، يصنعان شكل دائرة تحيط بالمركز، ويوجد بهذا السياج الخشبي ثلاث ثغرات تشبه البوابة وتسمح بتحديد الانقلاب الصيفي والشتوي، كـما تعمـل على تحديـد بيانات التقويـم القديمة، يـرى فرانسـيس بيرتميـز Franccis Bertemes أسـتاذ علـم آثار ما قبـل التاريخ في جامعة هاله أن هـذا المرصد كان مقرًّا لما يمكن أن نصفه بـ «الأمـم المتحـدة للعـصر الحجري»، يقـول فرانسـيس: «لقد جـاءت تلك الحضـارة التي قامت في جوسـيك من حوض الكاربات، وهي حضارة الفخار الخطي، فقد استوطنت هذه الشعوب في المنطقة الأوروبية كلها في فترة وجيزة، فانتشروا من حوض باريس في الغرب إلى أوكرانيا في الشرق، ووصلوا حتى قمم هانوفر في الشمال، أي أن تلك المساحة الشاسعة كانت مأهولة بأشخاص يتحدثون نفس اللغة ويملكون نفس الثقافة، ويبنون نفس المنازل»، هكذا يقول البروفيسور.

يبدو أن غرض ذلك المرصد تعدى الاسـتخدام الفلكي: فربما كان مكانًا مقدسًـا أو مكانًا للاجتماع أو ملاذا في الأوقات العصيبة، أي من هذه الاحتمالات جائز، ويدل مرصد جوسيك متعدد الاستخدامات أن الإنسان الحجري كان يعرف العالم جيدًا، لأنه كان يراقبه ويرصده.

وهنـاك مرفـق آخر أجـدد قليلًا من مرفـق جوسـيك، ويقـع في بوميليتـا Pömmelte التي خضعـت للتنقيـب في الفترة من 2006 إلى 2008 بالقرب من نهر إلبه Elbe في ساكسـونيا أنهالت، وقـد بُنـي هذا المرفق في الفـترة الانتقالية بين العصر الحجري والعـصر البرونزي، ويذكرنا هذا المرفـق في الكثـير مـن تفاصيله بأشـهر مرصد في عصور ما قبـل التاريخ: سـتونهنج في مقاطعة ويسـيكس الإنجليزية، الفـرق الوحيد هو أن المرفق الألماني كان مصنوعًا بأكمله من الخشـب، ولهذا سمي «وودهنج الألماني Deutsches Woodhenge»، ويبلغ قطر أكثر حلقة من حلقاته الستة المركزيـة حوالي 115 مترًا، وهو مرفـق ضخم للغاية، وهناك حد يفصل بين المنطقة الداخلية منه وبين قبر دائري يبلغ قطره 80 مترًا، وفي هذا الموضع عثر علماء الآثار على عظام حيوانية وشظايا

أوعية فخارية، فهل تشير هذه البقايا إلى طقوس دينية معينة؟ تشير العظام الأخرى إلى أغلى ما في الضحية، إلى الإنسان نفسه، وربما كانت هذه العظام تخص المقابر المحطمة.

عثر كذلك على عظام مدفونة في جوسيك، وكانت هناك آثار أدوات حجرية على العظام وكأنما قد قام شخص ما بفصل اللحم عن العظم، فهل يدل هذا على طقوس أكل لحوم البشر أم أنها كانت إحدى الوسائل الجنائزية؟ وقد عُثر على قبرين في داخل مرفق بوميلتا: مقبرة تضم طفلًا يخمن أن عمره بين العام الخامس والعاشر يتخذ وضعية الجنين وقبر رجل مسن، ربما كان كاهنًا كما يعتقد العلماء، فهل كان هذا الرجل مسؤولًا عن رصد السماء وتفسيرها؟ وهل تجوز مقارنته بهؤلاء الأشخاص الذين عملوا على قرص نبرا السماوي؟

بعد حضارة جوسيك بحوالي 3500 سنة ـ أي بعد عدة قرون من إنجاز القرص السماوي ـ ظهرت القبعات الذهبية المعروفة عالميًّا في حضارة جبانات الجرار التي ظهرت في العصر البرونزي الحديث والتي، امتدت من فرنسا إلى ألمانيا، فكانت تلك القطع الذهبية الفريدة التي لا يتعدى وزنها 500–700 جم، مصنوعة من كتلة واحدة صغيرة من الذهب على شكل قبعة ويصل ارتفاعها حتى 80 سم، وسمك الجدران 0.1 و0.6 مم، أي أن سمكها رفيع للغاية، ومع ذلك تعتبر القطع من الأعمال الفنية الفذة!

لفترة طويلة ظلت وظيفة هذه القبعات الذهبية التي كان يرتديها الكهنة ـ حسبما يعتقد العلماء ـ موضوعًا جدليًّا، فقد كانت مغطاة بالكامل بزخارف منتظمة معقدة، وتعمل هذه الزخارف بمثابة شفرات لمعارف متعلقة بالظواهر الطبيعية والسنة الكبيسة، ويعتقد العلماء أن هذه القبعات تمثل تقويمًا يعتمد على مراحل الشمس والقمر معًا، وسبب هذا الاعتقاد هو القرص السماوي الذي صنع في الفترة بين حضارة جوسيك والقبعات الذهبية، وهذا ما يدعم هذه النظرية.

التجار يمهدون الطريق

يرى بعض الخبراء أن قرص نبرا يسجل معارف معينة من بينها قاعدة السنة الكبيسة وأن هذه المعارف انتقلت من الشرق الأوسط إلى وسط أوروبا، فقد كانت المعارف والرؤى العالمية تنتقل عبر التواصل بين الأشخاص، ولا شك أن التجار كانوا يقومون بهذا الدور، وطبعًا كان ذلك يتم عبر محطات وسيطة، عبر الأسواق والمراكز الرئيسية التي كانت تتاجر في القصدير والنحاس والخرز الزجاجي والنساء والعبيد، وفي البلبلة اللغوية البابلية وفي العنبر أيضًا، فقد كان العنبر هو بضاعة النخبة الذين كانوا يتحكمون في التجارة، وكان الكهنة يحددون مواعيد المواكب الدينية والاحتفالات بناءً على قراءتهم للنجوم، وكانوا يهيمنون على الحياة اليومية والعبادة وكذلك شروط التجارة، وفي تلك الأسواق كان يحدث تبادل للشائعات والأخبار حول الممالك البعيدة، والإنجازات الخيالية والأسلحة والحكام الأثرياء الأسطوريين.

فهل تتبع التجار تلك الشائعات حتى وصلوا إلى بلاد الضباب الأسطورية دائمًا الثلوج والظلام في أقصى الشمال، والتي كان يسكنها في العصور الإغريقية الهايبربوريانز Hyperboreans، ذلك الشعب الذي كن يعيش عند القطب الشمالي ويقيم الاحتفالات بصفة مستمرة ولا يصاب بالمرض أبدًا وليس لديه أي خصوم؟ أم أن الرحلة سلكت الاتجاه العكسي؟ من الشمال إلى الجنوب ومن الغابات إلى الصحاري؟

هذا الطريق محتمل، لأن العنبر الذي لم يكن يظهر في عصر نبرا بكميات كبيرة إلا على شواطئ البحار الشمالية بالمعنى الحرفي وكان يتم اصطياده أو العثور عليه على الشاطئ كان حاضرًا بين تلك الكنوز التي عثر عليها في الطرق الممتدة من بحر البلطيق إلى اليونان عبر وسط ألمانيا وبافاريا وجبال الألب والبحر المتوسط، ومن اليونان كان يُنقل العنبر عبر السفن حتى سوريا أو بغداد في العراق حيث كان البابليون يملكون المراصد وعلماء الفلك.

هناك وسيلة أخرى يحتمل أن المعارف الفلكية قد نقلت من خلالها، إنه تبادل المعلومات مع مصر، فقد كان المصريون بارعين في علم الفلك ورصد النجوم، وكان الكهنة المصريون يقسمون السنة إلى سنة شمسية وسنة قمرية، وكانوا يسجلون بدقة حالات الكسوف والخسوف وظهور المذنبات ويحاولون تفسير أسبابها، والمثير للعجب أن تفسيراتهم كانت قريبة من وجهات النظر العلمية الحالية.

كانوا يجدون لملاحظاتهم الفلكية استخدامًا عمليًّا، ألقى بظلاله على الموت والحياة، فكان أوديسيوس Odysseus يظهر جالسًا على عجلة طوال الليلة التالية لرؤية الشقيقات السبع، وهذا ما ذكره هوميروس في الأوديسة بعد ألف وخمسمائة عام، وكان الرحالة الشجعان يهتدون بالنجوم ومجموعات النجوم في الملاحة، علاوة على ذلك لم تكن الرحلات البحرية في منطقة البحر المتوسط ممكنة إلا في اليوم الخمسين بعد الانقلاب الصيفي، وهذا ما ذكره هيسويد، وفي عصر الرومان كانت الفترة بين 27 مايو و14 سبتمبر تعتبر فترة آمنة للملاحة ـ وفي أواخر العصور القديمة اتسعت تلك الفترة لتمتد بين 13 أبريل و15 أكتوبر نظرًا لتطور تقنيات صناعة السفن، ولا شك أن الخطأ في تحديد هذه البيانات كان يؤدي إلى نتائج خطيرة جدًّا، وأكبر دليل على خطورة عواصف الربيع والخريف هو حطام تلك السفن المستقرة الآن في أعماق البحر الأبيض المتوسط، فقد كانت التجارة تجلب الثراء أو الموت.

هل كان القوس الذي يشبه السفينة المثبت على حافة قرص نبرا ـ والذي لم يثبت عليه إلا في مرحلة لاحقة ـ يرمز إلى القواعد الذهبية للبحارة؟ وهل صحيح أن رمز السفينة مستلهم من مصر؟ فقد كانت قبور الفراعنة وموظفيهم الغنية بالألوان تصور الشمس فوق سفينة، ولم تلعب السفينة دورًا كبيرًا في مجال الدين والرؤى العالمية في أي حضارة أخرى مثلما كان دورها في مصر القديمة، فكان النيل باعتباره طريق اتصال مائيًّا يحكم الحياة، وكان الناس والآلهة يسافرون في مصر بالسفن وبالتالي ينتقلون إلى الحياة الأخرى، وكانت الديانة المصرية القديمة تصور اختفاء الشمس خلف البحر بسفينة سماوية يستخدمها الإله رع ـ إله الشمس ـ كي يسافر عبر أمواج الأثير.

وفقًـا لمزاعم اللصـوص فإن قرص نبرا كان يقف معتدلًا متكئًـا على صخرة داخل مقبرة، وبالتالي كانت السفينة تتخذ وضعها الصحيح، لكن ذلك القرص بطابعه العلمي يمحو أي أثر لتصوير الآلهة المبالغ فيه لدى الفراعنة، وتعتبر السفينة هي أول رمز على خريطة النجوم البدائية يخلط الموضوعية بالأساطير.

تلعب السفينة دورًا كبيرًا في الحياة اليومية لسكان سواحل بحر إيجة، وتعتبر من منظورهم وسـيطًا بين الجنوب والشمال، وبالتالي يعتقد الخبراء أن رمز السفينة مأخوذ من سكان سواحل بحـر إيجـة، لكن السـفن الشـمالية في العصر البرونـزي المتطور الـذي عرف صناعة الأسـلحة والأدوات والرسـوم الإسـكندينافية عـلى الصخـر تبدو مختلفـة وأكثر حداثة، وقبل اكتشـاف قرص نبرا كان سـيف ريبي Reby الذي عثر عليه في الدنمارك هو أقدم صورة لسـفينة في منطقة الشمال كلها، ويعود سيف ريبي إلى سنة 1600 ق.م.، وهذا هو الوقت الذي دفن فيه قرص نبرا أعلى تل متلبيرج، ولا شك أن رمز السفينة الموجود على قرص نبرا أقدم وبالتالي يعتبر أول رمز للسفينة في وسط وشمال أوروبا.

تعتـبر السـفن المصورة التي عثـر عليها في رومانيا وحـوض الكاربات أقـدم بكثير، فمنذ بدايـة الألفية الثانية قبل الميلاد والسـفن المصورة تظهر على السـيوف والفؤوس، ويوجد بينها وبين السفينة المصورة على قرص نبرا تشابه كبير، ولو أننا اعتبرنا أن هذه المنطقة هي مصدر رمز السفينة المصور على قرص نبرا لأصبح ذلك مقنعًا بسبب السيفين اللامعين اللذين عثرا عليهما ضمن مجموعة قرص نبرا السماوي، حيث توجد في سيوف مماثلة في حوض الكربات، لكن هل الجنوب هو مصدر هذه الرموز؟ الحقيقة أن مصدر فكرة السـفينة السـماوية غير معروف حتى الآن، ربما كان نتيجة لتكاثف العديد من المفاهيم والتصورات المستقاة من مصر والتي وصلت إلى أوروبا عبر حوض البحر المتوسط.

انتقال المعارف عبر آلاف الكيلومترات

هـل يمكننـا أصـلًا أن نفكر في احتمالية انتقال المعـارف عبر آلاف الكيلومـترات في تلك الحقبة التاريخية السحيقة في أوروبا؟ والحقيقة أن كنوز العنبر الشمالي التي وصلت حتى حضارة نهر النيل المتقدمة تجعل هذا الاحتمال ممكنًا.

للوهلة الأولى قد تبدو المسافة بين المنطقتين كبيرة جدًّا، انظر خرائط جوجل وكيف تحسب مسافة الطريق من نبرا إلى بابل ـ بغداد حاليًّا في دولة العراق: 5215 كم و30 يومًا وأربع ساعات سـيرًا على الأقدام عبر الشـوارع والطرق الحالية الجيدة، و1861 كم بحرًا، واقرأ تلك الملاحظة السـاخرة والصادقـة في نفس الوقت والتي تقول: «كن على حـذر، فقد لا تجد أرصفة على هذه الطرق»، هل كان تخطي كل هذه المسافات الطويلة ممكنًا في العصر البرونزي؟ لا شك أن الأمر كان يحتاج إلى شهور طويلة في الظروف التي كانت سائدة آنذاك.

عـلى الرغـم من ذلك: يخمن عـالم الآثار المحلي في ساكسـونيا أنهالت واسـمه هارالد ميلر Harald Meller فيـما يتعلـق بالمحتوى المصـور للمرحلة الأولى من القـرص أن صاحب القرص تاجر تعمد أن ينقل معارفه التي اكتسبها في الشرق، فقام بتسجيلها على قرص نبرا، وفي البداية كان تسـتخدمه مجموعـة صغيرة مـن الناس للتذكـرة عندما يريـدون أن يعرفوا متـى يضيفون الشـهر الكبيـس إلى التقويم الشـمسي القمـري، وفي النهايـة وقع القرص في يد جاهلة، فشـوه المالك الجديد رقائق النجوم بمعلومات إضافية، لكنه لم يفهم المحتوى الأصلي، أما قوسا الأفق اللذان تمت إضافتهما في هذه المرحلة فقد اكتسبا المرجعية الجغرافية للمكان الذي دفن فيه الكنز بعد ذلك، وبالتالي كان القوسان يعملان على تحديد بداية ونهاية مواسم الزراعة.

أمـا رمز السـفينة الذي تمـت إضافته إلى القرص لاحقًـا فهو يرفع القرص إلى درجة القداسـة، بعدما ذهبت وظيفته الحقيقة كتقويم أدراج النسيان، ولم يعد يستخدم إلا كمظهر من المظاهر الدينية، وكانت يُثبت فوق حامل الصور عبر الثقوب التي صنعت فيه، وربما كان يُعرض على الجمهور.

يبـدو أن ذلـك الإجراء فقد معناه في وقت ما، فقد أزيـل أحد أقواس الأفق وفي النهاية تم التخلص من القرص بدفنه في باطن الأرض.

هل جاءت تلك التقنية من الجنوب؟

حتى «السماء المزيفة» قدمت لنا دليلًا على وجود اتصالات مع الحضارات المتقدمة، يتمثل هـذا الدليـل في تقنية صناعة القـرص، فكانت التقنية المستخدمة هي التلبيس حيث يتم ضغط رقائق المعدن فوق نموذج معد مسبقًا على الركيزة المعدنية وتثبيتها، وقبل اكتشاف قرص نبرا كان عـدد القطع التي اسـتخدمت في صناعتها هـذه التقنية قليلًا جدًّا، وأفضـل الأمثلة على ذلك هي تلك الخناجر المنقوش عليها مشاهد صيد الأسود الأسطورية والتي عثر عليها في مقابر ميسيناي القائمـة، وبمقارنـة هـذه القطـع بخناجر نبرا نجـد أن هناك أسـلحة متطابقة تمامًا عثـر عليها في رومانيا، وتعرف بسـيوف أبا هاجوسامسون Apa-Hajdusamson، وقد ظهر شكل ونمط الزخرفة على أسـلحة وقطع وسـط وشـمال أوروبا في وقت لاحق، وكل ذلك يشـير إلى أن هذه التقنية قد وصلت من ميسيناي إلى المنطقة التي تقع شمال الألب وذلك عبر نهر الدانوب، وأن ميسيناي قد استوردت هذه التقنية من الشرق الأوسط، تمامًا مثلما نُقلت تقنية صناعة البرونز.

إن البرونـز في حقيقته هو سـبيكة مخلوطة مـن النحاس والقصدير بنسـبة 9/ 1، ويبدو أن النمسـا هـي مصـدر النحاس الـذي اسـتخدم في صناعة القرص السـماوي، ويسـتطيع البروفيسـور إرنسـت بيرنيـكا Ernst Pernicka رئيـس مركز كـورت إنجلهورن للقياسـات الأثريـة أن يتتبع بصمة برونز نبرا حتى جبل متلبيرج وهو في سـالزبورج في النمسـا، حيث تتفق معلومة معينة من معلوماته التي يصل عددها إلى 50000 بخصوص ودائع النحاس في عصور ما قبل التاريخ مع برونز نبرا: حيث إن نسبة القصدير في قرص نبرا أقل بنسبة 2.5٪، وربـما كان هذا ضروريًّا لصناعة القرص من قوالب البرونـز الدائرية، فكان من الضروري

أن يُسخن البرونز أكثر من مرة كي لا يتشقق، ونتيجة لهذه المعالجة اكتسب القرص الأصلي اللون البني الغامق الذي يصل للسواد ـ ربما كان هذا التأثير مرغوبًا به ـ، انظر إلى مدى تناسق النجوم والرموز الذهبية مع السماء الليلية السوداء أما اليوم فقد تحول لون القرص إلى اللون الأخضر بفعل التآكل، مثل سقف كنيسة القديس ميخائيل، لكنه لا يزال مبهرًا.

هل كان الهدف إخفاء القرص أم دفنه؟

إننا لا نعرف ما إذا كان الهدف من مواراة القرص في باطن الأرض هو إخفاؤه أم دفنه؟ فلا شك أن القرص كان قيمًا جدًّا، وهذا يرجع إلى الرموز الذهبية وإلى البرونز الذي يزن 2.3 كجم، ما من شأنه أن يغري لصوص العصر البرونزي مهما كانت شدة العقاب الذي سينالونه من الآلهة ومن المجتمع، أو ربما تم دفن القرص أمام جمهور كبير تعبيرًا عن القوة، أو ربما كانت عملية الدفن أحد التقاليد القديمة في نهاية حقبة معينة؟ هل يُعقل أن القرص دفن دفنًا جنائزيًّا مثلما يعتقد هارالد ميلر وبعض العاملين معه؟ إذا كانت الإجابة نعم، فلماذا؟ الحقيقة أن القرص قد تضرر بعض الشيء نتيجة لإزالة قوس الأفق ونتيجة لبعض الثقوب، لكن لا شك أن الحرفيين في ذلك الوقت كانوا قادرين على إصلاح تلك الأضرار، أم أن القرص لم يعد يستخدم كتقويم؟ أو لم يكن دقيقًا بما يكفي؟ إن الإصلاحات وتثبيت النجوم وإضافة أقواس الأفق فيما بعد يدل على التحديث المستمر للقرص، وربما لم يعد تحديث القرص بعد ذلك أمرًا ممكنًا لثقل حجمه، أما التفسيرات المعتادة فتأخذ اتجاها مختلفًا تمامًا.

كان لا بد من دفن القرص نتيجة للتقلبات الاجتماعية، ولم يكن هناك مفر من التخلص منه باعتباره شاهدًا أخيرًا على العصر، أو وربما كان القرص هبة إلى الآلهة بهدف استعادة الأوضاع القديمة: لا شك أن عصر قرص نبرا كان عصرًا حافلًا بالتغيرات الكبيرة في شؤون البيئة والمجتمع.

عـلى مدى أربعـة قرون ظلت الكنـوز المدفونة والمقابـر تنم عن ثروة كبـيرة تدل على تغير المجتمـع وتبدل المعتقدات، فقد نشـأ مجتمـع طبقي، والحقيقة أن مقابر الأمراء التي تقع أسـفل التلال الكبيرة وتحيط بالسهول الغنية بالملح في الحافة الشرقية كانت قبورًا أميرية بمعنى الكلمة، حيث زودت بالقطع الذهبية والأسـلحة الغريبة، وتشـير الأسـلحة إلى فترات الاضطراب أو القوة، أما الذهب فيشـير إلى الثروة، وكانت مقابر الحكام القائمة تحتوي على الاثنين معًا، تلك المقابـر التـي كان يقوم عـلى بنائها عدد كبير من التابعين، وهكذا دُفـن أمير لوبنجن مع طفل في العـاشرة من عمره تحـت تل يصل عرضه 34 مترًا وارتفاعه ثمانية ونصف في حجرة على شـكل خيمة مؤسسـة من خشـب البلوط ولها سـقف من القصـب، ومغطاة بأحجار رملية باللونين الأحمر والأبيض، وقد تم نقل هذه الأحجار إلى ذلك المكان من على بعد 30 كم.

الشوائب التي يحتويها العنبر مثل العناكب والتي يمكن دراستها باستخدام العرض المكبر، وفي الحقيقة لا يتجاوز حجم الحشرة عدة مليمترات.

تشبه ملحقات القبر في تركيبها وديعة قرص نبرا، حيث تتكون من أسورة وإبرتين وبعض الأشياء الصغيرة المصنوعة من الذهب الخالص، والعديد من الأسلحة، وهي: خنجر قضيبي وثلاثة خناجر وثلاث فؤوس وأربعة أزاميل وفأس حجرية مصنوعة من السربنتين وعدة أوعية فخارية.

وبالمثل كانت قبور الأمراء في ديسكاو Dieskau أو هيلمسدورف Helmsdorf على نفس القدر من الثراء، وفي هيلمسدورف كانت قبور الأمراء تحتوي على فأس وخنجر وأزميل وفأس حجرية وملحقات ذهبية عبارة عن إبرتين وسوار ذراع وحلزونين.

كانت الأسلحة والذهب والعنبر ملكًا للحكام، وكانت مقابر العامة أكثر بساطة، فكانت أحادية اللون وكانت تتشابه لدرجة مذهلة: وفي الغالب كانت تحتوي على فنجان على شكل مخروط مزدوج وله مقبض، وهو علامة مميزة للحضارة اليونيتيسية، وإلى جانب الفنجان إبرة أو أي قطعة حلي شخصية أخرى، وفي العادة كانت المقابر البسيطة تفتقر إلى تلك الأشياء البسيطة.

القلاع والملح والقصدير
الاحتكار المبكر للتجارة؟

السؤال الذي يطرح نفسه هنا هو السبب في ثراء الأمراء؟ ولماذا كانوا يمتلكون القدرة على أن يميزوا أنفسهم عن الشعب ويحكموه؟

يبدو السبب غير واضح، لكن دليل القوة واضحًا، أو هكذا ظل الأمر لفترة طويلة، وحتى وقت قريب كان الناس يعتقدون أن وسط ألمانيا كان كغيره من المناطق المجاورة، جزءًا من شبكة من المستوطنات المحصنة، وقبل اكتشاف قرص نبرا كانت هناك اثنتا عشرة قلعة معروفة في وسط ألمانيا، وفي مشروع بحثي كبير قام به مركز دراسات ما قبل التاريخ والعصور القديمة التابع لجامعة جانا وتحت إشراف بيتر إتيل Peter Ettel سُلط الضوء مرة أخرى على تلك المنطقة،

وكانت النتائج كالتالي، لقد أصبح حجم المبالغة في حالة البحث القديمة ـ التي بدأت قبل بداية القرن ـ واضحًا، فقد فكر الباحثون نتيجة لاقتران الكثير من الكنوز بالمقابر الأميرية الغنية ـ أن القلاع كانت تستخدم مقرًّا للحكام على غرار أكروبوليس البحر المتوسط الحصينة، فهي منيعة وبها مبانٍ تشبه القصور، وبذلك كانت تهيمن على المشهد الطبيعي وتحصل على إمداداتها من مستوطنات الفلاحين المحيطة بها، لكننا الآن نعلم أن المعاقل لم تكن مشيدة فوق القمم، ولا توجد قصور بالقلاع وأن عدد هذه القلاع أقل مما كان الناس يعتقدون، لكن أين كان الأمراء يسكنون؟ بعد تنقيب العديد من المستوطنات غير المحصنة والتي تقع فوق السهول ويبلغ عدد المنازل في كل واحدة منها حوالي 40 منزلًا اتضح لنا أن السر يكمن في حجم المباني، حيث كانت بعض القاعات الكبيرة تبرز من بين مجموعات الأكواخ، هل هذه هي منازل النخبة الذين كانوا يدفنون في المقابر الأميرية الغنية وبالتالي يميزون أنفسهم عن العامة؟ لا بد من المزيد من البحث ولا بد من تفسير ثراء المقابر الأميرية.

من الأسباب المحتملة لثراء تلك المنطقة موقعها كمفترق طرق على أحد أهم طرق التجارة وهناك سبب آخر وهو الملح، لقد أرجع عالم الآثار السويدي أوسكار مونتيليوس Oskar Montelius ـ الذي ولد عام 1843 واشتهر بتقسيمه للعصر البرونزي في الشمال ـ السبب في ثراء المنطقة بالبرونز إلى تجارة الملح، وكان الدليل على ذلك هو تركز مادة الخزف الخشنة التي كانت تُستخدم في استخراج الملح في المنطقة المحيطة بهاله ونبرا.

ربما كان الملح شريكًا تجاريًّا تتم مقايضته بالبضائع الأخرى، لذا كان موقع الحاكم الإستراتيجي في منطقة هاله مهمًّا جدًّا: حيث تقع بين جبال الألب الغنية بالنحاس والشمال الغني بالعنبر، وكان الراتنج نفسه تحت تصرف ودائع القصدير، وحتى الآن هناك خلاف حول ما إذا كان الراتنج كان يتم تعدينه واستخدامه في تصنيع برونز نبرا أم لا، لكن الأبحاث الحديثة تأخذ اتجاها مختلفًا تمامًا: أو بتعبير أدق: تسير باتجاه كورنول Cornwall، وهي الطرف الجنوبي الغربي من إنجلترا، حيث توجد أغنى ودائع القصدير في شمال أوروبا بأكمله.

هنا ينتهي طريق الذهب المستخدم في قرص نبرا.

في السابق كانوا يعتقدون أن هذا المكان هو مصدر المعدن النفيس وذلك بسبب الاكتشافات الأثرية في رومانيا، لكن في الوقت الحالي قام عالم الآثار الجيولوجي جورج بورج Gregor Borg بمقارنة 300 وديعة ذهب في أوروبا بذهب نبرا، فاتضح أن التركيب الجيوكيميائي لذهب القرص السماوي يتطابق مع ذهب نهر كارنون في كورنوال.

هل كان القصدير يُجلب إلى نبرا مع القصدير؟ وهل كان القصدير المستورد من إنجلترا هو محرك التطور في وسط ألمانيا؟ فقد كان بمقدورهم أن يصدروا ذلك المعدن النفيس إلى ميسيناي، ويرى فولف ديتريش نيماير مدير المعهد الأثري الألماني في أثينا حتى عام 2012 أن هذه كانت نقطة انطلاق ميسيناي كي تصبح فجأة إحدى القوى التجارية العظمى في العالم، فقد استطاع أهل ميسيناي أن يحتكروا تجارة القصدير في حوض البحر المتوسط نظرًا لمعرفتهم بطرق التجارة وتحكمهم بها، كما أن الحضارات القوية في الشرق الأوسط كانت في حاجة إلى تلك المادة الخام لتصنيع الأسلحة الحربية.

لقد كان ذلك سببًا في ثراء ميسيناي، وكانت سفينة أولوبورون التي تحطمت عام 1400 ق.م عند سواحل تركيا بفعل عاصفة قوية والتي كانت محملة بالبضائع الثمينة مثل سيوف ميسيناي وسبائك الزجاج المصري وبيض النعام الأفريقي المغلف بالفضة تحمل أيضًا سبائك النحاس والقصدير بنسبة 1:10 وهي نفس النسبة المستخدمة في صناعة سبيكة البرونز، كما كانت السفينة تحمل أيضًا خمس خرزات من العنبر.

لكن النصف الثاني من الألفية الثانية قبل الميلاد شهد تنظيمًا لتجارة القصدير مع دول حوض البحر المتوسط عبر نهري الرون والسين في فرنسا ونهر الراين وصولًا إلى بحر الشمال، أما في العصر البرونزي المبكر فيغلب الظن أن الطريق كان يمر عبر جبال الألب، وليس من المحتمل أن يكون اتصالًا بحريًّا مباشرًا قد جرى في تلك الفترة، وتعتبر الطرق البرية الموجودة في وسط ألمانيا سببًا منطقيًّا لثراء تلك المنطقة، فكانت هذه الطرق تستخدم لتجارة القصدير.

الأكثر من ذلك أن هذا الطريق يقدم لنا تفسيرًا بسيطًا لظهور العنبر في كل المحطات التي اندمجت في تلك التجارة، حيث تعتبر دموع الرب التي عثر عليها في الكنوز والمقابر علامة تدلنا على طرق التجارة بين القارات، كما توضح السبب في وجود شرائح العنبر في ويسيكس في إنجلترا، التي يعتقد أنها صنعت في عام 2000 ق.م، ووصلت إلى منطقة الألب عبر جنوب ووسط ألمانيا، بل وعثر عليها كذلك في مقابر ميسيناي القائمة، وكانت شرائح العنبر المثقوبة المستطيلة تعمل كفاصل بين السلسلة المصنوعة من خرز العنبر الدائري المتنوع وبين القلادة، وقد عثر على هذه النماذج في قبور النساء الثريات شمالًا وجنوبًا، أما الدليل على عبور الألب عبر ممر جولبير فهو ذلك الكنز الذي عثر عليه في مستوطنة بادنال المرتفعة الحصينة في سافوجنين Savognin في سويسرا: فقد عُثر في أحد قبور النساء على سلسلة منظومة من 100 خرزة عنبر ومن نفس الفواصل التي يُخَمَّن أنها صنعت في ويسيكس، كما ظهرت تلك الفواصل في منطقة هاله، وفي كلتا السلسلتين المصنوعتين من الحلزونات البرونزية واللتين عثرا عليهما في كنز هاله ـ كفايس Halle-Queis ـ ذلك الكنز الذي تضمن أيضًا سواري ذراع وإبرة ووعاء من الخزف ـ اُستُخدمت رقائق وحبات العنبر.

هبة للآلهة

كان لثراء أهل نبرا تأثير آخر، فلم يحدث أن قامت أي حضارة أخرى في ذلك الوقت بدفن كل تلك الكنوز في باطن الأرض تكريمًا للآلهة، وقد ظهرت كنوز كثيرة في منطقة هاله/ زاله في وسط ألمانيا.

في بداية أزهى فترات العصر البرونزي بدأت فجأة تظهر ودائع العصر الحجري على نطاق واسع، فقد أودعت كميات كبيرة من الفؤوس البرونزية والخواتم العينية والسبائك في باطن الأرض، ولم تُكن تلك القطع مستعملة ـ إلا في حالات نادرة، على سبيل المثال كنز جروبرز

بينيفيتس Gröbers-Benne witz الـذي عُثـر عليه داخل وعاء فخاري أثنـاء الحرث، والذي كان يضم 297 فأسًا برونزيًّا يبلغ وزن المعدن المستخدم في صناعتها 70 كجم.

المدهـش فعلًا هو ذلك الوزن المعياري كـما في حالة الخواتم المميزة بعين عند نهايتها والتي ظهـرت في منطقـة جنـوب ألمانيـا بالتحديد، حيـث كان الوزن المعتـاد لهذه الخواتـم في العصر البرونـزي المبكر يتراوح بين 180 إلى 200 جـرام، لتنقص وحدات الوزن بعد ذلك وتتراوح بين 20 إلى 100 جرام، أي أن هذه الخواتم كانت تستخدم كعملة أوروبية مبكرة.

بخـلاف تلـك المنتجـات الشـائعة عثر على قطـع مفردة مميـزة عاليـة الجودة مثـل المطارد والسـيوف والأكمام الواقية والفؤوس المزدوجة ودبابيـس الملابس والأوعية الخزفية والعنبر!! فقد تضمن كنز ديسـكاو Dieskau 100 خرزة عنبر، وفي وسـط ألمانيا كان العنبر في ذلك الوقت مادة ثمينة تليق بالآلهة، أو ربما كانت تلك الكنوز مجرد ودائع ادخارية في العصر البرونزي.

إن الأسباب المنطقية لتلك الكنوز التي ما زالت تُكتشف حتى يومنا هذا والتي لا تمثل سوى جزء ضئيل من الكنوز المدفونة تبدو غامضة، لماذا كانت تودع الأشـياء القيمة في باطن الأرض أو المستنقعات أو البحار والأنهار أو شقوق الصخور أو بالقرب من المستوطنات؟ إن مكان دفن هذه الكنوز يدل على الغرض منها، فيخمن العلماء أن الكنوز التي توجد بالقرب من المستوطنات كانت مدخـرات تخبأ في أوقات الشـدة والاضطرابات ولم ينجح النـاس في إنقاذها آنذاك، ولفترة طويلة ظلـت هـذه الفكرة مقبولة، لكن تفسـيرًا آخر يبدو اليـوم أكثر منطقية، هذا التفسـير هو أن الجزء الأكبر من القطع البرونزية كان يُقدم قربانًا للآلهة، كجزء من الكل، بهدف التواصل مع الآلهة كي تجعـل الحصـاد أفضل أو تهب النصر على الأعداء أو تجعـل الطقس أفضل أو ربما لطلب الإنجاب والصحة والسـعادة أو للشـكر، ولا نسـتبعد أن الناس كانوا يقدمون القرابين للآلهة يطلبون منها جـودة تشـكيل المعادن، وهذا ما يتفق مع ابتكار سـبيكة البرونز واسـتخراج المعادن، وفي الغالب كان يتم العثور على الكنوز في نقاط التقاطع أو بالقرب من الأنهار، فهل للثروات التي كان التجار يكدسونها علاقة بهذا الأمر، ذلك لأنهم كانوا يعيشون بالقرب من تلك الطرق الرئيسية؟

كان مكان دفن قرص نبرا استثناءً من هذه القاعدة، فقد دفن على قمة الجبل محاطًا بحاجز غير مرئي، وربما كان الحاجز يحيط بمنطقة مخصصة للعبادة، وبدلًا من أن يُدفن القرص مع عدد كبير من القطع المتشابهة الشكل كانت القطع التي دفنت معه مميزة جدًّا وعالية الجودة تليق بحاكم أو زعيم، وتشير ظروف الدفن إلى وجود جنازة حقيقية يمكن مقارنتها بالمقابر الأميرية المجهزة في لويبنجن وهيلمسدورف أو ديسكاو، أيضًا قرص نبرا يمكن اعتباره كقطعة ملكية في نهاية تلك الحقبة التي لعب فيها وسط ألمانيا دورًا حاسمًا في التجارة العالمية، حيث كان الناس يسافرون عبر الطرق الخارجية التي كانت تتقاطع هنا وهم يحملون بضائعهم من القصدير والملح أو العنبر، وكانوا ينقلون معهم أفكارًا ورؤى جديدة ويربطون المناطق المحيطة بنبرا بباقي العالم في ذلك الوقت.

الفصل الثامن

الطرق التجارية في وسط أوروبا في العصر البرونزي

يرقد مقوسًا تحت التراب، وتبدو جمجمته التي تهشم نصفها عابسة وهي تتجه إلى الشمس المشرقة، ينظر علماء الآثار إلى الجثة نظرة رضا، فقد كشفت «ستونهنج Stonheng» الشهيرة التي تقع في جنوب إنجلترا عن سر آخر من أسرارها: فقد دُفنت جثة الشاب الذي لا يتجاوز عمره خمسة عشر عامًا ـ على أقصى تقدير ـ على بعد خمسة كيلومترات فقط من مقاطعة شتاينكرايز Steinkreis التي تكثر عنها الأقاويل والخرافات، والشيء المميز في هذا الاكتشاف هو أن ذلك الشاب لم يكن من السكان الأصليين للشمال البارد المتجمد، لكنه ولد على شواطئ البحر المتوسط المشمسة، كما تدل التحاليل العلمية لأسنانه.

كيف جاء هذا الشاب من وطنه البعيد إلى ستونهنج ولماذا؟ لقد أخذا هذا السؤال العلماء إلى الطرق التجارية القديمة جدًّا، تلك الطرق التي كانت تربط القبائل الأوروبية قبل إنشاء الطرق الرومانية بعدة قرون، وهي نفس الطرق التي يطلق عليها الباحثون مصطلح «طرق العنبر» تيمنًا بأغلى بضاعة في ذلك الوقت، لكن هذا الأثر يقوم على الكثير من التخمينات، فلم يترك لنا العصر البرونزي في وسط أوروبا أية كتابات تخبرنا بما كان يجري آنذاك، ومهمة علماء الآثار هي أن يعملون بجد كي يجمعوا الأدلة والقرائن من المقابر والمستوطنات المكتشفة، ويربطوا بينها ويجدوا لها التفسير الأنسب، وفي حالة صبي ستونهنج تدل نتائج التحريات على أن الصبي هو ابن زعيم إسباني كان يمارس التجارة بصحبة أبيه مع القبائل التي تستوطن سواحل بحر الشمال وبحر البلطيق.

مكان التضحية في كهوف كيفهويزر، حيث عثر على عظام بشرية إلى جانب العنبر، حيث تشكك البحوث الحديثة في نظرية أكل لحوم البشر

أما الدليل على أنه كان إسبانيًّا فهي نسبة الأكسجين ونسبة الإسترونتيوم في أسنانه، لأن نسبة هذه العناصر الكيميائية التي يكتسبها الجسم من الغذاء تختلف اختلافًا واضحًا من منطقة إلى أخرى، لذلك يستطيع الباحثون أن يعرفوا أصل أي جثة بتحليل نظائر الإسترونتيوم، وفي هذه الحالة كانت كل العوامل تشير إلى ساحل البحر المتوسط في شبه الجزيرة الإيبيرية، كذلك كان من السهل الاستدلال على أن الشاب الإسباني كان يدير علاقات تجارية في شمال أوروبا، لأن سلسلة من العنبر دفنت معه في قبره، ولا تزال أحجارها في حالة جيدة، وتدل التحاليل العملية أن مصدر العنبر هو شمال بولندا الحالية أو جوتلاند، أي أن الشاب الميت أو عائلته كانوا يديرون علاقات تجارية في هذه المنطقة، ومن الناحية النظرية يمكننا القول إن الشاب قد أحضر معه سلسلة العنبر من وطنه، أي أنه قطع مسافة طويلة جدًّا، وفي العصر البرونزي كانت هناك طرق تجارية تمتد من بحر الشمال وبحر البلطيق إلى الجنوب، وقد عثر علماء الآثار على أدلة على تلك الطرق في غرب أوروبا على سبيل المثال بامتداد أنهار الماس والساون والراين، وفي شرق أوروبا بامتداد أنهار الطقسوس والزاله والإن، وكانت الطرق التجارية في العصر البرونزي تسير على طول الأنهار، على سبيل المثال على طول نهر الرون وحتى البحر المتوسط، وقد عثر علماء الآثار بين جنوب شرق فرنسا الحالية وحتى جبال الألب النمساوية على مقابر ومستوطنات وأغراض مستخدمة وأسلحة تدل على حضارة متطورة، وهي «حضارة الرونا»، ومن المحتمل أن الشاب الإيبيري قد حصل على سلسلة العنبر عبر المقايضة مع شعب الألب.

أما الاحتمال الآخر فهو الطريق التجاري الشرقي، فقد كانت ساملاند الواقعة على ساحل بحر البلطيق والتي كانت آنذاك أكبر مصدر للعنبر مرتبطة بشبكة طرق كبيرة مع ساحل البحر الأدرياتيكي، وكانت مستوطنات أقوى القبائل في وسط وشرق أوروبا تقع على طول هذه الطرق، وقد صنف علماء الآثار هذه القبائل ضمن الحضارة اليونيتيسية، نسبة لمكان الاكتشاف الأثري بالقرب من مدينة براج، وكل ما نعرفه عن هذه الحضارة يدل على تطور تركيب السلطة والقبيلة والتركيب العسكري، هذا من جانب، ومن جانب آخر يدل على القرابين البشرية

بضاعة الشمال الفقير بالمواد الخام.

كان العنبر يسافر من بحر البلطيق إلى البحر المتوسط في قوافل ويباع هناك

وغيرها من الأعمال الوحشية، أي أنها كانت بلدًا قاسية ومع ذلك كان تجار العصر البرونزي يتحركون فيها، وكان العنبر بعد وصوله إلى ساحل البحر المتوسط يُشحن بالسفن إلى الشرق، لكننا لا نستبعد أن تكون بعض قطع العنبر قد سلكت طريقها نحو الغرب.

لكن الاحتمال الأكبر هو أن ذلك الشاب قد صنع سلسلة العنبر بنفسه في جنوب إنجلترا ـ ربما كتميمة وكآخر أمل له لدفع المرض الخبيث الذي سلبه حياته في نهاية المطاف؟ بداية من عام 1600 ق.م. كانت شفرات الحلاقة تحمل نقوشًا وصورًا تدل على الرحلات بحرية التي كانت تسير من جنوب الدول الاسكندينافية وحتى السواحل الإنجليزية، وعلى العكس من البوارج الثقيلة ذات الصواري المربعة التي كانت تستخدم في منطقة البحر المتوسط استخدم الشمال القوارب التي تعمل بالمجاديف، وكان شكلها يشبه شكل قوارب التنين التي ظهرت

بعد ذلك: وكانت سفن الفايكنج تحتاج لعشرين رجلًا لتحريكها، ويبدو أنها كانت أكثر سرعة من التجارة البرية، وكان قادة السفن يحافظون على العلاقات المنتظمة مع «حضارة ويسيكس» المتقدمة، وبالقرب من المعقل الديني لهذه الحضارة دفن الشاب في مثواه الأخير.

امتدت حضارة ويسيكس إلى أجزاء واسعة من جنوب إنجلترا، وقدمت في العصر البرونزي أغنى التجار في غرب أوروبا، ويكمن السبب في أن هذه المنطقة كانت غنية بودائع القصدير، وكانت هذه المادة آنذاك مرغوبة جدًّا مثل النفط حاليًّا، لأنها كانت نادرة جدًّا في أوروبا، وكانت ضرورية لصناعة البرونز ـ تلك السبيكة التي منحت اسمها لحقبة بأكملها لأنها كانت رفعت درجة صلابة ومقاومة الأسلحة والأدوات، وكان الناس في وسط أوروبا يبذلون جهدًا كبيرًا كي يحصلوا على تلك المادة العجيبة، وبينما كان تجار العنبر في الشمال يجمعون بضاعتهم من سواحل بحر البلطيق دون عناء كان تعدين القصدير والنحاس المتطور يلعب دورًا كبيرًا في منطقة حضارة ويسيكس ومنطقة السلاسل الجبلية المنخفضة في أوروبا وجبال الألب.

تكسير الخام في الظلام بالماء والنار

لأول مرة ظهرت وظائف عمال المناجم والسباكين والحدادين، وقد وضع هؤلاء الرواد أسس الابتكارات المستقبلية وأثبتوا مهاراتهم وقدراتهم الابتكارية فيما يتعلق باستخراج المواد الخام الثمينة من الصخور، وقد عثر علماء الآثار على أحد المناجم المميزة التي تعود إلى العصر البرونزي في جوتشنبيرج النمساوية، فكان طول المنجم 170 مترًا وعرضه 400 متر داخل الجبل، وكان عمال المناجم يدخلون إلى الجبل بحثًا عن النحاس باستخدام منحدر مغطى بالطين اللزق، فكانوا يتوغلون هناك بعيدًا عن الضوء والشمس المقدسة، إنها مقامرة لا تصدق: لقد كانوا يشعلون الحرائق الكبيرة لتسخين الصخور كي يستخرجوا المعادن، وبمجرد انطفاء النار كانوا يضعفون قوة الصخر بالماء، حتى يصبح قابلًا للتكسير.

ضجة كبيرة على شاطئ تولينسه في الطريق إلى ساحل العنبر: أول اكتشاف معدني، وربما جاء القصدير من إنجلترا.

كانت تلك الأروقة تمتلئ بالدخان والسخام، وبعد أن يقوم النار والماء بعملهما كان عمال المناجم يطرقون الصخر بالمطارق الخشبية والأدوات البرونزية في ذلك الجو الملوث، ولكي يتمكن العمال من الرؤية كانوا يضعون أمامهم رقائق من الراتنج كي تلمع في الظلام، وبعد ذلك كانت المادة الخام المستخرجة - التي تتحد مع الصخر عديم القيمة - تُنقل إلى الخارج لتتم معالجتها على الفور، حيث كانت تُفتت أولًا بالمطارق الحجرية والمطاحن اليدوية، وبعدها تُنظف من الأحجار ويعد ذلك تُسخن إلى درجة حرارة 1200 درجة سليزيوس في أفران صهر مصنوعة من الأحجار المقاومة للحرارة يبلغ حجمها 70 سم فقط، وبعد تلك الخطوات المرهقة يحصل السباكون والحدادون على المادة التي سيعملون عليها.

حققت حضارة ويسيكس بفضل عمال المناجم واختراع البرونز نجاحًا كبيرًا في تصدير القصدير برًّا وبحرًا وأصبحت المنطقة ثرية، وزاد من ثرائها أن كورنوال وبريتاني Bretagne

احتكرا تجارة القصدير، وبينما كانت حضارات شرق حوض البحر المتوسط مثل مصر والحيثيين يجلبون القصدير من بلاد فارس كانت حضارات غرب ووسط أوروبا أكثر قربًا من حضارة ويسيكس، فكان ينزح إليها الكثير من التجار والأمراء من قارة أوروبا بأسرها، ولم يقتصر الأمر على ذلك الشاب الإيبيري.

هناك اكتشاف أثري آخر يثبت هذه النظرية وقد حدث هذا الاكتشاف في شتاينكرايز التي تحيط بها الأقاويل والشائعات، وقد أثار هذا الاكتشاف زوبعة كبيرة بين علماء الآثار وفي الصحافة البريطانية: هذا الاكتشاف هو «رامي أميسبوري».

عاش ذلك الرجل قبل الشاب الإسباني بحوالي ثمانمائة عام، وتوضح التحليلات أنه هاجر من منطقة الألب إلى جنوب إنجلترا، وقد ضم قبر الرامي رؤوس أسهم وأسورة حجرية لحماية الذراع وقطع حلي ذهبية ثمينة، وبالتالي كان هذا الاكتشاف هو أروع مقبرة تعود إلى العصر البرونزي في إنجلترا، وكان صاحب القبر أجنبيًا، وكان تأثير هذا الاكتشاف على الصحافة كالتالي: في البداية احتفت الصحافة البريطانية بملك ستونهنج كما ظنوا، وفيما بعد انزعجت من أن الرجل الذي اعتقدوا أنه إنجليزي ربما يكون سويسريًا أو ألمانيًا، وهو الاحتمال الأسوأ، لكن قبر الرجل قدَّم لعلماء الآثار الدليل الحاسم على مدى تأثير النازحين من وسط أوروبا على حضارة ويسيكس، وربما لعبوا دورًا كبيرًا في قوتها الحضارية.

ما هو الإسهام الذي قدمه الشاب الأيبيري لإثراء ثقافة وطنه الجديد؟ إننا لا نعرف ما هو هذا الإسهام بالضبط، لكن يبدو أنه كان عضوًا بارزًا في المجتمع، ربما كان ابن زعيم أو أحد النبلاء، لأن سلسلة العنبر الغالية التي كان يحملها حول عنقه لا يمكن أن تدفن مع مسافر بسيط؟

لا يمكننا الجزم ما إذا كان الشاب أميرًا ـ كما يعتقد البعض ـ لكن الشيء المؤكد هو أن العصر البرونزي قد عرف منصب الرئيس أو الزعيم لأول مرة، فقبل ذلك كان أقوى شخص أو أذكى شخص في القبيلة ينتخب كقائد، وقد تغير ذلك نتيجة لإمكانية جني الثروة من وراء سبائك البرونز وغيره من الأشياء الثمينة، فبدأ الناس في توارث البضائع وكذلك ألقاب

الزعامة من الأب إلى الابن، وربما تسبب موت الصبي في إفساد ولاية العهد، فهل كان الصبي ضحية دسيسـة؟ أم أن المناخ الإنجليزي القاسي كان سـببًا في وفاته؟ إنها أسـئلة لن يجد العلماء أية إجابة عليها.

رحلة الطريق سنة 2500 ق.م.

تحت أي ظروف كان الشـاب الأيبيري ورامي أميسـبوري وغيره من الناس يسافرون عبر أوروبـا؟ وكيـف كانـت الطرق ومـاذا كانوا يجدون على أطـراف الطرق؟ هـل كان المهاجرون يتحركون بحرية، أم كانوا يدفعون رسـومًا للانتقال؟ هل كانوا يخدمون الأمراء أم كانوا أسـياد أنفسهم؟ في هذه الأثناء عثر علماء الآثار على أدلة منطقية في شمال ووسط وشرق أوروبا تساعد في الإجابة على هذه الأسئلة، ومن هذه الأدلة يمكننا أن نتخيل الصورة التقريبية لظروف السفر الخطيرة في العصر البرونزي.

في البدايـة خمـن بعض علـماء الآثار أن التجار الذين يمارسـون التجـارة الخارجية الحقيقية كانوا استثناءً - حسبما تشير طرق العنبر الممتدة من بحر البلطيق وحتى البحر الأبيض المتوسط، واعتقـدوا بـدلًا من ذلك أن البضائع كانت تتناقل من يد إلى يد ومن مسـتوطنة إلى أخرى وفقًا لمبدأ النقل على مراحل، لكن هذا الشكل من أشكال التوزيع لا يفسر السبب في اكتشاف مخازن عنبر ضخمة في وسـط أوروبا بعيدًا جدًّا عن مصادر العنبر، ولا يفسر بقايا المسافرين النازحين من أماكن بعيدة جدًّا حول ستونهنج والمواقع الأثرية الرئيسية الأخرى.

لا شـك أن العـصر البرونزي عـرف التجارة الخارجية، وكانت الشـوارع غـير المعبدة التي يسـيرون فيها تقع غالبًا على طول الأنهار ونادرًا ما كانت تقع بالقرب من الشـواطئ، لأنها كانت تشبه المستنقعات تقريبًا، حيث كانت تمتد على الطرق الجافة نسبيًّا التي ترتفع فوق مستوى الأنهار،

وكما هو الحال فقد كان يُفضل نقل البضائع مباشرة عبر الطرق المائية: كانت القوارب التي يبلغ طولها ثمانية أمتار آنذاك سريعة جدًّا مقارنة بالنقل البري، وعندما كانت تهطل الأمطار كان الطريق يتحول إلى غلاية الفجوة وهي عبارة عن ثقب دائري في حوض النهر ناشئ عن دوران الحصى الذي تعصف به الدوامة، وبفضل ظروف الطرق المزرية ما زال علماء الآثار يعثرون على آثار «ساعة الذروة» في العصر البرونزي، على سبيل المثال وجدوا في كراوتهايم في تورنجن آثار عربة بعجلتين، يبلغ عرض المحور 1.10 متر وسمك الحافة 11 سم، ولا تزال تلك الآثار باقية منذ آلاف السنوات حتى يومنا هذا، ولا شك أن حيوان الجر المسكين كان يعاني الويلات في ذلك الوقت.

في العصر البرونزي لم تكن هناك شوارع معبدة في وسط أوروبا كتلك الشوارع التي ظهرت بعد ذلك في العصر الروماني، لكن الناس كانوا يستخدمون الطرق الوعرة مثل المستنقعات التي يصعب عبورها والطرق المملة، وفي مقاطعة فيزرمارش لا يزال ذلك الممر المغطى بالألواح الذي يبلغ طوله مئات الأمتار يثير الدهشة، ويصل عرضه 2.50 متر، والطريق مدكوك بألواح خشب البلوط السميكة المثبتة بدورها بخوازيق من الأخشاب الطولية الثابتة.

الحقيقة أن مثل هذا الممر المريح لم يكن موجودًا في كل مناطق المستنقعات، وفي الغالب كان الأمر يقتصر على الأحجار المرصوصة التي تسمع بمرور المشاة فوق المناطق الوعرة من الطريق، ويبدو أن تلك الطرق كانت تخضع للسيادة المحلية، ويُخمن أن الناس كانوا يدفعون ضرائب مقابل استخدام تلك الطرق الجيدة، فهل اضطر رامي أميسبوري إلى شراء تصريح المرور كي يعبر مستنقعات سفوح الألب بأمان؟ هذا محتمل جدًّا.

ما الوسيلة التي كان الناس يتحركون بها فوق هذه الطرق. لا شك أنهم كانوا يستخدمون الخيول والعربات في العصر البرونزي، لكن وسائل الانتقال والنقل كانت محفوظة للمسافرين الأثرياء فقط، والدليل على ذلك يقدمه الموتى لأن القبور الأميرية فقط ـ لا سيما في العصر البرونزي الحديث ـ هي التي كانت تحتوي على ما يعرف بقبور العربة، حيث كانت الخيول

كانت التجارة تستخدم قواعد واضحة ومحددة تتخطى كل الحدود اللغوية، وتشير المكتشفات الحديثة إلى وجود موازين معيارية في جميع أنحاء أوروبا في العصر البرونزي.

تدفن مع أصحابها، وقد عُثر على هياكل خيول في تلك القبور، وكثيرًا ما كانت الخيول تُدفن مع اللجام والشكيمة المصنوعة من العاج، ووفقًا لتلك الاكتشافات فقد كان حصان العربة متوسط الحجم أقرب إلى المهر منه إلى الجواد المحارب، فكانت الخيول التي يبلغ ارتفاع أكتافها 1.40 متر تستخدم في نقل البضائع، وقد عثر علماء الآثار على هياكل عظمية لهذه الخيول في مقابر العربة، وكانت العربات التي تسير فوق طرق العصر البرونزي غير المعبدة تشبه صندوقًا بسيطًا يستقر

مباشرة فوق محورين، لكن جلبة العجلة القابلة للتبديل التي ظهرت في ذلك العصر أحدثت نقلة كبيرة مقارنة بالعصر الحجري، حيث كانت تطيل العمر الافتراضي للعجلات، ولا يوجد ما يدل على أن عربات العصر البرونزي كانت ترتبط بمحور أمامي، لكن عجلات العربة كانت عبارة عن عجلات مصنوعة بأكملها من الخشب، على الرغم من أن بعض الاكتشافات تدل على أن العجلات ذات الشعاع كانت معروفة آنذاك، لكن العديد من الأدلة تشير إلى أن اختراع العجلة ذات الشعاع المنقول من منطقة البحر المتوسط استخدم في البداية في صناعة المعدات الدينية المصنوعة من البرونز في وسط أوروبا.

يعتقد بعض الباحثين أن الأوروبيين كانوا يواجهون مشاكل تقنية فيما يتعلق بالعجلات ذات الشعاع ولهذا لم يستخدموها في مركبات النقل، ويعتقد بعض الباحثين الآخرين أن نوعًا من العجلات ذات الشعاع أخف وزنًا قد انتشر بشكل كبير في العصر البرونزي، لكن لا توجد أدلة قوية على هذه النظرية، والحقيقة أن العجلات ذات الشعاع التي عثر عليها الآن كانت مرتبطة بالأجسام المستخدمة في الطقوس، وأشهر عربة «كيسل فون بيكاتل Kesselwagen von Peckatel» التي لم تكن تستخدم إلا في الطقوس وهي تعرض حصانًا يجر الشمس نحو السماء.

كان أغلب الناس في العصر البرونزي - وحتى التجار أنفسهم - يسافرون سيرًا على الأقدام، حتى وإن كانت المسافة كبيرة، ويخمن ألبريشت جوكنهوفل المتخصص في عصور ما قبل التاريخ القادم من مونستر أن إجمالي المسافة التي قطعها كل إنسان في العصر البرونزي طوال حياته حوالي 250 كم بعيدًا عن مسكنه.

لا شك أن تجار العنبر مثل موردي العنبر إلى الشمال أو المهاجرين مثل رامي أميسبوري قد قطعوا أضعاف هذه المسافة، ويعتقد أنهم فعلوا ذلك دون استخدام أية ركوبة، أما صناعة الأحذية وغيرها من الملابس في ذلك العصر في وسط أوروبا فتدلنا عليها تلك المكتشفات التي لا تزال في حالة جيدة، لكن لا أحد يعلم ما إذا كانت تلك الملابس التي تدفن مع الميت هي نفس الملابس التي تستخدم في الحياة اليومية أم أنها مجرد قطع مميزة مخصصة للحياة الأخرى.

الملابس المناسبة في المقبرة

في كل الأحـوال كان النـاس يرتدون الملابس المناسـبة في رحلتهم إلى الحيـاة الأخرى، ويبدو ذلـك مجسـمًا في الجثث التي اكتشـفت في شـمال أوروبا حيث كانت السـيدات تدفـن في نعوش من الأشـجار محكمـة الغلق، ولهذا ظلـت جثثهن في حالة جيدة جدًّا، كذلك ما يعـرف بـ «فتاة إيجتفيد Egtved Mädchen»، وهـي جثـة لفتـاة يتراوح عمرها بـين 16 إلى 18 عامًا عُثر عليهـا في جوتلاند في الدنمارك، وكانت تلك الفتاة الميتة التي تبقت منها بعض الأنسجة الرخوة وشعرها الأشقر الطويل ترتدي بلوزة عارية عند البطن بكم نصفي، وكانت الفتاة ترتدي حول خصرها تنورة من السلاسل تصل حتى الركبة، وكان حزام التنورة مزينًا برقيقة برونز، ولم تكن الفتاة ترتدي أي حذاء.

عثر الغواصون في ميكلينبورج فوربومرن على: حلي أميرة؟ أو ربما بضاعة تجارية كانت تُقايض بالعنبر؟ إنها حلزونات تعود إلى العصر البرونزي مصنوعة من الذهب الخالص

في بعض المقابر الأخرى عثر على أحذية مصنوعة من جلد الخيول أو الأبقار، علاوة على لفافة الساق المصنوعة من الصوف، وكانت تلك الأربطة الصوفية تُربط بالأحزمة الجلدية وتصل حتى الركبة، كما عُرفت الصنادل المفتوحة في أوروبا الشمالية، وكانت تُربط من أسفل الساق إلى أعلاه، وكانت الصنادل النسائية والرجالية متساوية الارتفاع.

علاوة على التنورة القصيرة التي كانت ترتديها «فتاة إجتفيد» اشتهرت التنانير الملفوفة كثوب نمطي ترتديه النساء، أما عن الملابس الداخلية فلم يعثر علماء الآثار على أي منها حتى الآن، لكننا نعرف أن النساء كن يصنعن تسريحات شعر معقدة للغاية باستخدام الشباك وكن يستخدمن الملاقط البرونزية للتغلب لإزالة الشعر الزائد، وتدل الاكتشافات على أن النساء كن في الحضارة اليونيتيسية في أوائل العصر البرونزي في «جماعة لونبورج » اللاحقة يرتدين دائماً حلي رنانة وبراقة، وبإعادة النظر استنتج الباحثون أن قضية الحلي في عصور ما قبل التاريخ لم تكن تتعلق بهوس الجمال وإنما بالحماية، فلم تكن النساء يستخدمن الحلي لإغواء الرجال وإنما لطرد الأشباح، وفي أواخر العصر البرونزي ظهرت أزياء أكثر تطورًا وظهر غطاء الرأس الذي يمكن مقارنته بحلي الأعياد التي يرتديها السكان الأصليين في عصرنا هذا.

كان رجال الشمال يتقابلون على طرق التجارة في العصر البرونزي، ولم يكونوا يرتدون سراويل ولكنهم كانوا يرتدون مثلما ترتدي نساؤهن، فكانوا يلبسون تنورة منسوجة من الكتان والصوف تمتد من الكتف حتى الركبة، وكانت تلك التنورة تُمسَك من أعلى بحزام الكتف وتُعقد بحبل عند الخصر، ثم يُثبَّت الحزام بقطع من رقائق برونزية، وتنوعت أشكال القبعات المصنوعة من الشعر التي كانت تُستخدم كغطاء للرأس، ومنذ العصر البرونزي المتوسط كان كل الرجال من مختلف الرتب والمستويات الاجتماعية يحملون معهم في رحلاتهم شفرة الحلاقة البرونزية ـ وهذا دليل على أن العناية بالجسد بلغت درجة معقولة في تلك الفترة وأن «البرابرة» لم يكونوا همجيين جدًا.

لم تنتشر مهنة الخياط كثيرًا كمهنة مستقلة، ويخلص الباحثون من ذلك إلى أن حياكة المنازل كانت من ضمن الأعمال المنزلية، ولم تكن صباغة الملابس أمرًا شائعًا، وقد كان غزل الصوف ونسج الأقمشة من الأعمال النسائية النمطية وهذا ما تدل عليه مرفقات المقابر: فبينما كان المحاربون المتفاخرون يُدفنون مع الدروع والسيوف كانت زوجاتهن تُدفن مع المغازل ومكوك النول.

بدون شاحنات أو سكك حديدية
النقل الثقيل عبر مئات الكيلومترات

كانت الملابس الأنيقة والفخمة تقتصر على القادة والكهنة، وكانت تصنع من أجلهم، وكثيرًا ما عملت أسر وقرى بأكملها لتنفيذ هذه المهمة، وتوضح مقابر التلال في العصر البرونزي في مدينة لويبنجن Leubingen في وسط ألمانيا طول المسافة التي كان يحتاجها مثل ذلك النوع من التعاون، فكان الناس يحتاجون لتكديس 3000 كيلو متر مربع من التربة وإلى جلب 210 كيلو متر من مواد الحجارة، وكانت أغلب الحجارة المستخدمة تجلب من مسافة 40 كم حول لوبنجن، وهذا شيء مؤثر للغاية، لكن العلماء عثروا في إحدى المقابر على أحجار رملية مجلوبة من جبل روتنبورج Rothenburg في كيفهويزر، أي من مسافة تبعد 230 كم عن القبر! ربما كان الناس يحملون هذه الأحجار على ظهورهم أو على العربات التي تجرها الخيول والثيران، هذا إذا قدم لهم الزعيم أو القائد ركوبته الخاصة، ولا شك أن نفس الشيء قد حدث أيضًا في ستونهنج، لأن الحجارة الزرقاء الكبيرة التي صنعت منها الدوائر الحجرية تعود إلى سواحل ويلز ـ أي أنها جُلِبَت من مسافة تزيد عن 300 كم.

إن إمكانية إنجاز تلك الأعمال اللوجستية الفريدة يدل على مدى تعقد البنية الاجتماعية وبينة السلطة آنذاك على طول طرق التجارة، أما بالنسبة للرحالة فقد أعلن العصر البرونزي

عن حقبة جديدة في وسط أوروبا تتميز بالمستوطنات المرتفعة والقلاع الحصينة التي تقع على طول الطرق الخارجية، ويمكنك اليوم أن تتبع هذه الطرق القديمة جدًّا على مدى مئات الكيلومترات، وفي وسط ألمانيا وحده اشتهرت العديد من المستوطنات المرتفعة على التلال والتي تقع على أهم المواقع الإستراتيجية مثل نقاط التقاطع والمعابر والممرات.

لقد خُطِطَت وصممت المستوطنات المرتفعة فوق التلال بحكمة وترو، وكل واحدة منها كانت تستخدم حواجز طبيعية للحماية، علاوة على ذلك كانت كل مستوطنة تبعد فقط 35 كم عن التي تليها، وبالتالي كان المسافرون يستطيعون الوصول إلى الحصن التالي في أقل من مسيرة يوم واحد فقط ويسلمون الأوامر والنواهي والتحذيرات أو المعلومات الضرورية الخاصة بالتجارة، كما يغلب الظن أيضًا أن المستوطنات كانت في العصر البرونزي تشبه النزل أو الفنادق، حيث يلجأ إليها التجار المرهقون القادمون من جميع أنحاء أوروبا للراحة، لذا كان لا بد أن تُشيَد على مسافات متقاربة، فقد كان التجار يتعرضون لأخطار كبيرة عندما يبيتون في العراء ومعهم بضاعتهم الثمينة.

تدل بنية المستوطنات المرتفعة على كل الخدمات التي كانت تقدم للضيوف، كما تدل على تطور نظام السلطة والحكم، فقد عثر علماء الآثار في تلك المستوطنات على أغراض خلَّفها التجار والحرفيون والأمراء، أما تركات الفلاحين فكانت نادرة جدًّا، فقد كانت القرى الزراعية غير الحصينة تقع متفرقة في المناطق الريفية المجاورة، ويغلب الظن أن الفلاحين كانوا يمدون المستوطنات المرتفعة بالغذاء ويحتمون بالقلاع الحصينة ساعة الخطر، وينظر علماء الآثار إلى بقايا المستوطنات المرتفعة باعتبارها حجرات كنوز، لأنها تمدهم بالكثير من المعلومات حول تنظيم طرق التجارة.

يعتبر جبل بولينهايمر الذي يقع جنوب شرق فورتسبورج على مسافة 30 كم كنزًا من هذه الكنوز، ويبدو المكان وكأنه مستوطنة مرتفعة: فتعمل المنحدرات المائلة التي يصل ارتفاعها 150 مترًا على حماية السهل المرتفع الذي يمتد فوق مساحة يزيد طولها عن كيلومتر واحد

ويصـل عرضهـا إلى 400 متر، وفي هذا المكان اكتشـف علماء الآثار آثار مسـتوطنات نشـأت في العـصر الحجري الحديث والجزء الأخير من العـصر البرونزي الذي يُعرف بعصر مقابر الجرار الفخارية، وهذا معناه أن جبل بولينهايمر الذي يزيد ارتفاعه عن 4000 كم كان مسكونًا في تلك الفترة، لكن السـهل المرتفع لم يكن مسكونًا بأكمله طوال الوقت، لكن الناس كانوا يستوطنون أجزاءً مختلفة منه في فترات مختلفة.

لقـد بُنـي الجـدار الحدودي الذي مـا زال يحيط بالهضبـة كلها حتى يومنا هـذا إبان إحدى مراحل الاستيطان الأخيرة في فترة المقابر الجرار الفخارية في العصر البرونزي الحديث، وحتى الآن توجـد مسـتودعات الكنوز والسـلاح التي تعود لتلـك الفترة المليئة بالحـروب على جبل بولينهايمر، لكن العلماء لا يستطيعون الجزم بأن مخازن الأسلحة قد أنشئت فعلًا بغرض تجهيز جحافل المحاربين، حيث تشـير الكثير من الأدلة إلى أن تلك المسـتودعات كانت تخدم أغراضًا خاصة بالطقوس الدينية ـ ربما كانت تلك الأسلحة والكنوز تقدم كقرابين للآلهة.

فيما يخص «جبل بولينهايمر» توضح تقييمات علماء الآثار أن مستوطنات العصر البرونزي المرتفعـة لم تكن محاطة بالحواجز أو الأسـوار أو غيرهـا من صور الحماية، أي أن الفترة التي نزح فيها رامي أميسبوري والفتى الإيبيري إلى وسط أوروبا كانت فترة سلام وهدوء، لكن الوضع تغـير تمامًـا في الفترات اللاحقة: فقد عثر العلماء على منشـآت محصنة مبنية من الخشـب والطين تعرضـت للحـرق أكثر من مـرة، ويغلب الظن أن الأعداء هم من أضرمـوا تلك النيران، حتى وإن كان السـبب في بعـض الحالات يرجع إلى الاسـتهتار في التعامل مع المواقـد، أما حقيقة أن المسـتوطنات الحصينـة التـي تقع فوق جبل بولينهايمـر ظلت مهجورة تمامًـا لبعض الوقت في العصر البرونزي المتوسـط فتشـير إلى سـبب من اثنين: إما أن هجمات الأعداء على السـكان قد زادت عـن الحـد، أو أن منـاخ وسـط أوروبا قد أصبح بـاردًا أكثر من اللازم فسـعى الناس إلى أماكن أكثر دفئًا.

«جبل بولينهايمر»
هل كان مركزًا للسلطة في العصر البرونزي؟

في عصر مقابر الجرار الفخارية الذي بدأ عام 1000 ق.م. تحول ذلك الجبل إلى حصن حقيقي وذلك من خلال بناء منشآت التحصين الضخمة، لكن الأمر في هذه المرة احتاج إلى عدد كبير من العمال، فكان الأمراء آنذاك يحتاجون مئات ـ وربما آلاف ـ الرجال للدفاع عن السور المحيط بالجبل من كل ناحية.

لكن السؤال الذي يطرح نفسه هنا هو السؤال عن الغرض الأساسي من تلك المستوطنات المرتفعة؟ لم يوجد ما يدل على أن تلك المستوطنات كانت تستخدم كقلاع لكن السؤال هنا هو هل كانت تلك المستوطنات المرتفعة تُستخدم فعلًا كمدن مأهولة بالسكان بصفة مستمرة أم أنها كانت مجرد ملجأ في حالة الحرب، تشير الأدلة التي عثر عليها فوق جبل بولينهايمر على الاستيطان المستمر، بل إنها تذهب أبعد من ذلك التفسير: فقد عثر علماء الآثار على آثار ورش متخصصة لا يمكن أن تتواجد في مستوطنات الطوارئ، هذا من ناحية، ومن ناحية أخرى ظلت بعض أجزاء جبل بولينهايمر خالية من أية مبانٍ أو منشآت، ومن هنا استنتج بعض العلماء أن تلك المساحات كانت تستخدم للزراعة، ربما كي تجعل المستوطنة أكثر استقلالًا، وتعتبر الأدوات الزراعية وعظام الماشية والأبقار والماعز والخنازير التي تم العثور عليها هناك دليلًا قويًا على صدق هذه النظرية.

يوجد فوق السهل المرتفع ما يُعرف بقبر النار الذي تضمن الكثير من الخواتم البرونزية المتضررة من النيران، ويبدو أن القبر كان يحتضن بين جدرانه أميرًا قويًا، ويُرَجَّح أن ذلك الأمير كان يتخذ مقره فوق الجبل نفسه، وربما كانت الأغراض الذهبية والبرونزية تستخدم في الطقوس، وهذا دليل آخر على أن جبل بولينهايمر كان مركزًا دينيًا مهمًا، وبعد كل ما عرفناه

عن العصر البرونزي نستطيع القول إن الحياة اليومية لم تكن بمعزل عن الحياة الدينية المقدسة، وإن زعيم المستوطنة ربما كان كاهنًا في الوقت نفسه، وربما كان الناس يجيئون من البلاد البعيدة كي يطلبون المشورة من الكاهن الرئيس ومن مجلس الكهنة في المستوطنة.

الخلاصة: تشير المكتشفات التي عثر عليها فوق جبل بولينهايمر إلى أن الطبقة الحاكمة في ذلك الوقت بدأت لأول مرة في التاريخ تنسج خيوطًا سياسية تتخطى محيط المستوطنة.

فمن يريد ممارسة السلطة على الوجه الأمثل لا يحتاج إلى أساس مستقر فحسب بل ويحتاج أيضًا لأن يطلع على كل ما يحدث داخل مملكته، ولهذا كان التنوير والتواصل عاملين حاسمين جدًّا آنذاك لنجاح القبيلة أو هزيمتها، ولا شك أنهم كانوا يعينون رسًلا يسافرون سيرًا على الأقدام أو فوق ظهور الخيل لنقل الرسالات الشفوية، لكن الأمر لم يقتصر على ذلك، لأن التجار الغرباء الذين كانوا يجلبون بضاعتهم من بحر البلطيق حتى البحر المتوسط أو من شمال إيطاليا عبر الألب كانوا يواجهون صعوبة كبيرة في التواصل بسبب عائق اللغة، كيف يمكنهم المساومة في الأسعار وتحديد وزن وجودة البضاعة إذا لم يكن كل منهم يفهم الآخر؟

ستساعدنا بعض المكتشفات في فهم تلك الأسئلة المحيرة: كان علماء الآثار دائمًا ما يعثرون أثناء عمليات التنقيب على صنم رغيف الخبز، لكن العلماء لم يفهموا في البداية وظيفة أو معنى هذا الصنم، وكانوا قد أطلقوا عليه هذا الاسم نظرًا لشكله وحجمه الذي لا يتجاوز بضعة سنتيمترات، وفي بعض الأحيان كان رغيف الخبز يبدو مطولًا وأحيانًا أخرى مدورًا، وتعود كل تماثيل رغيف الخبز إلى العصر البرونزي المبكر - دون استثناء - وهذا ما اتضح من عمليات التنقيب في جميع أنحاء أوروبا الوسطى، حيث كانت تلك التماثيل الصغيرة تظهر دائمًا سواء في بقايا البيوت التي تقع على بحيرة كونستانس Bodensee أو في المستوطنات القديمة في شمال إيطاليا ومصب نهر الدانوب، ويلاحظ على تلك التماثيل خطوط أفقية متوازية تظهر عليها أشكال هندسية على مسافات منتظمة.

صنم رغيف الخبز:
هل هو شفرة تعريف العصر البرونزي؟

الإشارة هنا لا تقتصر على الشكل فقط ولكنها تشمل أيضًا الترتيب المنطقي للكتابة المنقوشة والتي تبدو متشابهة في جميع أنحاء أوروبا، وقد خمن بعض علماء الآثار في البداية أن تلك الكتابة نوع من التعاويذ، وربما تكون رموزًا فلكية، لكن التطابق الكبير في الكثير من المكتشفات التي عثر عليها في أماكن متباعدة جدًّا عن بعضها البعض وكذلك ترتيب الرموز الذي يذكرنا بالمعداد الذي كان يستخدم لتعليم الأطفال جعلنا نفكر في شيء مختلف تمامًا: هل كانت تلك الرموز المنقوشة على صنم رغيف الخبز نوع من العلامات التجارية؟ هل كانت تستخدم كختم؟ ربما كانت تستخدم مع منتجات العصر البرونزي مثل لافتات الأسعار التي نستخدمها حاليًّا أو ربما كانت تلك الأصنام تستخدم كموازين معترف بها في كل قبائل أوروبا.

لا توجد أدلة كافية على أي من هذه التخمينات، لكن الشيء الأكيد هنا هو تبادل الأفكار فيما يتعلق بتصنيع صنم رغيف الخبز، ويوضح ذلك الانتشار الكبير أن الشعوب الأوروبية كانت تتواصل في العصر البرونزي أكثر مما كنا نظن وأنهم كانوا يعرفون وسائل اتصال غير شفوية، ويسري هذا أيضًا على المناجل التي كانت تستخدم في الزراعة، فقد عثر علماء الآثار في الكثير من عمليات التنقيب على مناجل برونزية منقوش عليها نظام من الرموز المعقدة، وعلى العكس من صنم رغيف الخبز الغامض كان فك لغز المناجل سهلًا نسبيًّا: فقد كانت هذه المناجل تسجل بيانات معينة خاصة بالتقويم، على سبيل المثال مراحل القمر وبالتالي تساعد الفلاحين في تحديد مواعيد الزرع والحصاد.

لقد كان العالم الذي سافر إليه الشاب الإيبيري عالمًا متجددًا ومعقدًا ومثيرًا، ولا شك أننا في السنوات التالية سنعرف الكثير عن عصر الازدهار الأول للتجارة الأوروبية، وربما يساعدنا

هـذا على فهم تأثيرات «العولمة» الحالية، فطالما أدى التطور التقني والاجتماعي في كل العصور إلى اضطرابات وتقلبات كبيرة، وكان السؤال وقتها هو نفس السؤال الذي نطرحه نحن اليوم: كيف يمكن التعامل مع هذه التقلبات؟

الفصل التاسع

مذبحة في تولنسيتالداس

أقدم ساحة معاشك في وسط أوروبا

حـدث في تلك الأزمنة السـحيقة أن سـادت الفوضى في عصر الفرعون المصري رمسـيس الثاني، واضطر شعب بأكمله إلى ترك دياره والبحث عن وطن جديد، هذا ما ورد إلينا في قصص العهـد القديم في الإصحاحين الثـاني والخامس من الإنجيل حول خـروج بني إسرائيل، واتفق العلماء على أن خروج بني إسرائيل من المنفى المصري حدث في القرن الثالث عشر قبل الميلاد، أي بعـد مـوت نفرتيتي الجميلة بحوالي مائة عام، وكانت نفرتيتي هي زوجة الملك الزنديق إخناتون الذي جعل عبادة الشـمس - والإله آتون الذي رمز إليه بقرص الشـمس - هي الديانة الرسـمية لمصر، وكانت فكرة قرص الشـمس وأسطورة رحلة الشمس ومسار الضوء والحرارة من الجرم السـماوي إلى سـمائنا معروفة في العصر البرونزي في وسـط وشـمال أوروبا، وهذا ما تؤكده عربة الشمس التي عُثر عليها في تروندهولم Trundholm في الدنمارك والتي تعود لعام 1400 ق.م.، فقد كانت الأفكار والمعتقدات والأديان تنتقل عبر آلاف الكيلومترات، حتى بدون إنترنت.

مـا زال التمثـال النصفي للملكـة نفرتيتي المعروض في متحف برلين الجديـد يثير الإعجاب حتى يومنـا هذا، وقد عُثر عليه في السـادس من ديسـمبر عـام 1912 في عملية تنقيب قامـت بها جمعية الشرق الألمانية في إسـتوديو مكشـوف لأحد النحاتين في تل العمارنة، وكان التمثال ملونًا ومصنوعًا من الحجر الجيري، ويحمل قلادة تشبه سلاسل العنبر التي عُثر عليها في أنجولشتات والتي تعود لنفس الفترة، كما أن قفل السلسلة الموجود خلف رقبة الملكة النحيلة يبدو هو نفس القفل الموجود في سلسلة أنجولشتات.

جمجمة مكسورة تعود إلى معركة تولينسه، حيث تتطابق الفتحة الموجودة أعلى الجبين

مع الهراوة الخشبية المستقرة بجانب الجمجمة

وصـل الخـلاف حـول طلب اسـتعادة التمثـال الـذي تقدمت به مـصر إلى أعـلى الدوائر الدبلوماسـية، وقـد رفضـت هيئة التراث القافي البروسـية ذلك الطلب بالإشـارة إلى التقسـيم السابق للمكتشفات الأثرية وإلى حالة التمثال المقلقة التي تجعل نقله أمرًا مستحيلًا، فقد أوقعت تلك الجميلة أحد القياصرة تحت سحرها، وكان هذا القيصر هو فيلهلم الثاني الذي وقع أسيرًا لحسنها، لدرجة أنه في عام 1918 أخذ معه نسخة من التمثال النصفي إلى منفاه الهولندي، وتُقدر قيمة النسخة الأصلية من التمثال بحوالي 300 مليون يورو.

كان ابن زوج نفرتيتي الفرعون المصري المعروف عالميًّا بقناعه الذهبي توت عنخ آمون يُدعى في الأصل توت عنخ آتون وكان ابنًا للملك الزنديق إخناتون، ولم يكن هذا الفرعون ابنًا لنفرتيتي، وهـذا مـا أثبتته الأدلـة الجينية التي قام بهـا العلماء، وكان الفرعون الشـاب قد رقـد ثمانين عامًا في مقبرتـه عندما بدأ خروج بني إسرائيل في عهد رمسـيس الثاني، وفقًا لـما ورد في الإنجيل، لقد ظل تـوت عنخ آمون راقدًا في مقبرته ثلاثة آلاف سـنة حتى عـام 1922 حينما اقتفى أحد الإنجليز أثره: وقد عثر هوارد كارتر إلى جانب المعادن الثمينة مثل الذهب على «أشـياء أخرى رائعة» قد رافقت الفرعون الشـاب الذي يبلغ من العمر تسـعة عشر عامًا إلى رحلته البعيدة لتكون عُدة له في الحياة الأخـرى، فقد أخذ معه سلاسـل وجعرانًا رائعًـا، وكلها كانت مصنوعة من العنبر، وللأسـف لم تسـمح مصلحة الآثار المصريـة بتحليل تلك القطع للتأكد من الخنفسـاء الجميلة، وربما كان ذلك الطلـب عـلى ذلـك الراتنـج الغريب أكثر مـن الطلب عـلى الذهب، لأنـه كان نادرًا جـدًّا في تلك الأماكن، فقد كانت مناجم الذهب في النوبة أقرب إلى مصر من مصادر العنبر على بحر البلطيق.

في عهـد رمسـيس العظيم ـ أقوى فرعون مصري على مر العصـور ـ الذي أمر ببناء المعابد والقصـور الفخمـة، وفي نفس فترة حرب طروادة الشـهيرة التي تحولت إلى فيلم سـينمائي «من منـا لا يتذكر بـراد بيت والعضلات الاصطناعيـة في ذراعيه النحيفين؟»، وقبيل سـقوط مملكة الحيثيين وعاصمتها حاتوسا بفترة قصيرة، وفي نفس عصر التيه في الصحاري والمعجزات التي حدثت في الفترة من 1250 إلى 1200 ق.م. وقعت مجزرة كبيرة في مكلينبورج–فوربومرن Meck-lenburg - Vorpommern الحالية، وربما كان لهذه المجزرة علاقة بالعنبر.

لقـد عُثر في قبور الفراعنة عـلى راتنج غامق ـ ثبت أنه عنبر بحر البلطيق ـ وكذلك في قبور شركاء العمل مثل ملوك ميسـيناي وأمراء قطنة في سـوريا الحالية، كذلك كان الخرز الذي عثر عليـه في حطام سـفينة أولوبورون التجارية مصنوعًا من العنبر، تلك السـفينة التي غرقت عند السواحل التركية في الطريق بين اليونان والشرق الأوسط/ مصر، كما كانت الكنوز التي دفنت تكريـمًا للآلهـة في ممرات الألب الجليديـة العاصفة تحتوي على عدة سلاسـل مصنوعة من خرز العنـبر السـميك، ولو تتبعنـا طرق العصر البرونـزي التي امتدت من النيل إلى الشـمال لوجدنا قطعًـا مصنوعة من العنبر في سـفوح الألـب ومنطقة هاله، حيث دُفِن أمير لويبنجن أسـفل تل عظيم وحيث اُكتُشف قرص نبرا السماوي.

مـا الـذي حدث على طرق العنـبر بين الألب وبحـر البلطيق؟ هل كان نقـل البضائع يمر دائمًا بسـلام وفقًا لمبدأ النقل في قوافل؟ كانت بضائع الجنوب مثل النحاس والقصدير وبضائع الشـمال مثـل الملح والعنبر تصبـح أغلى كلما انتقلت من يد إلى يد ومـن محطة إلى أخرى، وتجعل التجـار أكثـر ثراءً وتجعل الأمراء المسيطرين على الأنهار ونقاط الالتقاء بـين الطرق أكثر نفوذا وثراءً، لكن أَلَمْ تحدث صراعات حول المراكز التجارية أو المعابر عبر الأنهار أو صراعات حول الرسوم والضرائب أو حول التحكم في الطرق؟ ألم تكن القوافل التجارية تتعرض للغارات؟

الهراوات الخشبية في مواجهة السهام البرونزية

في نفـس الوقـت الذي ضربت فيه الابتلاءات العشر مـصر ـ وفقًا لرواية الإنجيل ـ وبينما كان الشـعب المحمي بمعجزات الله يشـق طريقه إلى الأرض الموعودة قامت إحدى القبائل في سـفوح الألب بحزم أمتعتها ـ من بينها النسـاء والخيول والأسـلحة البرونزية ـ التي كانت على نفـس القدر من الأهمية ـ وشـقت طريقها نحو الشـمال باتجـاه بحر البلطيق، إننـا لم نعرف هذه الحكايـة من الكتـب أو النقوش على المعابـد والقصور، فمن هذا الذي يمكنه أن يسـجل قصة المسيرة الطويلة في وسط أوروبا في الوقت الذي لم يعرف فيه الشمال الكتابة؟

لا توجد أي أدلة أثرية على رحلة كنعنان ـ فهل الإنجيل على حق؟ لقد وصلت إلينا رسائل من الماضي حول النهاية المحتملة للمسيرة الطويلة عبر شمال أوروبا، فقد كشفت أكثر المقابر إثارة في ألمانيا عن ذلك اللغز، لم يكن عددهم 600000 من الرجال والنساء والأطفال، ولم يكن عددهم 40000 مثل الذين خرجوا من مصر في نفس الوقت وفقًا لسفر الخروج 37،12، ربما كان مجموع المشاركين في تلك المسيرة المتجهة إلى منطقة الدانوب بضعة آلاف، كان عددهم كبيرًا جدًّا وقد ساروا عبر الغابات والمستنقعات والبرك، وكان أغلى ما بحوزتهم ـ بخلاف الأسلحة البرونزية ـ القصدير، تلك المادة المرغوبة المستخدمة في صناعة البرونز، وكانت عملة صالحة عالميًّا، وكان بحوزتهم ذهب، وعندما وصلوا إلى تولينسيتال Tollensetal التي تقع جنوب جرايسفالد Greifswald اصطدموا ببعض السكان المحليين الذين كانوا يضمرون الشر للمسافرين الغرباء، ووقعت بينهم معركة كبيرة عند أحد المعابر الضحلة لنهر تولينسيه، وهو نهر صغير متفرع من نهر البينا Peene يفضي إلى بحر البلطيق، أي إلى بلاد العنبر.

إذا بحثت على جوجل عن عمليات التنقيب التي قامت بها مصلحة الثقافة والحفاظ على الآثار في مكلنبورج ـ فوربومرن وكذلك جامعة جرايسفالد لوجدت آلاف النتائج، ونظرًا لأن حرب طروادة التي حدثت في نفس الفترة كانت أكثر شهرة وجاذبية من «حرب تولينسه» فسوف تجد بعض العبارات العسكرية مثل: إذاعة ألمانيا تقدم تقريرًا عن «بدايات العنف المنظم»، أو جريدة زوددويتش تتحدث عن ضجة أثرية كبيرة تحت عنوان: «الهراوات الخشبية ضد السهام البرونزية»، مجلة صورة العلم: «حمام دم قبل 3200 سنة: معركة تولينسه» أو تقرير جريدة شبيجل أونلاين حول اكتشاف «مذبحة تولينسه. مذابح العصر البرونزي تحير علماء الآثار» وحديثها عن «ذلك الحدث الكبير المخيف الذي يتجاوز الاهتمام الإقليمي»، كما تحدثت جريدة فيلت أونلاين Welt online عن «الاكتشاف الفريد في أوروبا ـ اكتشاف معركة العصر البرونزي»، كما بث برنامج NDR 1 على إذاعة MV تقريرًا بعنوان «تحديد مقابر الذهب في تولينسه» عن الخواتم المصنوعة من الذهب الخالص التي عثر عليها على عمق عدة أمتار تحت سطح الماء، وكذاك الحلزونات البرونزية وأقدم كنز من القصدير في أوروبا ـ هذا إلى جانب الأسلحة والهياكل العظمية.

إن كل ما سبق يدل على أهمية ذلك الحدث الأثري، فما الذي حدث بالفعل؟

دعت جامعة جرايسفالد في نهاية أبريل عام 2012 إلى مؤتمر صحفي بعنوان: «الذهب والقصدير في ميدان معركة العصر البرونزي في تولينسيتال»، فقد عثر علماء الآثار المتطوعون على كنز أثري في نهر تولينسه في صيف 2011، كنز ظلوا سنوات يحلمون بالعثور عليه.

لنبحث الآن بمزيد من الدقة ذلك الحلم الذي حققه علماء الآثار المتخصصون في الآثار المغمورة تحت سطح الماء سونيا وفرانك ناجلكوجنر وبورجفارت الأب والابن من مدينة بيرو، والعاملون المتطوعون من الهيئة المحلية.

بدأ الاكتشاف برحلة بالزورق إلى تولينسه، حيث كان النهر الضيق الذي يبلغ عمقه ثلاثة أمتار فقط يتدفق في نويبراندنبورج Neubrandenburg من بحيرة تولينسه، وفي عام 1941 بُني هناك معهد أبحاث الطوربيدات التابع لقوات البحرية الألمانية، فكان كل طوربيد صالح للاستخدام في الجبهة - يعتبر الطوربيد هو السلاح الرئيسي للغواصات - يتم تشغيله في هذا المكان لمدة شهر كامل، وبالتالي كانت هناك طوربيدات كثيرة في باطن البحيرة، لأن 40٪ من الأسلحة كانت تُفقد أثناء تلك العمليات، وكان ذلك مكلِّفًا للغاية، لأن قيمة كل قطعة كانت تبلغ آنذاك 50000 مارك ألماني بما يعادل 600000 دولار في الوقت الحالي، لكن تخيل كم الأرواح التي عاشت لحسن حظها وبفضل الطوربيدات المعطلة!

لم تكن مخلفات الحرب العالمية هي التي أثارت اهتمام سونيا وفرانك ناجل، لكن مجال علم آثار الحروب أصبح منذ عدة أعوام جزءًا من برنامج هيئات الآثار، على سبيل المثال علم آثار المعارك أو علم آثار المعسكرات، لكن الشيء الذي اكتشفه علماء الآثار الغواصون في أعماق النهر الصغير ليرى الضوء لأول مرة منذ ثلاثة آلاف عام كان مثيرًا جدًّا، ينعطف نهر تولينسه الذي يبلغ طوله 68 كيلومترًا باتجاه الشمال عبر أحد الأودية الهادئة، وفي هذا الموضع يستخدم النهر واديًا جليديًّا قديمًا كمجرى له، إلى أن يصب في نهري الديمين Demmin والبينا Peene، وهنا تعيش حيوانات القندس وصغار الضفادع والسحالي والثعابين والأفاعي، ويبلغ

عـدد الأنـواع التي توجد هنا 729 نوعًا من الحشرات و740 نوعًا من النباتات و156 نوعًا من الطيـور و37 نوعًـا من الأسـماك، أي أنها قطعة خام مـن الطبيعة، لم تصـل إليها الأعمدة أو خطوط الكهرباء أو توربينات الرياح التي تشـوه منظر الأفق، فقط عندما تهب ريح الشرق يمكنك سماع صوت الطريق السريع القريب من برلين، وعلى الرغم من كون الشاطئ مليئًا بالقصب في بعض أجزائه وبالمستنقعات في أجزاء أخرى إلا أن استعمال الزوارق على طول النهـر أمرًا ممكـنٌ، وهذا يزيد من الخطر الذي يواجهه المنقبون بعد اكتشـاف الكنز الذهبي؛ لأن لصـوص المقابـر يسـتجيبون بسرعة وبـلا ضمير حيـال الأخبار، ويبـدو أن العقوبات التحذيرية غير كافية.

هنـا في موضـع الاكتشـاف العظيـم شـمال ألتنتريبتـوف Altentreptow وعنـد أحـد المعابر الضحلة القديمة يصبح النهر أكثر ضيقًا وسرعة وهو يشـق المسـتنقعات التي تعمل على حفظ المواد العضوية.

في تلـك العزلـة وذلك الصمت انتهت جولـة هانز ديتريش بورجفـارت Hans-Dietrich Borg-wardt على ظهر زورقه في عصر ذلك اليوم عندما اقترب من الجرف أكثر ودقق النظر، وكان منسوب المياه في ذلك اليوم منخفضًا جدًّا، حيث لاحظ وهو يقف على الجسر المائل المقام على الشـاطئ شـيئًا غريبًا، لم يكن ذلك الشيء فرع شـجرة ميتًا ـ كما اعتقد في البداية ـ ولكنه كان عبارة عن عظام بشرية طويلة، وأثناء تناوله العشاء مع أسرته قال «إن العظام التي اكتشفها عظام بشرية».

قرر الأب والابن أن يذهبا إلى النهر مرة أخرى قبل أن يحل الظلام، فخاضوا المياه العميقة في المغرب واكتشفوا «كومة كبيرة من العظام »، كما يقول الابن رونالد.

في صباح يوم آخر ـ كان يوم إثنين ـ ذهب رونالد بورجفارت مرة أخرى إلى ذلك الموضع من النهر، وغطس وهو يرتدي ملابس السباحة حتى وصل إلى موضع مستوي واكتشف «كل ما يخص الإنسان».

منـذ أن كان صبيًّـا صغيرًا كان عالم الآثار الهاوي يخـرج إلى الطبيعة ويبحث عن الحفريات في حفر الحصى، وذات يوم اكتشف في إحدى الحفر فأسًا برونزية وغيرها من التماثيل القديمة، وبينما كان رفاقـه من نفس العمر يسـافرون مـع آبائهم إلى الغرب أعلن ذلـك الصبي جمهورية ألمانيا الديمقراطية وطنًا له، إن تلك اللحظة في صباح ذلك الإثنين لم تكن لحظة عادية، فقد كان ذلك الاكتشـاف يتجاوز كل ما تم اكتشـافه حتى تلك اللحظة، فقد ظل يجمع العظام لساعتين كاملتـين، حتى ملأ صندوقين كبيرين من صناديق التسـوق، وبدأت السـماء تمطـر مطرًا خفيفًا وازدادت بـرودة الجو، وبـدأ يرتجف، فقاد عربته المحملة بالصندوقين المملوئين بالعظام، وأراد أن يعـرض الغنيمـة على والده، فاعتقد هذا الأخـير أن العظام تعود إلى الحـرب العالمية الثانية، وبينما كانا يفكران في إحضار القسيس وفتح غطاء العربة لاحظا أول دليل قادهما إلى الاكتشاف العظيم: فقد لاحظا عظمة ذراع مغروس فيها سهم مصنوع من حجر الصوان، ولاحظا هراوة تبدو وكأنها تعود إلى فترة ما قبل التاريخ.

كان هنـاك سـبب وجيه لاعتقاد هانز ديتريش بورجفـارت في البداية أن تلك العظام تخص ضحايا الحرب العالمية، فقد كان يعرف قصة المسنين الذين كانوا في دمين Demmin في أوائل مايو 1945، كان يومًا دافئًا جميلًا من أيام الربيع، وكانت الحشائش مخضرة وزاهية وإذا بقوات الاتحاد السـوفييتي تقتحم المكان، وكانت قـوات النازية قد تشردت منذ فـترة، فأُحرِقَت المدينة ونُهِبت واغتصبت النساء والأطفال من كل الأعمار - حتى الصغار منهم، ولفرط الخوف والفزع هربت الأمهات إلى شـاطئ بينا وتولينسـه، وهم يحملن على ظهورهن حقائـب من الأحجار، ويحملن صغارهـن بـين أذرعهن كي يغرقن ومعهـن أطفالهن، وكان ذلك الانتحـار الجماعي مخيفًا جدًّا، حتى بالنسبة للروس، فقام بعض الجنود بسحب بعض النساء من المياه مرة أخرى.

اختفـت أسر بأكملهـا في النهـر، ولم يبـقَ منهـم أحد، ويمكنـك اليوم أن تشـاهد النصب التـذكاري للمقبرة الجماعية في مدافن بارتولوماي Bartholomäi في دمين، لكن الكثير من هؤلاء الضحايا لم يُدفنوا.

هجوم أكلة الذرة البيضاء؟

بعد اكتشاف رأس السهم المصنوع من حجر الصوان بات واضحًا لرونالد أن تلك العظام قديمة جدًّا، وأصبح يعرف جيدًا أن عليه أن يترك الاكتشاف في مكانه ويستدعي علماء الآثار، وفي هذه الأثناء تلقى تدريبًا لدى هيئة الآثار وأصبح مسؤولًا رسميًّا عن المحافظة على الآثار، كما أنه يواصل دراسته ولديه رخصة وكلما اكتشف شيئًا قام بتوثيقه واستخراجه وعرضه على العلماء.

مثل اكتشافه لمطرقة خشبية ذات مقبض طويل يبلغ عمرها 3000 سنة، فقد اكتشف في البداية جمجمة سيدة في الثلاثين من عمرها مدفونة عند الشاطئ - فهل كانت هذه السيدة من ضحايا المعركة؟ هل كانت سيدة أمازونية؟ كما اكتشف أيضًا بقايا حصان، ويقول رونالد أنه يحب روايات الأمازون، وقد وجد المطرقة الخشبية أسفل جمجمة السيدة مباشرة، وربما ضُربت الجمجمة بالمطرقة، فقد كان هناك ثقب أعلى الجبين يتناسب مع رأس السلاح، وقد أدرك بورجفارت على الفور أن الخشب قد تمت معالجته، وأن المطرقة كانت نوعًا من الأسلحة، وأدرك أنه قام باكتشاف كبير.

يقول رونالد: «هذا أفضل ما حدث لي في حياتي»، ويصف مشاعره عندما يسير في الصباح حافي القدمين فوق التربة الدافئة، ويشعر بالطبقات التي تتضمن اكتشافًا ويسمع صفير جهاز الكشف عن المعادن، فتعلو ضربات قلبه، وفي بعض الأحيان يصطحب معه في مهام التفتيش الرسمية ابنته التي لا تزال في العام السابع من عمرها، فهي متحمسة للغاية، ويُقْسِم رونالد بورجفارت أنها قالت كلمة «قيم جدًّا من الناحية الأثرية» في سن صغير للغاية، فطالما سمعتها من أبيها في المنزل.

يحكي رونالد بورجفارت عن أروع اكتشافاته التي حققها حتى الآن: العظام البشرية وعظام الخيول والأسلحة المصنوعة من حجر الصوان والخشب والبرونز، ويصل طول «مضرب البيسبول» المصنوع من الخشب حوالي 73 سم، أما المطرقة التي تشبه مضرب البولو

الطويل فيبلغ طولها 56 سـم، وهي مصنوعة من شـجر البرقوق، ويعتقد رونالد أن حوالي ألف إلى ألفـي شـخص قد قاموا برحلـة من الجنوب واصطدموا بالسـكان المحليـين في هذا المكان، وهـذا يفسر تواجد النسـاء في المعركة الكبيرة التي دارت في تولينسـه، ويعتقـد أيضًا أن المعارك وقعـت في النهر مباشرة، «من المسـتحيل أن تكون المعـارك قد دارت هناك في الحقول ثم أُلقيت الجثث في النهر، وبعدها سقطت الجثث من فوق الخيول».

هل كان نهر توليســنه نهرًا حدوديًّا؟ وهل كان علامة تميز بداية منطقة نفوذ جديدة؟ وهل كان المقاتلون الذين استخدموا السهام البرونزية في مواجهة الهراوات الخشبية القادمون الجدد؟ ومـن أين علموا بذلك المعـبر الموجود في الوادي المليء بالمسـتنقعات؟ وهل كان لهم قائد؟ هل كان هنـاك خونة بين السـكان المحليـين؟ أم أن هذه القرية كانت مركـزًا تجاريًّا معروفًا يقع عند المعبر المؤدي إلى بحر البلطيق، لذلك حاولوا احتلالها؟

تخمينـات لا نهاية لها، ولن نعرف أبدًا كيف سـارت تلك الأحـداث، لكن الشيء الوحيد المؤكد هو أن نتائج الحفريات قد غيرت فكرتنا عن العصر البرونزي.

ما هي الحقائق؟ ماذا يقول العلماء؟ منذ عام 2008 يقوم العلماء أنفسهم بالبحث المنهجي في الموقع، وعلى الرغم من ذلك لا يستطيعون التنازل عن «مساعد الشريف» المتطوع.

إن عـدد الموظفين في مكاتـب المصلحة أقل من المطلوب، ولا يسـتطيع ذلك العدد القليل مـن العلماء أن يباشر كل المكتشـفات والتحقيقات القادمة من جميع أنحـاء المنطقة، أما في ذلك الصبـاح الغائـم فقد قام رونالـد بورجفارت بكل شيء عـلى أكمل وجه، حيث قـام بالتصوير والتوثيق ولم يعبث كثيرًا كي لا يدمر مكان الاكتشـاف وأبلغ عن الاكتشـاف، لكن أحدًا لم يتنبأ بأهمية ذلك الاكتشـاف وأن العمل في تلك المنطقة قد يتحول إلى نقطة مهمة من نقاط التنقيب، وهذا ما تقوم به جمعية البحث الألمانية منذ عام 2010.

إن عمل التحقيقات يشبه اللغز، فهو يتكون من نتائج البحث التي توصلت إليها التخصصات المختلفة، وكان رئيس المشروع هو عالم الآثار المحلي ديتليف لانتسن DetlefLantzen (مصلحة الثقافة

والآثـار المحلية في مكلنبورج-فوربومرن) وتوماس تيربيرجر «الباحث في فترة ما قبل التاريخ والعصور المبكرة بجامعة جرايسـفالد»، لكن لولا مسـاعدة الشركاء المتعاونين المتخصصين في العلـوم الطبيعيـة ولولا مسـاعدة الغواصين الذين تحول حلمهم الكبـير إلى حقيقة لظلت تلك المعركـة التـي وقعـت هنا عـام 1250 ق.م ـ في الوقـت الـذي كان العالم بـأسره يتطلع إلى مصر وميسيناي وطروادة وحاتوسا ـ لغزًا كبيرًا، وكان من بين المشاركين في عمليات الحفر والتنقيب متخصصـون في: علم آثـار الحيوانات وعلم الوراثة الأثـري، وجراحة المخ والأعصاب وعلم تحديد أعمار الأشجار وتاريخ الغطاء النباتي وإعادة بناء المشهد، كما شارك أيضًا البروفيسور تي. دي. برايس من جامعة ويسكونسين في الفريق المتخصص في تحليل نظائر السترونتيوم.

ما هي النتائج التي أسفر عنها البحث بعد عدة سنوات؟

يرجع السبب لظروف الحفظ الجيدة للشواهد العضوية على تلك المعركة الكبيرة إلى ارتفاع منسـوب بحر البلطيق نظـرًا لذوبان الجليد وبالتالي أصبح تدفق الأنهـار أكثر صعوبة فامتلأت أوديـة الأنهار بالمسـتنقعات، فعملـت طبقات الجفت المتزايـدة على التغليف المحكم للشـهداء وأسلحتهم الخشبية، وهو نفس السبب الذي يفسر تغير لون العظام إلى اللون البني.

الغواصان سونيا وفرانك ناجل ـ اللذان حققا حلمهما الكبير ـ يتحدثان مع البروفيسور توماس تيربيرجر (على اليسار) عن اكتشاف معادن: القصدير والبرونز والذهب

لقد ظلت عظام أصابع الأقدام واليد الصغيرة محفوظة في الوحل، وحتى الآن استطاع علماء الآثار أن يستخرجوا ما يزيد عن مائة شخص مبعثر الأجزاء من قاع النهر المتعفن ومن تربة المروج الرطبة، وقد خضع جزء صغير فقط من هذه الأجزاء للبحث المنهجي، ولا شك أن عدد الموتى سيرتفع خلال الحملات التالية، هذا مؤكد.

إن عدد القتلى الذين خلفتهم المعركة والذين يصل عددهم إلى مئات أو ربما آلاف يدل على أن الكثافة السكانية في ذلك الوقت كانت ثلاثة إلى خمسة أشخاص لكل كيلو متر مربع، ولا شك أن ما حدث كان أكبر من مجردة مناوشة محلية بين الفلاحين أو سكان القرية أو دفاع عن القرية ضد العصابات المغيرة التي كانت تطمع في نهب الغنائم الكبيرة على طرق التجارة.

ما سبب تلك المعركة؟ ولماذا لم يُدفن القتلى؟ كان أغلب القتلى من الرجال، وتتراوح أعمارهم بين العشرين والأربعين، وقد أظهر بحث الهياكل العظمية آثار جروح كبيرة، ولا شك أن معركة رهيبة قد وقعت في هذا المكان، ويبدو أن تلك المعركة دارت فوق مساحة كبيرة: كانت الهياكل عبارة عن جماجم حطمتها الهراوات، وعظام مشروخة ومثقوبة بفعل السهام، وفقرات محطمة، ومفاصل سحقتها الرماح، وتشير بقايا الخيول إلى الخيالة، أما رؤوس الحراب ورؤوس السهام المصنوعة من البرونز فتشير إلى أن قبيلة متطورة جدًّا تمتلك أسلحة معدنية قوية قد هجمت على السكان المحليين الذين كانوا يدافعون عن أنفسهم سيرًا على أقدامهم باستخدام الهراوات الخشبية والسهام والأقواس المصنوعة من حجر الصوان.

أسفر تحليل النظائر الذي قام به بروفيسور جان هاينماير من مدينة آرهوس Aarhus عن أن المتسللين كانوا قد أكلوا الكثير من الذرة البيضاء، لكن لا يوجد أي دليل على زراعة هذا النبات في مكلنبورج ـ فوربومرن قبل 3500 سنة، وربما يعني ذلك أن هؤلاء الغائرين جاؤوا من الجنوب الشرقي أو من سفوح الألب حيث تُزرع الذرة البيضاء، وإليك الدليل الثاني: لقد استخرج علماء الآثار إبرًا برونزية من ذلك النوع الذي كان شائعًا في سيليسيا Schlesien التي تبعد 400 كم في الجنوب الشرقي، غير أن الأسئلة التي لم نعرف إجابتها حتى الآن كثيرة، يقول توماس تيربيرجر «إننا نمزح حين نتحدث عن هجوم أكلة الذرة» وهو يعلم أن أمامه أعوامًا من العمل كي يحل لغز تلك المحمية.

التهافت على الذهب في تولينسيتال

هل ترك شعب بأكمله وطنه؟ هل كان السبب في ذلك هو تغير المناخ أم نقص المواد الغذائية، وهل كانت الصراعات المحلية على الموارد المتناقصة هي التي دفعت هذا الشعب لأن يبحث عن وطن جديد في الشمال، حيث بلاد الضباب التي عُثر فيها على الحجر السحري؟

هل أراد ذلك الجيش المحارب أن يغزو تلك المنطقة الجديدة كي يتحكم في طرق التجارة؟ على أية حال لقد كانوا أثرياء ويحملون معهم بضائع ثمينة كما تدل المكتشفات الحديثة.

لقد ساءت أحوال الطقس لدرجة كبيرة في جنوب ألمانيا في عام 1300ق.م.، فهل أدى نقص المواد الغذائية إلى هجرة ذلك الشعب الصغير؟ لقد كان المستوطنون في هذا المكان جزءًا من شبكة تجارية واسعة تمتد من بحيرة تولينسيه وتمر بأنهار تولينسه وبينا وتنتهي عند بحر البلطيق، وكانت البضائع تُنقل فوق السفن، وكان ذلك النهر الصغير ـ حسبما يعتقد رئيسا المشروع لانتسن وتيبيرجر ـ من أهم طرق النقل في العصر البرونزي، وما زال حتى الآن يحمل الكثير من الأسرار.

جاء سونيا وفرانك ناجل كي يحققا حلمهما، وكانا يعرفان الأماكن التي يتوجب عليهما البحث فيها، فقد كانت أجزاء الهياكل العظمية وكل ما كان القتلى يحملونه بحوزتهم يستقر عند المنعطفات وعلى الشواطئ الرملية والصخور الكبيرة، وكانت تلك الهياكل مغطاة بالجفت، وبعد أن استخرجوا عشرات الجماجم والعظام بدؤوا في استخراج تلك القطع المعدنية التي لم تكن جزءًا من الأسلحة، وإنما كانت تستخدم كحلي أو كبضاعة للمقايضة، وقد عثر الغواصان الباحثان على خاتم حلزوني مصنوع من الذهب الخالص على عمق ثلاثة أمتار في الوحل، ربما كان الخاتم لرجُل؟ ـ حلي للشعر مثلًا، وكانت الحلزونات المصنوعة من القصدير تستخدم كسبائك من المادة الخام تدخل في صناعة البرونز، وما زالت الحلزونات الذهبية التي يبلغ عمرها 3200 عام تلمع وتبرق مثل الذهب.

لهذا السبب كانت المكتشفات ونتائجها عظيمة جدًّا من وجهة نظر العلماء، لأن ذلك الاكتشاف كان يتعلق بأول ساحة معركة تُكتشف في شمال الألب وتعود للعصر البرونزي؟

وقف توماس تيربيرجر على شاطئ تولينسه مثل قائد المعركة الذي يمسك بزمام الأمور، وأخذ يراقب العوامات الحمراء التي تظهر مكان علماء الآثار الغواصين في ميدان العمل، وفي كل مرة يخرج هؤلاء إلى البر ويضعون مكتشفاتهم فوق قماش القنب، وأغلب هذا الاكتشافات عبارة عن عظام بشرية تغير لونها إلى اللون البني.

على الفور تأتي التعليقات، مثل: «فخذ قوي... هل وجدت المزيد من الضلوع؟..... والأفضل لو كان معها العمود الفقاري» و«لا يمكنك أن تتخيل ماذا يوجد بالأسفل».

يولي العلماء أهمية كبيرة للمكتشفات المعدنية، فهي تدل على أن هؤلاء الأشخاص كانوا على علاقة ما بالتجارة، هذا ما يبدو تيربيرجر متيقنًا منه، حيث تأتي المواد الخام مثل النحاس والقصدير من الجنوب، وتتم مقايضتها بالعبيد والفراء والعنبر المجلوب من الشمال، وربما بالنساء أيضًا، لكن العنبر هو السلعة الوحيدة التي أثبتت المكتشفات استخدامها في المقايضة.

لم تكن الأنهار حدودًا طبيعية فحسب، لكنها كانت تستخدم كطرق، وكان ذلك النهر الذي يفضي إلى بحر البلطيق ممرًّا للتجارة بين جنوب ألمانيا ومنطقة البلطيق، أي أنه كان أحد طرق العنبر.

بداية الحرب في وسط أوروبا

نظرًا لانخفاض الكثافة السكانية فقد دلت المكتشفات على التقلبات الاجتماعية التي سادت في ذلك العصر، وهذا ما يتأكد منه توماس تيربيرجر كلما تعمقت عمليات التنقيب، حيث يقول: «منذ بداية البشرية والعنف موجود، لكن بحلول العصر البرونزي اكتسب العنف بعدًا جديدًا هنا في تولينسيتال، لقد لمسنا لأول مرة حجم ذلك الصراع العنيف الذي لم يكن معروفًا لنا كعلماء آثار، لقد رأينا بداية التأهيل المهني للمحاربين، حيث ظهرت الأسلحة المعدنية مثل الدروع والخوذات، لقد لمسنا بدايات الحروب التي دارت هنا في وسط أوروبا».

لا بد من إعادة كتابة التاريخ، فلم تكن معتقداتنا عن العصر البرونزي صحيحة.

مكتشف جديد تم استخراجه من أعماق نهر تولينسيه الموحلة،
لا شك أن مئات ـ أو ربما آلاف ـ الأشخاص فقدوا حياتهم في تلك المعركة.

لقد عرفنا من المحاربين الأثرياء ـ ومن قبور الأمراء بالأخص ـ الذين ينتمون إلى نفس الفترة أن السيوف كانت تدفن مع الميت، لكن لم تكن بالضرورة تستخدم في الحرب، ربما كانت رمزًا يدل على سلطة الميت أو مكانته، أما الأسلحة التي كانت تستخدم كثيرًا فهي الأسلحة الخشبية والسهام والأقواس، حيث كانت سريعة وسهلة التصنيع ـ بالنسبة لأي فلاح ـ، وكان الناس يتشاجرون بالهراوات، وليس بالسيوف، وهذا ما توضحه معركة تولينسيه، وهذا ما توضحه السيوف المكتشفة في المقابر والتي تبدو شفراتها غير مستعملة.

دلت بعض الاكتشافات الجديدة على أن المعارك كانت تحتل مساحة تزيد عن 1.5 كيلومتر وكانت تستمر أسابيع، مما يدل على التنظيم والقيادة والزعامة والنخبة، وكانت تلك النخبة «عالمية» ولديها اتصالات تتجاوز حدود القارة الواحدة، ويشير الصراع الذي وقع هنا وتجاوز

الحدود الإقليمية أن الأمر لم يقتصر على التجارة السلمية التي كانت تمتد حتى نهر النيل وأفغانستان أو على زواج الأمراء وأفراد النخبة من بعضهم البعض أو تشابه الحلي الخاص بالطبقة العليا وعلى التهافت على السلع الغريبة مثل العنبر، فقد ظهر في العصر البرونزي الحديث «أسلوب عالمي» على حد تعبير المتخصصين، وهو أول أسلوب عالمي في تاريخ الفن، حيث كانت الرموز والزخارف والفنون والتقنيات الحرفية متماثلة في ألمانيا وحوض البحر المتوسط ومصر القديمة، أي أن العصر البرونزي قد عرف «لغة تصميم عالمية» لعبت دورًا سياسيًّا كبيرًا فيما يتعلق بتبادل الهدايا الفخمة بين أصحاب النفوذ ـ الكبار منهم والصغار ـ مثل هدايا مصر الذهبية إلى ملك بابل، تلك الهدايا التي رد عليها الملك بإهداء إحدى بناته.

عنبر البلطيق والزجاج المصري من أجل الأميرة

ساهم أحد الكنوز الثمينة الذي اُكتُشِف في منطقة بحيرة مكلنبورج في تحديد الشبكة التجارية الواسعة، ففي اليوم السابع عشر من شهر مارس 1991 تلقت مديرة متحف مدينة نويشتريليتس رسالة تخبرها بالعثور على شظايا فخارية وقطع برونزية في قطعة أرض على الحافة الجنوبية الشرقية للمدينة، وقد استخرجت القطع بمشاركة الجيران، لكن استمرار الأمطار الغزيرة لعدة أيام أعاق العمال، فلم يتمكنوا من تسليم الكنز بالكامل على الرغم من تأمين الموقع، وكان الكنز عبارة عن وعاء من الخزف يحتوي على 700 قطعة برونزية في شكل أساور وعقود وخواتم، و180 خرزة زجاجية و20 خرزة من العنبر، وكلها مصنوعة من عنبر بحر البلطيق.

تعتبر الخرزات الزجاجية التي كان لونها أزرق هي أكبر كنز من الخرز الزجاجي يعود إلى العصر البرونزي ويتم اكتشافه في منطقة الحدود بين ألمانيا ـ وشبه الجزيرة الإسكندينافية، وهذه الخرزات منظومة بخيط دون أي فواصل لتصنع سلسلة من الخرز طولها 125 سم، وكان العلماء قد ظلوا فترة طويلة يعتقدون أن كل الخرز الزجاجي الذي يتم العثور عليه في الشمال

هو خرز مصري، لكن في الوقت الحاضر يعتقد العلماء أن مصدره هو جنوب ألمانيا أو سويسرا وشمال إيطاليا حيث يتم تقليد النماذج الأصلية، وقد ثبت وجود اتصالات تجارية مكثفة في تلك المنطقة، وكان أغلب الزجاج الخام يأتي من شرق البحر المتوسط، ولا بد أن ذلك الكنز كان يخص شخصية ذات مكانة عالية، ربما كانت أميرة، لأن الحزام المزين بالحلزونات كان من أزياء النساء النمطية، وربما كانت طرق التجارة في هذه الحالة تسير عبر الأنهار والبحيرات.

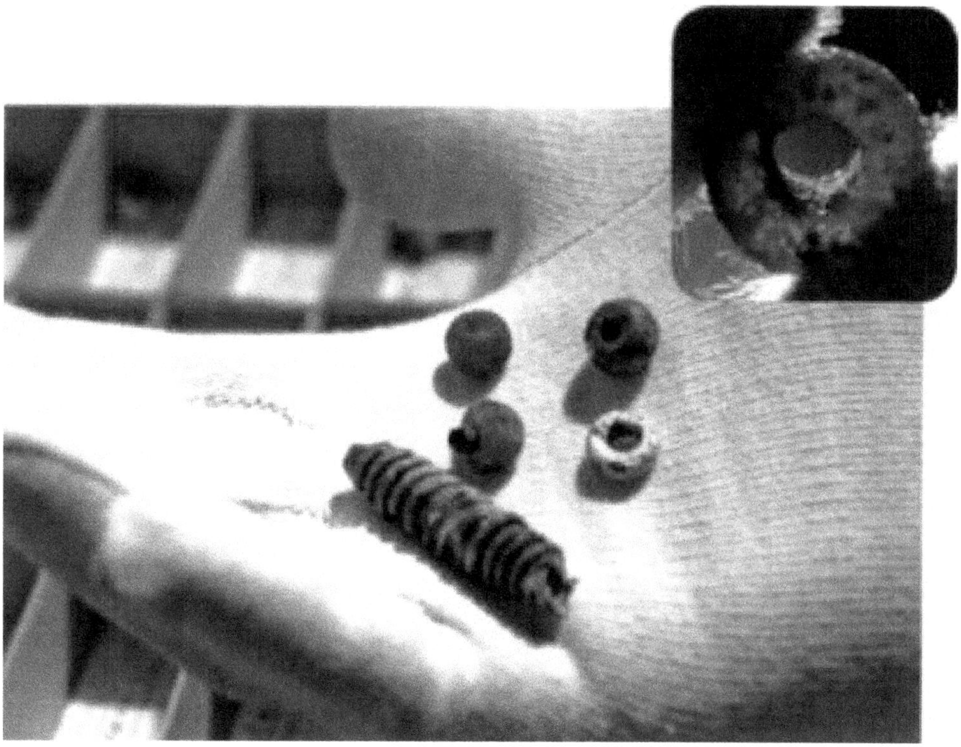

نويشتيرليتس: حلزونات برونزية وخرز مصنوع من الزجاج المصري، مثبت على خيط طويل ليصنع سلسلة من الخرز طولها 125 سم

تؤكد ذلك بعض الاكتشافات الأخرى: عُثر على سلاسل مصنوعة من الخرز الزجاجي وخرز العنبر في منطقة بارخيم Parchim، وقد عُثر في تل «جروتكوب Grootkopp» في بيشيلشتورف Bechelstorf في مقاطعة شمال غرب مكلنبورج على قطعة مميزة جدًا عبارة عن

عناصر زينة لكرسي قابل للطي من ذلك النوع الذي كان معروفًا في مصر، وحجاب حريري خاص «بسيدة توركوف» الميتة، ربما صنع في الصين أو في منطقة البحر المتوسط.

أغلب تلك الكنوز لم تكن ودائع مخبأة، وإنما قرابين كانت تقدم للآلهة، ولم هذا التصرف البدائي بالنسبة لإنسان العصر البرونزي، العكس هو الصحيح، وقد أوحت إلينا قصة طوفان بابل بالعالم الفكري وراء ذلك التصرف، فلا بد للإنسان أن يراعي الآلهة، وإلا غضبت عليه، وحتى الآن ما زالت صلوات وتضرعات الناس للآلهة وحديثهم معها مدونة على الألواح الطينية: «لماذا أهملتني؟ مَن يجرؤ أن يأخذ مكانك؟» أو: «ماذا فعلت لك؟ أنا لا أستطيع أن أقيم رأسي من شدة الهم والغم»، وكانت الهدايا الثمينة مثل الذهب والبرونز والعنبر هي الشيء الوحيد الذي يفلح في تلك الحالات.

يدل السحر والطقوس الدينية على أن «المجال الوحيد الذي كان يهتم بالمنطق والعلة والنتيجة هو العلوم الطبيعية، »، هذا ما كتبه عالم اللاهوت فيلكو تايفكه في كتالوج معرض الخرافة والسحر، كما تدل الكنوز الأثرية التي عُثر عليها في مكلنبورج-فوربومرن والتي تعود إلى العصر البرونزي إلى أن «الإنسان قد حاول التأثير على سياق العالم وبالتالي على القوى الخارقة والمقدسة باستخدام السحر، وقد عرف الإنسان آنذاك وحدة سحرية ـ مع الشخصيات الروحية المقدسة».

تثير المكتشفات المعدنية والذهبية التي عُثر عليها في تولينسيتال حيرة رئيسي المشروع لانتسن وتيربيرجر، فهما لا يعرفان ما إذا كان تلك المكتشفات بضائع تجارية كانت بحوزة المحاربين وغرقت معهم أم أنها قرابين قُدمت للآلهة طلبًا للنصر أو شكرًا على النصر في المعركة، وتدور الأسئلة التي يطرحانها حول المكان والكيفية التي وجدت عليها تلك المكتشفات وفي أي مجموعة، وتبدو الإجابة على تلك الأسئلة صعبة، بعد أن مرت 3200 سنة.

كانت الشبكة التي ضمت سكان ذلك الوادي أوسع من نفوذ أكبر الفراعنة والأمراء والملوك، فقد كانت الصفقات تُعقد في المراكز التجارية في تلك الشبكة، وكان العنبر يُجلب من الشمال وتتم مبادلته بالمعادن والذهب والزجاج، وربما لم يحدث قط أن التقى التجار الذين يسكنون طرفي العالم.

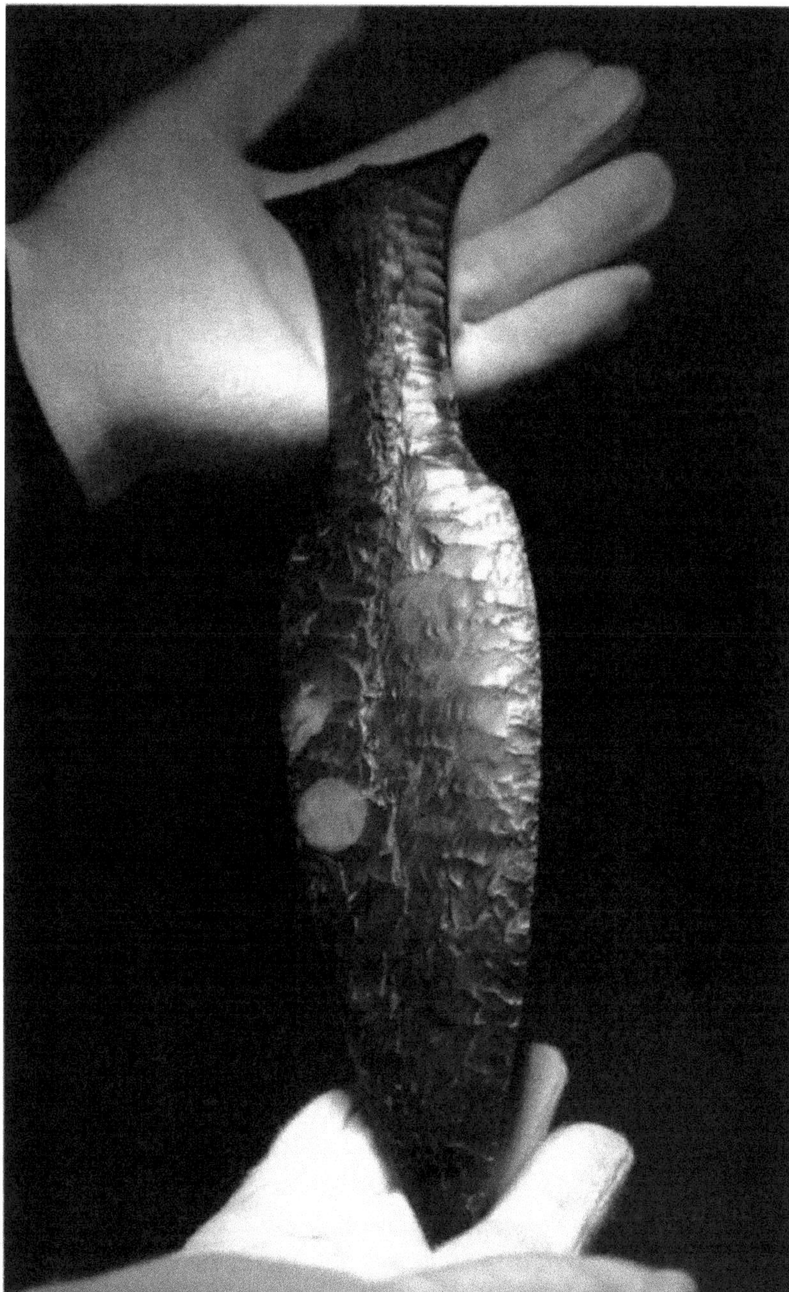

خنجر يشبه السمكة مصنوع من البرونز يحاكي أسلحة العصر البرونزي المصنوعة من المعدن، وهو من أروع الأعمال الحجرية.

الفصل العاشر

في أرض آلهة الضباب
شمال ألمانيا في العصر البرونزي

هل الحرب هي أُم الأشياء كلها كما قال الفيلسوف اليوناني هيرقليطس في القرن الخامس قبل الميلاد، أم التجارة؟ مَن بيده أن يصدر الحكم حيال هذه القضية؟ ربما كان هناك دومًا توازن بين السعي نحو السلطة والسعي نحو الرفاهية من خلال تجارة البضائع، وربما تعتبر هاتان الظاهرتان من ظواهر التطور الثقافي وجهين لعملة واحدة، وفي الغالب تكون العملات مصنوعة من المعدن، والمعادن هي خير مثال على التفاعل الوثيق وتبادل المنفعة بين السلطة والتجارة وبين الحرب والمال - أو غيره من المكافآت.

المثير للدهشة هو أن مشروعًا معماريًّا كان يهدف إلى خدمة نقل البضائع قد تحول مؤخرًا إلى مشروع بحث أثري كبير حطم كل الأرقام القياسية وفتح أمامنا نافذة على العصور المبكرة لألمانية، لاسيما العصرين المعدنيين وهما العصر البرونزي والعصر الذهبي.

خط أنابيب شرودر ورحلته إلى الماضي

يمتد خط غاز شمال أوروبا NEL - الموجود حاليًّا قيد الإنشاء - بطول 440 كم بين لوبمين Lubmin في شمال شرق ملكنبورج-فوربومرن وريدين Rehden بالقرب من ديبهولتس Diepholz

التي تقع في ولاية ساكسونيا السفلى، ويرمز الاختصار NEL إلى «خط غاز شمال أوروبا»، ومن المفترض أن يقوم هذا الخط بتزويد غرب أوروبا بالغاز الروسي، وهو أكبر خط غاز في أوروبا، وفي عام 2005 قام المستشار الاتحادي آنذاك شرودر ورئيس الوزراء الروسي بوتين بتوقيع عقد ذلك المشروع العملاق، ومنذ ذلك الحين ويحمل هذا الخط اسم «خط شرودر».

قامت مصلحة الحفاظ على الآثار المحلية في ولاية ساكسونيا السفلى في تنسيق مشروع أثري كبير عبارة عن بحث علمي قبل البدء في المشروع، وفي البداية أُجري المسح الأثري لمسار الخط باستخدام التصوير الجوي وغيره من الوسائل، تلك الإجراءات التي تعرف مجتمعة باسم «التنقيب الناعم»، وأخيرًا جاء دور «التنقيب الصعب»، الذي يُقصد به البحث والحفر، وقد بلغ عدد الفرق التي تعمل في قطاعات البحث التي يبلغ طولها 200 كم وعرضها 36 مترًا حوالي 13 فريقًا، فقد كان الخط يخترق تلك الأرض التي ما زالت مأهولة بالسكان منذ العصور المبكرة، وكانت فرصة عظيمة للعلماء، كي يفعلوا ما هو أكثر من النظر إلى الماضي المعقد، فقد بدؤوا أحد أكبر مشروعات الحفر في أوروبا.

كان من المتوقع العثور على بعض الكنوز نظرًا لبعض الاكتشافات التي تحققت سابقًا في نفس المكان، ولهذا كان المنهج الذي اتبعته فرق الحفر كالتالي: في البداية أنشؤوا واجهة بحث بعرض ستة أمتار، على مساحة كلية بطول 50 كم، وكان المتخصصون في الحفر يراقبون إزالة الطبقات العليا من القطاعات الأخرى من مسار الحفر، وبالتالي كان لا بد لسائق الحفار أن يعمل بحذر ووفقًا لخطة زمنية محددة.

بدأ المنقبون عملهم في نهاية عام 2010، وبعد عامين بدأ ضخ الغاز في الأنابيب العملاقة، ولم يعمل علماء الآثار أكثر من عشرة أشهر.

عندما بدأ عامل الحفر جان زاملر العمل في منطقة تقع في مقاطعة ديبهولتس لم تكن لديه أي فكرة عن أنه سيعثر على كنز حياته في هذا اليوم، حتى عندما سجل جهاز الكشف عن المعادن وجود المعادن في باطن الأرض، فهذا الأمر يحدث كثيرًا، لأن باطن الأرض تضم إلى

جانب القطع الأثرية الهامة مسامير ومخلفات الحرب، وبحذر شديد قام جان زاملر بإزالة التربة إلى أن وصل إلى عمق 60 سم، لكن جهاز الكشف لم يصدر صفيره لوجود قنابل أو مخلفات المدنية الحديثة، بل كان استجابة لوجود أربع إبر برونزية، كان واضحًا أنها تعود إلى العصور المبكرة - فيا لها من تجربة رائعة، لكن ما تم استخراجه من تلك التربة الرملية بعد ذلك وضع العلماء على أعلى درجات الإثارة، فقد استخرجوا لولبًا حلزونيًّا ذهبيًّا وقطعة ذهبية أخرى، وكان يبدو أن المزيد من الأشياء لا تزال مختبئة تحت الأرض.

بعد الكثير من البحث والتوثيق الدقيق قام متخصصو التنقيب باستخراج كتلة الكنز بأكمله، حيث قطعوا كتلة كبيرة من التربة أبعادها 65×90 سم ونقلوها إلى ورش مصلحة الحفاظ على الآثار في مدينة هانوفر، واستطاع العلماء باستخدام تقنيات التصوير الخاصة مثل التصوير المقطعي، اكتساب معلومات قيمة حول الكتلة، وسرعان ما اتضح أن عددًا كبيرًا من الأجسام المعدنية معبأة بإحكام داخل بعضها البعض في تلك الكتلة، كان الكنز الذهبي يتكون من 117 قطعة مفردة عبارة عن: سوار وخاتم لولبي، وعروة معدنية مقوسة والعديد من اللوالب المصنوعة من الذهب والتي تعادل عدة سلاسل مزدوجة، وربما كانت تلك اللوالب الذهبية بمثابة عملة - لكن الأمر حتى الآن مجرد تخمين، ويدل ترتيب القطع وبقايا الألياف إلى أن الكنز بأكمله قد دُفن مرة واحدة في كيس من الخيش، ويقدر عمره بحوالي3300 سنة على الأقل، إذن فقد قام شخص مجهول من العصر البرونزي بدفن هذا الحقيبة المصنوعة من القماش في الأرض، ولحسن الحظ أنها كانت مدفونة على عمق كبير لم تصل إليه حدود المحراث، وبالتالي ظل «كنز جيسيل البارد» سليمًا لأكثر من ثلاثة آلاف سنة.

يعتبر هذا الكنز واحدًا من أعظم الاكتشافات من نوعه في أوروبا، هذا ما تدل عليه نتائج الاختبارات المثيرة، فقد أظهرت التحليلات أن الذهب من آسيا الوسطى أن الدبابيس البرونزية ربما يكون منشؤها جنوب شرق أوروبا.

لكن حتى الآن لا يبدو سبب دفن الكنز واضحًا، ربما كان المالك أحد التجار، وما يدعم هذه النظرية هو أن بعض القطع كانت غير مكتملة الصنع، كما غابت النقوش واللمسات الأخيرة،

أم أن الكنز قد دفن في باطن الأرض لأسباب طقوسية، كما كان شائعًا في العصر البرونزي في أوروبا بأسرها، ـ فهل كان الكنز قربانًا للآلهة؟ ربما كان مفتاح اللغز فعلًا مدنسًا، فربما كانت حقيبة الكتان مسروقة، وقد قام أحد اللصوص بإخفائها، ونتيجة لأسباب معينة لم يستطع اللص أن يستخرج غنيمته مرة أخرى، أيًّا كان ما حدث، فلن يكشف الكنز عنه، أما الشيء المؤكد فهو أن الذهب لم يكن ذهبًا طبيعيًّا، بل كان معدنًا ثمينًا منصهرًا، أو يمكننا القول أنه كان «ذهبًا معاد تدويره»، تدل التحاليل التي أجريت على جزء من الكنز أن نسبة الذهب في بعض القطع كانت 90٪ وفي قطع أخرى كانت 86٪ فقط.

كان خط غاز شمال أوروبا بالنسبة لعلماء الآثار وباحثي التاريخ وكل المهتمين أهم من الفوز باليانصيب، لكن قبل أن ينقل الخط مترًا مكعبًا واحدًا من الغاز من الشرق إلى الغرب فتح لنا نافذة على الماضي البعيد، إن المكتشفات التي عثر عليها والتي يرجع تاريخها ابتداءً من العصر الحجري وحتى العصر الحديث تبدو وكأنها منظومة في سلسلة واحدة، حيث تدل مواقع الاكتشاف التي بلغ عددها 150 موقعًا ـ 90٪ من هذه المواقع لم تكن معروفة حتى الآن ـ على 12000 سنة من تاريخ الحضارة في ولاية ساكسونيا السفلى ـ تتضمن العصر البرونزي أيضًا.

لا يعتبر كنز جيسيل الذي يعود إلى العصر البرونزي البكر والمتوسط هو الاكتشاف الوحيد الذي يعود إلى تلك الحقبة، ففي قرية إيدلشتيت Eydelstedt التابعة لمقاطعة ديبهولتس اكتشفت مستوطنة تعود إلى العصر البرونزي الحديث، في الفترة الانتقالية ما بين العصر البرونزي والعصر الحديدي، حيث دلت الآثار على بعض الأبنية التي كانت تستخدم كمخازن وعلى بناء مكون من ثلاث طبقات، كما ساعدت شظايا الخزف العديدة التي عثر عليها هناك على تأريخ بقايا القرية، وأثناء العمل على خط غاز شمال أوروبا عُثر على مقابر الجرار الفخارية التي تعود إلى نفس الفترة الزمنية على بعد كيلو متر واحد من هايليجنلوه Heiligenloh التابعة لمقاطعة ديبوهلتس، ومرة أخرى تساعد شظايا الخزف المكسورة على التصنيف الزمني، وكان كل شيء يشير إلى وجود حياة ريفية حيوية في مقاطعة ديبهولتس في العصر البرونزي، لكن على الرغم من أن الاكتشافات

الثمينة تلقي الضوء على السكان في ذلك الوقت فإننا حتى الآن لا نعرف عنهم سوى القليل - ولا يقتصر هذا على السكان الأصليين لديبهولتس.

أطول عملية تنقيب في ألمانيا: 200 كيلو متر من التنقيب الصعب في ولاية ساكسونيا السفلى
قبل مد خط غاز شمال أوروبا،
حيث كان التصوير الأثري الجوي ملازمًا لتخطيط وتنفيذ عمليات الحفر اللازمة لمد الخط.

إخصائية الترميم تينا هاينتجز Tina Heintges وهي تقوم باستخراج كنز جيسيل من الكتلة باستخدام النماذج ثلاثية الأبعاد داخل معمل هانوفر

التجارة تؤدي إلى التغيير

أما العصر البرونزي في شمال أوروبا فلم يرحل دون أن يترك لنا آثاره، وهذا ما أثبته مسار خط الغاز، يبدو أنهم كانوا حرفيين مهرة وموهوبين، لكن للأسف لم يخطر ببالهم أن يسجلوا شيئًا، فكل ما يمكننا أن نستمد منه المعلومات عن أجدادنا هي المكتشفات - مثل «كنز جيسيل البارد»، حيث يوضح هذا الكنز أن العلاقات التجارية في العصر البرونزي لشمال ألمانيا امتدت آلاف الكيلومترات، طبعًا لم يكن هناك ما يعرف «باللاعب العالمي» بالمعنى الحديث، فقد كان كل شيء في الشمال يسير بوتيرة أهدأ، ولا يرجع هذا فقط إلى البنية التحتية المتطورة بعض الشيء،

فقد كان التجار المحترفون في منطقة البحر الأبيض المتوسط يصدرون بضاعتهم إلى مسافات بعيدة باستخدام الشحن البحري أو الطرق الريفية وطرق القوافل، على العكس من ذلك كانت البضائع تشق طريقها إلى الجنوب على مراحل ـ من محطة إلى الأخرى، والحقيقة أن هذا النوع من التجارة كان يعمل جيدًا، وفي كلا الاتجاهين.

أما البضائع التي كانوا يبادلونها فهي على ما نعتقد: كان «شمال ألمانيا» يصدر الجلود والسلال والملح وعنبر بحر البلطيق أو بحر الشمال الذي كان أجدادنا يقايضونه بالبضائع الهامة التي لم يكونوا يمتلكونها، وكان المعدن على رأس قائمة الواردات، لأن حياة الإنسان تغيرت تمامًا عندما تعلم التعامل مع المعادن واستخدامها، وفي نهاية العصر الحجري الحديث بدأ الأوروبيون لأول مرة يصنعون النحاس والذهب والفضة، لكن النجاح الساحق للمعادن بدأ مع اكتشاف خلط النحاس اللين نوعًا ما بالقصدير الصلب، لصناعة سبيكة متعددة المزايا، وكل الشمال ـ على العكس من الجنوب ـ يفتقر لودائع المعادن الخام، ومع ذلك يدل ذلك العدد الكبير من الاكتشافات في شمال أوروبا على تطور حرفة تصنيع المعادن، فقد وصلت تلك المعارف التقنية إلى شمال ألمانيا عبر طرق التجارة.

ظل العلماء يتجادلون عدة سنوات على حجم ونوعية تلك البنية التحتية، ومنذ أن قام عالم الأجناس هانز بيتر دور Hans Peter Duer عام 1994 أثناء بحثه عن المدينة المفقودة في فتنمير Wettenmeer على بعض الآثار اشتعل النقاش حول طرق الشحن في العصر البرونزي، والحقيقة أن العربات البرونزية وقوالب البرونز تدل على أن القصدير كان يُجلب من كورنوال، التي لا يمكن الوصول إليها إلى بالقوارب والسفن، طبعًا قبل بداية العصر البرونزي في الشمال كانت القوارب تسافر إلى هيلغولاند لإحضار حجر الصوان، لكن حتى الآن تبدو صور السفن التي عُثر عليها في الشمال والتي كانت مرسومة أو منحوتة على شفرات الحلاقة قليلة نسبيًا، مقارنة بالصور الحجرية التي انتشرت على نطاق كبير.

هـذا أمر غريب فعلًا، علاوة على أن رموز السـفينة الإسـكندنافية المنحوتة على الأحجار كانـت من الصور الشـائعة آنـذاك، ويُفترض عدم وجود أسـطول جرماني بدائـي آنذاك، لكن الناس في العصر البرونزي كانوا بالفعل يسيرون حركة المرور الساحلية على مستوى القوارب، وكان نقل البضائع بحرًا أمرًا حتميًّا نظرًا لزيادة التبادل التجاري.

في العـصر البرونـزي أصبحـت الطرق البرية في شـمال ألمانيـا أفضل بكثير مما كانت عليه في العصر الحجري، وكانت الماشي الخشـبية والطرق تقطع المسـتنقعات والسـبخات، فنشأت الطرق التجارية على مدى عدة قرون، وعلى تلك الطرق كانت هناك أماكن محصنة توفر الأمن، لاسيما على طرق العنبر.

حقب كاملة من التاريخ الإنسـاني اختزلت في تقنيات تصنيع المعادن ـ وفقًا لكل حضارة، أما العصر الحجر البرونزي الذي تبع العصر الحجري الحديث مباشرة فقد امتد في وسط أوروبا الفترة الزمنية بين 800–2200 ق.م، وتداخل مع العصر الحديدي، لكن هذه التقديرات تقريبية، لأن التعديـن لم يكـن أحد اختراعات الشـمال، فقد جـاءت هذه الحرفة ـ التي يعـود أصلها إلى الـشرف الأوسـط ـ من حوض البحر المتوسـط إلى شـمال ألمانيـا والدول الإسـكندينافية، وقد تطلـب ذلـك بعض الوقـت، ونظرًا لأن ألمانيـا في العصر البرونـزي كانت متنوعة مـن الناحية الجغرافية والجيولوجية فلم تظهر أي وحدة طبيعية أو حضارية في ذلك الوقت.

كانت الابتكارات القادمة من منطقة البحر المتوسـط تصل إلى الجنوب أسرع، واسـتغرق الأمر يستغرق مئات السنوات حتى وصلت مهارات تصنيع المعادن إلى منطقة ولاية ساكسونيا السـفلى وشليسفيج ـ هولشـتاين ومكلنبورج ـ فوربومرن، لنأخذ في اعتبارنا وفرة المجموعات الثقافيـة وتطورهـا في الهيـاكل الزمنية المعقـدة فقد فرق العلـم بين تاريخ العـصر البرونزي في الأجـزاء الجنوبية والوسـطى والشـمالية من ألمانيا، حيـث كانت الحدود تسـير تقريبًا على طول الحواف الشـمالية للمرتفعات. وجنوب هذا الخط يبدأ التقسـيم الزمني للعصر البرونزي، وقد كان هـذا الجزء من ألمانيا على اتصال وثيق دائم مع شـمال إيطاليـا ودول جبال الألب وبوهيميا

ومورافيا وبولندا والمجر ومع فرنسا حتى هولندا وإنجلترا غربًا، وفي هذه المنطقة تم تقسيم العصر البرونزي إلى العصر البرونزي المبكر من نهاية الألفية الثالثة قبل الميلاد وحتى القرن السادس عشر قبل الميلاد، والعصر البرونزي المتوسط من القرن السادس عشر قبل الميلاد إلى القرن الثالث عشر قبل الميلاد ثم العصر البرونزي الحديث من القرن الثالث عشر قبل الميلاد إلى القرن الثامن قبل الميلاد، أما شمال خط جبال متلبيرج، أي في شمال ألمانيا والدول الإسكندنافية فينطبق التقسيم الزمني الذي قام به أوسكال مونتيليوس «1843–1921» باحث عصور ما قبل التاريخ، فقد قسم العصر البرونزي الذي استمر حوالي 1200 سنة إلى الفترة الأولى (1800–1550)، الفترة الثانية (1550–1300)، الفترة الثالثة (1300–1100)، الفترة الرابعة (1100–950)، الفترة الخامسة (950 ـ 700) والفترة السادسة (700–600).

الدائرة الشمالية

صادف مونتيليوس في القرن التاسع عشر نفس المشكلة التي تواجه كل العلماء أثناء محاولة الاستنتاج من مجموع الحقائق المتوفرة لديهم فيصلون في النهاية إلى حالة من الفوضى، وكانت اهتماماته البحثية هي حضارات العصر البرونزي في السويد والنرويج والدنمارك وشمال ألمانيا، ثم المناطق الواقعة بين نهر فيسر في الغرب وفيستولا في الشرق، فقد صنفها مونتيليوس ضمن حضارات «الدائرة الشمالية»، فقد كان واضحًا بالنسبة له أن الأدوات والمعدات المستخدمة في الحياة اليومية وكذلك الأسلحة والحلي كانت أكثر تطورًا وصلابة، لذا كان ينبغي عليه استنباط التتابع الزمني من المواد المستخدمة في صناعة تلك الأشياء، قد يبدو ذلك سهلًا وبسيطًا، لكن تلك المكتشفات تضم عددًا كبيرًا من القطع.

لم يترك مونتيليوس اليأس يتسلل إلى قلبه، فتوجه إلى الكنوز والمكتشفات للعمل عليها، وكانت الميزة الوحيدة هي أن تلك القطع المختلفة قد دُفنت في نفس الفترة الزمنية،

فلم تكن قطع كنز جيسـيل الذهبي كلها قد صنعت في نفس الفترة الزمنية لكنها على الأقل دُفنـت في نفس الوقت، وقد أسـمى مونتليوس أحـد هذه الكنوز «الكنـز المغلق»، إذن من المفترض تدلنا مقارنة العديد من الكنوز المغلقة إلى المسـار الزمني، وعلى الأخص الفؤوس البرونزية والسـيوف وإكسسـوارات الملابـس وعروات الأحزمة التي تدلنـا بعد أعوام من العمل الشـاق على مسـار تغير الشـكل، وأي نوع من الفؤوس ظهر متزامنًا مع أي نوع من حلي إكسسوارات الملابس.

ما الذي تخبرنا به الاكتشـافات الأخرى مثل الخزف؟ وما هي الاسـتنتاجات الممكنة التي يمكننا اسـتخلاصها من الكنوز بأكملها؟ الحقيقة أن مونتيليوس قد نجح باسـتخدام «وسائله الطوبوغرافية» أن يتتبع خط التطور وكذلك أن يقسم المكتشفات حسب السنوات.

وفي عـام 1885 نـشر السـويدي نتيجـة دراسـاته المقارنة في كتابه المنشـور تحـت عنوان «tidsbestdrnning علامـة فارقـة في بحـوث العصر البرونزي في شـمال ألمانيا وجنوب الدول الإسـكندينافية inom bronsaldern med siirskild aaseende pa Skandinavien –»، منـذ ذلـك الحـين أصبـح الجدول الدوري المكون من سـت مراحل للعصر البرونزي الشـمالي وكذلك مصطلح «الصندوق المغلق» معروفين كمكونات من علم ما قبل التاريخ والعصور القديمة.

خلال العصر البرونزي المبكر في أوروبا الوسـطى كان العصر الحجري لا يزال سـائدًا في شمال ألمانيا، على العكس من ذلك كان عمال المناجم في منطقة الألب والسهول المجرية وأسبانيا يكافحـون لتعديـن النحـاس مـن الصخر، وعـادة ما كانـوا يسـتخدمون ما يسـمى النتوءآت ـ الأماكـن التـي يوجـد فيها الخام في حواف الشـقوق الجيولوجيـة أو على سـفوح الوديان، ما يعنـي أن الأوروبيين قد امتهنوا مهنة حـدادة البرونز الجديدة، ويفترض أن أحد أفراد الحضارة اليونيتيسـية قـد ابتكر معادلة البرونـزي الذي يتكون من 90٪ نحـاس و10٪ قصدير، لكن ربما يكون قد اكتسب هذه المعرفة من مصدر خبير.

بسطت الحضارة اليونيتيسية منطقة نفوذها حتى البلدان الأساسية في بوهيميا ومورافيا والنمسا السفلى وشرقًا حتى ولاية سكسونيا السفلى وساكسونيا أنهالت وساكسونيا السفلى ووتورينجن وساكسونيا، وكان شمل هارتفورلاند تابعًا لمستوطنات الحضارة اليونيتيسية، فكانوا يعيشون في القرى الصغيرة بصفة أساسية على الزراعة وتربية الحيوانات، ولكنهم أيضًا كانوا يحصلون على ودائع النحاس الموجودة في جبال فيشتل وفوجتلاند وجبال إرتس، وحتى القصدير النادر في أوروبا كان موجودًا في أراضيهم، لكننا لسنا متأكدين ما إذا كانوا قد مارسوا مهنة التعدين أم لا، لكنهم مقارنة بالمجموعات الحضارية الأخرى مارسوا صب النحاس والزرنيخ في وقت مبكر كما أنهم اكتسبوا خبرة فنية كبيرة في هذا المجال، وبالتالي فإن تعدين النحاس والقصدير لم يكن بعيدًا عن متناولهم.

والحقيقة أن الحدادين الذين صنعوا الأسلحة عالية الجودة والفؤوس والخناجر المزدوجة والمطارد كانوا عباقرة، ويظهر قرص نبرا مدى ـ أقدم تصوير فلكي للسماء ـ إتقان هذه الفئة الحضارية لفن الحدادة، في البداية كان اللغز هو العصر الذي تعود إليه تلك المكتشفات، وكان تحليل نظائر الكربون C-14 مستبعدًا لأن تلك المواد لم تكن تحتوي على أي مركبات كربون، لقد كشف العمر الحقيقي للقرص ميتلبرج التي تقع بالقرب من نبرا Nebra والذي قام عالم الآثار هارالد ميلر بتحديده عن مفاجأة غير مسبوقة، فقد كانت هناك بقايا خشبية على أحد السيوف الملحقة بالكنز، والتي يعود تاريخها إلى 3500 سنة ـ أي إلى العصر البرونزي.

كانت المعارف والبضائع تأتي من الحضارة اليونيتيسية إلى القبائل الشمالية أكثر، وكانت هذه القبائل تتنقل بماشيتها وأبقارها عبر مكلنبورج ـ فوربومرن، فلم يكونوا مستقرين، والواضح أنهم كانوا يملكون قطعًا برونزية، يتجلى ذلك عبر النتائج المعنية، لكن الخلاف على نمط الاستيطان، وما نعرفه عن بيوت وظروف معيشة هذه القبائل قليل جدًا، في نفس الوقت عاش في غرب شمال ألمانيا، أي في الأجزاء الشمالية من ولاية سكسونيا السفلى، أتباع ثقافات كؤوس الأجراس، وتدل قطع نحاس والذهب المذهلة عن وجود علاقات جيدة مع القبائل التي كانت تعيش في الجزر البريطانية،

كـما تدل على تدفق السـلع من موردين المعادن الأنجلو ـ أيرلنديـين في العصر البرونزي المبكر، في نفس الوقت كان الناس في مناطق الدائرة الشمالية لا يزالون يستخدمون المواد الحجرية.

إلا أنهم وصلوا درجة كبيرة جدًّا من الإتقان لم يُعرف مثلها من قبل، وكان حجر الصوان موجودًا بوفرة على شـواطئ بحر البلطيق، فكانت أحجار الصوان الضخمة المعقدة تستقر على الشـواطئ ضمن الأحجار الأخـرى وقد يصل قطر الواحد منها إلى مـتر، لكن ظهور الصوان أو الفلينت ـ أو أيًّا كان اسـمه غير مفهوم بشـكل كامل حتى الآن، وأشهر نظرية في هذا الصدد تقول إن البحار القديمة التي غطت الأرض منذ ملايين السـنين كانت تحتوي على عوالق ذات هياكل عظمية كبيرة من السيليكا، وإن هذه العوالق غاصت في قاع البحر بعد موتها، وترسبت كطبقـة طينيـة، وبمـرور الوقت تكونت الأجـزاء الصوانية البصلية الشـكل، وكانت هشـة في البدايـة، وبعـد ذلـك تحولت إلى العقيـدات الصوانيـة النمطية، وهي موجـودة في كل مكان في الرواسب الساحلية، حيث عملت الأنهار الجليدية بقوتها الهائلة على تشكل المشهد الطبيعي.

وصلت تلك الرواسب في العصر الجليدي إلى سهول شمال ألمانيا، حتى منطقة هارتسلاند فقط، أي أن حدود حجر الصوان تنتهي عند هذا الخط.

الـشيء المميـز في هذا الحجر هـو طراوته، حيـث يكن تحويـل عقيدات الصـوان ـ مقارنة بالزجـاج أو الزجاج البركاني الأسـود ـ إلى الشـكل المطلوب باسـتخدام أحجـار أو أداة طرق قويـة، وحتـى حواف كتل الصوان قابلة للاسـتخدام فهـي تتميز بأنها حادة جـدًّا حيث يمكن استخدامها لتقطيع اللحوم أو الجلود.

أتقن إنسـان العصر الحجري الذي كان يعيش في شـمال أوروبا هـذه التقنيات لدرجة أنه في بداية العصر البرونزي كان قد أصبح محترفًا في صناعة الأدوات والمعدات الحجرية، وكان يستغل ذلـك في تقليـد الأدوات البرونزيـة مثل الخناجر وغيرها عندما يشـح المعـدن، وفي البداية كانت الخناجر البرونزية المبكرة التي لقيت انتشارًا واسعًا في وسط وجنوب ألمانيا يتم تقليدها في صورة حجرية، وكان لهذه الخناجر شكل مثلث، فحاكى الحرفيون تلك الخناجر على الحجر مراعين أدق التفاصيل حتى حزوز الصب على مقبض الخنجر، وتعرف هذه الخناجر بخناجر ذيل السمكة.

عندما بدأ استخدام السيوف التي تشبه السيوف الملحقة بقرص نبرا تم استعمال تقنية أخرى، ففي البداية كان يتم حفر شكل السيف على الخشب، لكن المقبض والمقدمة والجوانب كانت تُصنع من الصوان، شفرات الصوان الحادة جدًّا تُثبت في قوالب خشبية مسبقة الصنع باستخدام لاصقات عضوية، حتى يكون النصل حادًّا جدًّا.

أما كون هذه السيوف مناسبة للقتال أم لا، فهذه مسألة أخرى، طبعًا يمكن لهذه السيوف أن تقتل، لكن يرجح أن الغرض منها لم يكن القتال، وحتى السيوف البرونزية يخمن أنها كانت مجرد رموز تدل على الوجاهة الاجتماعية، حيث تميز مالكها عن غيره من الناس، وتدل على الاتصالات الواسعة والثروة والمعرفة.

إن أغلب تقنيات العصر حجر الصوان التي ظهرت في العصر البرونزي المبكر ذهبت تدريجيًّا في أدراج النسيان، وفي العصر القرن السادس عشر إلى التاسع عشر من العصر الحديث كان الصوان يستخدم في صناعة البنادق ومسدسات الفلينتوك، فكان يستخدم لإشعال مسحوق التفجير الأسود، كي تخرج الطلقات، وكان اسم Flint (حجر الصوان) يطلق في اللغة الألمانية القديمة على شظايا الأحجار، ومن هنا جاء اسم Flinte «بمعنى الطلقات النارية»، واليوم يستخدم حجر الصوان في أسطح الطرق وعلامات الطريق نظرًا لخصائصه الانعكاسية، أو كمادة كاشطة، وحتى اليوم تصنع بعض الشفرات من حجر الصوان وتستخدم في الجراحات التجميلية، لأن الجروح التي تخلفها تشفى أسرع وأفضل مقارنة بغيرها من الشفرات الأخرى المصنوعة من الصلب.

أما اليوم فقد أصبحت تقنيات معالجة الأحجار شيئًا خاصًّا بتجارب علماء الآثار مثل عالم الآثار هارم باولسن Harm Paulsen القادم من مدينة شليسفيج، فهو يحتاج يومًا واحدًا فقط لتصنيع خنجر ذيل السمكة نظرًا لخبرته الطويلة في هذا المجال.

لكن حتى النسخ الأولى من ذلك السلاح المرغوب تستحق الإعجاب والدهشة لقربها من النموذج الأصلي.

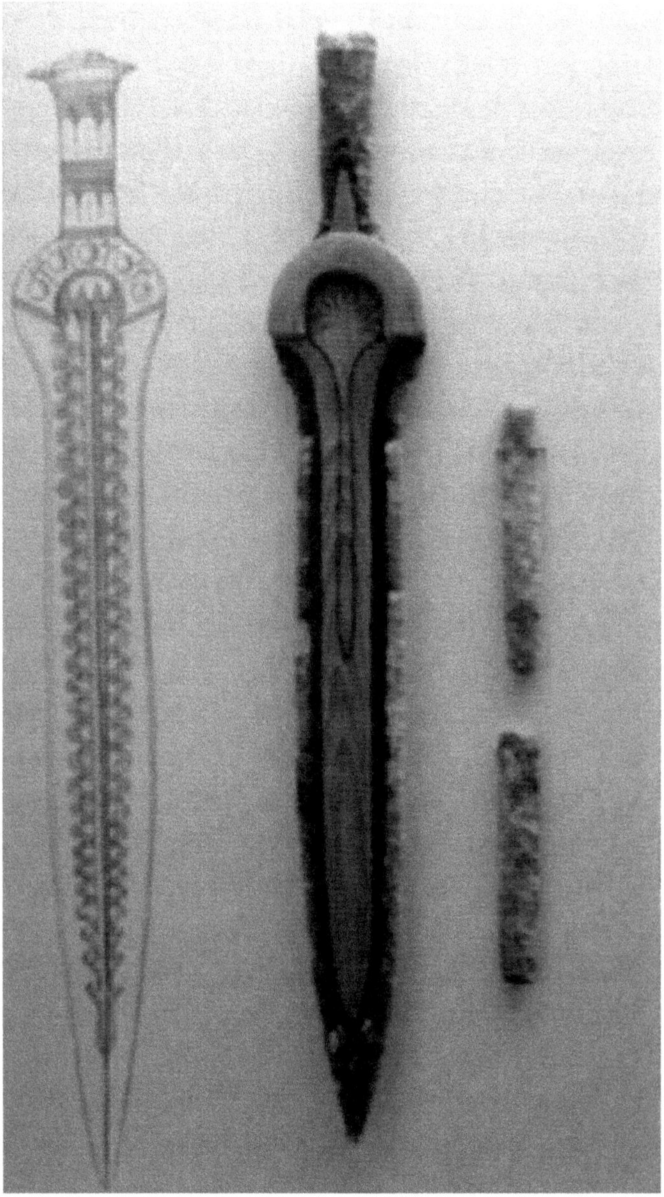

الأصل والنسخة التقليدية: سيوف برونزية من الجنوب (حيث قام الناس في شمال ألمانيا بنسخ الصورة على الخشب والحجر).

حتى الأشياء التي كانت تصب لاحقًا في القوالب البرونزية لم تكن تختلف كثيرًا عن النسخ الأصلية التي كان مصدرها الجنوب، وفي نفس الوقت تجلى هنا الاتصال الوثيق بين المستوطنين الشماليين وجيرانهم الجنوبيين، وربما كانت التجارة هي أساس هذا الاتصال.

كانت السلعة المستخدمة في المقايضة هي الفراء والبضائع الزراعية وحجر القداحة والعبيد والعنبر، فبطريقة ما كان لا بد للأهل الشمال من أن يدفعوا ثمن البرونز، علاوة على أن الحاجة إلى العنبر قد زادت بسبب زيادة عدد السكان، هذا من ناحية ومن ناحية أخرى أن كثرة ملحقات الدفن المصنوعة من العنبر قد تسببت في شح العنبر في الأسواق، وكان هناك نوع من الاعتماد على الحضارات الغنية بالمعادن، وقد أدى سقوط الحضارة اليونيتسية في وسط ألمانيا في عام 1600 ق.م أي بعد دفن قرص نبرا بفترة قصيرة إلى ظهور تواجده من جديد لدى سكان شمال ألمانيا والدول الإسكندينافية، حيث اتجه الناس إلى تعزيز التجارة مع الجنوب، وتحول تدفق البضائع إلى منطقة حضارة مقابر التلال ومقابر الجرار الفخارية في جنوب ألمانيا، وهذا ما تؤكده الكثير من الكنوز والمقابر الموجودة في هذه المناطق.

بدأت المرحلة الأولى من العصر البرونزي الشمالي عام 1800 ق.م تقريبا، وقد وصل المعدن الجديد حتى إلى تلك الأماكن المتطرفة مثل جزيرة البلطيق يوزدوم Usedom، ولم تكن هناك معادن خام في يوزدوم، لكن يبدو أن السكان القدامى لهذه المنطقة كانت تربطهم علاقات خارجية مع الموردين، فكانوا يستوردون النحاس والقصدير ويصنعون سبيكة البرونز بأنفسهم، وكان العنبر هو وسيلة الدفع التي يملكونها، لا شك أن ذلك الراتنج الأحفوري كان هو العملية المستخدمة في سداد ثمن تلك البضائع الثمينة.

يدل أحد الكنوز التي عثر عليها في يوزدو والتي تعود إلى مرحلة لاحقة على مهارة الحدادين هناك، فكان الكنز يضم إلى جانب الكثير من أدوات العمل خواتم وأساور وزر مزدوج، ولا شك أن سكان هذه الجزر حققوا رفاهية كبيرة جدًّا ـ يرجع الفضل فيها إلى العنبر.

إننا ندين بالشكر لبعض الكنوز مثل كنز زينويتس Zinnowitz نظرًا للمعارف التي اكتسبناها من خلال هذه الكنوز عن إنسان ذلك العصر، وسواء كانت تلك الكنوز مدفونة في باطن الأرض مثل كنز جيسيل أو في المستنقعات والمجاري المائية أو البرك ـ فإننا لولا هذه الكنوز والمقابر لما عرفنا شيئًا عن «سكان الشمال» في ذلك العصر البعيد، وفي ألمانيا على وجه الخصوص اكتشفت

بعض آثار المنازل المتفرقة وغيرها من آثار المستوطنات القليلة، إلا أنها مدَّتْنا بمعلومات مهمة حول الجانب الاجتماعي والتجاري للمجتمعات القديمة، وتبدو الكنوز أكثر أهمية، لكن المفارقة أن تلك المكتشفات تزيد من حيرة العلماء، فهي تخبرنا بالكثير عن الحرف والعلاقات التجارية والحياة اليومية وتقنيات الأسلحة، وكذلك ثروة الأفراد، لكنها لا تخبرنا كيف كان الناس يفكرون أو ماذا كانت عقائدهم أو أفكارهم الدينية.

بتوقيع الشمس

الكثير من الكنوز التي اكتشفت في الماضي ظلت بدون توثيق العلمي لموقع الاكتشاف وبدون تسجيل منهجي للنتائج، مما أضعف من أهميتها، ومن ضمن الأشياء التي كانت تودع باطن الأرض الفؤوس والأسلحة وأدوات الحياة اليومية والمجوهرات والأدوات الموسيقية ومجموعة واسعة من العناصر، علاوة على ذلك لم تكن كل القطع الصلبة مصنوعة من المعدن مثل الذهب أو البرونز، فقد كانت هناك قطع كثيرة مصنوعة من الحجر أو الخشب أو العظم، لكن ظروف التخزين لم تكن مناسبة فتحللت أجزاء من المادة العضوية أو تضررت بصورة كبيرة.

يميل العلماء اليوم إلى الرأي القائل بأن الكثير من الكنوز قد طرحت في باطن الأرض أو في الماء بعد استخدامها في طقوس معينة لذا لم يعد استخدامها في الحياة الدنيوية أمرًا واردًا، لكننا لا نعرف شيئًا عن المعتقدات الدينية لأهل الدائرة الشمالية، ولأن الكثير من الأشياء تحمل نقوشًا مدورة ربما ترمز إلى الشمس، فقد خمن الباحثون أن عبادة الشمس كانت موجودة في شمال ألمانيا، ويدل اكتشاف عربة الشمس في تروندهولم Trundholm عام 1902 بواسطة أحد المزارعين الدنماركـ أثناء حرثه فوق أراضٍ بالقرب من مستنقع تروندهولم، على أن العلاقة بين شمال ألمانيا والقبائل الدنماركية كانت وطيدة، وأن معتقداتهم كانت متقاربة جدًّا، وقد عثر على نفس العربة في مدينة فريزلاند الشرقية Ostfriesland.

في مارس 2010 كان المدعو فيتوس ديركس Vitus Dirks يحفر في زودبروك ميرلاند Südbrookmerland بالقرب من أوريتش Aurich، وفجأة عثر على شيءٍ غريب: كانت صحيفة معدنية رقيقة جدًّا بداخلها مادة عضوية بنية، لكن الرجل البسيط لم يخطر بباله قط أن الجفت يحوي كنزًا حقيقيًّا، في البداية ترك أطفاله يلعبون بذلك الشيء الذي عثر عليه، قبل أن يقوم ببيع القطعة كخردة، عندها علمت هيئة الآثار في هانوفر بذلك الاكتشاف، وحصلت عليه في عام 1926، وكانت تلك الرقيقة الصغيرة التي يبلغ حجمها 14.5 سم تعود إلى المرحلة الثانية من العصر البرونزي الشمالي، وكانت عبارة عن صحيفة ذهب رقيقة جدًّا، مزينة بعلامتين، ومن الخلف يظهر عليها شعاع خلفي، تم تفسيره أنه شعاع شمس، وربما كانت تلك الرقيقة الذهبية مثبتة على رقيقة برونزية أكثر قساوة، تشبه تلك الرقيقة الذهبية التي كانت مثبتة على عربة الشمس في تروندهولم.

بعد ذلك بعام فحص العلماء موقع الاكتشاف في موردورف، فأشارت الفحوصات إلى أنه يبلغ ارتفاعه 75 سم، كان هذا التل يرتفع فوق قبر يبلغ طوله 2،3 متر وعرضه 57 مترًا، وربما كان كانت «قرص موردوف الشمسي» أحد ملحقات ذلك القبر، حيث يذكرنا بتلك الأشياء المشابهة التي توجد في المنطقة الأيرلندية، لكن تحليل الذهب تسبب في حيرة كبيرة، فلم يكن الذهب متطابقًا مع أي نوع ذهب شائع في وسط أوروبا، ربما كان مصدره منطقة البحر المتوسط، فهل كان التبادل التجاري أكثر غزارة مما كنا نعتقد قبل ذلك؟

كما هو الحال في مجال معالجة الحجر فقد تعلم الحرفيون في الشمال صناعة البرونز بسرعة بينما لم يكن الجنوب قد عرفها بعد.

وهكذا أتقن أهل الشمال صب الأوعية الرقيقة جدًّا التي كانت تستخدم كمحلقات للقبور في حضارة قبور التلال، وكانت تلك الأوعية من واردات الشمال.

لقد تضمنت حجرة الكنوز في قصر جوتروف الكثير من هذه الأوعية وغيرها من الأشياء مثل السلاسل والأساور والإبر وإكسسوارات الأحزمة، لكنها جميعًا كانت مصنوعة من أغلى المعادن، وهو الذهب، والكثير منها كان يعود للعصر البرونزي، وكل هذه القطع محفوظة

وراء بـاب حصـين في المتحف الوطني الأثري لا يفتحه إلا مدير المتحف كلاوس فون كارناب بورنهايم ورئيسة مجلة المتحف إنجريد أولبريشت ـ بمفتاحين مختلفين لقفلين مختلفين.

تستقر الخواتم والصحف وإكسسوارات الأحزمة المزينة بالأشعة النمطية والعيون المدورة في دولاب نظيـف لا يمسـها أحـد، وهـي ترمز إلى الشـمس، التي تنعكس فوق سـطح المعدن المصقول، ولا عجب أن عبادة الشـمس والذهب مرتبطان، لكننا لا نعلم مصدر الذهب، ربما جـاء مع تلـك الرموز من الجنـوب، لأن الجنوب كان أيضًـا مصدر رمز الحلزونـات المزدوجة الـذي انتـشر في الشـمال على نطاق واسـع وكذلك المعدن الجديـد: البرونز، يمكننـا الزعم إذن أن المواد الخام ـ أي الذهب والنحاس ـ لم تجلب إلى الشـمال كي تصنع سـبيكة البرونز، بل على العكس من ذلك يرجح أن البرونز كان يورد في صورة سـبائك ثم يُصهر بعدها كي تصنع منه مختلف الأشـكال، ولم يقوم الشـمال بصناعة سـبيكة البرونز بنفسـه إلا في مرحلة لاحقة، وربما كانت النخبة الشمالية تطلب أشكالًا ونقوشًا معينة كي تميز نفسها عن الحكام الآخرين.

الشيء الوحيد المؤكد أن أهل الشـمال كانوا محدثي النعمة في العصر البرونزي، حيث يرقد رجـال أقويـاء جدًّا في قبور التلال العملاقة المجهزة بالذهب،على سـبيل المثال يوجد في إحدى مقابر التلال في هوسـبي Hüdby التي تقع بالقرب من شليسـفيج قبران يبدو أنه قد تم إنشاؤهما في فترة زمنية متقاربة تبلغ عدة سنوات.

كان كل قبر يتضمن قطعًا ذهبية: أما القبر الأول الأقدم فكان يحوي خنجرًا وإبرة مصنوعين مـن البرونـز، وبعـض الحلزونات الذهبية التي تم تفسـيرها على أنها حلقات تـدل على العمر، أما القبر الثاني فكان أكثر ثراءً، حيث عثر علماء الآثار على سيف ورمح وبلطة وخطاف حزام وخنجر مصنوع من حجر القداحة، وشفرة حلاقة وملقط وعروة وإبرة ملابس وسوار ذراع ذهبي، والمثير للدهشة أن القطع الذهبية التي احتواها القبران لا تظهر أي آثار استعمال، فهل صنعت هذه القطع خصيصًـا مـن أجـل الدفن؟ كي تصبـح الجنازة في أبهى صـورة وكي تميز المتوفي الـذي كان يتمتع بمكانة اجتماعية عالية؟ وربما كي تذكر الورثة بتأمين هذه المكانة الاجتماعية وحقهم في السلطة؟

فأس صغيرة من العنبر لم تستخدم أصلًا، بل وضعت كأحد ملحقات القبور في العصر البرونزي، تعبيرًا عن المكانة الاجتماعية.

بالقرب من هوسبي يوجد قبر آخر من قبور التلال التي يبلغ عددها في محيط شليسفيج حوالي 150 قبرًا، لكن هذا القبر لم يحتوي إلا على سواريْ ذراع من البرونز وقداحة مصنوعة من حجر الصوان وبيريت الحديد وكذلك خرزة عنبر، وإلى جانب تلك القطع التقليدية المصنوعة من العنبر كانت هناك قطع غير صالحة لتأدية وظيفتها الأصلية، مثل مقابض الخرامة المستخدمة لخرم وثقب الجلود، وفناجين وفأس من العنبر من المؤكد أنها غير صالحة للاستخدام، إنما هي مجرد سلع كمالية تدل على مكانة مالكها، أو تدل على أن العنبر كان من الأحجار الكريمة الثمينة، أو ربما كانت هذه القطع توضح ثراء المتوفى؟ فهل كان تاجر من تجار العنبر الذين يسافرون لبيع ذلك الراتنج السحري في البلاد البعيدة؟

لقد تأثر شرق وشمال ألمانيا في المراحل المبكرة من العصر البرونزي بتأثيرات كثيرة من مختلف الاتجاهات، فتأثروا من الناحية الغربية بالجزر البريطانية وأهل حضارة كؤوس الأجراس، وتأثروا من الناحية الشرقية بالحضارة اليونيتيسية، وتأثروا بدائرتين حضاريتين في الوسط، وقد ظهرت في عام 1600 ق.م في نقطة الانتقال بين النفوذ الشرقي والغربي دائرة حضارية امتدت من جوتلاند مرورًا بساكسونيا السفلى وحتى تورنجن: كانت تسمى بمقاطعة Sögel-WohldeKreis وقد سميت بهذا الاسم نسبة إلى مدينة زوجل في إمسلاند ومدينة دونسن فولدا Wohlde - Dohnsen في مقاطعة تسيلي Celle، وكانت هذه الحضارة تتميز بنوع معين من مقابر التلال تدفن فيه ملحقات معينة، وكذلك في الأماكن الأخرى من شمال ألمانيا انتشرت مقابر التلال كشكل من أشكال ثقافة الدفن، لكن بعض الجماعات الإقليمية ظلت محتفظة بأسلوب دفن الجسد - أي مواراته في قبر مسطح، وتختلف حضارة مقابر التلال في الشمال في الكثير من الأوجه عن حضارة مقابر التلال الجنوبية التي كانت توجد بين فرنسا والمجر، والشيء المشترك بينهما هو بناء التل فوق القبر.

تل شيخ القبيلة

حتى اليوم تميز مقابر التلال المشهد في الكثير من الأماكن في ساكسونيا السفلى وشليسفيغ هولشتاين، ومكلنبورغ فوربومرن وكذلك بلدان أخرى في دائرة الشمال الأوروبي، لا سيما الدنمارك، وتكشف أعمال الحفر هذه تفاصيل البناء من خلال ملحقات القبور من ناحية والجهد الكبير المبذول في بنائها من ناحية أخرى.

كان إنشاء مقابر التلال يستغرق الكثير من الوقت والعمل، لذلك، كان يخصص للأغنياء والنبلاء فقط، وفي البداية كان يحضر جذع سنديان ويفرغ من الداخل وتوضع الجثة بداخله، ومعها الملابس والأشياء الأخرى، وكان الميت يغطى بالفراء أو الملابس الصوفية، وإلى جانب

الأدوات اليومية كان الرجال يضعون أسلحتهم والنساء تضعن حليهن، وتتميز المكانة الاجتماعية للميت من خلال ملحقات القبر، بعد ذلك يوضع نعش البلوط على قاعدة حجرية طويلة، ويغطى بمواد المنطقة والرمال والطين والحصى.

في أغلب الأحيان كانت مقابر التلال توجد بالقرب من المستوطنات كما تدل كسور الخزف وأحجار القداحة، ولبناء قبر واحد من قبور التلال كان العمال ينزعون حوالي 65000 عشبة على مساحة سبعة أفدنة، وربما كانت تلك المقابر أقل حجمًا في مكلنبورج، أما هنا فيصل قطرها حوالي 40 مترًا، وارتفاعها حوالي متر إلى أربعة أمتار، لكن احتاج علماء الآثار إلى حوالي 26 طالبًا لبناء قبر مرفق متواضع يبلغ عرضه سبعة أمتار فقط، ويخمن أن كل رجل كان ينقل في اليوم الواحد ما بين ثلاثة إلى أربعة أمتار مربعة من التربة، ولا شك أن هذا المجهود الجبار كان تطوعيًّا، فكان المشاركون فيه لا يمارسون باقي أنشطتهم اليومية مثل الزراعة وغيرها.

لقد تغير المجتمع بصورة كبيرة نتيجة لتصنيع البرونز، فظهرت مهن جديدة في نطاق التعدين، وتكونت طبقات اجتماعية جديدة، ولا شك أن تجارة العنبر قد حققت الرفاهية، حتى في القرى الصغيرة، ولفترة طويلة ظل القرويون يدفنون بهذه الطريقة.

لم تكن هناك أي حلول للرجل البسيط: إما أن يدفن في قبر عادي أو يحرق، على العكس من ذلك كان الأقوياء والأثرياء في شمال ألمانيا يدفنون في مقابر تلية فخمة، وفي الفترات اللاحقة كانوا يدفنون في صورة رماد، على سبيل المثال أحد القبور التلية في فندلشتورف Wendelstorf في مقاطعة باد دوبيران Bad Doberan بلغ قطره 30 مترًا وارتفاعه أربعة أمتار، فيا له من عمل رائع، ولم يتبقَ من مقابر التلال التي يقدر عددها في العصر البرونزي بحوالي 40 ألف قبر سوى حوالي 10٪، فربما قد أزيلت باقي المقابر من أجل الزراعة أو بناء الطرق، أو كي تستخدم كمادة خام للبناء، مثل «القبر الملكي في سيدين» التابعة لبراندنبورج.

في صبيحة 15 سبتمبر 1899 شق رجلان طريقهما إلى جبل هنتسه Hinze Berg حيث تقول الأسطورة إن ملكًا اسمه هنتسه قد دفن هناك، لكن أحدًا لم يكن يصدق هذه الرواية، وكانت هذه المنطقة تورد الأحجار للأماكن المحيطة بداية من عام 1850، حتى الرجلان ذهبا إلى هناك من أجل الحصول على مواد البناء، والحقيقة أنهم عثروا على صخور طبقية، واستطاعو بالتعاون المشترك بينهم أن يكسروا بعض الصخور، وإذا بهم ينظرون مباشرة إلى حجرة دفن رائعة، وعلى الفور اتصلوا بإرنست فريدل مدير متحف الأقسام في برلين.

في 20 سبتمبر استطاع فريدل بمساعدة بعض المتخصصين فحص الاكتشاف فعلموا أنه حدث أثري كبير، فقد كانت حجرة الدفن تقع أسفل مركز التل مباشرة، وكانت جدران الحجرة عبارة عن تسع صخور مستقيمة، وكان ارتفاع ما يعرف بـ « القوس الكاذب» حوالي 1،75 متر، وكان عبارة عن كسوة من الأحجار مرصوصة في طبقات فوق بعضها البعض بحيث تصنع شكل قوس، كانت بالحجرة بقايا ملابس ملونة باللون الأحمر، وفي أحد الأوعية الفخارية عثر على جرة برونزية بها رماد وبقايا عظام الميت الذي يتراوح عمره من 30 ـ 40 عامًا، ووفقًا لملحقات القبر الفخمة لم يكن الرجل ملكًا، ربما كان شيخ قبيلة، وإلى جوار الجرة الفخارية كانت هناك جرتان أخريان بهما عظام سيدة يتراوح عمرها بين العشرين والثلاثين، تحمس رجال المتحف، وبعد التحقق العلمي منه تم نقله إلى متحف الأقسام في برلين، وفي عام 2000 أجري قياس جديد لتصحيح القيم القديمة، حيث كان قطر القبر التلي 63.8 مترًا وكان ارتفاعه 9 أمتار، وتم تكديس 16 230 مترًا مكعبًا من الحصى فوق مساحة 3000 متر مربع، ولم يكن هذا القبر هو الوحيد من نوعه، فهناك مجموعة مماثلة دمرت في القرن التاسع عشر.

يبقى السؤال: من الذي كان يأمر ببناء هذه القبور؟ هل كانت هذه المقابر مسألة عائلية خاصة، أو أن هيئة مجتمعية كانت تقوم على هذه تنفيذ هذه المشروعات المكلفة؟

ومن كان يقوم بالبناء: العمال أم العبيد أم المتطوعون؟ لا يوجد ما يدل على ذلك، لكن اللغز الوحيد الذي تم حله في هذه الأثناء فهو أن هناك رجلًا مدفونًا بالفعل في جبل هينتسه في

جرة من البرونز موضوعة داخل وعاء من الفخار داخل حجرة حجرية - حتى وإن لم يكن هذا الرجل هو الملك هينتسه.

في عام 1940 تعرض العلماء لنوع غريب جدًّا من المقابر، وذلك عندما كانوا يقومون باستخراج أحد القبور في فلينسبورج، كان التل يبدو قصيرًا، وكانت كل الملحقات المعدنية المفترض العثور عليها مفقودة، ما عدا خاتمًا ذهبيًّا صغيرًا من تلك الخواتم التي كانت تميز الرجال الأثرياء، الشيء المميز هنا هو أن الباحثين عثروا على مواد عضوية، مثل: الفراء والمنسوجات والخشب، والشيء الغريب أن كمية من المياه كانت محفوظة داخل التل، محمية بطبقة من الحديد تغلف أساس التل بالكامل، وعند خرق ذلك الغطاء الحديدي تدفق الماء فجأة إلى الحقول المجاورة للقبر، وقد ساعد التخزين تحت الماء على الحفاظ على المواد العضوية، وبالتالي عثر علماء الآثار على الكثير من هذه القطع، وكلها معروضة الآن في المتحف المحلي في شليسفيج، أشياء وملابس من الجلد والقماش، وحتى الجثة نفسها كانت محفوظة مثل جثث المستنقعات، وفي أحد المقابر وجدت قبعة صوفية، وكانت هذه القبعة الصوفية مصنوعة وفقًا لطراز الزر، حيث كانت تتخذ شكل الزر وكان يرتديها الأثرياء فقط.

إن تلك المقابر ذات الطبقة الحديدية كثيرة، حتى أن وجودها لم يكن أمرًا غريبًا، لاسيما في الفترة من 1500–1250 ق.م. ويوجد منها في شليسفيج وحدها 50 نسخة، والرقم قابل للزيادة، فهل كانت طبقة الحديد صناعية ووضعت عمدًا لحفظ الجثة وأثاث المقبرة؟ في عام 1992 قام المعهد التاريخي التابع لجامعة آرهوس في الدنمارك بدراسة هذه القضية، كذلك يقوم المتحف الأثري المحلي بالبحث في هذا الموضوع منذ عام 2000، وتبدو النتائج التي تم التوصل إليها كالتالي: تكونت طبقة الحديد نتيجة لعملية الأكسدة بسبب نقص الأكسجين في قلب التلال، مما أدى في البداية إلى نقص جزئيات الحديد فأصبحت أكثر حركة وترسبت بفعل تيارات المياه في الداخل، وبمجرد اتصالها بالأكسجين تأكسدت الجزيئات الحرة وتكومت حتى صنعت طبقة من الحديد تحمي قلب التل من الجفاف.

النسخة الأصلية من قبعة العصر البرونزي وتتميز بنمط الزر البازغ المكون من غرز صغيرة جدًّا، ولم يكن يرتديها سوى الأثرياء فقط

نجحت التجربة في محاكاة نفس التأثير: حيث قام الباحثون ببناء قبر تلي من الحجارة والتراب والعشـب، ووضعوا فيه نعشًا من الشـجر وبعض الملحقات وخنزيرًا ميتًا، وفي النهاية رووا التل بالمـاء، وبعد ثلاث سـنوات تكونت طبقة حديـد محكمة بالداخل، وقـال الباحثون إن الخنزير لا يزال صالحًا للأكل، فهل يعني هذا أن ترسب الحديد الطبيعي نتيجة لوجود الماء كان متعمدًا.

يبقـى السؤال هـل كان بنـاة المقابـر يفهمـون هذه العمليـات الكيميائية وتعمدوا حـدوث هذا التأثـير، فقـد حجبت هذه العمليـة الهـواء بعد بناء المرفـق مباشـرة،

كما توضح الأعشاب التي لا تزال متماسكة داخل القبور، وكانت التلال تتعرض كثيرًا للسرقة بعد عدة أعوام من بنائها، إما من قبل الأتباع لمعرفتهم ما تحويه هذه القبور من أشياء ثمينة أو من قبل لصوص المقابر بحثًا عن الربح السريع، وكالمتوقع كان اللص يصطدم بطبقة الحديد الصدئة الصلبة التي تحفظ الجثة داخل نعشها الخشبي، كما نجت بعض الملحقات العضوية التي كانت تتحلل في الأنواع الأخرى من القبور.

الشيء المثير فعلًا هو توزيع تلك القبور، لاسيما في شليسفيج - هولشتاين، فالمناطق المستوطنة هنا مفصولة بصورة طبيعية، حيث توجد مساحات رملية كبيرة تمتد بين الركام الجبلي في الجزء الشمالي الشرقي وبين المستنقعات الساحلية واسعة النطاق التي تحيط بها السهول التي نتجت عن الإطماء، وقد عثر علماء الآثار في تلك الرمال على معظم آثار العصر الحجري والعصر البرونزي الحديث.

توجد هنا أغلب القبور التلية، حيث تقع في مجموعات صغيرة جدًّا تميز المشهد الطبيعي وتشير إلى المدافن الخاصة بالتجمعات الاستيطانية أو بالعائلات الكبيرة، وما يلفت الانتباه هو أن المجموعات التلية تقع عند الخط الذي يخترق شليسفيج-هولشتاين من الجنوب إلى الشمال حتى الدنمارك: وهو يعرف بطريق الثيران، أو طريق الجيوش ويعود كلا الاسمين إلى أحداث العصور الوسطى مثل تجارة الماشية أو الحروب: ومن أسمائه الأخرى: طريق الحج، طريق روما، طريق ساكسونيا وطريق النبلاء أو الملوك، ويرجع أصل الطرق التجارية العملاقة إلى العصر البرونزي.

كانت القبور التلية النصف دائرية التي كان يصل قطرها إلى 60 مترًا وتحمل داخلها نعوش الأشجار التي تعود إلى العصر البرونزي تقع بالقرب من الطرق القديمة، وربما كان العكس هو الصحيح، ربما كانت طرق التجارة تمر بهذه المقابر باعتبارها علامات مميزة يستدلون بها على الاتجاهات، لكن من وجد أولًا الطرق أم القبور التلية؟ مفتاح الإجابة على هذا السؤال هو آثار العربة التي عثر عليها أسفل أحد القبور التلية في الدنمارك بالقرب من مدينة فوجنز

الحالية، وبالتالي لا بد ان العربة كانت أقدم من التل نفسه، كما عثرت على آثار عربة مشابهة تعود إلى منتصف القرن الرابع قبل الميلاد في بلدة فلنتبيك في مقاطعة شليسـفيج ـ هولشـتاين، وهذا يـدل على أن هذا الطريـق كان موجود بالفعل قبل العصر البرونزي، أو ربما كانت طرق عديدة وليـس طريقًـا واحدًا، لأن الطـرق غير المعبدة تحولت أكثر من مرة على مدى آلاف السـنوات، وقد تركت العجلات الخشـبية الثقيلة لتلك العربات التي كانت تجرها الثيران ـ حسبما نعتقد ـ أخاديد عميقة في الأرض الرملية، التي كانت الطرق تسـير عليها ولهذا السبب كان على قائدي العربات أن يبحثوا عن طرق أخرى جديدة بعيدًا عن أماكن المستنقعات والبرك، ويعتبر طريق الثيران أكثر من مجرد طريق تجاري، فقد كانت تتبعه الطرق الرئيسية في ذلك الوقت.

أين كانت تتوقف العربات وهي تحمل بضائعها، وأين كان الركاب يبيتون، وما هي القرى التـي كانت تعرض فيها البضائع المنقولـة، كل ذلك اختفى في ظلمة التاريخ، لأننا حتى الآن لم نعثر على مستوطنات العصر البرونزي، ولا حتى في شليسفيج ـ هولشتانين حيث تقوم أكاديمية العلوم والآداب في ماينتس بمشروعها البحثي المشـترك مع جامعة جورج أوجسـت والمتحف الأثري المحلي في شليسـفيج، والهدف من هذا المشروع هو العثور على آثار المسـتوطنات ومعالم البيـوت في المنطقـة المحيطة بالمقابـر التلية، مثل تلك المسـتوطنات التي عثر عليهـا في الدنمارك المجاورة، لكن لا بد أن شليسـفيج أيضًا كان بها مسـتوطنات، وكان أول نجاح حققه المشروع هـو تحديد مـكان إحدى مسـتوطنات العصر البرونزي في مقاطعة رندسـبورج ـ أكرنسـفوردا Eckernförde - Rendsburg والكشـف عنهـا، وكان عـالم الآثـار ديتريـش ماير قد أجرى مسـحًا جيوفيزيائيًّـا للمنطقـة قبل ذلـك وقام بعمل بعض الحفـر في الحقول وعثر على بعض الشـظايا الخزفية والأشـياء الصغيرة، حتى أنه أرسـل طائـرة هليكوبتر صغيرة للبحـث في حقول الذرة الشاسـعة عن علامات واضحة، على سـبيل المثـال تلك الأماكن التي تنمو فيهـا الذرة بصورة أسوأ أو أفضل، والتي قد تدل على وجود مستوطنات تحت الأرض أو مكتشفات أخرى، فقد كانـت الرطوبـة في هذه المنطقـة موزعة بصورة مختلفة عـن البيئة المحيطـة، وفي النهاية تم عمل

قطاعـات طوليـة في الأماكن المشـتبه فيهـا، وتحقق النجاح المنشـود، فقد عثر عـلى أربعة منازل من نمط منازل القوائم الخشـبية في قرية بريكنـدورف Brekendorf، وكانت المنازل متداخلة من الناحيـة الزمنيـة وهذا يدل عـلى طول فترة الاسـتيطان، وبطبيعة الحال كان الإنسـان والحيوان يعيشـان تحت سـقف واحد، مثلما تدل المنازل الدنماركية التي تعود إلى العصر البرونزي، وبهذا كانوا يحمون الحيوانات ليلًا وكانت الحيوانات تعمل على تدفئة البيوت.

النار للموتى

في بدايـة الفـترة الثالثـة ـ أي بـدءًا من عـام 1300 ق.م ـ بدأ يـزداد نفوذ حضارة لوسـتيان Lausitz في شرق فوربومـرن، وكانـت المنطقة الرئيسـية لتلك الحضارة هـي لاوزيتس وامتدت حتـى يـوزدوم وبومرن، وبالتزامن مع حضـارة قبور التلال كان أتباع حضارة لوسـتيان يبنون حقول المقابر الفخارية، حيث كانوا يحرقون الجثة ثم يضعون رمادها في أوعية فخارية، ولم نعثر بين ملحقات الدفن إلا على عدد قليل من الأدوات البرونزية.

ويعتقد بعض الباحثين أن السـبب في ذلك هو أن مجتمع لاوسـيتز كان مجتمعًا بسـيطًا قائمًا على المساواة، وكان أتباعه يملكون شبكة اتصالات جيدة في أوروبا، وامتدت اتصالاتهم حتى بحـر إيجـة، وفي نفس الوقـت توغلت حضارة حقـول الجـرار الفخارية شرق وغـرب الدائرة الشـمالية، وبـدأت تدريجيًّا تحل محـل حضارة مقابر التـلال، وكان أتباع حضـارة حقول الجرار يدفنـون موتاهم في الجرار، وانتشرت هذه الحضارة في أوروبـا، وكانت هناك مجموعات ثانوية أقليميـة تمـارس طقوسًـا وتقاليد مختلفـة، فكانوا يحرقـون موتاهم فوق المحرقـة، وثم يضعون رمـاد الجثـة في جرة، ومع مرور الوقت صـدروا عاداتهم في الدفـن إلى المجموعات التي تعيش في الدائرة الشمالية.

مع بداية الفترة الرابعة من العصر البرونزي ـ أي من سنة 1100 ق.م. ـ انتهى عصر دفن الجثة في الدائـرة الشـمالية، حيث اعتمـدوا على حرق الجثـث، وقد ظهرت مقابر مسـطحة جديدة، لكن مقابر التلال القديمة أصبحت تستخدم لدفن الجرار، ولذا أصبح ضبط النفس أكبر أثناء الدفن.

زاد عـدد المسـتوطنات الدائمـة ـ على الأقـل في مكلنبـورج ـ بصورة كبيرة جـدًّا، وكانت أغلبهـا تقـع بالقرب من حقول المقابر المسـطحة، وتطـورت تقنية صناعة البرونـز إلى حد كبير وزادت جودة الزراعة، وبدأ الناس يحتفظون بالعربات مع الخنازير والماعز والخيول والكلاب، وبـدأت زراعـة العدس والبـازلاء وفول الخيول وكذلك الشـعير، وغيرها مـن النباتات، وقد سـاعد إدخال المناجل البرونزية على تحسـن معالجة الحصاد، وازدهـرت تجارة العنبر على طرق التجارة الخارجية التي بنيت خصيصًا لهذا الغرض.

وقـد تخصـص المزيد والمزيد من الحرفيين في صناعة منتجـات معينة، كما تنوعت المنتجات المعروضـة، وقد حققـت طاقة المنتجات المعدنية وفرة لم يعرف مثلها حتى الآن، وكانت الأمور تسير بشكل جيد وازداد عدد السكان.

لكـن مع ظهور الحديد الأكثر صلابة بدأت كميـات البرونز المرغوبة تقل تدريجيًّا، علاوة عـلى ذلك فقد ظهر في نهاية العصر البرونزي عواقب أمـام توريد النحاس والقصدير، وبالتالي ذهـب العصر البرونزي ليحل محله العصر الحديدي، وبالتالي انتهى العصر الذهبي في الشـمال، ومع ذلك فقد ظل البرونز ـ الذي منح اسـمه لتلك الحقبة ـ حيًّا في الفنون والتكنولوجيا حتى يومنا هذا.

أيضًا الإنسان العصري يستطيع أن يتتبع أصوله حتى تلك الأزمنة البعيدة، وفي عام 1980 ذهب خمسـة من باحثـي الكهوف إلى مرتفعـات ليشتنشـتاين الوعرة بالقرب من أوسـتيرودا، وترجـع عمـر تلك المغارة الكارسـتية حـوالي 100.000 سـنة، وفي نهاية المغـارة اصطدموا بممر يصعب تجاوزه، لكنهم لم ييأسـوا، فقد استطاعوا أن يوسعوا فتحة الخروج ـ كانت تلك واحدة مـن أعظـم اللحظات في حياة أحد مستكشـفي الكهـوف: فقد دخل كهفًـا لم يدخله أحد قبله،

وأخذ الباحثون يعملون في فضول وحماسة، وفجأة سقط ضوء المصباح على عدد لا يحصى من العظام، عظام حيوانات ـ وعظام بشرية كما اتضح بعد ذلك، إذن لم يكونوا هم أول من يدخل هذا المكان، لكن ماذا حدث هنا؟ هل هي مقبرة جماعية؟ أو حجرة إعدام؟ تراجع المستشكفون وهم في قمة التأثر.

بعد عدة أسابيع بدأ فحص العظام التي كانت موجودة في أكثر من حجرة في الكهف، وتوصلوا في النهاية إلى عدة هياكل عظمية لا تزال في حالة جيدة، يتراوح عمر أصحابها بين الأربعين والستين عامًا. ووجدوا خزفًا وقطعًا برونزية تشير إلى العصر البرونزي: قام علماء جامعة جوتنجن بتحليل الحمض النووي، وكانت الظروف مناسبة جدًّا داخل الكهف، فقد كانت درجة الحرارة ثابتة ولا تزيد عن 9 درجات سليزية وكان الجص الموجود بالداخل مناسبًا لحفظ المادة الأساسية لآلاف السنوات، بحيث يمكن تقييمها اليوم.

أدهشت النتيجة الخبراء أنفسهم، فقد تبين أن تلك العظام تخص ثلاثة أجيال من عائلة كبيرة والكثير من الأقارب الآخرين، وهو أمر نادر جدًّا في تسلسل الأوروبيين، وكان ذلك مناسبًا جدًّا لإجراء اختبار القرابة مع السكان الحاليين للمنطقة، وفي 20 يناير عام 2007 شارك حوالي 273 شخصًا بعينة لُعاب لبحثها، واستغرق التقييم ستة أشهر وفي النهاية كانت النتيجة أن أكثر من 100 شخص تعود جذورهم إلى تلك العائلة الكبيرة، التي تفرعت شجرتها لأكثر من 120 جيلًا، أي أن العصر البرونزي لم ينتهِ تمامًا.

أسلحة جديدة ـ تقنيات جديدة ـ عصور جديدة

لقاء القمة في المتحف المحلي في شليسفيج بين رودجر كراوس وخبراء العصر البرونزي في جامعة فرانكفورت أم ماين، حيث قاموا بمقارنة سيوف جنوب ألمانيا بسيوف شمال ألمانيا

التي كان كلاوس فون كارناب بورنهايم - مدير المتحف الأثري المحلي في شليسفيج - يعرضها في حجرات العرض بالمتحف.

البروفيسور كراوس وكارناب بورنهايم يقارنان سيوف العصور الوسطى الشمالية والجنوبية في متحف الآثار المحلي في شليسفيج

للوهلة الاولى تبدو السيوف متشابهة: المقبض ثماني الحواف، ورقيقة برونز مثبتة على احد الجوانب مرسوم عليها عين مدورة وعلى الجانب الآخر كفة نصف دائرية مفصولة عن النصل الطويل، الذي كان مقوى عند المنتصف، والحقيقة أن السيف الشمالي صنع في الشمال ولكنه كان مشابها لنموذج السيوف الجنوبية، حيث وصلت تلك السيوف إلى أصحابها في منتصف الألفية الثانية من منطقة الكاربات في وسط وجنوب ألمانيا حاليًّا.

كانت السيوف تورد إلى الشمال - مع النحاس - من جبال الألب الشرقية وودائع الكاربات، وفي البداية كانت تقلد على الحجر والأخشاب وبعد وصول المعدن الجديد حل محل

المـواد القديمـة، لكن لم تكن المادة وحدها هي الجديدة، كان السـلاح بأكملـه جديدًا بمفهومه العسـكري، لأن التحول من الخنجر إلى السـيف أدى إلى تغير تقنيات القتال، فقد كان الخنجر بشـفرته القصيرة سـلاحًا للطعن، ليتم اسـتبداله بنصل السيف الواسـع القوي، حيث ينصب التركيز على الجزء الأمامي من السلاح ما يجعله سلاح قطع.

لا شـك أن تلك الأسلحة المتطورة، أو كما يقول كارناب «كلاشنكوف العصر البرونزي» كانـت تمثـل دفعـة ابتكاريـة جديـدة، لكن الحقيقـة هـي أن القطع لا تظهـر أي آثـار تدل على استخدامها، لذلك يبدو أن تلك السيوف كانت للعرض فقط، وربما كانت تعبر فقط عن مكانة صاحبها، أو ربما اسـتخدمت فعلًا كسـلاح للتحكـم في التجارة، لأن السـلع الغالية اقتصرت عـلى مقابـر الأثرياء فقط، وربـما كان هؤلاء يراقبون التجارة، وكذلك المـوارد، فقد كانت تلك الغابـات التي تبـدو للوهلة الأولى فقيرة جدًّا تحوي كنوزًا كثيرة: فراء وعسـلًا وملحًا وعبيدًا ـ أو نسـاء شـقراوات كما يقول كراوس، بالإضافة إلى العنبر الذي كان يصدر إلى الجنوب مقابل البرونز، وكان من ناحية أخرى يعتبر سـلعة النخبة ورمزًا للمكانة الاجتماعية، وبنفس الطريقة انتقلـت المعارف الفنيـة وتقنيات معالجة البرونز، فهل أثر العنبر على تلك القفزة التكنولوجية؟ وعلى النخبة التي كانت تهيمن على طرق التجارة وعلى المراكز التجارية؟ هل استطاع هؤلاء أن يكدسوا الكنوز الذهبية التي ظهرت كملحقات في مقابرهم؟

الدليل على ذلك هو تركز المقابر الثرية عند تقاطع الطرق التجارية، كما تدل رموز السفينة على الأحجار في البلاد الإسـكندينافية وعلى شـفرات الحلاقة في شـمال ألمانيا على أهمية السفينة لنقل البضائع، لكن ربما لعبت دورًا في الدين والعبادة.

إن مصطلح طريق العنبر هو مجرد اسـم من مجموعة من الأسـماء الممكنة، فهل كان المعدن الجديـد الـذي ينقل فوق هذه الطرق هـو محرك التطور، وهل ربطت طـرق الاتصال والتجارة القديمـة أوروبـا بأسرها، لقد أطلق المجلس الأوروبي في عام 1994 على العصر البرونزي اسـم العصر الذهبي الأول وأكد أن أوروبا عرفت في ذلك العصر أول وحدة في تاريخها.

أما بالنسبة للشمال فقد صدق كلاوس كارناب عندما قال: «لقد كانت هذه القطع الصغيرة هـي محرك التطـور هناك» وكان يقصد العنبر، الذي كان سـببًا في وصـول العصر البرونزي إلى شواطئ بحر الشمال وبحر البلطيق وسببًا في ربط الشمال بباقي أوروبا.

الفصل الحادي عشر

العنبر على شواطئ ساملاند

تضرب الأمواج الشواطئ في غضب، لتسحق وتحطم كل ما يقابلها أو يعترض طريقها بوتيرة لا تهدأ، ومن يريد الصمود أمام مياهها الباردة حتى حين يحتاج إلى الكثير من الطاقة وإلى إرادة قوية ـ مثل هؤلاء الرجال الذين يحاربون قوى البحر الطبيعية بثيابهم السوداء أو البرتقالية ـ إنهم صيادو العنبر على شواطئ بحر البلطيق، أما أسلحتهم فهي تلك الشباك الصغيرة التي يمسحون بها البحر وهم يتسابقون مع أمواجه ليستخرجوا كنزهم من مياهه العميقة ـ ذلك الذهب غير المعدني اللامع الذين يخصصون طاقتهم لأجله كل يوم.

إن صيادي العنبر في دول البلطيق هم الباحثون عن الذهب في شواطئ ساملاند، وهم رجال أشداء أضفى عليهم البحر طبيعته، صامتون على الرغم من أنهم يصطادون في مجموعات ـ فالصياح ضد هدير البحر مرهق، ولا يوجد ما يستحق هذا المجهود سوى الحجر الجميل الذي تشكل من راتنج الأشجار المتحجر، ذلك الحجر الذي يقذفه بحر البلطيق الهائج العاصف، إنه ذهب عضوي تشكل عبر ملايين السنين تحت ضغط الكتلة الأرضية حتى أصبح حجرًا يتمتع بخصائص فريدة وألوان وأشكال متعددة، فكل حجر له درجة لمعان مختلفة وملمس مختلف.

العمل على العظام ونهايته السعيدة: أثناء حفر بئر في فيسكي أوتن اكتشف العلماء القادمون من شليسفيج العنبر ـ حيث كان العنبر من البضائع التجارية في العصر الإسكندينافي.

إن الحجر الذي يعرضه الصياد بين أصابعه لم يلمسه أحد من قبل، ولهذا فإن الصياد يشعر بشيء من التبجيل وهو يصطاد العنبر اللامع الأصفر من البحر، التبجيل لعمره الذي يعود لما قبل التاريخ والشكر والعرفان بما يهبه البحر.

حتى عندما يعلم الصيادون أن العنبر يأتي من الأرض، وأنه كان يتحرك طوال ملايين السنوات ببطء شديد في الصفائح التكتونية والتشوهات الأرضية وأن قوة البحر الصبورة هي التي اقتلعته من التربة فإنهم على الرغم من ذلك يؤمنون بقصة مختلفة تمامًا، قصة تروى على شواطئ العنبر ـ وهي قصة جميلة جدًّا لدرجة أنك عند سماعها تريد أن تصدق أن بها شيئًا من الصحة وأن كل حجر يغسله البحر فيه لمحة منها.

وفقًا للأسطورة القديمة ـ التي تُروى بأكثر من صيغة في دول البلطيق ـ فإن إلهة البحر أو حورية البحر جوراتا Jurate كانت تعيش قديمًا في أعماق بحر البلطيق في قصر رائع تحت الماء، وكان القصر بأكمله مصنوعًا من العنبر، وكانت تحكم البحر وكل سكانه، وعندما تجاوز الصياد كاستيتس Kas-tytis حدوده في الصيد وعكر صفوها قررت جوراتا أن تعاقبه، لكنها وقعت في حبه وأحضرته إلى قصرها حيث عاشت معه في سعادة لفترة من الزمن، لكن عندما علم والدها إله الرعد بيركوناس Perkunas بارتباطها بإنسيّ استشاط غضبًا وحطم برعوده قصر العنبر إلى 4 ملايين قطعة عنبر لا تزال العواصف تلقيها على الشاطئ حتى يومنا هذا ـ وكثيرًا ما تسقط في شباك صيادي العنبر.

على الجانب الآخر من الشاطئ داخل البر يبدو الأمر أقل رومانسية: حيث يتم استخراج العنبر باستخدام الناقلات الصناعية داخل المناجم المفتوحة التي يحميها الحراس ولا يستطيع أحد أن يدخلها بدون تصريح، حيث يتم استخراج العنبر من الأرض تحت ضوء القمر، ويوجد أكبر منجم للعنبر في جانتارني Jantarnyi (بالمنيكن Palmnicken سابقا)، حيث تُمد الأخاديد في وسط شواطئ بحر البلطيق بجماله الخريفي المسالم، وقد سبَّب الطموح في استخراج الذهب من الأرض منظرًا يشبه فوهات البراكين، وفي هذه المنطقة يُستخرج الراتنج الذي يعود لما قبل التاريخ من الأرض منذ عدة عقود، ويعتبر العنبر دم الأشجار الذي بدأ منذ ملايين السنين في الولادة مرة أخرى بفعل قوة الكتلة الأرضية والثورة بفعل قوة التيارات التكتونية.

دموع بنات الشمس وحطام أريدانوس

كان العنبر معروفًا في العصور القديمة وكان مادة للكثير من الأساطير، مثل أسطور بنات الشمس، أخوات فايثون ودموعهن الغالية التي تحجرت وحبست الضوء، وفي هذه الأسطورة كانت شـواطئ سـاملاند تلعب دورًا محوريًّا وتلك السـواحل الممتدة على طول بحيرة قورش حيث يأمل الصيادون حتى يومنا هذا في تحقيق صيد ثمين منها ـ صيد بدون خياشيم أو زعانف.

إن نهر إريدانوس ـ الذي سُمي هكذا على اسم النهر المذكور في الأسـطورة اليونانية، ذلك النهـر الذي سـقط عنده فايثون ـ نقل راتنج الأشـجار إلى هنـا -وفقًا للمصـادر العلمية ـ حيث تكونـت الدلتا القديمة التي يبلغ عرضها 115 كم بين كارڤيا Karwia وبولندا وجانتارنيا وأغرقت طبقـات التربـة الطينية، وهـذا ما يوضحه تحليـل الرواسـب، وكان الراتنج المطمـور داخل هذه (التربة الزرقاء) الطفيلية محميًّا من التحلل واسـتطاع أن يتحول إلى عنبر عبر ملايين السـنين، وفي النهاية استطاع بحر البلطيق وبحر الشمال أن يخرجا بتياراتهما وتدفقهما العنبر مرة أخرى.

هكـذا طفت «دموع الآلهة» الأقل كثافة من الماء المالح وقُذفت إلى الشـاطئ ـ وكانت دائمًا تلمس قلوب الناس، كما تؤكد المكتشفات.

تؤكـد تحـف العنبر التـي عُثر عليها في بحيرة قـورش في منتصف القرن التاسـع عشر أثناء بناء ممر مائي بين ميمل Memel وكونيجسبيرج أنه كان يتم العثور على عنبر بحر البلطيق في شبه جزيرة ساملاند في العصر الحجري الحديث (هنا في الشمال في الفترة بين1800 -3350 ق.م) وكانت تتم معالجته، وبعد عدة قرون بدأ العنبر ينال اهتمام الممالك الكبيرة والحضارات المتقدمة في حوض البحر المتوسـط وكسـب أسـواق جديدة في العصور القديمة، وكان العنبر يُنقَل عبر طرق التجارة الوعرة والخطيرة من الشمال البربري ـ كما يسميه الرومان ـ عبر الطرق والممرات ـ طرق العنبر التي كانت تشـعل وترضي فضول القدماء في الحصول على ذلك الحجر المجلوب من أرض الضباب بخصائصه المميزة وكذلك طمعهم في الربح.

لم تصل إلينا أي سجلات توضح لنا هل وصلت الرحلات الاستكشافية التي قام بها عالم الفلك والرياضيات والبحار بيثياس Pytheas ـ المعروف أيضًا بكولومبوس الشمال ـ عام 320 ق.م بتكليف من وطنه ماساليا (باللغة اللاتينية Massilia) ـ مرسيليا حاليًا ـ إلى الشمال حتى النرويج وحتى بحر ڤيتن Wettenmeer في ألمانيا، هل وصلت فعلًا إلى ساملاند، فقد اشتهرت رحلته التي قام بها في العصور القديمة لدرجة أن الكاتب والمثقف بليني الكبير قد تناولها بعد ثلاثة قرون وسجلها من أجل الأجيال القادمة، وفد تناول أيضًا قصة قطعة من العنبر: «يروي بيثياس أن أحد الشعوب الجرمانية كان يسكن ساحل بحر ڤيتن -الذي يبعد عن جزيرة أبالوس مسيرة يوم ـ حيث كانت فيضانات البحر تقذف بقطع العنبر في فصل الربيع، وكان الناس هناك يستخدمونه وقودًا للنار بدلًا من الخشب وكانوا يبيعونه إلى القبائل الجرمانية الأخرى.

يبدو أن «هيلغولاند» القديمة لم تكن في عصر بيثياس تعرف قيمة ذلك الحجر العجيب، لكن مع توسع روما من مدينة إلى دولة إلى إمبراطورية ازداد الطلب على الحجر العجيب الذي يتم جلبه من ساملاند، وبدأ الحرفيون الرومان يصنعون منه تماثيل ويبيعونها للرومانيات في شكل زجاجات للعطور والزيوت أو كملاعق لتقليب الكريمات، وكانت تلك المادة ترتبط بوصفها كمادة عجيبة، لكنها كانت تورد من أرض الضباب التي تطل على بحر الشمال، وهكذا زادت الحاجة: فكان العنبر يورد بكميات كبيرة ـ بالطن ـ عبر طرق العنبر على سبيل المثال من دانتسيج مرورًا بمركز التجارة في كارنونتوم Carnuntum أو أكويليا Aquileia إلى عاصمة العالم روما.

سكان فيلين والفايكنج والفيسكياوتن

نتيجة للطلب المتزايد زادت فرص التصدير، فتكونت الطرق التجارية التي كان العنبر وغيره من السلع بل والكثير من القصص والأفكار تُنقل عبرها، لقد وُلدت طرق العنبر ولا شك أن هذا الحجر الكريم كان يثير المزيد من الأطماع، ويبدو أن تجارة ذلك الحجر الناري

اللامع كانت مربحة وتدر المال، وقد تحول شاطئ ساملاند بسبب ندرة المادة الخام التي ينتجها والإقبال عليها إلى مركز تجاري لا يقتصر على تجارة الجلود والملح فقط بل وذهب البحر، حتى وإن كان المنتجون أنفسهم ـ صيادو العنبر ـ لا ينالهم من تلك الثروات الكبيرة إلا القليل الذي يُوزع على أفراد السلسلة التجارية، حيث يجني كل منهم هامش ربح مختلفًا.

لا شـك أن العنبر المجلوب من شاطئ سـاملاند كان يمثل سلعة للشعوب الإسكندنافية سلعة تجارية ثمينة.

الذهب المستخرج من البحر: هنا على شاطئ ساملاند الرائع تشطف الرمال العنبر الذي ظل ملايين السنين في عمق البحر، وهنا أيضًا يتم اصطياد العنبر وجمعه.

الأدلـة التي تؤكـد ذلك لا تقتصر على مكتشـفات العنبر المعروضة في متحف فورنسـال Fornsal في فيسـبي Visby التـي تقـع في جوتلانـد Gotland لكنهـا تمتـد إلى قريـة فيزسـكياوتن الأسـطورية، التـي كان يعمل فيها أسـلاف علماء الآثـار الألمانيين الحاليين بعد اكتشـاف أول

500 مقبرة من مقابر التلال في قرية تحمل نفس الاسم بالقرب من سيلينوجرادك Seleno-gradsk (كرانتس Cranz سابقًا): وحتى بداية الحرب العالمية الثانية كان قد اكتشف 250 قبرًا بواسطة عدة أجيال من الباحثين.

هل جاء الفايكنج إلى هنا من أجل تلك السلعة الثمينة النادرة وأسسوا في أرض البروسيين مركزًا تجاريًا واستوطنوا معهم وبدؤوا يوسعون شبكتهم انطلاقًا من هذا المكان لتشمل بيركا وهيديبي Haithabu وبافيكن أو فولين؟ هل جاؤوا من أجل العنبر الذي كانت الطبيعة أو البحر الهائج يقتلعه ويقذفه إلى الشواطئ الرملية؟ في إطار مشروع مشترك بين مركز علم الآثار البلطيقية والإسكندينافية (ZBSA) في مؤسسة متحف شليسفيج هولشتاين الموجود بقصر جوتورف والرحلة الاستكشافية التي قام بها معهد علم الآثار التابع للأكاديمية الروسية للعلوم بدأت مجموعة من الباحثين في عام 2005 في التحليل المفصل والدقيق لأماكن المكتشفات في موسكو، حيث تم بحث المنطقة باستخدام أجهزة القياس المغناطيسية الموضوعة على مساحة 150 فدانًا ومن خلال عمليات التنقيب في مواقع مختارة بمساحة إجمالية 200 متر مربع، وأثناء هذه العلمية اكتشفت مجموعة الباحثين الروسيين والألمانيين الكثير من الأدلة التي تشير إلى أن الفايكنج كانوا يعيشون هنا مع البروسيين في مستوطنة واحدة على الشاطئ، هذه المستوطنة توجد اليوم داخل البر نظرًا لتغير مسار الشاطئ.

آبار ومواقد وحفر للتخلص من القمامة وأفران، كل ذلك وجده الباحثون، كما وجدوا أيضًا العديد من المكتشفات مثل الدبابيس أو العملات المعدنية البيزنطية، فهل كانوا يستخدمونها لشراء العنبر؟ على أقل تقدير تعتبر هذه العملات مؤشرًا على توسع العلاقات التجارية التي وصلت إلى حوض البحر المتوسط وتجاوزته.

خلال عمليات التنقيب التي أجريت في فيسكياوتن كان الباحثون يكتشفون قطعًا مصنوعة من العنبر، على سبيل المثال عثر الفريق في البئر ـ التي اكتشفها عالم الآثار تيمو إبسن مع فريقه بعد أسابيع من العمل الشاق والحفر وضخ المياه حتى وصوله إلى أعماقها

ـ علـى مجموعـة من الخرز البني المصفـر ضمن العديد من المكتشـفات الأخرى، وكان الخرز مصنوعًا من العنبر.

عندما ترافق علماء الآثار أثناء عمليات التنقيب في غابة كاوب Kaup أو في الحقول المفتوحة ـ حيث كانت المستعمرة قديمًا توجد على الشـاطئ نظرًا لمسـار الشـاطئ آنذاك ـ فسوف يكون شـعورك في هذه المنطقة التي تخضع للرقابة العسـكرية الصارمة وتوجد بها الكثير من المنشـآت العسـكرية -التـي لا يجـوز تصويرهـا ـ أنـك مراقب باسـتمرار، إنهـم لا يراقبون فقـط عملية التنقيـب بـل كل خطوة تقوم بها، هكذا قد تشـعر، وفي بعض الأحيـان كان الأمر يتجاوز مجرد كونه شعورا: فأثناء التنقيب في إحدى الآبار تلقى الفريق الذي كان يعمل مع تيمو إبسن زيارة مفاجئـة غير متوقعة: بينـما كانوا يركبون جهازًا لقياس المغناطيسـية بجوار مخـزن أدوات قديم وبالقرب من موقع الحفر توقفت أمامهم سـيارة ليموزيـن ـ تبدو وكأنها تعود إلى عصر الاتحاد السوفييتي، وربما كانت السيارة محصنة لامتصاص الصدمات، وفجأة انفتح باب السيارة ونزل منها سائق يرتدي زيًّا رسميًّا وفتح باب السيارة الذي كان زجاجه أسود قاتمًا.

نزل من السيارة ضابط جيش ـ ربما كانت رتبته كبيرة وفقًا لما تشير إليه الشارات والميداليات الملونة المعلقة فوق زيه العسـكري ـ كان المشـهد يبدو وكأنه مشهد سينمائي، وتم تفتيش الجهاز الـذي كان الباحثـون الألمـان يسـتخدمونه، وطرح الزائر بعض الأسـئلة حـول الجهاز وحول المـشروع. كانت عمليات التنقيب في حد ذاتها لا تثـير اهتمامه، والأرجح أنه كان مهتمًّا بالكنوز التـي قـد يعثر عليهـا الباحثون، كما أن التقـاط الصور الجوية لم يكن جائـزًا بدون الحصول على تصريح من وزارة البحرية والمخابرات الروسية في موسكو والسلطات المحلية، لاسيما إذا كان هنـاك صحفيـون في الموقـع، وكان لا بد من الحصول عـلى التصريح لاسـتئجار الطائرة، وبعد التأجيـل عـدة مرات رفض الطيار العمل، فقد كان الطقس متقلبًا ـ كما يقول-، لكننا لم نلاحظ أي تقلبات جوية ـ لقد كانت نية الرجل سيئة.

الاحتكار وعقوبة الموت - الطائفة الألمانية والعنبر

لم تكن الحراسة والرقابة المشددة على شواطئ ساملاند اختراعًا سوفييتيًا، بل كانت تقليدًا قديمًا، ففي كل الأحوال كان لا بد من حراسة الكنز المستخرج من البحر: كان العنبر الذي يقذفه البحر هنا أكثر من أي مكان آخر يخضع للمراقبة والحماية - وفي بعض الأحيان كان ذلك يشكل عبئًا ثقيلًا، فقد كان ذهب بحر البلطيق شأنه شأن الماس الأسود في القارة السوداء يحتاج إلى الكثير من التضحية - وإن كان العنبر بطبيعة الحال أكثر تواضعًا: وقد كلفت مراقبة العنبر حتى القرن العشرين ثروة كبيرة.

لم يستطع أحد أن يستغل العنبر كما فعلت تلك المؤسسة التي كانت في عصرها إحدى أكثر المؤسسات نفوذا في أوروبا: فبعد الحملات الصليبية بسطت الطائفة الألمانية نفوذها حتى بروسيا الشرقية، وهزمت القبيلة البلطيقية البروسية التي قاومت قبل ذلك التنصير على يد راهب البنديكت أدالبرت: يذكرنا صليب أدالبرت الذي كان يمر به طريق اللاجئين عام 1945 والذي أعيد بناؤه عام 1997 بمقتله على يد البروسيين قبل 1000 سنة، استطاعت الطائفة الألمانية في النهاية أن تكسر مقاومة هذا الشعب الذي منح اسمه لبروسيا بعد ذلك، لكن ما الذي دفع الطائفة الألمانية إلى التوسع شرقا؟ لا شك أن تجارة بحر البلطيق وعنبره لعبا دورًا مهمًا في ذلك، لأن الطائفة الألمانية عندما غزت ساملاند في القرن السادس عشر بدأت السيطرة على تجارة العنبر، وفي عام 1309 اتخذ الجراند ماستر زيجفريد فون فويشتفانجن مارينبورج Marienburg مقرًّا له، لتصبح مركز القوة لواحدة من أهم الممالك في منطقة بحر البلطيق.

تدل الحجرات الأنيقة للقلعة الرائعة التي ترتفع فوق مياه نوجات Nogat الهادئة وتتوهج بلونها الأحمر تحت أشعة الشمس على حجم الثروات التي كانت الطائفة الألمانية تكدسها - من خلال تجارة العنبر على سبيل المثال وليس الحصر، وفي تلك الحجرات المفروشة بأثاث بسيط وأنيق في نفس الوقت وفي كونيجسبيرج أيضًا كانت تدار عقود جمع العنبر وتملكه، وكذلك اتفاقيات

توريـد العنـبر التـي كانت تُعقد مع المراكـز التجارية الثريـة المنضمة في الهانزا (رابطـة التجار) في لوبيـك وبروج أو مع تجار العنبر مثل نيلاس بفـلاوم Nielas Pflaum وجورج كرامر George Cra-mer مـن كونيجسـبيرج وإيفـيرت روج Ewert Rogge وباول لاسـكي Paul Iaski من دانتسـيج أو كلاوس لانج من لوبيك الذين كانوا يشترون العنبر بأسعار ثابتة ويعالجون العنبر وينقلونه عبر الطرق التجارية المتشعبة ويوزعونه ـ وبالطبع كانوا يجنون أرباحًا عالية.

على مدى عدة قرون كانت مركز قوة للطائفة الألمانية ولسادة العنبر: إنها مارينبورج

بعد توسـعها الإقليمي بفترة وجيزة قدمت الطائفـة الألمانية أوضح الأمثلة على الاحتكار في تاريـخ البشرية: «قاعدة العنبر»، فالعنبر كان قديماً أكثر قيمة مما عليه الآن ولهذا كان فرسـان الطائفة ـ مثل من سبقوهـم من دوقات بوميرانيا في بروسيا الشرقية وبوميرانيا والملوك البولنديين وحتـى لاديسـلاوس الأول Ladislaus I في عـام 1308 ـ احتكروا حق اكتسـاب العنبر وتجارته، وبهذا القانون أصبحت هذه القوة الجديدة هي التي تمنح تراخيص جمع العنبر.

الخطر على السواحل: تصور المشانق لصيادي العنبر ما سيحدث لهم لو سرقوا ما يعثرون عليه، نقش اللوحة ڤاجنر، والصورة مأخوذة من نشرات فيينا التي تعود للقرن الثامن عشر.

لم يكن جمع العنبر بدون ترخيص أمرًا غير قانوني فحسب، بل كان يُعاقب عليه بصرامة: ففي البداية كان المتعدي يدفع غرامة مالية، وبعد ذلك ومنذ بداية القرن الخامس عشر أصبح المتعدي يُعاقب بالموت، وكانت المشانق تعلق على الشواطئ - كما يظهر في لوحة جيه فاجنر من منشور فيينا الصادر عام 1774 - لتحذر صيادي العنبر وتهددهم وتوضح لهم الخطر، لكن من الواضح أن الحظر كان يُكسر مرارًا وتكرارًا، بالإضافة إلى ذلك مارست الطائفة في نفس الوقت نوعًا آخر من الاحتكار: فقد احتكرت شراء العنبر وبالتالي كانت تتحكم في معالجة العنبر وتسويقه، ومنذ عام 1394 كان للطائفة الحق الحصري في شراء العنبر، وكان تملك العنبر الخام جريمة تخضع للعقاب.

كان السـكان الذين يجمعون العنبر المقذوف على الشواطئ أو يصطادونه بشبكات العنبر وقضبانهـا الطويلـة ملتزمون بتوريد كل ما يعثـرون عليه من عنبر إلى موظفـي الطائفة، وكان جامعـو العنـبر يحصلون على مكافأة مالية أو مكافأة من الملح، أما «سـادة العنبر» الذين كانوا يقيمون في لوخشـتاد Lochstädt وبالجا BAlga وفيشـهاوزن Fischhausen وشـارافاو Scharafau ودانتسـيج وأوليفا Oliva فكانوا يرسلون أطنان العنبر بعد تصنيفه وتعبئته إلى مارشال الطائفة في كونيجسـبيرج، وكان المسؤول الكبـير المقيم هنـاك«Grosschäffer» هو القائـم على التجارة المركزيـة بـما فيها تجـارة تلك السـلعة الثمينة، فـكان يدفع لرجال الطائفة وأسـقف سـاملاند ورئيـس الدير في أوليفا مقابل العنبر المحصل من مناطقهـم، وكان يكلف «أتباعه المخلصين» في بـروج ولوبيـك ببيع المادة الخام المرغوبـة إلى نقابات حرفيي العنبر المحلية وصناع المسـابح الذين يصنعون المسابح من الراتنج المتحجر.

في مدينتي الهانزا كلتيهما كان يوجد مديرون خصوصيون للمخازن يعملون بصورة وثيقة مـع هـذه النقابات، وفي نفس الوقت بدأت الطائفة في منتصـف القرن الخامس عشر في التعاقد مع التجار بأسعار ثابتة لكل صنف من العنبر، وفي النهاية تجاوز الأمر ذلك الحد، حيث بدؤوا يـورِّدون خـام العنـبر مبـاشرة إلى أوجسـبورج Augsburg والبندقية، الأمر الـذي أثار غضب النقابـات وجعـل كبير الطائفة ألبريشـت يعرض تقريرًا مفصلًا في الرايخسـتاج (مجلس النواب الألمـاني) في نورنبيرج Nürnberg عام 1524، كذلك كانت الطائفة ترفع أسـعار العنبر باسـتمرار وتضاعف جودته بإدخال أصناف جديدة.

جـاء عـصر الإصلاح ليقلـل الطلب عـلى المسـابح، فأصبح العنـبر حجـرًا عاديًّا وهوت أسـعاره، وفي النصـف الأول مـن القرن السـادس عشر تنازلـت الطائفة عن احتـكار التجارة إلى تجار دانتسـيج، قبل أن يقوم الأمير فريدريش فيلهلم أمـير براندنبورج بحلها ونقل احتكار العنـبر إلى الدولة التي كانت تؤجرها نتيجة لتراجع العائدات، لكن العنبر ظل مصدرًا مهمًّا من مصادر الدخل وظل رمزًا من رموز الثراء كما كان من قبل.

لغز أعجوبة العالم

هنـاك عمـل فني آخر يضاهي روعة حجـرة العنبر. هذه الحجرة المؤثثـة بالعنبر المتألق والتي كشفت جمال هذا الحجر أكثر من أي شيء آخر تم تأسيسها بأمر ملك بروسيا فريدريش الأول وفي عام 1716 نقلت من مكانها في قصر برلين كأفخم هدية عرفها التاريخ من ملك بروسـيا فريدريش فيلهلـم إلى القيـصر الـروسي بيتر الكبير، ولا شـك في أن فك هذه الحجرة وإعـادة تركيبها ونقلها بـما تحتويه من آلاف القطع من العنبر قـد احتاج مجهودًا كبيرًا، وفي القرن العشرين نُقل هذا العمل الفني مرة أخرى، فقد نقلت من مكانها في قصر كاثرينا في تسارسـكوي سـيلو «بوشـكين حاليًا» في سـانت بطرسـبيرج لتسـتقر بالقـرب من شـاطئ العنبر في عاصمـة العنبر القديمـة: فقد نُقلت تلـك الحجرة التي سـميت «أعجوبة العالم الثامنـة» نظرًا لتفاصيلها الدقيقـة تحت إشراف النقيب ومسؤول حماية التحف الفنية إرنست أتو جراف إلى كونيجسبيرج بعد أن قام الجنود بتفكيكها عام 1942 وتعبئتهـا في صناديق، حيث عُرضت للمرة الأخيرة، فقد خصص مدير قصر كونيجسـبيرج والمجموعات الفنية في مدينة كونيجسبيرج مكانًا لحجرة العنبر بوضع الحجرة في الجناح الجنوبي في الطابق الثالث من القصر، وظلت متاحة للجمهور لمدة عامين بدءًا من عام 1942.

بعد ذلك وصلت ليالي الرعب إلى كونيجسـبيرج حيـث ضاعت حجرة العنبر بعد ضربها بالقنابـل وانـدلاع النـار فيها، فقد قضـت مدينة كونيجسـبيرج ليلتين في أغسـطس 1944 تحت وابـل القنابـل البريطانية، واحترق قصر كونيجسـبيرج وسـاوى الـتراب، لكن المديـر كان قد خـزن الحجـرة في أقبية القـصر ـ من قبيل الحيطة ـ قبل ذلك بعدة أشـهر، لكننـا لا نعرف حتى الآن مـا الـذي حدث لهذه الحجرة على الرغم من البحث المكثـف، وبعد أن فتح الجيش الأحمر كونيجسبيرج في عام 1945 ظلت الإجابات الممكنة على الكثير من الأسئلة سجينة خلف الستار الحديـدي لعدة عقود، فقد كان الجيش الأحمر وأجهزة جمهورية ألمانيا الديمقراطية يبحثون عن الكنوز الفنية لكن يبدو أنهم فشلوا.

مأزق حجرة العنبر: هكذا انتهت عمليات التنقيب في مخزن قصر مدينة كونيجسبيرج السابق إلى نفق في الأنقاض، وحتى الآن فشلت كل عمليات البحث عن أعجوبة العالم الثامنة.

على مدى عدة عقود ظلت الحجرة الفخمة لغزًا للمؤرخين وعلماء الآثار والصحفيين وصناع الأفلام وخبراء الفن والمحققين الخصوصيين وكذلك الباحثون عن الكنوز، لكن أين يجب عليهم أن يبحثوا؟ هناك الكثير من النظريات حول المكان الذي ربما وصلت إليه الحجرة الأنيقة، حيث يتحدث البعض عن سرداب في تورنجن مثل سرداب فايمار، وهناك نظرية تفترض أنها موجودة في غابة بوبن في جبال ركاز أو في شبه جزيرة فوستوف Wustow في خليج فيسمار؟

وهناك نظرية أخرى تخمن أن الحجرة موجودة في صحراء أوروبا، تحت الكثبان العالية التي يبلغ ارتفاعها 60 مترًا في برزخ قورش الذي يبلغ طول شاطئه 98 كم، وهنا أقام غوليتر إريش في شفارتس أورت (لودكرانتا حاليًا) في برزخ قورش كوخًا، يُقال أنه قد جلب إليه بضاعته الفريدة، ومن يتجول في تلك الكتل الرملية للبرزخ لن يصعب عليه أن يصدق ذلك.

يعتقد هاينتس شون Heinz Schön الذي يعمل كمؤلف وهو باحث عنيد عن تلك التحفة العسلية اللون والذي كان شاهدًا على سقوط جوستلوف أن تلك التحفة ومنحوتاتها الفريدة لم تغادر كونيجسبيرج أبداً، فهل توجد تلك التحفة سليمة في قبو مضاد للقنابل تحت الأرض؟ بصفته معاصرًا لسقوط جوتلوف Gottloff فإنه هو نفسه دليلًا على صدق نظريته، وعلى عمليات التنقيب الانتقائية في الأراضي المحيطة بالقصر أن تثبت نظريته.

مدخل المملكة الموجودة تحت الأرض غير مرئي، وهناك ممر مظلم ونفق منحدر محاط بسور، هنا يُكشَف التاريخ بالعمل الشاق وتُكشف القصور السفلية تحت قصر كونيجسبيرج السابق والتي ترتفع فوقها الآن مباني مجلس النواب البشعة التي لم تكتمل بعد في وسط كاليننغراد، فقد تداعت هذه المباني منذ فترة، فقد أصبحت تلك الخطيئة المعمارية المكونة من عشرين طابقًا والتي بنيت عام 1967 فوق بقايا قصر كونيجسبيرج الذي دمر في الحرب العالمية الثانية والتي كان من المفترض أن توضح تفوق الشيوعية السوفييتية تحولت منذ زمن طويل إلى رمز لهزيمتها.

يخمـن البعض أن حجرة العنـبر ما زالت تختبئ في باطن الأرض بين جدران الأقبية المنهارة لذلك المعلم الذي كان يميز قلب المدينة، لكن الحفريات العميقة لم تكشـف إلا السـور والعديد من الاكتشـافات الصغيرة والكثير من الخراطيش، لقد كان ذلك الممـر الذي يفضي إلى المملكة الأرضيـة هـو بارقة الأمل، لكن بعد عدة أمتار من الحفر اتخذ هـذا الممر منحنى عميقًا باتجاه نهر بريجل Pregel، فهل نُقل الكنز خلسـة على إحدى السفن؟ على ضوء مصابيح الجيب استطعنا أن نـرى منافذ الضوء والهـواء والأنابيب الصدئة، لكن بعد عدة أمتـار لم يفضِ الممر إلى أي مكان، فقـد كان يفـضي إلى جدار لا يمكـن اختراقه، لم تحقق الحفريات الانتقائيـة أي نجاح، ولا يمكن توضيح النتيجة النهائية إلا بعد حفر أرض القصر بالكمال بالإضافة على جزء من مجلس النواب الذي ما زال قائمًا في مكان الحفر كنصب تذكاري تحميه الأسوار الخلفية من النظرات الفضولية.

يوضح ذلك الولع الكبير بحجرة العنبر وعمليات الحفر في كونيجسبيرج الجاذبية التي ما زال العنبر يتمتع بها حتى يومنا هذا، وتوضح حجرة العنبر الحديثة في سـانت بطرسبيرج مدى الفخامة والجمال الذي كانت تتمتع به الحجرة الأصلية، ولا شك أن الحجرة الحديثة أكثر روعة لأن الحجرة البراقة التي كانت تستخدم كمجلس للوزراء تضررت قليلًا أثناء الحرب، وفي مقال حول الافتتاح البهيج للحجرة المقلدة في عام 2003 استشهدت جريدة زوددويتش بشاهد على العصر يقول إنه قد رأى الحجرة الأصلية عام 1941 في حالة سيئة وقد انخلعت بعض قطعها وسُدت الثقوب بالشمع.

ومـع ذلك تبقـى أعجوبة العالم الثامنة الضائعة أسـطورة حية تأسر وتثـير الحماس والولع وترمز إلى القيمة التي كان يتمتع بها ذهب البحر يومًا ما وإلى الثروة التي كان يسـتطيع الإنسـان أن يكدسها من وراء العنبر، وأثناء حفل افتتاح الحجرة المقلدة استمتع الرئيس الروسي فلاديمير بوتين والمستشار الاتحادي جرهارد شرودر معًا بالبريق الأصفر اللامع لحجرة العنبر الخرافية.

أثنـاء عمليـة إعـادة بناء حجرة العنـبر مرة أخرى انتعـش أحد الفنون التي أوشـكت على الضيـاع: معالجة العنبر، وعندمـا قرر مجلس الوزراء في عام 1979 إعادة بناء حجرة العنبر كانت تقنيـات معالجـة العنـبر قد أصبحت في طي النسـيان ومات فـن معالجة العنبر ومـات الفنانون الكبار، فاسـتغرقت مرحلة التحضير وحدها عشر سـنوات، فلم يكن القائمون على تنفيذ هذا

المشروع يملكون سوى بعض الصور بالأبيض والأسود وكان عليهم أولًا أن يعيدوا إحياء المعرفة القديمة: تسخين العنبر في العسر حتى يصير لونه أحمر حتى لا يسقط.

منذ عام 2003 تستطيع أن تشعر بأناقة حجرة العنبر، ومع ذلك لا يزال البحث عن الحجرة الأصلية مثيرًا ويبدو مثل قصة بوليسية، وقد كلف البحث عن حجرة العنبر العديد من الضحايا ـ مثل قصة جورج شتاين التي تبدو وكأنها فيلم رعب، فقد اصطدم مزارع الفاكهة القادم من ريف هامبورج مصادفة بقطع من حجرة العنبر، وكان ذلك في 27 يناير 1945، فقد اكتشف هو وزملاؤه من سلاح المهندسين ثلاث شاحنات للجيش غرب كونيجسبيرج تبلغ حمولتها 80 صندوقًا بداخلها ذخيرة وتحف فنية مسروقة من بينها بعض اللوحات من حجرة العنبر.

نظرًا لأن الشارع تعرض لنيران المدفعية فقد وضعت الصناديق في سرداب تحت أنقاض كنيسة الصليب المقدس، لكن بعد ذلك بعدة سنوات لم يجد أحد تلك البضاعة الثمينة لا هناك ولا في الكنائس المجاورة، ووفقًا لجريدة شبيجل فقد ذكر اللاجئون أنه لا يوجد أي سراديب أو أقبية في كنيسة الصليب المقدس.

لكن شتاين يتمسك بقصته ويقتفي كل أثر يقابله، وقد قاده ذلك إلى منجم كالي «فيتكيند»، في جوتنجن حيث كانت تخزن الذخيرة ومكتبة جامعة جوتنجن وغيرها من الأشياء التي تستحق الحماية أثناء الحرب، ووفقًا لمعلومات جريدة برلين كان من بين هذه الأشياء عشرة صناديق كبيرة واثنين صغيرين من كونيجسبيرج ـ فهل كانت هذه الصناديق تحوي حجرة العنبر؟ ووفقًا لأبحاث شتاين حدث في ليلة 28 سبتمبر 1945 انفجار هائل استمر حتى 29 سبتمبر، وقد تمكنوا من إنقاذ الكتب والصندوقين، لكنهم لم يتمكنوا من إنقاذ الصناديق الكبيرة، وعندما أغلق المنجم بعد ذلك بمحتوياته السرية اتجه شتاين إلى أعلى الجهات السياسية، حتى أنه تواصل مع فرانك جوزيف شتراوس Franz-Josef Strauß وهيلموت كول Helmut Kohl حول فتح المنجم، وقد اهتم المستشار الاتحادي بشتاين، لكن طلب شتاين قوبل بالرفض بسبب التكاليف التي تصل ملايين الماركات.

اقتفـى شـتاين آثارًا أخرى، وفي عام 1986 تواصل مع باحـث العنبر القادم من شرق ألمانيا بـاول إنكـه Paul Inke وبعدهـا ظهـر تقريره عن حجرة العنـبر، وجاء في التقريـر أنه اقترب من هدفـه، وبعـد ذلك بقليل كان يرقد في المستشـفى بعد محاولة اغتياله، فقـد كان يخطط للهرب إلى جمهورية ألمانيا الديمقراطية، لكنه لم ينفذ هذه الخطة قط.

إن بحثـه عـن حجرة العنـبر وتكريس نفسـه لعـودة الفن المنهـوب من متحـف إيكونن Ikonen-Museum في ريكلينجهـاوزن Recklinghausen إلى روسـيا وكذلـك أبحاثـه التاريخيـة الأخـرى دمـره ماليًّا وصنع له أعـداء، والكثير يعتقدون أن بحثه العنيـد عن حجرة العنبر هو الـذي أودى به بهذه الطريقة البشـعة، وأن أحد الآثار التي وحدهـا وهو يبحث عن «أعجوبة العالم الثامنة» تشـير إلى وسـط النازيين والأرستقراطيين القدماء، فقد عثر عليه مشقوق البطن في الغابـة بالقـرب من شـتارنبيرج وسـط بافاريـا، وحتى مكان العثـور على جثته يعتـبر لغزًا، فقـد ذكـرت بعض وسـائل الإعلام أنه قد عثر عـلى جثته في تيتنج Titting في مقاطعة أيشـتيت Eichstätt، ولا تزال هناك الكثير من الأقوال المتضاربة.

حتـى الآن هنـاك بعـض التكهنات حـول ما حـدث، فيعتقـد البوليس أنها كانـت محاولة انتحـار، لكـن صفحات الإنترنـت وأتباع نظريـة المؤامـرة كل الناس يتحدثون عـن بحثه عن حجـرة العنبر ويتداولون الحقائق ويصلون إلى نتيجة مختلفة، ويمكن مشـاهدة الصور الأصلية لمسرح الجريمة، مخطوطات شتاين ونسخة من رسالة تهديد ورد فيها: «شتاين! نحن نحذرك!»، والرسالة موقعة بجملة «أصدقاء كونيجسبيرج القديمة»، هذا ما يزعمه أحد المشاركين في أحد المنتديات ويزعم أنه يملك نسخة من هذه الرسالة.

«ماس الدم» الأوروبي

لم تكن قصة جورج شـتاين هي الوحيدة التي ارتبطت بحجرة العنبر، فهناك ما لا يقل عن ستة وثلاثين حالة وفاة حدثت بسبب هذه الحجرة: ويُقال أن هناك لعنة ألقيت على هذه الحجرة

الفخمة مثل لعنة المومياوات القديمة، ولطالما كان العنبر بمثابة «ماس الدم» الأوروبي، ولم يكن الباحثون عن الكنوز سوى آخر الأسماء في قائمة الضحايا المجهولين، كم واحدًا من جامعي العنبر خبأ قطعة عنبر في جيبه كي يؤمن طعام أسرته ودفع عمره ثمنًا له في عصر الطائفة الألمانية، تبقى الإجابة لغزًا من ألغاز التاريخ، لكن هناك مكان آخر روت فيه الدماء أرض العنبر: في أكبر مناجم العنبر في بالمنيكن، حتى وإن لم يكن للعنبر أي علاقة بالفظائع التي كانت ترتكب هناك فالمقابر التي تسبب فيها استخراج العنبر كانت هي المثوى الأخير لآلاف الأبرياء.

في ليلة بين 30 يناير و2 نوفمبر 1945 ـ التاريخ الدقيق غير معروف ـ مات حوالي 3000 شخص ـ أو 7000 كما ورد في روايات أخرى ـ في هذا المكان الشاعري من الشاطئ ـ وفقًا لما يؤكده شهود العِيان ووسائل الإعلام، فقد اقتاد رجال القوات الخاصة سجناء معسكرات اليهود بحجة نقلهم من الجنوب إلى بيلاو Pillau ومن بيلاو ينقلون على ظهر سفينة إلى هامبورج وأطلقوا عليهم الرصاص فوق الجليد، وبعد ذلك لفظ النهر مئات الجثث على الشاطئ، فأجبرت القوات الروسية التي احتلت بالمنيكن في أبريل 1945 المواطنين على حفر مقابر جماعية للقتلى، ودفنوا في الكثبان الرملية العنبرية في بالمنيكن ـ لقد كان فصلًا حزينًا من فصول قصة أرض العنبر التي فقدت بريقها منذ زمن.

سقوط الكبرياء

من لم يترك كاليننجراد الحالية بواجهاتها الزجاجية العصرية ومراكز التسوق ووسط المدينة المزين بشارات النيون والمصمم تصميمًا عصريًّا تبهره وتأسره وبدلًا من ذلك سار عدة كيلومترات باتجاه الشاطئ سوف وحده الذي سيشعر بالحنين إلى الرفاهية التي كانت تتمتع بها الكثير من الأماكن قديمًا ـ ربما بفضل العنبر الذي كان يستخرج هنا أكثر من أي مكان آخر على وجه الأرض، المنازل المتداعية والطرق السيئة المصنوعة من ألواح الخرسانة والأسوار المتعرجة

والكلاب الضالة والمنازل المتهالكة لملاك المزارع أو القصور المحلية والكنائس المهجورة وقلاع الطائفـة كما في إنسـتيربورج وبالجا أو قلعـة راجنيت الفخمة التي كانت يومًـا ما والتي لا يزال سورها المنيع يحكي عن قوة سادتها التي كانت يومًا ما ـ وعن الثروة التي كانت تحاط بالحماية.

لم يبق من القلعة الكثير، وحتى أنقاض القراميد الحمراء الفخورة تلاشـت، لم تتبقَّ سـوى الأطـلال التـي يمكن تخمين جمالهـا وحجمها السـابق، وتقابلك في الكثير مـن الأماكن وتترك خلفهـا خصوصًـا في الأيام حيًّا مهمًّا منذ فـترة طويلة وحنينًا مريرًا حزينًا إلى بقعة منسـية ظلت لفترة طويلة: وهي المنطقة العسكرية المغلقة.

حتى أماكن الشـاطئ التي تسـعى لجذب السياح مثل زيلينجرادسـك Selenogradsk تبدو أقل سحرًا، فاليوم يبدو شاطئ كرانتس الذي كان قديمًا معروفًا بواجهته البحرية الخلابة حيث كان مقهـى «مونوبـول» يفتتح عالمًا صغيرًا وحيويًّا متواريًا في ظلال الأنقاض الخرسـانية ليس فقط في الأيام غير المشمسة.

لم تسـتيقظ الأراضي الواقعـة عـلى برزخ قورش من سـباتها الـذي ارتبط بالحـرب العالمية والتطهـير العرقي وغيرها من الأعمال الوحشـية والحرب الباردة، وربما بسـبب سـقوط العنبر الذي ظل آلاف السـنين يغزو قلوب النسـاء كنوع من الأحجار الكريمة، بعد أن أهملته الموضة منذ سنوات.

لا يزال ذهب بحر البلطق منتشرًا على شـواطئ العنبر ولاسـيما شـواطئ الباعة المتجولين في كالييننجـراد، وتقريبًـا لا يوجد سـائح يغـادر أرض العنبر دون أن يأخذ معه حجر الشـمس كتذكار، وما زال العنبر موجودًا بوفرة وبكل التشـكيلات: في صورة حلي أو دموع الشـمس أو هدايـا تذكاريـة موقعة بجملة «بكل الحب من كالييننجراد» بشـوائب الحشرات أو بدونها، تلك الحشرات التي كان الراتنج سـجنًا لزجًا لها والتي ظهرت في فيلم الحديقة الجوراسـية لسـتيفين شبيلبيرج لتعيد عالم الديناصورات المستنسخة.

منذ 150 سنة أصبحت مهمة مصانع العنبر المقامة على السواحل هي إنتاج العنبر بكميات وفيرة، ويبدو ناتج استخراج العنبر كبيرًا جدًّا مقارنة بجمع تلك البضاعة الثمينة من على الشواطئ وما يحتاجه من مجهود مضنٍ أو صيدها باستخدام الشِّباك، واسم «بالمينكن» في اللغة الروسية لا يعني سوى «Jantarnyi»: ومعنى كلمة «Jantar» في اللغة الروسية «كثير مثل العنبر»، حيث توجد هنا أكثر تربة غنية بالعنبر في العالم، حيث يُستخرج العنبر البراق ـ على الرغم من قشرة التجوية ـ من تلك التربة الزرقاء التي يبلغ سمكها من ستة إلى ثمانية أمتار، والحقيقة أن الحفارات هي التي تقوم الآن بالفصل بين التربة والأحجار اللذين ظلا متلاصقين لملايين السنوات.

ثورة صناعية في شؤون العنبر

لتصنيع واستخراج العنبر اسم معروف، هو: شتانتين آند ديكر، حيث تمردت تلك الشركة التي تأسست عام 1858 على الاستخراج واستهدفت معالجة العنبر وتسويقه بكميات كبيرة وبجودة موثوقة نظرًا لزيادة الطلب وازدهار استخراج العنبر الذي استفادت منه الدولة، وقبل ذلك كانت تُبرم عقود التأجير العامة مع التجار أمثال كارل دوجلاس Karl Douglas، حيث يقوم التاجر بدفع مبلغ متفق عليه مقابل التحكم في استخراج العنبر، ووصل مبلغ الإيجار في الثلث الأول من القرن التاسع عشر حوالي 10.000 مارك سنويًّا، وبعد تقريرين تم تقديمهما إلى الملك فريدريش فيلهلم الثالث أصبح الإيجار يُمنح إلى سكان الشواطئ الذين يجمعون العنبر مقابل نفس المبلغ تقريبا، لكن النفقات الإدارية للدولة ارتفعت كثيرًا بعد ذلك القرار.

لم يكن صغار المستأجرين مدربين جيدًا على الاستخراج السطحي، ولم يكونوا يملكون رأس المال الكافي، فأصبح الاستخراج عشوائيًّا وكثر العمال غير المدربين الذين كانوا يدمرون الطبيعة الخلابة والشواطئ بما تحتويه من كثبان منحدرة وأعشاب ومناظر طبيعية خلابة، وما تتضمنه من نقاوة وأصالة، وهذا ما توضحه الطبيعة السليمة على سبيل المثال غابات

رومنـتر Rominter والغابة السـحرية في شرق بروسـيا «ostpreußische Zauberwald» ومنخفض إلش «Elchniederung» وما يحويه من مستنقعات على الشاطئ الشرقي لبحيرة قورش، وكذلك الغابة الراقصة بأشـجارها المتشـابكة التي تقع عـلى برزخ قورش، وكذلك الأجزاء السـاحلية الملونة برمالها الناعمة وورومانسـيتها البرية وأخيرًا السواحل المنحدرة في كاب تاران Kap Taran والتي يبلغ انحدارها حوالي 60 مترًا.

كان لا بـد مـن تغيير هـذه الأوضاع في بالمنكن، لذا فقد قامت الحكومـة في عام 1867 نظرًا لظـروف الاسـتخراج النهـاري غير المرضية بسـحب حق تملـك الأراضي لاسـتخراج العنبر، عـلاوة على ذلك أدخلت الدولة بعـض التحفظات بخصوص الاسـتخراج النهاري، وبالتالي تمكنـت الحكومـة مـن التعامل مع الاسـتخراج النهـاري بصورة مسـتقلة والتحكـم فيه، وبدأ الاسـتخراج يأخذ شـكلًا جديدًا، فبعد أن قـام التاجر موريتس بيكـر Moritz Becker وشريكه فريدريش فيلهلم شـتانتين الذي كان يعمل بالفعل في اسـتخراج العنبر بتأسـيس شركتهما التي حملـت اسـميهما تطور اسـتخراج العنبر بسرعة كبيرة ـ وهـذا ما أثار سـعادة الدولة: لأن زيادة الإنتاج من شـأنها أن تؤدي إلى زيادة الإيرادات بصورة هائلة: فقد تراوحت الحصيلة السـنوية مـن الجمع والصيد بدءًا من ثلاثينيات القرن التاسـع عشر بـين 20.000 و30.000 مارك وأخذت تقـل تدريجيًّـا بدءًا من سـبعينيات نفـس القـرن إلى أن بلغت 6000 مـارك فقط قبـل إلغاء نظام الإيجار، وعلى سـبيل المقارنة: ارتفع مبلغ الإيجار الكلي لشركة بيكر وشـتانتين بعد عدة سنوات من تأسيس الشركة المشتركة لتصل إلى 200.000 مارك في عام 1870 ومنذ نهاية السبعينيات وهي تتراوح بين 600.000 و800.000 مارك، وأحيانًا أكثر.

أدى التحول الكبير الناتج عن الاسـتخراج الصناعي والتسـويق الاحترافي والمعالجة وفقًا للطلب إلى زيادة الطلب بصورة كبيرة جدًّا وتوسـع الإنتاج: فبينما كان معدل الإنتاج السـنوي للعنبر قبل الحرب العالمية الأولى يتراوح بين 10.000 إلى 12.000 كجم، أصبحت السـيور الناقلة تـورد سـنويًّا 400000 كجم، أي حوالي أربعـة عشر ضعف الكمية القديمـة، وكانت الشركات

الكبيرة تهدف إلى تقديم تشكيلة تجارية كبيرة من العنبر لمختلف الأغراض - تصل إلى 200 صنف - وكذلك الحفاظ على الجودة فضلًا عن التجهيز المسبق للتخلص من قشرة التجوية كما كانت تهدف إلى التوريد بكميات كبيرة، وقد شهد العنبر رواجًا كبيرًا من جديد - ودخل مرحلة الإنتاج الضخم.

أصبحت فيينا مركزًا لمعالجة منتج الغليون، فقد كانت أربعة أخماس منتجات العنبر في عام 1913 من الأدوات، التي تستخدم في التدخين: مثل الغليون أو شفاط النرجيلة والتي كانت تصنع في فيينا وتصدر من هناك إلى الشرق وأجزاء أخرى من العالم، وفي ألمانيا أيضًا كانت هناك مصانع لمعالجة العنبر في رولا Ruhla وآيسنباخ Eisenbach في ولاية تورنجن ونورنبيرد كانت توجد مصانع لتصنيع أدوات التدخين، وفي دانتسيج وبولانجن كانت هناك مصانع لتصنيع خرز العنبر، وكانت شركة بيكر تمتلك مكاتب توزيع في كالكوتا وهونج كونج وشنغهاي وطوكيو، فقد كانت تصدر منتجاتها إلى أماكن غريبة من العالم، والتي بدورها كانت ترى العنبر شيئًا غريبا.

كانت زيادة الطلب مكسبًا كبير للاستخراج الصناعي، فقد حلت مجارف الحفارات الضخمة محل الخطاف والشبكة، وكانت تلك الحفارات تترك حفرًا عميقة في التربة الرملية، حيث تستخرج المادة الثمينة من هذه الحفر لتنقل بعد ذلك بالناقلات الكبيرة، وكان ساحل العنبر وقتها يستحق اسمه بجدارة: على سبيل في المثال ساساو وغيرها من الأماكن التي كانوا يشقون طريقًا في الساحل المنحدر أثناء التنقيب عن العنبر، أما في بالمنكن فقد تكونت حفر استخراج ضخمة جدًّا، وفي حالة الاستخراج العميق كما في آناشاخت Annaschacht كانت تؤسس أنفاق محصنة في طبقات الأرض التي تحتوي العنبر، وفي بروستروت Brüsterort كان أسطول من الغواصين يصطادون كل صباح العنبر من البحيرة، وكان العنبر يخلص من الرمال باستخدام الخراطيم الطويلة مع مصدر هوائي، أما على بحيرة قورش فكانت الكراكات تعمل بإيقاع أكثر هدوءًا وكانت تلك الكراكات تعوم فوق سطح الماء وكانت تحرث أرض

العنبر بشفراتها الحادة، وتستخرج الحجر الذهبي: «على بعد 800 خطوة من الشاطئ كان يستقر أسطول كامل من الحفارات أمام المرسى، حيث كانت تثير السحب الدخانية في السماء الزرقاء، لكن صوتها كان هادئًا، فقد كان البخار يعمل على كبح الضوضاء»، هكذا وصفت مجلة لايبتسيج المصورة في مقالها الصادر بتاريخ 14 ديسمبر عام 1867 عملية استخراج العنبر في شفارتسروت التي تقع على بحيرة قورش.

منذ اختراع العنبر المضغوط في عام 1870 ـ الذي يتم تصنيعه من قطع العنبر الصغيرة بتعريضها للحرارة والضغط ـ لم يعد هناك منتج آخر يستطيع دفع أرباح قطع العنبر الأكبر حجمًا، لكن استخراج العنبر ظل تجارة مربحة، وقد استغلت شركة بيكر وشتانين مكانتها وهيمنتها على السوق لزيادة مبيعاتها من التشكيلات الصغيرة إلى صناع العنبر المضغوط، وفي النهاية بدأ تصنيع العنبر باستخدام الأوتوكلاف البخاري الذي كان يستخدم لتصنيع العنبر المضغوط.

أدى أسلوب محتكر العنبر إلى نشوء صراع حول مسألة العنبر، والذي تسبب في تحول جديد للعنبر في مستهل القرن العشرين، ففي الأول من مايو 1899 اشترت الدولة كل مباني شتانين وبيكر مقابل 9.5 ملايين مارك لتصبح الدولة نفسها من منتجي العنبر.

«الحلي الألماني» يصبح سوفيتيًا

لم تعد الدولة مهتمة بصناعة العنبر، فقد تهاوت الأسعار بعد الحرب العالمية، وقل الطلب، وظهر راتنج الباكليت في الولايات المتحدة الأمريكية ليحل محل العنبر المضغوط الأعلى سعرًا، ولم يعد من الممكن استعادة أسهم السوق التي ضاعت، ولم تعد مصانع العنبر تجني سوى الخسائر، بسبب شح قطع العنبر الصغيرة التي تعتمد عليها صناعة العنبر المضغوط، فأخذت الدولة تبحث عن شركاء من القطاع الخاص مثل شركة برويسنج القابضة، وأخذت تستثمر مع شركة تصنيع العنبر في دانتسيج وخبراء ضغط العنبر في فيينا، وبهذا يزداد البيع وتقل المنافسة، فأخذت شركة برويسنج توسع استثماراتها في الخارج، على سبيل المثال في الولايات المتحدة الأمريكية، وفي الثلاثينيات من القرن العشرين كان يتم تعزيز البيع من قبل السلطات

الحكومية بإنشاء مصنع معونة الشتاء ولوحات الاجتماعات، وبدأ الترويج «للحلي الألماني»، لكن أسواق التوزيع استمرت في الانهيار، فقد حلت الراتنجات الصناعية واللدائن محل ذلك الراتنج المتحجر.

بدأ المسؤولون في ألمانيا يفكرون جديًّا في خفض الإنتاج، لكن ما مصير الثلاثة آلاف وخمسمائة عامل الذين يعملون في صيد العنبر وفي الاقتصاد وفي استخراج العنبر في سواحل ساملاند وبالمنكن، بالإضافة إلى الألف عامل الذين يعملون في التصنيع وغيرهم، لكن الحرب العالمية الثانية وضعت نهاية للإنتاج الكبير الذي كان قبل ذلك، فلم يكن إنتاج العنبر مهمًّا للحرب، على الرغم من أنه كان يستخدم في صناعة أقنعة الغاز.

بعد انتهاء الحرب بدأ الاتحاد السوفييتي الإنتاج مرة أخرى ـ وكان ذلك من خلال العمل الجبري، فاستخدموا 6000 سجين ليقوموا بالعمل في مواقع استخراج العنبر وفي مصانع العنبر تحت إشراف الخبراء، لكن اتضح أن استخراج العنبر بواسطة السجناء أمرًا صعبا، فلم تكن الصناعة السوفيتية تنتج أي ماكينات لمعالجة تصنيع العنبر، وكان الطلب ضئيلًا، فقد كان العنبر ومنتجاته غير معروف في الاتحاد السوفييتي ـ فقد كانوا حتى ذلك الحين يعتبرونه صمغًا ويقومون بتسخينه، وفي النهاية قرروا إطلاق سراح السجناء والبدء في استخراج العنبر بأيدٍ مدنية، واستمرت عمليات الاستخراج في الستينيات والسبعينيات حتى على الرغم من بعض التدهور التدريجي، وفي النهاية بدأت تستخدم تقنيات جديدة مثل استخدام المضخات المائية لاستغلال الطبقات الأرضية القريبة من البحار، وفي عام 1991 كان البحر قد تراجع للخلف حوالي 500 متر.

حتى الآن لا تزال الحفارات تميز المشهد الطبيعي، فتشهد المضخات القوية والتربة الزرقاء والرجال الذين يعملون في فرز الحجر على جمال ذلك الكنز الذهبي اللامع المستخرج من الأرض، ولا تزال النساء يجلسن في صفوف في قاعات بسيطة بهت الطلاء من على جدرانها كي يصقلون الحجر بآلات التلميع، حتى يظهر سطح العنبر الذهبي اللامع.

توجد هنا في تلك التربة الزرقاء على سواحل بحر البلطيق 90٪ من ودائع العنبر الموجودة في العالم بأسره ـ وأحيانًا توجد هذه الودائع على مسافة مترين فقط من سطح الأرض، لكن في بالمنكن حيث الاستخراج النهاري للعنبر، تضطر الحفارات أحيانًا للتوغل حتى مسافة 50 مترًا في باطن الأرض، ويعتقد أحد الجيولوجين الروس وفقًا لخبرته أن حجم العنبر الذي تم

استخراجه من القرن التاسع عشر وحتى الآن يصل 30000 طن من السكسينيت ـ وهو الاسم العلمي للعنبر ـ أما في جانتارنيا فتستخرج كمية أقل من هذا الرقم كل يوم.

الأحجار الكريمة ولصوص العنبر

يصعب أن نتخيل هذا فقد كان العنبر يخضع للحراسة الشديدة، وكان استخدامه واستغلال من اختصاصات الدولة، لكن في ديسمبر 2011 أعلنت التقارير الإخبارية عن القبض على 85 شخصًا بالقرب من سيلونجرادسك Selenogradsk ـ اسمها السابق زيباد كرانتس Seebad Cranz ـ، فقد أعلنت الدولة الحرب على لصوص الكنوز، حيث تملأ الحفر الصغيرة الأرض هنا، وقد عثرت الشرطة مع المقبوض عليهم على عنبر خام وأدوات ومضخات تعمل بالمحركات وفي أماكن أخرى وجدت حفارًا كانوا يستخدمونه في استخراج العنبر من الأرض.

لقد تغيرت أشياء كثيرة على مر السنين: لكن يبدو أن محاولة استخراج العنبر دون تصريح ما زالت تعرض صاحبها للعقوبة، وحتى وإن لم يصل الأمر اليوم إلى المشانق التي تصورها لوحات بيتر بروجلس والتي كانت تستقر على الشاطئ محذرة الناس من جمع العنبر دون تصريح، وحتى إبان الحكم الروسي كان جمع العنبر محظورًا، فقد كان ذهب البلطيق اللامع من الأحجار الكريمة وفقًا للقانون الروسي، واستخراجه حكرًا على الدولة.

حتى صيادو العنبر الذين يخرجون بعد عواصف الربيع والخريف أملًا في صيد العنبر يحتاجون إلى رخصة من الدولة، لكن أغلب الرجال الذين يصطادون العنبر على الشاطئ لا يملكون أي رخص، ومع ذلك تبدو السلطات متساهلة معهم، لأن العمل مرهق وخطير، والغنيمة قليلة، وعلى الرغم من ذلك يواصلون الصيد في هدوء وفخر، مثل أجيال سبقتهم من صيادي العنبر.

هناك رواية أخرى من أسطورة جوراتا تقول إن ملكة البحار قد أنقذت الصياد كاستيتس من الغرق، لكن بيركوناس قتل الصبي عندما أحبته جوراتا، وأن جوراتا تبكي لموته حتى اليوم، وعندما تهب العواصف يستطيع الناس أن يسمعوا صوت بكائها وتتحول دموعها إلى عنبر تقذفه الأمواج إلى الشاطئ.

التركيز على العنبر: أثناء عمليات التنقيب في فيسكياوتن وجد علماء الآثار العنبر،

فهل كان الفيكنج يستوطنون هنا على سواحل ساملاند لهذا السبب؟

الشيء المؤكد هو أن ساملاند هي أرض العنبر الذي غزا العالم بأسره.

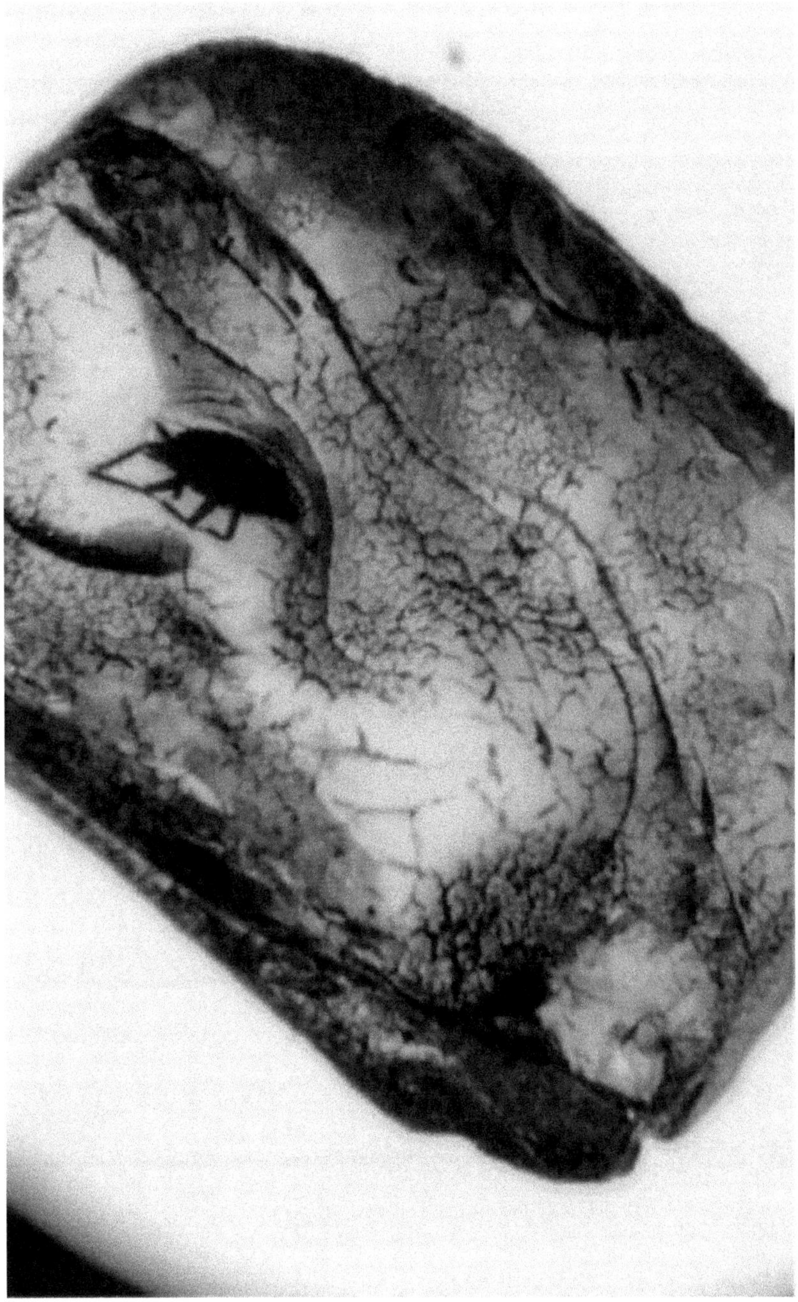

خنفساء مغلفة براتنج إحدى شجرات غابة العنبر المفقودة،

وقد دفعت مثل هذه الشوائب العلماء للتفكير في الحديقة الجوراسية

الفصل الثاني عشر
العنبر: المادة السحرية.. خصائصها وأصلها ومصادرها

«الاسم فأل» هكذا تقول الحكمة اللاتينية، لكن حتى وإن كانت هذه الحكمة قد صيغت بعد مجموعة من التجارب الواسعة فإنها لا تصدُق في كل الأحوال - على الأقل في حالة العنبر، فالمقطع الأول Bern من الكلمة الألمانية Bernstein والتي تعني العنبر يعبر عن إحدى خصائص العنبر؛ وهو أنه قابل للاحتراق، أي أنه (Brennbar)، لكنه عكس ما يصف المقطع الثاني من الكلمة (Stein) لا يعتبر من الأحجار، وسوف نتطرق لهذا الموضوع لاحقًا، وكلمة «Bern» مشتقة من الفعل الألماني «Böhren» أو «Brennen» ومعناه «يحرق»، وهذا الاسم متأصل في مفردات اللغات الإندو - أوروبية، ففي سويسرا يُسمى العنبر «Bärnsten» أو «Bernstin» وفي اللغة الهولندية يُسمى «Barnsteen» وفي بولندا كذلك يُسمى «Bursztyn».

في اللغات الأخرى أيضًا يدل اسم العنبر على قابليته للاحتراق، وكان يُسمى في اللغة الألمانية القديمة العليا «Aitstein»، حيث إن الفعل «aiten» معناه «يحرق»و ويعتقد الباحثون أن الاسم الإسباني «Elàmber» والاسم الإنجليزي «Amber» والإيطالي «ambra» كلها مشتقة من الفعل اللاتيني «amburere» ومعناه «يحرق»، وعلى الجانب الآخر يرى البعض أن سبب هذه التسمية يرجع إلى الالتباس، فلنفس الكلمة «amber» معنى آخر، فهي تصف تلك المادة العطرية التي يفرزها الجهاز الهضمي لحيتان العنبر، وهذه المادة تُقذَف على الشواطئ أحيانًا مثل العنبر، وربما كان هذا هو سبب الالتباس، ولأن زيت العنبر يُستخدم في صناعة العطور كما أن حجر العنبر يطلق رائحة عطرية أثناء احتراقه فأن هذا التفسير يبدو مقنعًا للكثير من الخبراء.

على مر التاريخ كانت هناك أسماء كثيرة للعنبر، وفي الغالب كانت هذه الأسماء تعبر عن خصائص العنبر، فكانوا يصفون العنبر باعتباره علاجًا فعالًا لآلام العين ويسمونه «حجر العين»، وكانوا يعتقدون أن بول الوشق الذي جففته الشمس وأنه علاج لكل داء لذلك أطلقوا عليه «حجر الوشق». وإحدى خصائص العنبر هي قوة إضاءته، تلك الخاصية التي يشير إليها الاسم اليوناني «toaelektron» ـ وفي هذا الصدد تختلف الآراء، فهناك من يقول إن الرومان قد ترجموا هذا المصطلح إلى الكلمة اللاتينية «electrum»، وفي هذه الحالة يكون العنبر قد حمل نفس الاسم نظرًا لإحدى خصائصه المميزة التي سنوضحها فيما يلي:

عمل ويليام جيلبيرت William Gilbert (1544–1603) كطبيب في لندن منذ عام 1573، وكان يتمتع بشهرة كبيرة لدى مرضاه، حتى أن الملكة إليزابيث الأولى Elizabeth I والملك جيمس الأول James I انضموا إلى قائمة مرضاه في أواخر عمره، فقد كان جيلبيرت طبيبًا موهوبا، لكن ولعه الحقيقي كان من نصيب الفيزياء، أو ظاهرة المغناطيسية على وجه التحديد، وقد ظل سنوات طويلة يقوم بتجارب دقيقة على الجسد مستخدمًا الخامات المغناطيسية كي يكتشف السر وراء قوة الجذب، وكان العنبر «electrum» من بين المواد التي كان يجري عليها تجاربه، فقد كان يولد شحنات سالبة عند فركه أو حكه وبالتالي يجذب إليه المواد الخفيفة مثل الشعر أو الوبر، الشيء الذي كان معروفًا لدى كل اليونانيين، فكان طاليس فون ميليتس هو أول من تكلم عن ذلك في عام 600 ق.م.، وكانت فُرش العنبر تستخدم كفرش لتنظيف الملابس في العصور القديمة، فكان الناس يمسحون الملابس بهذا الحجر، وقد أطلق ذلك الإنجليزي على قدرة العنبر على تحرير الجسيمات الدقيقة ـ تلك القدرة التي تناولها جيلبيرت في تجاربه ـ مصطلح «viselectrica» ومعناه قوة العنبر، فقد كان يعلم أن القدرة المغناطيسية للخام تختلف عن الكهربائية الساكنة للعنبر، ففصل الظاهرتين وبالتالي يعتبر هو المؤسس لعلم الكهربائية، التي يشير اسمها إلى العنبر.

لم يكتف الرومان بالنقل عن اليونانيين، فقد أخذوا من اللغة الجرمانية اسم «جليس gles» أو «glaes» الذي تحول فيما بعد إلى الاسم اللاتيني «جليسوم Glaesum»، ومن حيث

أصل الكلمة تعتبر كلمة «كليس Cles» قريبة من الكلمة الألمانية «glas» ومعناها الحالي الزجاج، لكنها كانت تعني في الأصل «راتنج الأشجار»، وكانت تشير إلى صفاء ولمعان العنبر، واستخدمت الكلمة فيما بعد لتُطلق على الزجاج الروماني الجديد بالنسبة إليهم، ويُخمن أن لفظة «جليسوم glaesum» هي أقدم كلمة استعارتها اللغة اللاتينية من اللغة الألمانية، وهذا معناه أن الألمان كانوا يعتبرون العنبر راتنج شجيري، حتى وإن نفى تاسيتوس Tacitus ذلك لجهله بالمعنى الدقيق لكلمة «جليس gles»، على أية حال لقد كان مفهوم الرومان عن طبيعة العنبر واضحًا، فأطلقوا عليه منذ الأزل اسم «Sucinum» - أي حجر العصير، وهو الاسم المشتق من كلمة «Sucus» ومعناها العصير، وقد وصف بليني الأكبر Plinius der Ältere معارف الرومان وصفًا دقيقًا، حيث كانوا يعرفون تمامًا أن العنبر عبارة عن راتنج شجيري متصلب، وصنفوه ضمن الصنوبريات لأنه عند فركه يطلق نفس العطر المستخلص من هذه الأشجار الصنوبرية، وفي هذه النقطة يعتبر الرومان محقين إلى حد ما.

ليس حجرًا حقيقيًّا

لكن ما هي كل المعلومات التي نعرفها عن هذا الحجر الذي ليس بحجر؟ ولماذا لا يُعَد العنبر من الأحجار على الرغم من ذلك يُسمى «حجر العنبر» حتى في الأبحاث العلمية؟ السبب في ذلك توضحه لنا التسميات العلمية - وهي معقدة نوعًا ما ولكنها شاملة ودقيقة، حيث يعتبر علماء الجيولوجيا العنبر من الصخور حيوية المنشأ Kaustobiolithen وهي صخور قابلة للاحتراق من أصل عضوي، ومن هذه الصخور الفحم، والفحم البني أيضًا، لكن على العكس من هذه الصخور لا يوجد العنبر في صورة طبقات متراصة، بل في صورة قطع مفردة، ولهذا يصنفه العلماء في مجموعة الصخور المفردة المتبقية من أصل عضوي Liptobiolithen، أي أنها البقايا المفردة الباقية من الكائن الحي، ونلاحظ أن كل مصطلح متخصص يتضمن لفظة «الصخر»، وربما يكون السبب في ذلك هو أنهم لم يجدوا مصطلحًا آخر.

نظـرًا لأن العنـبر في حقيقته هو ناتج من نواتج عملية التحـول الغذائي لدى الصنوبريات تصلـب لكنـه لم يتحجر مثل حفريـات النباتات والحيوانـات القديمة فإن العنـبر لا يعتبر نوعًا مـن الأحجار أو الصخـور، ولكنه حجر كريم ـ وهو ليس معدنيًّا بالمعنى الحرفي للكلمة ولكنه «معـدني عضوي»، فهو يتكون في الأسـاس مـن الكربون (الكربون 2 بنسـبة تتراوح بين 73،7 ـ 78.6٪)، والهيدروجـين H بنسـبة (9.45 ـ 10.5٪) والأكسـجين O_2 بنسـبة (10.2 -10.5٪) والكبريـت S بنسـبة (0.1 ـ 0.4٪)، وتبـدو الصيغـة الكيميائيـة التقريبية كالتـالي: (CroH160+ H2S)، أما (سوشـينيت Succinit) فهو الاسـم العلمي الذي يُطلق عـلى العنبر الذي يتم العثور عليه في بحر البلطيق وبحر الشـمال، والذي يُعرف في اللغة العامية باسـم «عنبر بحر البلطيق»، وحتى يومنا هذا اكتُشف ما يزيد عن 80 نوعًا آخر من العنبر بخلاف عنبر بحر البلطيق.

عندمـا يصنـف العلم العنـبر إلى صخور Lithos ـ الاسـم اليوناني القديـم لكلمة الصخور ـ مختلفـة عـلى الرغـم من كل ذلك فإنه يشـير بذلـك إلى أن العنبر مادة صلبة، لكـن الحقيقة هي أن العنـبر ليس صلبًا لهذه الدرجـة، فصلابة العنبر تتراوح بين 2 ـ 2.5 على عداد موس لقياس درجة الصلابة والمقسـم إلى عشر درجات وبالتالي فإن صلابة العنبر تتجاوز صلابة الجبس قليلًا، وعلى سـبيل المقارنـة نذكر أن درجة صلابـة المرو 7 والمـاس 10، وهكذا فإن بعض أنواع العنبر يسـهل خدشـها بظفر الإصبع، ولو اسـتخدمت عملة معدنية أو حجر صوان فسـوف تنجح في خدشها بـكل تأكيد، فحجـر العنبر هش للغاية مقارنة بالأحجار الحقيقية كـما أنه خفيف جدًّا مقارنة بها، وتتراوح كثافة العنبر بين 1.05 و1.09 جم/ سـم 3، وبالتالي فإنها أكبر قليلًا من كثافة الماء العذب (1 جم/ سم3) ويتحرك العنبر بسهولة في الماء النقي H_2O، لكنه لا يطفو، أما في الماء المالح فيبدو مختلفًا، فكلما زاد محتوى الملح وبالتالي زادت كثافة الماء كان أسهل على العنبر أن يطفو وأسهل عليه أن يسـبح، ولهذا يعثرون عليه على شـواطئ بحر البلطيق وبحر الشـمال بين الأصداف والقواقع، حيث يقوم الخبراء بعد انتهاء العواصف بالبحث عن العنبر في قطاعات معينة من الشاطئ، ففي هذا الظلام وتلك العواصف يسهل جمع حطام السفن الطافية، وأول اختبار سريع يُجري في تلك اللحظة هو وزن القطع باليد، فإذا كان الشيء خفيفًا جدًّا، فتزداد احتمالية أن يكون عنبر.

قد لا تستطيع العين غير المدربة أن تميز عنبر البحار من النظرة الأولى، فغالبًا ما يبدو سطحه في حال أفضل بكثير لأن الأمواج والرمال تساعد على تلميعه مقارنة بعنبر البر الذي يتعرض للعوامل الجوية.

«عنبر يحترق»: الغرابة السحرية لبلدان البحر الأبيض المتوسط، ولهذا كان حجرًا مرغوبًا وغاليا

لكن بعض القطع كانت تظهر خشنة وقاسية وغير شفافة ولا تكاد تختلف عن الأحجار المماثلة، ويشمل نطاق ألوانها درجات البيج والأصفر والبني، ونادرًا ما يعثر المتجولون على الشاطئ الباحثون عن العنبر على قطع شفافة صافية، وبمقدور الشخص الذي لم يتطور لديه بعدُ حِسٌّ عالٍ بالعنبر أن يجري بعض الاختبارات بنفسه: مثلًا أن يفرك القطعة بمنديل من الصوف وينظر هل سيولد «الحجر» شحنات كهربائية ـ عند ملامسته لشعر الجلد مثلًا، أو يضعه في كأس به محلول ملحي وينظر هل سيسبح الحجر أم لا، أو يحاول إحداث خدش بسيط بسكين أو عملة

معدنيـة أو يعـض على الحجر بأسـنانه كي يتبين الفرق بينه وبين الحصاة الصلبة، أو يحاول إشـعال الحجر بولاعة، ولكن هذه التجربة سوف تلحق الضرر بالمكتشفات، فإذا كانت نتيجة الاختبارات إيجابية فسوف يتأكد المرء أنه يملك العنبر، والحقيقة أن الفصل بين عنبر البحر وعنبر البر يرجع إلى مكان العثور على العنبر، لكن النوعان كلاهما نشأ في البر، فالعنبر لا يتكون في البحر.

مهن العنبر

العنبر محور الكثير من الحرف، فهو يشـتعل ويطفو ويبعث عطر، وهو يولد شـحنات لكنه لا يوصـل التيار، فهو يتفوق على البورسـلين في مقاومته الكهربائية، ولهذا يُسـتخدم عنبر بحر البلطيق في بعض الأجهزة المتخصصة كعازل، كما أن له استخدامات أخرى عديدة، فهو يصبح لينًا عند درجة حرارة 1700 سـليزيوس، وبالتالي يسهل تشكيله ومعالجته ـ فهو على سبيل المثال يتحـول إلى عنبر مضغوط تحت تأثير الضغط العالي والحرارة المرتفعة. وأثناء ذلك يتغير شـكله ولونه، لكن طبيعته تبقى كما هي، حيث تذوب الحويصلات التي تحتوي عادة على ماء أو زيت التربنتين، وتصبح المادة أكثر وضوحًا، حيث أنه تبرد وتتصلب مرة أخرى وتصبح أكثر صلابة من ذي قبل ـ حيث تصبح مناسـبة لتصنيع الحلي، وسـواء كان العنبر مصفى عن طريق الطهي أو مضغوطًا لا يجوز أن نسـميه عنبرًا طبيعيًا، فهو يفقد شـيئًا ما عند معالجته بهاتين الطريقتين: حيث تختفي بعض المكونات الطيارة مثل الزيوت الإيثيرية من بعض الأجزاء بفعل التسـخين، فـلا يطلق الحجـر أثناء صنفرته رائحة صنوبريـة مثل رائحة الراتنج الأحفـوري الطبيعي، وفي حالـة تسـخين العنـبر يبدأ في الذوبـان والتحلل عند درجة 3000 سـليزيوس، وهـذا ما لاحظه جورجيـوس أجريكـولا في القرن السـادس عشر، وكان أحـد الباحثين الأوائـل الذين اهتموا بدراسـة تركيب العصير النبـاتي الذي يعود لفترة ما قبل التاريخ وقدم الكثير من الاكتشـافات التي تزال قيمة حتى يومنا هذا في عدة مجالات.

كان المثقف العالمي جورج باور Gerog Bauer ـ الذي نقل اسـمه للغة اللاتينية وفقًا للموضة التي سـادت في القرن السـادس عشر ليصبح اسـمه جورجيوس أجريكولا Georgius Agricola ـ

يبحث في الكثير من المجالات العلمية، كما أجرى بعض التجارب على العنبر، وفي أحد أيام عام 1546 أخذ أجريكولا ـ الذي كان وقتها عمدة شيمنتس Chemnitz ـ الراتنج الصلب إلى معمله، وقام بتسخين الحجر الغامض بحذر دون أن يحرقه، فَلان الراتنج وبدأ في الانصهار وتفتت عند أكثر من موضع، ويسمى هذا المنهج بالانحلال الحراري pyrolyse أو التقطير الجاف، ومن خلاله اكتشف أجريكولا أحد مكونات العنبر المميزة، وهو حمض العنبر Bernsteinsäure، وهي مادة عديمة اللون، اسمها العلمي المستخدم حاليًّا هو حمض السكسينيك succinylsäure.

والحقيقة أن أجريكولا لم يصف شيئًا عن هذا الحمض سوى كيفية تحضيره، أما خصائصه وتركيبه الكيميائي فقد اكتشفا فيما بعد، لكن يبقى لذلك العالم القادم من شيمنتس الفضل في اكتشاف هذا الحمض، وتوجد عدة استخدامات لحمض السكسينيك، واليوم يمكن تحضير هذا الحمض بالتقنيات البيولوجية مثل تخمير النشا أو من خلال البكتريا مثل بكتريا Basfia succiniproducens، ويعتبر حمض السكسينيك منتجًا وسيطًا من منتجات الأيض البشري، لذا فهو مناسب لأن يكون من مكسبات الطعم القوية، واليوم مصرح به في أوروبا تحت اسم E363 كأحد مكسبات الطعم التي تضاف إلى المواد الغذائية، ومؤخرًا استخدم حمض السكسينيك في تصنيع نوع من الملدنات الخالية من مادة الفثالات كبديل عن الملدنات التقليدية التي اكتشف مؤخرًا أنها أحد مسببات الاضطرابات الهرمونية وداء السكري.

اكتشف أجريكولا أيضًا مادتين أخريين، الأولى بنية اللون ولزجة ونفاذة الرائحة وتتماسك تدريجيًّا حتى تتحول إلى كتلة سوداء، ومن هذه الكتلة يتم تقطير سائل أصفر شفاف هو زيت العنبر أو زيت السكسينك الذي استخدم فيما بعد كعقار طبي، واليوم يستخدم هذا الزيت كمضاد للحساسية، كما يُستخدم كمبيد للحشرات ويستخدم للحفاظ على الأسطح الحساسة والعناية بها، أما المادة الثانية فهي الروسين Kolophonium التي تستخدم في صناعة الصمغ والمواد اللاصقة والألعاب النارية، ونظرًا للمواد الأخرى التي يتضمنها فقد أصبح هذا الراتنج الأشهر من حيث تأثيره على الصوت الصادر من الآلات الوترية.

إن العنـبر يتمتـع بإمكانيـات هائلة في مختلف المجـالات، كما أنه لا يتأثـر بالكثير من المواد الكيميائية فهو لا يذوب في الماء، كما أنه يقاوم المذيبات العضوية إلى حد كبير، كما أنه لا يتفاعل في الدم، ولهذا كانت الكثير من الأوعية المستخدمة في عمليات نقل الدم كانت تُصنع من العنبر حتـى منتصـف القرن العشريـن، إن قائمة خصائص العنـبر طويلة، وأخيرًا وليـس آخر العنبر جميـل، ولهذا يُسـتخدم كزينـة منذ القـدم، وغالبًا كان النـاس يعتقدون أن له قـدرة علاجية أو وقائية، وبالتالي يمتد نطاق اسـتخدامه وفقًا لخصائصه الحقيقية أو المزعومة من الاسـتخدامات الدنيوية باعتباره مادة قابلة للاحتراق والاستخدامات التقنية والصناعية واستخدامه في صناعة الحلي وفي الفنون واستخدامه كعلاج وحتى استخدامه في الشعائر المقدسة للكنيسة الكاثوليكية ـ كجزء من البخور والمسابح، ولكن ما هو مصدر هذا الحجر المتنوع والعجيب؟

المنشأ الأصلي

عرف المؤرخ الروماني تاسـيتوس (88-118) عن العنبر أنه راتنج شـجيري متصلب، وقد عرف ذلك من الحشرات التي غلفتها بعض القطع، وكان التفسـير الذي توصل إليه هو أن تلك الحشرات كانت تلتصق بالراتنج وبعدها تحاط بسائل الشجرة، ويتوافق هذا التفسير مع الرأي العلمي المعروف حاليًّـا، لكـن ما حجم المعارف القديمة التي ضاعت نتيجة لتنقل الشـعوب، مـن الواضح أن الناس في العصور الوسـطى كانوا جاهلين تمامًا بأصل العنبر، ولم تكن في أذهانهم سـوى بعض التصورات المبهمة، حتى أن بعضهم كان يعتبر العنبر بذورًا متحجرة لحيوانات غامضة، إلى أن استدل الموسوعي الروسي ميخائيل لومونوسوف (1711-1765) بحجج تاسيتوس القاطعة، وقد قال في خطبة ألقاها في الاجتماع الرسـمي لأكاديمية بطرسـبيرج عام 1757: «أنا أتعجب كل العجب من أن الرجال المثقفين (...) لا ينتبهون على الإطلاق إلى الزواحف والحشرات التي تسـكن الغابات ولا ينتبهون إلى أوراق النباتات المختلفة، فكل هذه الاشياء (...) توضح للرائي أن الحشرات وأوراق الأشجار تعلق بالمواد القارية للأشجار، تلك التي لا تزال سائلة وتغلف بهذه المواد الرطبة».

انتشرت هذه المعارف في السنوات اللاحقة، ولا يوجد اليوم من يشكك في أن العنبر راتنج أحفوري تكون من الأشجار البائدة منذ ملايين السنوات.

كان الوضع في شمال أوروبا حيث تمتد اليوم الغابات الصنوبرية اللانهائية مختلفًا تمامًا منذ 40 إلى 50 مليون سنة، فقد كانت أجزاء كبيرة من بحر البلطيق وخليجيْ بوثنيان وفنلندا ومساحات كبيرة من وسط بحر البلطيق لا تزال جافة، وكانت تغطيها النباتات الاستوائية الكثيفة، وكان متوسط درجة الحرارة 200 درجة مئوية، وفي المناطق الجبلية المرتفعة كانت درجة الحرارة تنخفض قليلًا، وكانت الغابات العملاقة تمتد من جنوب السويد الحالي وتمر بجنوب فنلندا ودول البلطيق حتى تصل إلى روسيا، وكانت المجموعات النباتية الغنية بالأنواع التي يحويها حزام الغابات المذكور تختلف اعتمادًا على المناخ الجغرافي المحلي، وكانت غابة العنبر تغطي جزءًا كبيرًا ـ حوالي 4000 كيلو متر مربع حسب التقديرات، وكان موقعها في (فينوسكنديا Fen-noskandien) في منطقة جنوب السويد وخليج بوثنيا وجنوب غرب فنلندا.

لا يعرف العلم حتى الآن طبيعة وخصائص هذه الغابة ـ ولا يرجع السبب إلى قلة المكتشفات، بل على العكس من ذلك تبدو المعطيات متنوعة لدرجة تسبب الحيرة، وحسبما وصل إلينا فقد نمت بين الأشجار العملاقة نباتات أصغر حجمًا لا متناهية من حيث العدد لتكون شجيرات صغيرة كثيفة أو طبقة من الأعشاب، فكانت الطحالب والسراخس تنمو في ذلك المناخ الحار الرطب بجانب أشجار البلوط والزان والقيقب والصنوبريات المختلفة مثل الصنوبر والأرز والسرو، وذلك قبل 40 مليون سنة، كما انتشرت أيضًا أشجار الزيتون والمنغوليا وأشجار النخيل والقرفة، واستمرت هذه الفترة الحارة لما يقرب من عشرين مليون سنة، وهذا ما ضمن فترة من الاستقرار المناخي النسبي، وخصوصًا للنباتات والحيوانات.

أشجار العنبر

لم تكن كل الأشجار تكون الراتنج بهذه الكميات الكبيرة بحيث تنتج العنبر، وإنما فقط بعض أنواع الأشجار، ويُعتقد أن أرض العنبر الفينوسكندية تركت للأجيال اللاحقة ما يقرب

مـن أربعـة ملايين طن مـن الراتنج الأحفوري، لكـن هذا الحجم يبدو هائـلًا، وفي الماضي كان الناس يعتقدون أن مرضًا خطيرًا هاجم غابة العنبر وأجبر الأشجار على إنتاج الراتنج بكميات كبيرة جدًّا، وقد أطلقوا على تلك الكارثة النباتية الوهمية اسم «Succinosis».

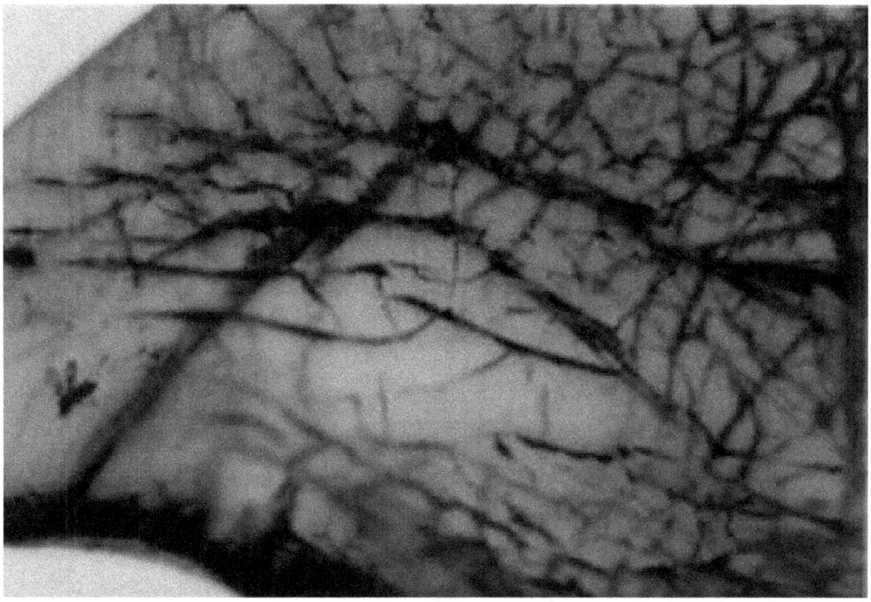

ذهب بحر البلطيق يغلف الذباب الذي كان يطنُّ قبل حوالي 50 مليون سنة

كـما يُشـتبه أيضًا أن تكون الظـروف الطبيعية المتعلقة بالمناخ أو الطفيليـات غير العادية قد أدت إلى ارتفـاع معدلات إصابة الأشـجار، فكان رد فعل الأشـجار تجاه الجروح المفتوحة هو تكوين الراتنج، كذلك التوتر الزائد بسبب التغيرات البيئية مثل تغير درجات الحرارة والجفاف الشـديد والفيضانـات يمكـن أن تـؤدي إلى زيادة إنتـاج الراتنـج - حتى مع النباتـات الحديثة، وبالتالي فإن مرحلة تكوين الراتنج إذا استمرت «عشرة ملايين سنة» فقط، فإن المعدل السنوي يفـترض أن يكـون 10 كيلو جرامـات فقط حتى نحصل عـلى أربعة مليارات طن مـن الراتنج، وهـذه القيمة ليسـت كبيرة، وعلى الجانب الآخر فإن جزءًا مـن الراتنج المتكون هو الذي تحول إلى عنبر ووصل إلينا عبر ملايين السنين.

على سبيل المقارنة: كان القائمون على تفريخ الصنوبر - الذين يجنون الراتنج لإنتاج الصمغ والتربنتين - يحققون أربعة كيلو جرامات سنويًّا من كل شجرة، ومع ذلك فإن الصنوبر الأسود هو أحد أكثر الأشجار الراتنجية على الإطلاق، ويستخدم القائمون على تفريغ الصنوبر تقنيات خاصة لتعزيز تدفق الراتنج، أما نوع الأشجار الذي أنتج كل هذه الكمية من العنبر في غابة العنبر فهو غير معروف حتى الآن، ولفترة طويلة ظل الاعتقاد سائدًا بأنه نوع منقرض من الأشجار الصنوبرية: صنوبر العنبر أو Pinus Succinifera، والحقيقة أنه لم يتم العثور على أي بقايا لهذا النوع من الأشجار، فقد اكتشف الباحثون أجزاء من الأنواع الأخرى المنتجة للراتنج: أشجار قريبة من الأرز والصنوبر والأروكاريا، ويعتبر عنبر البلطيق من الناحية الكيميائية شبيها للراتنج الذي تنتجه أشجار الصنوبر والأروكاريا، والاعتقاد السائد حاليًّا هو أن «شجرة العنبر» هي مجموعة منقرضة من الأشجار السابقة لهذين النوعين، لكن هذا الزعم مجرد نظرية.

لطالما كان العنبر يفتن الناس منذ القدم، أما الشيء الذي يهتم به العلماء حقًّا فهو تلك الشوائب التي يحويها العنبر، فهو يحوي عددًا كبيرًا من الحيوانات والنباتات التي بقيت أجزاؤها محفوظة في الراتنج الأحفوري كأنه تابوت زجاجي، وهذه الشوائب هي التي تعطي العلماء أفضل المعلومات حول غابة العنبر.

كثيرًا ما يحوي العنبر بقايا العديد من الأنواع وبالتالي فإنه يرسم صورة للنظام البيئي الذي انقرض منذ فترة طويلة، وهذا يتيح لنا المزيد من الاستنتاجات حول الحيوانات والنباتات السابقة والمناخ والبيئات المختلفة آنذاك، وهكذا فإن مكتشفات الحشرات ويرقاتها التي تنمو في الماء تدل على وجود البرك والجداول والأنهار، أما شوائب النحل فهي تدل على وجود النباتات المزهرة، وكذلك توجد شوائب من الزهور أو بعض أجزائها، لكن ما الذي تدل عليه مكتشفات النباتات التي يبدو أنها كانت تنمو في غابة العنبر لكنها تنمو الآن في مناخات مختلفة تمامًا وفي أماكن بعيدة من الكرة الأرضية؟ هل كان هناك تقسيم للمناطق المناخية داخل الغابات الشاسعة؟ هل تغير المناخ على مدى ملايين السنين؟ وهل كانت الأنواع التي تعيش

في الجنوب الاستوائي الدافئ مختلفة عن الوديان الأكثر برودة الموجودة في الشمال؟ يرى بعض الباحثين أنه من المحتمل أنه كانت هناك غابة كتلك الموجودة حاليًّا في جنوب فلوريدا: ففي وسط النباتات شبة الاستوائية والمعتدلة ظهرت أماكن معزولة من النباتات الاستوائية، وهو ما يعرف بالتنوع البيولوجي في مساحة محدودة.

العنبر باعتباره كبسولة زمنية

تم التعرف على أكثر من مائتي نوع من النباتات في عنبر بحر البلطيق من بينها بعض البكتريا وبعض أنواع فطر عيش الغراب، وحتى الآن تم تحديد 44 نوعًا من أخشاب الأشجار الصنوبرية وحدها، ويطلق المتخصصون على النباتات المغلفة بالعنبر اسم «الشوائب النباتية Phytoinklu-sen» وعلى الحيوانات المغلفة بالعنبر اسم «الشوائب الحيوانية Zoo-inklusen»، وتعتبر شوائب الحشرات والعناكب أكثر إثارة من الشوائب النباتية، وبعدها الديدان والقشريات والمئويات، وحتى الحلزونات كانت محفوظة في العنبر، ومن أكثر الاكتشافات أهمية ذلك الاكتشاف الذي وقع في عام 1997 بالقرب من مدينة دانتسيج حيث وجدت حجر عنبر صافٍ يغلف سحلية وكان اسمها: Succinilacerta succinea ـ أي «سحلية العنبر من العنبر»، كما يقدم العنبر أدلة حول الفقاريات الأخرى: حيث يوضح الريش والشعر أن الطيور والحيوانات الثديية كانت تسكن غابة العنبر، ويصل إجمالي الأنواع المختلفة التي تقدم شوائب العنبر أدلة على وجودها في نفس فترة غابات العنبر حوالي 10.000 نوع.

والمكتشفات كثيرة ومع ذلك تبقى الكثير من الأسئلة المحيرة، فقد أدت العمليات الجيولوجية إلى تدمير أماكن غابة العنبر أو جعلت الوصول إليها متعذرًا، وهذا ما يجعل إعادة رسم ذلك العالم البائد أمرًا في غاية الصعوبة، ولا يوجد بخلاف العنبر أي حفريات أخرى مثل المتحجرات أو البصمات تدل على تلك الفترة، ويعتبر العنبر والشوائب التي يحويها هو الشاهد الأخير على تلك الغابات الغامضة.

غالبًا ما يكون هؤلاء الشهود في حالة رائعة ويثبتون أنهم نقطة انطلاق مهمة، حيث ظلت تفاصيل أشكالهم الخارجية محفوظة: الشعيرات الدقيقة وأجهزة الاستشعار الهشة والمسامات المجهرية وباقي البنية السطحية، وتسمح تقنيات التصوير الحديثة بالتصوير ثلاثي الأبعاد عالي الدقة للأجسام الصغيرة جدًّا، ولفترة طويلة كان «الجسم المغلف» يعتبر جسمًا مجوفًا فقد أعضاءه الداخلية، لكن في بداية القرن العشرين أدى اكتشاف بقايا العضلات إلى المزيد من البحث أملًا في المزيد من المعلومات، وقد استطاع الباحثون أن يكتشفوا الغدد الحريرية في العناكب وكذلك الرئتين وغيرها من الأجهزة حتى وإن كانت في حالة متقلصة إلى حد كبير.

على الرغم من أن العنبر يسمح بتبادل الهواء وهذا يجعله غير قادر على منع جفاف وأكسدة المواد العضوية المغلفة داخله فإن خصائصه المضادة للبكتريا والمثبتة تحفظ المواد العضوية، وفي عام 1982 عندما اكتشف في عنبر بحر البلطيق بعوضة تحتفظ بنواة الخلايا والريبوسوم والميتوكوندريا وغيرها من مكونات الخلية لم يؤدِ هذا فقط إلى إثارة حماسة العديد من العلماء ولكنه أثار أيضًا مخيلة الكاتب والطبيب مايكل كرايتون (1942–2008)، فظهرت في عام 1990 قصته المثيرة دينو بارك DinoPark، التي تحولت فيما بعد إلى فيلم من إخراج ستيفن سبيلبرغ عُرض في دور السينما في عام 1993 تحت اسم Jurassie Park وحقق نجاحًا كبيرًا على مستوى العالم.

يبدو الجزء العلمي للقصة كالتالي: يكتشف الباحثون ناموسة مغلفة في العنبر، كانت هذه الناموسة قد لدغت ديناصورًا في الأزمان السحيقة، وبعد ذلك غرقت في الراتنج الجوراسي وظل دم الديناصور محفوظًا في جهازها الهضمي، واستطاع العلماء أن يستنسخوا من حمضها النووي المعزول سحلية مماثلة، لكننا لا نعرف مدى قناعة كرايتون بقدرة العلماء على تحقيق هذا المشروع فعلًا، والحقيقة أن كرايتون ـ وفقًا لتصريحاته ـ كان يريد أن يحذر من تطبيق كل شيء قد يبدو ممكنًا، فالعلم بالنسبة له «وسيلة رائعة للمعرفة لكنها محدودة»، وكان شاغله الأكبر هو مراجعة نتائج السلوك العلمي. في حديقة دينو، أو الحديقة الجوراسية تعرض العناصر العلمية التطور الحر للواقع العلمي، حيث استخدم الكاتب والمؤلف مزيجًا من الحقيقة والخيال، والحقيقة أن هناك نوعًا من العنبر يعود للعصور الجوراسي، لكنه لا ينتمي إلى عنبر بحر البلطيق، ومع ذلك فهو

يغلف شوائب البعوض ذلك العصر، والحقيقة أن شوائب الذباب الأسود وشوائب تعود إلى عـصر الدينـو (الجوراسي أو الطباشـيري)، ولا يوجد ما يدل على أن تلـك البعوضة قد لقيت هـذه الأهوال، كما أنه وفقًا للمراجع الحالية من المسـتبعد أنه يمكن الحصول على ما يكفي من الحمض النووي من الدم المهضوم (أي: الذي لم يهضم حتى نهايته بعد) لاستنساخ ديناصور، وحتـى اليـوم فشـلـت كل محاولات البحـث عن الحمض النـووي في شـوائب البعوض، وقد توصـل المتخصصـون في التاريخ الطبيعـي في المتحف بلندن إلى القناعة بعدم تقديم أي نسـخ أخرى لمثل هذا النوع من الأبحاث، فالمكتشفات التي يتم العثور عليها ذات قيمة كبيرة للغاية لعلم الحفريات الحيوانية Paläozoologie وعلم الحفريات البيئية القديمة Paläoökologie.

لكن لا تزال هناك أحلام شبيهة مثل تلك المناقشات الحالية حول استنساخ الماموث.

على العكس من ذلك نحن نعرف تمام المعرفة كيف تكون العنبر، من الأشجار الصنوبرية على وجه الخصوص، لكن بعض الأشجار الساقطة كانت آنذاك تكون مادة شفافة لزجة، هذه المـادة هـي الراتنج، لكن في هذه الحالة لم يكـن هذا الراتنج هو تلك العصـارة النباتية التي تمرر الجذوع والسـيقان والأوراق إلى المسـارات المناسـبة، لكنه كان يمثل إفـرازات خاصة تُخزَّن في ممـرات الراتنج، وعند إصابة النبات بندبة في اللحـاء يتضخم ويتدفق الراتنج عليها كي ينظف الجـرح من الشـوائب ويغلق المكان المفتوح -مثل النزيف في الإنسـان أو الحيـوان، أي أنه هذا الراتنـج يعمـل بمثابة لاصق طبـي طبيعي، وهذا الراتنـج يحمي النبات من العـدوى بالبكتريا والفطريات ومن الأضرار الكبيرة التي يمكن أن تسـببها الحشرات، ويعتقد بعض الباحثين أن عنبر بحر البلطيق كان أقل كثافة من اليوم، وعندما يفيض الراتنج يقطر على الأرض، أو يتدفق عـلى طول النبات ليشـكل عدة طبقات فوق بعضها البعض، أو يبقـى معلقًا في صورة «هوابط stalactite» ذات أشـكال مختلفـة: على سـبيل المثال «الدبابيـس»، وهذه الهوابـط بدورها تُغلف بالراتنـج المتدفـق، أي أننا نتحدث هنا عن تغليف الراتنج بالراتنج، ولكل شـكل نقطة وصول مختلف، فإذا لم يفض الراتنج ويخرج من شـقوق الشـجرة فإنه يبقى داخل النبات في الحجرات

الداخلية المختلفة: في جيوب الراتنج بين حلقات العمر كمادة تملأ الشقوق الداخلية أو ككتلة داخل أو أسفل اللحاء، ويتوقف حجم قطع العنبر المتكونة والتي قد تصل عدة كيلوجرامات على حجم التجويف الذي يملأه الراتنج.

حالما يصل الراتنج إلى الضوء والهواء تبدأ العمليات الكيميائية مثل الأكسدة والبلمرة والجفاف في التأثير عليه، ولا أحد يعرف بالضبط الوقت الذي كان يحتاجه راتنج غابة العنبر حتى يتصلب، ربما كان يحتاج آلاف السنوات، فإذا كان الراتنج قد بقي في مناخ جاف فإن شقوق دقيقة جدًّا تظهر على سطحه بعد عدة عقود، وتتكون على سطحه قشرة التجوية التي تنمو بصورة أعمق حتى تصل إلى الداخل، وتهدد الحجر بالتفتت، لذا فقد كان من المهم جدًّا للحفاظ على حجر العنبر أن يظل بعيدًا عن الضوء والهواء والبيئة الرطبة، وربما كانت تربة الغابة أو المجاري المائية العديدة هي المكان المناسب.

الهجرة القسرية

بعدما تصلب الراتنج وأصبح محميًّا تعرض لأول فترة من التقلبات وكان ذلك قبل 30 مليون سنة، حيث ارتفع مستوى سطح البحر تدريجيًّا، واندفع بحر البلطيق الذي كان قبل التاريخ من الجنوب ليصل إلى غابة العنبر، فلانت التربة، وظهرت أنهار جديدة لتصريف المستنقعات المتزايدة، وأثناء ذلك تحركت أجزاء كبيرة من التربة بما فيها من عنبر، فدفع النهر الرئيسي (إريدانوس Eridanos) كميات كبيرة من الراتنج الأحفوري باتجاه الجنوب، واسمه مأخوذ من اسم النهر المذكور في الأساطير اليونانية القديمة الذي تحولت عند شواطئه بنات الشمس إلى أشجار حور ودموعهن إلى عنبر.

في منطقة خليج دانسيج الحالي تفرع نهر إريدانوس إلى دلتا عرضها 115 كم، وهناك في تلك المياه الضحلة بالجنوب استقر العنبر مرة أخرى، وفي قاع البحر ومع مرور الوقت تكونت

طبقـة رمليـة طينية، وهنا تجمعت الكثير من بقايا كائنات بحر البلطيق مثل الأصداف وأسـنان أسماك القرش وبيوت قنفذ البحر، ونظرًا لمعدن الحديد الذي كان موجودًا بهذه الرسوبيات فقد كانت تلك الطبقة تبدو مزرقة قليلًا، ومن هذه الترسـبات ظهرت «الأرض الزرقاء» المعروفة، التي يوجد فيها عنبر بحر البلطيق بكميات كبيرة حتى يومنا هذا.

بعـد مليون سـنة انحسر البحر مرة أخرى، وجفت مسـاحة كبيرة من قـاع البحر، ورأت التربـة الزرقـاء الضـوء لأول مرة منـذ أن وجدت، وهو ما شـكل مرحلة جديـدة من التجوال للعنـبر المدفون فيها، فغسـلته الأمطار ونقلته الجداول والأنهـار، وهكذا تنقل العنبر مع الرمال الكربونية الزرقاء عبر مساحات واسعة، ولاسيما شمال بولندا الحالية، وتفرق وانفصل عن التربة تدريجيًّـا، لكنه لم يحـظَ بالراحة هناك فقد اقـترب العصر الجليدي، ودفعته كتل الجليد العملاقة ثلاث مرات باتجاه الجنوب، كما غطى هذا الجليد أرضية غابة العنبر وكذلك قاع البحر السابق، وكانـت الأنهار الجليدية تسـحق الأحجار والصخور ـ ومن بينهـا الراتنج الأحفوري، وكانت نتيجة ذلك أن العنبر لم يبق في مكان نشأته، وحتى أماكن تخزينه الثانوية تعرضت للتقلبات.

أدت تلك الأحداث التي وقعت في العصر الجليدي إلى دفع عنبر بحر البلطيق حتى إنجلترا وهولنـدا وألمانيـا، فكانت الأنهار الجليدية تدفع التربة التي تحتـوي على العنبر حتى وصلت إلى منطقة أوكرانيا الحالية وإلى روسـيا، ولم ينتهِ الأمر عند ذلك الحد: ففي المراحل الأكثر سـخونة عندما بدأت كتل الجليد تنصهر أخذت المياه الذائبة تغسل العنبر مرة أخرى وتحمله عبر الكثير من المجاري المائية إلى البحر.

«حجر يملك قوة سحرية»: الشحنات الكهربائية تعمل على جذب الوبر،
والاسم اليوناني القديم للعنبر هي «الكترون».

حتى يومنا هذا لم يحظَ عنبر بحر البلطيق بالراحة، ففي شواطئ ساملاند Samland، شمال كالينينغراد Kaliningrad ـ اسمها القديم كونيجبيرج ـ تعمل أمواج بحر البلطيق على غسل العنبر من التربة الزرقاء، وتدفعه إلى مياه البحر وتدفع تلك الغنيمة الخفيفة كي تلقيها في مكان ما على الشاطئ ـ وهذا من حسن حظ صيادي العنبر الذين يعثرون على «ذهب بحر البلطيق».

مستودعات العنبر العملاقة

على شبه جزيرة ساملاند في بروسيا الشرقية السابقة يوجد أكبر مستودع عنبر في العالم، ومنذ القرن التاسع عشر يتم تقطيع العنبر هنا وفقًا لخطة موضوعة، وتمتد التربة الزرقاء بالقرب

من الشـاطئ إلى مسـافة 10 أمتار تحت سـطح الأرض وفي الأماكن البعيدة عن الشـاطئ تصل إلى 55 مـترًا، ويحتـوي كل متر مكعب على 300إلى 5900جرام مـن العنبر وذلك في المنطقة التابعة لـ «كالييننغراد أوبلاسـت» الروسـية؛ وفي الحالات الاسـتثنائية قد يحتوي المـتر المكعب على 23 كجم، ومنذ عام 1947 أعاد السـوفيتيون بناء المرافق اللازمة في بالمينكن Palmnicken ـ جانتارني Jantarnyi الحاليـة، ومعنى جانتارني هو «من العنبر» وهي مشـتقة من «Jantar» التي تعني العنبر باللغة الروسية، ويأتي 90 ٪ من العنبر المورد إلى جميع أنحاء العالم من جانتارني.

لا يقتصر عنبر بحر البلطيق فقط على بروسيا الشرقية السابقة، لكن العديد من المستودعات تُستخرج حتى الآن من العديد من الأماكن في ماكلينبورج Mecklenburg وبراندنبورج، وغالبًا ما يحدث ذلك عند تحرك الأرض أثناء عمليات البناء، وغالبًا ما تأتي القطع السميكة من طبقات التربة التي تحوي العنبر وليس من الشاطئ، وقد استخرج رافين في عام 1890 بالقرب من كامين بوميرانيا كتلة من العنبر تزن 9750 جرامًا، وعلى العكس من ذلك لا تزن المكتشـفات القياسـية التـي يتم العثور عليها في شـواطئ يوزدوم أكثر مـن 1200 إلى 1785 جرامًا ـ وهذا الوزن ضئيل جدًّا مقارنة بالكتل التي عثر عليها أحد الصيادين الدنماركيين في عام 1969 أمام شاطئ بوهوزلان Bohuslän واستطاع أن يستخرجها سكاجيراك السويدية: فقد اصطاد الرجل بشبكته أكبر قطعة عنـبر تـم الحصول عليها حتـى الآن وكان وزنهـا 10478 جرامًا، لكن هذه الاكتشـافات المميزة غالبًا ما تكون مفردة، ويوجد أكبر مستودع للعنبر في ألمانيا حاليًّا بالقرب من بيترفيلد في المنطقة الجنوبية بين ولاية سكسـونيا أنهالك وسكسـونيا، وفي القرن السـابع عشر كان العنبر يُستخرج من المسـاحة الواقعة بين مولدا Mulde وإليبه Eibe، وكان العنبر يكشـف عن نفسـه برائحته، فقد لفتت رائحة العنبر انتباه الناس أثناء إشعال النار في التربة، وأرسلت عينة من التربة إلى دريسدن Dresden لتحليلها، وأظهرت نتيجة التحاليل الكيميائية أن التربة كانت تحتوي على العنبر، وفي العقود اللاحقة كان الناس يعثرون على قطع العنبر الصغيرة في أماكن مختلفة.

في القرن التاسع عشر وأثناء استخراج الفحم بالقرب من بيترفيلد تم العثور على كتل من العنبر، لكن حكومة جمهورية ألمانيا الديمقراطية بدأت في اسـتخراج العنبر في إطار اسـتخراج

الفحم الليغنايت، فقد بدأت تجف الإمدادات القادمة من الاتحاد السوفييتي آنذاك، لكن صناع المجوهرات في ريبنيتس دامجارتين Damgarten - Ribnitz كانوا في حاجة ملحة إلى الخام الثمين، حيث كانت تلك المادة الخام هي أساس صناعة «مجوهرات بحر البلطيق»، وهكذا كانوا يحصلون على العنبر في الفترة من 1975 إلى 1990 بأسلوب التعدين الجاف، ولم يتفق العلماء على مصدر عنبر بيترفيلد، فيخمن البعض أن جزءًا كبيرًا منه جاء من غابة العنبر الفينوسكنديناڤية في البداية وبعد ذلك من الغابة النهرية، وعندما غرقت هذه الغابات تحولت أخشابها إلى اللغنايت، لكن عنبر البلطيق ليس هو مكان العنبر الوحيد في بيترفيلد، ولا بد أن هناك راتنجات أحفورية قد تكونت في بيترفيلد نفسها، بعد غرق منطقة الاستخراج النهاري بدأت الحفارات المائية باستخراج العنبر من تحت سطح الماء، وبعد ذلك تركز استخراج العنبر في بيترفيلد، وكانت الحصيلة السنوية من العنبر حوالي 50 طنًّا، وإلى جانب العنبر كانت تظهر راتنجات أخرى ذات صلة مثل الجليسيت والجرانديت والزيجبورجيت.

أي أن العنبر بمفهومه الضيق هو عنبر بحر البلطيق والذي يعرف باسم السكسنيت، لكن كما يوضح مثال بيترفيلد لا يعتبر العنبر هو الراتنج الأحفوري الوحيد، حيث يوجد أكثر من 80 نوعًا مختلفًا من الراتنجات تندرج تحت العنبر بمفهومه الواسع، ويعتبر السكسينيت هو أكثر أنواع العنبر انتشارًا، وتقدر ودائع العنبر الطبيعية التي لم تُستغل بعد بحوالي 640.000 طن.

العنبر كله ليس واحدًا

يمكن تصنيف كل أنواع العنبر إلى عنبر بحري وعنبر بري، بالإضافة إلى ذلك هناك مجموعات تصنيفية أخرى يدركها الخبراء والتي تتعلق بدرجة شفافية الحجر، فيُقال للحجر الشفاف أنه «صافٍ» أما الحجر «المطفي» فهو ذلك الحجر الذي يحتوي على فقاعات صغيرة، وهناك نوع ثالث يتعكر بسرعة بفعل ذرات التراب، أما العنبر «النذل» فهو متعكر جدًّا، كما

يوجـد تمييز لدرجات تعكـر العنبر إلى صفات تتراوح بين « متجانـس» وحتى «غائم»، ويطلق على العنبر الطباشـيري اسـم «العظام»، وهو غير شـفاف وغالبًا ما يكون أبيض، أما «الرغوة» فهي قشرة التجوية للعنبر الطباشيري، وهي غير شفافة نهائيًّا وهشة وغير قابلة للتلميع وأخف من الماء العذب.

دموع الآلهة اللامعة المتألقة، عنبر البلطيق الأسطوري ـ سلعة الملوك والأمراء، القياصرة والفراعنة

قـد يصل عـدد الفقاعـات في كل مليمتر مكعب مـن الراتنـج إلى 900.000 فقاعة، أما نوع «Schlauben» فهو يتكون من عدة طبقات ويكون صافيًا وشـفافًا ويحتوي على شوائب من الحشرات، في حين أن نوعي «Schlack» و«Brack» فتكون النسـبة النباتية فيهما أكثر من أي نـوع آخر من الراتنجـات، وغالبًا ما تكون قيمة من الناحية العلمية لكنها غير مناسـبة لصناعة الحلي.

يمكننا أن نعرف العنبر على أنه راتنج أحفوري، مثل السكسينيت، إلا أنه مختلف من الناحية الكيميائية والفيزيائية، فلم تنتجه «شجرة العنبر»، ولكن أنتجته أنواع أخرى من النباتات، وغالبًا ما يتم العثور عليه بالقرب من السكسينيت ولكن بكميات أقل لذلك يعرف بالراتنج التبعي، وقديماً كان الناس يفرقون بين أنواع العنبر وفقًا لما تحتويه من أحماض عنبرية، وفي نهاية القرن التاسع عشر أوضح الصيدلاني أوتو هولم الذي يعيش في دانتسيج أن نسبة الأحماض العنبرية في عنبر البلطيق حوالي 3.2 و8.2 بينما لا توجد أي أحماض في عنبر صقلية، وفيما بعد بدأ تصنيف العنبر إلى «سكسينيت»، وتكون نسبة الأحماض فيه أكثر من 3٪ و«الرتنيت» وتكون نسبة الأحماض فيه أقل من 3٪، أما الاتجاه الحالي فهو تحديد الخصائص الأخرى للراتنج بواسطة طيف الأشعة تحت الحمراء وغيرها من وسائل البحث الحديثة.

لا يعتبر العنبر منتجًا حصريًّا لغابات العنبر الفينو إسكندينافية، فالراتنجات الأحفورية معروفة في جميع أنحاء العالم ـ عدا القارة القطبية الجنوبية، وقد تكونت بالفعل منذ 300 مليون سنة مثل صخور حقب الحياة القديمة، وإن كان ذلك على نطاق أكثر تواضعًا من «شجرة العنبر»، وقد تم العثور على راتنجات حقب الحياة القديمة مناطق الألزاس واللورين وسيليزيا العليا، وكذلك في مناطق تعدين الفحم الرئيسية، حيث إن الفحم والراتنج كليهما من المواد الكربونية، وفي عصر الدهر الوسيط كانت النباتات تفرز الراتنج واستمر ذلك في فترة العصر الترياسي أي قبل حوالي 200 مليون سنة، وكانت الشوائب تتضمن الطحالب والبكتريا والجراثيم والطفيليات، وبذلك تمدنا بمعلومات عن الحياة في تلك الحقبة السحيقة، ومن المعروف أيضًا أن الراتنجات الأحفورية عرفت في العصر الجوراسي، وفي عام 2011 استطاع العلماء في جامعة ألبيرتا أن يعثروا على ريشة ديناصور داخل حجر عنبر تعود إلى العصر الطباشيري، أي أن تلك الشوائب تشكلت قبل 70 إلى 85 مليون سنة.

هناك أنواع أحدث من العنبر تتراوح أعمارها بين 35 إلى 55 مليون سنة، ولم يتكون راتنج بورنيو أو سومطرة إلا من 15 إلى 20 مليون سنة فقط، في حين أن عنبر جمهورية الدومينيكان

أصغر سـنًّا، وفي جميع أنحـاء العالم تنمو النباتات المنتجة للراتنج، ومـا زالت تنتجه حتى الآن، ومـن حين إلى آخر يعثر المتجولون على شـاطئ بحر الشـمال على «عنـبر» فريد، وهو في الحقيقة راتنج شجيري شبه أحفوري لا يزيد عمره عن عدة عقود أو قرون، لكنه لا يعتبر عنبرًا، ولكنه كوبال، وهو يوجد في جميع أنحاء العالم وقد يتضمن شـوائب، لكن الحلي المصنوع من الكوبال هش للغاية.

كان الصيادون قديمًا يصطادون العنبر من بحر الشـمال وبحر البلطيق، ثم يبيعونه بضاعة، وينتقل العنبر عبر العديد من المحطات التجارية حتى يصول إلى منطقة البحر المتوسـط، وتشير التحليلات التي أجراها الصيدلاني أوتو هليم إلى أن خرزات العنبر التي يبلغ عددها 120 والتي عثر عليها هاينريش شليمان في أحد القبور القائمة التي تعود للعصر البرونزي في قلعة ميسيناي مصنوعـة من عنـبر البلطيق، كما عثر في مقابر الفراعنة في مصر عـلى العنبر مثل ملحقات مقبرة تـوت عنخ آمـون، ولم يتوقف انتقال العنبر وحركته بعد العصر الجليدي الذي غلف فيه الجليد ودائع العنبر.

المصادر والمراجع

الفصل الأول: العصر البرونزي - عالم كبير

Archäologische Schriften des Landkreises Osterode am Harz 3: Höhlen im Westharz und Kyffhäuser. Holzminden 2001
Berichte zur Denkmalpflege in Niedersachsen, 1 / 2012
Freeden, Ulla von; Schnurbein, Siegmar von: Spuren der Jahrtausende. Archäologie und Geschichte in Deutschland. Stuttgart 2002
Graichen, Gisela: Das Kultplatzbuch. 3. erw. Aufl. Hamburg 1988
Dies.: Schliemanns Erben. Von den Herrschern der Hethiter zu den Königen der Khmer. Bergisch Gladbach 2001
Dies.: Goldfieber. Von den Minen der Skythen zu den Schätzen Timbuktus. München 2002
Jockenhövel, Albrecht; Kubach, Wolf: Bronzezeit in Deutschland. Stuttgart 1994
Korn, Wolfgang; Bau, Flemming: Unsere Geschichte. Von der Urzeit bis zum Mittelalter. Stuttgart 2006
Mai, Klaus-Rüdiger: Die Bronzehändler. Eine verborgene Hochkultur im Herzen Europas. Frankfurt a. M. 2006
Meller, Harald: Der geschmiedete Himmel. Die weite Welt im Herzen Europas. Stuttgart 2004
Menschen Zeiten Räume. Archäologie in Deutschland. Stuttgart 2002
Probst, Ernst: Deutschland in der Bronzezeit. München 1996

الفصل الثاني: العنبر في التاريخ - السحر والأسطورة

Appel, Reinhard: Das neue Bernsteinzimmer. Bergisch Gladbach 2003
Bick, Almut: Die Steinzeit. Stuttgart 2006
Clark, Neil D. L.: Mythos Bernstein. Darmstadt 2012
Cunliffe, Barry (Hg.): Illustrierte Vor- und Frühgeschichte. Frankfurt a. M. 1996
Dollinger, Philippe: Die Hanse. Stuttgart 1998
Egg, Markus; Pare, Christopher: Die Metallzeiten in Europa und im Vorderen Orient. Kataloge Vor- und Frühgeschichtlicher Altertümer 26. Mainz 1995

Erichson, Ulf; Weitschat, Wolfgang: Baltischer Bernstein. Ribnitz-Damgarten 2008

Finkenzeller, Karin: Fund bei Ingolstadt «nicht mit Geld aufzurechnen». In: Süddeutsche Zeitung vom 13. 07. 1996

Fuhrmann, Manfred (Hg./Übers.): Tacitus, P. Cornelius: Germania. Lat./Dt. Stuttgart 2007

Ganzelewski, Michael; Slotta, Rainer (Hg.): Bernstein. Tränen der Götter. Essen 1997.

Daraus:

- Barfod, Jörn: Bernstein in Volksglauben und Volksmedizin (S. 453–456)
- Döpp, Siegmar: Die Tränen von Phaetons Schwestern wurden Bernstein. Der Phaeton-Mythos in Ovids «Metamorphosen» (S. 1–8)
- Geerlings, Wilhelm: Die Tränen der Schwestern des Phaeton – Bernstein im Altertum (S. 395–399)
- Miron, Andrei; Miron, Auguste V. B.: Bernsteinschmuck und -amulette aus einem keltischen Fürstinnengrab (S. 427–430)
- Müller-Jahncke, Wolf-Dieter: Bernstein in der Medizin (S. 457–464)
- Slotta, Rainer: Die Bernsteingewinnung im Samland (Ostpreußen) bis 1945 (S. 169–214)
- Weisgerber, Gerd: Vor- und frühgeschichtliche Nutzung des Bernsteins (S. 413–425)

Giebel, Marion (Hg./Übers.): Plinius, d. Ä.: Naturalis historia/Naturgeschichte. Lat./Dt. Stuttgart 2011

Hinrichs, Kerstin: Bernstein, das «Preußische Gold» in Kunst- und Naturalienkammern und Museen des 16.–20. Jahrhunderts. Phil. Diss. Berlin 2007

Knopp, Guido; Hartl, Peter: Das Bernsteinzimmer. Dem Mythos auf der Spur. Hamburg 2003

Koenigswald, Wighart von; Hahn, Joachim: Jagdtiere und Jäger der Eiszeit. Fossilien und Bildwerke. Stuttgart 1981

Reinicke, Rolf: Bernstein. Gold des Meeres. Rostock 2008

Riedel, Gerd: Das Geheimnis des Bernstein-Colliers. Ingolstadt 1998

Waldherr, Gerhard H.: Nero. Eine Biografie. Regensburg 2005

الفصل الثالث: طرق العنبر في حوض البحر الأبيض المتوسط

al-Maqdissi, Michel; Morandi Banacossi, Daniele; Pfälzner, Peter: Schätze des Alten Syrien. Die Entdeckung des Königreichs Qatna. Stuttgart 2009

Schliemann, Heinrich: Mykenae. Bericht über meine Forschungen und Entdeckungen in Mykenae und Tiryns. Leipzig 1878

Yalcin, Ünsal; Pulak, Cemal; Slotta, Rainer (Hg.): Das Schiff von Uluburun – Welthandel vor 3000 Jahren. Bochum 2005

الفصل الرابع: بافاريا بيرنشتورف الميسينية ـ المدينة الغارقة

Hänsel, Alix: Das Bernstorf-Orakel. Eine lange Reise in der Bronzezeit. Hamm 2011

Moosauer, Manfred; Bachmeier, Traudl: Bernstorf – Das Geheimnis der Bronzezeit. Stuttgart 2005

الفصل الخامس: الرحلة الاستكشافية التجارية المصرية الفرعونية

Aufrère, Sydney: Études de lexicologie et d'histoire naturelle I–III. In: BIFAO 83 (1983), S. 1–17

Carter, Howard, Tut=ench=Amun. Ein ägyptisches Königsgrab. 2. Bd. Leipzig 1927

Daumas, François: Quelques notes sur l'Ambre jaune dans l'ancienne Égypte. In: CdE 46, Nr. 91 (1971), S. 50–58

Germer, Renate: Katalog der altägyptischen Pflanzenreste der Berliner Museen. In: ÄA 47. Wiesbaden 1988, S. 57

Germer, Renate: Die Pflanzenmaterialien aus dem Grab des Tutanchamun. In: HÄB 28. Hildesheim 1989, S. 78–82

Harris, John R.: Lexicographical Studies in Ancient Egyptian Minerals. Berlin 1961

Helck, Wolfgang; Otto, Eberhard; Westendorf, Wolfhart: Lexikon der Ägyptologie (LÄ). 7 Bände. Wiesbaden 1975–1992

Hood, Sinclair: Amber in Egypt (with pl. XVI.). In: Beck, C. W.; Bouzek, J. (Hg.): Amber in Archaeology. Proceedings of the Second International Conference on Amber in Archaeology, Liblice 1990. Prag 1993, S. 230–235

Schipper, Bernd: Die Erzählung des Wenamun. Ein Literaturwerk im Spannungsfeld von Politik, Geschichte und Religion. In: OBO 209. Göttingen 2005

Schulz, Regine; Seidel, Matthias: Die Finderringe des Tut-Anch-Amun. In: Daoud, K.; Bedier, S.; Abd el-Fatah, S. (Hg.): Studies in Honor of Ali Radwan. In: ASAE Suppl. 34, Vol. 2. Kairo 2005, S. 301–327

Scheele, Katrin: *Hnt (mAa) = Libysches Wüstenglas? In: GM 201 (2004), S. 87–90

Sethe, Kurt: Urkunden (Urk.) der 18. Dynastie. In: Historisch-Biographische Urkunden, IV. Abteilung, Band 2, Heft 5, Leipzig 1906 / 07, S. 8–11

Shaw, Ian; Nicholson, Paul: The British Museum Dictionary of Ancient Egypt. London 2008

Wiese, André; Brodbeck, Andreas: Tutanchamun. Das goldene Jenseits. Grabschätze aus dem Tal der Könige. Eine Ausstellung des Antikenmuseums Basel und Sammlung Ludwig in Zusammenarbeit mit dem Supreme Council of Antiquities Cairo, 7.3. bis 3. 10. 2004. München 2004

Internetquellen:

Digital Karnak: http://dlib.etc.ucla.edu/projects/Karnak

The Griffith Institute Archive, Oxford: Tutankhamun. Anatomy of an Excavation. The Howard Carter Archives. Photographs by Harry Burton: http://www.griffith.ox.ac.uk/perl/gi-ca-qsearch.pl

الفصل السادس: التحريات داخل المعمل: بصمة العنبر

Beck, C. W.: Applied Spectroscopy Reviews 22 (1), 1986, S. 57–110

Ders.; Wilbur, E.; Meret, S.; Kossove, D.; Kermani, K.: Archaeometry 8, 1965, S. 96–109

Ders.; Southard, G. C.; Adams, A. B.: Greek, roman and byzantine studies 9 (1), 1968, S. 5–18

Dies.: Greek, roman and byzantine studies 13 (4), 1972, S. 359–385

Bossart, Roman; Keller, Holger; Kellerhals, Hanspeter; Oelichmann, Joachim: Journal of Molecular Structure, 2003, S. 661 f. u. 319–323

Davies, Tony: Büchi NIRFlex N-500 and NIRWare. In: NIR news, Vol. 16, No. 2, 5. 2005, S. 5

Golloch, Alfred; Lühr, Christoph: Bernsteinanalytik. Analytiker Taschenbuch 21, 179. Berlin u.a. 2000

Lühr, Christoph: Charakterisierung und Klassifikation von fossilen Harzen, PHD Thesis. Duisburg 2004

Ders.; Golloch, Alfred: Near Infrared Spectroscopy (Burling-Claridge GR, Holroyd SE, Sumner RMW, eds). Proceedings of the 12th International Conference, Auckland, New Zealand. 2005, S. 207–210

Otto, M.: Chemometrie. Statistik und Computereinsatz in der Analytik. Weinheim 1997

Rice, Patty C.: Amber – the golden gem of the ages. The Kosciuszko Foundation Inc., New York, USA. 1993

Savkevich, S. S.: Phys Chem Minerals 7: 1. 1981

الفصل السابع: قرص نِبرا السماوي ـ تم اكتشافه في نقطة تقاطع الطرق التجارية القديمة

Meller, Harald (Hg.): Der Geschmiedete Himmel. Die weite Welt im Herzen Europas vor 3600 Jahren. Begleitband zur Sonderausstellung, Landesmuseum für Vorgeschichte, Halle (Saale) vom 15. Oktober 2004 bis 24. April 2005. Halle 2005

Ders.; Bertemes, François (Hg.): Der Griff nach den Sternen. Wie Europas Eliten zu Macht und Reichtum kamen. Internationales Symposion in Halle a. d. Saale 16. bis 21. Februar 2005. Tagungen des Landesmuseums für Vorgeschichte Halle Bd. 5. Halle a. d. Saale 2010

Schöne, Thomas: Tatort Himmelsscheibe. Eine Geschichte mit Raubgräbern, Hehlern und Gelehrten. 2. Auflage. Halle a. d. Saale 2008

Probst, Ernst: Deutschland in der Bronzezeit. Bauern, Bronzegießer und Burgherren zwischen Nordsee und Alpen. München 1996 / 1999

Zich, Bernd: Studien zur regionalen und chronologischen Gliederung der nördlichen Aunjetitzer Kultur. Vorgeschichtliche Forschungen 20. Berlin / New York 1996

الفصل الثامن: الطرق التجارية في وسط أوروبا في العصر البرونزي

Diemer, Georg: Der Bullenheimer Berg und seine Stellung im Siedlungsgefüge der Urnenfelderkultur Mainfrankens. In: Bayer. Lda. Bodendenkmalpfl. (Hg.): Ma-

terialh. Bayer. Vorgesch. Reihe A – Fundinventare und Ausgrabungsbefunde (1995) 78
Freeden, Uta von: Spuren der Jahrtausende. Stuttgart 2002
Jockenhövel, Albrecht: Bronzezeit in Deutschland. Stuttgart 1994
Menghin, Wilfried: Menschen, Zeiten, Räume. Stuttgart 2002
Probst, Ernst: Deutschland in der Bronzezeit. München 1999

Internetquellen:
Forschung zu Stonehenge und der Wessex-Kultur: www.wessexarch.co.uk/Spektrum der Wissenschaft: www.spektrum.de/alias/bronzezeit/eis-gibt-aeltesten-schuh-norwegens-frei/875187
Informationen zum Schuhwerk der Bronzezeit: www.deutsches-strumpfmuseum.de
Informationen zu Brotlaibidolen: www.archaeology.ro/mcs_brot.htm; www.tavoletteenigmatiche.it/indexdeu.html

الفصل التاسع: مذبحة في تولنسيتالداس: أقدم ساحة معارك في وسط أوروبا

Archäologisches Landesmuseum und Landesamt für Bodendenkmalpflege Mecklenburg-Vorpommern (Hg.): Mythos und Magie. Archäologische Schätze der Bronzezeit aus Mecklenburg-Vorpommern. Ausstellungskatalog. Schwerin / Lübstorf 2004
Bodendenkmalpflege in Mecklenburg-Vorpommern. Jahrbuch 1999, Band 47. Lübstorf 2000
Brinker, U.; Hauenstein, K.; Heinemeier, J.; Jantzen, D.; Krüger, J.; Lampe, R.; Lidke, G.; Lorenz, S.; Lübke, H.; Orschiedt, J.; Piek, J.; Schult, M.; Terberger, T.: A Bronze Age battlefield? Weapons and trauma in the Tollense Valley, north-eastern Germany. Antiquity 85, 2011, S. 417–433
Franz, A.: Gemetzel im Tollense-Tal. Bild der Wissenschaft 4 / 2012, S. 80–85
Jantzen, D.; Terberger, T.: Gewaltsamer Tod im Tollensetal vor 3200 Jahren. Archäologie in Deutschland 4, 2011, S. 6–11

Internetquellen:
http://www.phil.uni-greifswald.de/bereich2/histin/ls/ufg/projekte/tollensetal.html

http://idw-online.de/pages/de/news472358
http://www.ndr.de/regional/mecklenburg-vorpommern/tollensetal101.html
http://www.ndr.de/geschichte/kriegsendedemmin102.pdf
http://www.travelholics.de/auf-seerohrtiefe-die-torpedoversuchsanstalt-tollensesee/

الفصل العاشر: في أرض آلهة الضباب: شمال ألمانيا في العصر البرونزي

Egg, Markus; Pare, Christopher: Die Metallzeiten in Europa und im Vorderen Orient. Mainz 1995

Hänsel, Alix; Hänsel, Bernhard: Gaben an die Götter – Schätze der Bronzezeit Europas. Berlin 1997

Jockenhövel, Albrecht; Kubach, Wolf (Hg.): Bronzezeit in Deutschland. Stuttgart 1994

Jöns, Hauke; Lüth, Friedrich (Hg.): Mythos und Magie – Archäologische Schätze der Bronzezeit aus Mecklenburg-Vorpommern. Lübstorf 2004

Keiling, Horst: Die Kulturen der mecklenburgischen Bronzezeit. Museum für Ur- und Frühgeschichte, Schwerin 1987

Koch, Friederike (Hg.): Bronzezeit – Die Lausitz vor 3000 Jahren. Museum der Westlausitz. Kamenz 2007

Probst, Ernst: Deutschland in der Bronzezeit. München 1996

Purtul, Güven: Zeitreise durch die Pipeline. Süddeutsche Zeitung vom 28.4.2012

Internetquellen:
www.archaeologieportal.niedersachsen.de

الفصل الحادي عشر: العنبر على شواطئ ساملاند

Ganzelewski, Michael; Slotta, Rainer (Hg.): Bernstein – Tränen der Götter. Essen 1997. Daraus:

- Ganzelewski, Michael: Entstehung und Lagerstätten des Baltischen Bernsteins (S. 11–18)

- Ders.: Aufbereitung und Verarbeitung von Bernstein im Samland bis 1945 (S. 215–235)
- Geerlings, Wilhelm: Die Tränen der Schwestern des Phaethon – Bernstein im Altertum (S. 395–400)
- Kosmowska-Ceranowicz, Barbara: Bernstein – die Lagerstätte und ihre Entstehung (S. 161–168)
- Kostiaszowa, Zoja: Die Nachkriegsgeschichte des Kombinats für Gewinnung und Bearbeitung von Bernstein in Jantarnyi / Palmnicken (S. 237–248)
- Slotta, Rainer: Die Bernsteingewinnung im Samland (Ostpreußen) bis 1945. (S. 169–214)
- Ders.; Ganzelewski, Michael: Die heutige Bernsteingewinnung und -verarbeitung in Jantarnyi. (S. 249–268)

Graichen, Gisela; Gretzschel, Matthias: Die Prussen. Der Untergang eines Volkes und sein preußisches Erbe. Frankfurt a. M. 2010

Militzer, Klaus: Die Geschichte des Deutschen Ordens. Stuttgart 2005

Sonthofen, Wolfgang: Der Deutsche Orden. 800 Jahre Geschichte. Freiburg im Breisgau 1990

Voigt, Johannes: Geschichte Preussens, von den ältesten Zeiten bis zum Untergange der Herrschaft des deutschen Ordens. Erster Band. Königsberg 1827 (zitiert nach Google Books)

Wiedemann, Erich: Operation Puschkin. Die Jagd nach dem Bernsteinzimmer (I). In: Der Spiegel, Heft 48 / 2000, S. 76–98

Ders.: Operation Puschkin. Die Jagd nach dem Bernsteinzimmer (II). In: Der Spiegel, Heft 49 / 2000, S. 82–107

Internetquellen:

Reuth, Georg, Schwilk, Heimo: Der ewige Fluch des Bernsteinzimmers: www.welt.de/print-wams/article128249/Der-ewige-Fluch-des-Bernstein zimmers.html.

Wermusch, Günter: Sogar der Bundestag suchte das Bernsteinzimmer: www.berliner-zeitung.de/archiv/kurz-bevor-der-hobby-sucher-georg-stein-in-die-ddr-fluechten-konnte-wurde-seine-leiche-im-wald-gefunden-sogar-der-bundestag-suchte-das-bernsteinzimmer,10810590,9010232.html

Zekri, Sonja: Bernsteinzimmer. Stromschnellen in Buttercreme: www.sueddeutsche.de/kultur/bernsteinzimmer-stromschnellen-in-buttercreme-1.243295

الفصل الثاني عشر: العنبر: المادة السحرية - خصائصها وأصلها ومصادرها

Barford, Jörn: Bernstein – Entstehung, Gewinnung und Verarbeitung. 3. Aufl. Husum 2008

Bock, Giesela Reineking von: Bernstein – Das Gold der Ostsee. München 1981

Botherroyd, Sylvia; Botheroyd, Paul: Das Bernstein-Buch – Die Tränen der Götter. Kunst, Schmuck, Medizin und Magie. München 2004

Clark, Neil D.: Mythos Bernstein. Darmstadt 2012

Ganzelewski, Michael; Slotta, Rainer (Hg.): Bernstein – Tränen der Götter. Essen 1997

Grzonkowski, Jens: Bernstein. 3. Aufl. Hamburg 2004

John, Johann Friedrich: Naturgeschichte des Succins, oder des sogenannten Bernsteins / 1. Köln 1816

Krumbiegel, Günter; Krumbiegel, Brigitte: Bernstein – Fossile Harze aus aller Welt. 3. überarb. u. erw. Aufl. Wiebelsheim 2005

Reinicke, Rolf: Bernstein – Gold des Meeres. 9. Aufl. Rostock 2008

Richter, Joannes: Der Brenner-Codex – Die Bernsteinstraße. BoD 2009

Rudat, Klaus: Bernstein – ein Schatz an unseren Küsten. Entstehung, Gewinnung, Verarbeitung. Husum 1985

Selden, Paul A.; Nudds, John: Fenster zur Evolution – Berühmte Fundstellen der Welt. München 2007

Weitschat, Wolfgang; Wichard, Wilfried: Szenen aus dem Bernsteinwald. Spektrum der Wissenschaft, Dossier 1 / 05, S. 74–82